Susanne Heine · Rüdiger Lohlker · Richard Potz

Muslime in Österreich

Susanne Heine · Rüdiger Lohlker · Richard Potz

Muslime in Österreich

Geschichte | Lebenswelt | Religion

Grundlagen für den Dialog

Tyrolia-Verlag · Innsbruck-Wien

Mitglied der Verlagsgruppe „engagement“

Bibliografische Information Der Deutschen Nationalbibliothek
Die Deutsche Nationalbibliothek verzeichnet diese Publikation in der
Deutschen Nationalbibliografie; detaillierte bibliografische Daten sind im Internet
über http://dnb.d-nb.de abrufbar.

2012

Umschlaggestaltung: stadthaus 38, Innsbruck
Das Titelbild zeigt die Moschee am Hubertusdamm in Wien

Layout und digitale Gestaltung: Tyrolia-Verlag
Druck und Bindung: FINIDR (CZ)
ISBN 978-3-7022-3025-8
E-Mail: buchverlag@tyrolia.at
Internet: www.tyrolia-verlag.at

Inhalt

Vorwort

Ein Buch über Muslime und Musliminnen in Österreich zu schreiben, ist immer noch ein Wagnis. Man sieht sich vor allem vor das Problem gestellt, dass es wenig verlässliche Daten gibt. Die Anzahl der Arbeiten zu einzelnen Themen nimmt zwar in jüngster Zeit deutlich zu, umfassende empirische Untersuchungen, die im Zusammenhang mit der Lebenssituation von Muslimen/Musliminnen in Österreich stehen, sind aber immer noch rar.

Dies ist umso bedauerlicher, als häufig gezeigt werden kann, dass einzelne Alltagserfahrungen, die vorschnell zur veröffentlichten Meinung werden, ernsthaften empirischen Untersuchungen nicht standhalten. Probleme, die berghoch scheinen, schrumpfen auf diese Weise, wenn man genau hinsieht, zur Größe von Maulwurfshügeln.

Was ein derartiges Unterfangen des Weiteren so schwierig erscheinen lässt, ist vor allem die Überlagerung von unterschiedlichen Fragestellungen. Im Vordergrund steht eine Mischung von Migrations-, Integrations- und Religionsfragen, von sozialer und kultureller Ursachenforschung, Bereiche, die sich gerade in Bezug auf Muslime/Musliminnen kaum voneinander trennen lassen; darauf werden wir in diesem Buch immer wieder zurückkommen. Wenn wir über den Islam in der Gegenwart reden, sind wir aber noch mit einem weiteren fundamentalen Problem konfrontiert. Wir erleben auch in Österreich eine Transformation des Diaspora-Islams in zwei Richtungen. Einerseits entwickelt er sich zu einem globalisierten Islam, der sich von der Einbindung in lokale Traditionen und von der Bindung an Herkunftsländer löst. Andererseits zeichnet sich eine austro-islamische Inkulturation ab, da immer mehr Muslime/Musliminnen in Österreich aufgewachsen sind und der Islam inzwischen zu einer österreichischen Religion geworden ist; damit kommt es teilweise zu einer neuerlichen territorialen Bindung.

Dies macht die Beschäftigung mit islamischen Themen in der Öffentlichkeit nicht unbedingt einfacher. Denn der immigrierte Teil der österreichischen Muslime/Musliminnen entwickelt ein komplexes Zugehörigkeitsgefühl, das zunehmend eine durchaus starke österreichische Identität mit weiterhin bestehenden Kontakten in die Herkunftsländer verbindet, eine „bewegte Zugehörigkeit" (Strasser 2009), auch als Ausdruck einer gelebten Globalisierung. Damit nimmt auch der Islam in Österreich an den Prozessen der Standardisierung und Re-Formatierung teil, denen Religionen heute weltweit unterworfen sind (Roy 2010). Obwohl Österreich die einschlägigen Herausforderungen im Regelfall mit anderen europäischen Staaten gemeinsam hat, gilt es doch, die österreichischen Besonderheiten für muslimische Migranten/Migrantinnen nicht aus dem Auge zu verlieren.

Die islamische Vielfalt in Europa hat mehrere Wurzeln, die miteinander zwar zunehmend verwachsen, aber dennoch gesellschaftlich immer noch in unterschiedlicher Weise prägend auf den Islam in den verschiedenen europäischen Staaten wirken. Erstens ist da die kolonialistische Vergangenheit, welche dem britischen Islam einen indisch-pakistanischen und dem französischen Islam einen nordafrikanischen Charakter verleiht. Zweitens gibt es die Nähe zu einem eigenständigen europäischen Islam; dies kann wie im Falle Spaniens, Süditaliens und Siziliens eine historische Reminiszenz sein oder am Balkan aktuelle gesellschaftliche und politische Realität. Die dritte Wurzel ist die Prägung durch die Herkunftsländer der Arbeits- und Fluchtmigranten und -migrantinnen, in vielen europäischen Staaten sind dies die Türkei und das ehemalige Jugoslawien.

In Österreich sind die islamische „Community" und das Bild von ihr durch eine Mischung aus historischen Verknüpfungen mit dem bosnischen Islam und einer türkischen Arbeitsmigration sowie einer bosnisch/kosovarisch/albanischen Arbeits- und Fluchtmigration gekennzeichnet. Mit der bosnischen Vergangenheit verknüpft ist die Tatsache, dass die rechtlichen Rahmenbedingungen für den Islam in Österreich seit der Monarchie („Islamgesetz" 1912) besonders günstig sind.[1] Es lässt sich aber nicht übersehen, dass im Bildungssystem Österreichs – beginnend bei der vorschulischen Erziehung – im europäischen Vergleich merkbare Defizite für muslimische Zuwanderer zu verzeichnen sind, was lange Zeit sowohl durch Mängel im Angebot als auch durch dessen eher zurückhaltende Annahme bedingt gewesen sein dürfte (vgl. dazu Nusche u. a. 2009).

Alles das provoziert gesellschaftspolitische Polemik und führt zu interessengeleiteten Studien, welche oft recht selektiv mit realen Informationen umgehen. Vor allem das Thema des so genannten politischen Islams hat in den letzten Jahren auch in Österreich einige Aufmerksamkeit erregt, die sowohl mit Büchern journalistischer Art (Hofbauer 2009) als auch mit solchen zu befriedigen versucht wurde, die mit wissenschaftlichem Anspruch auftreten (Schmidinger/Larise 2008). Aber auch Publikationen mit dem Anspruch auf eine gewisse Ausgewogenheit (Chorherr 2011) enthalten etliche verzerrte Darstellungen.[2]

So ist jede Beschäftigung mit islamischer Religion und Religiosität in der Gegenwart davon geprägt, dass sie durch vielerlei politische und andere Interessen und Probleme überkrustet wird. Die in diesem Buch angebotene Mischung aus islam-, sozial- und rechtswissenschaftlicher Information und theologischer Reflexion soll diese Krusten absprengen helfen und einen Weg nicht nur zu einem offenen politischen und rechtlichen Diskurs weisen, sondern auch zu einer Auseinandersetzung mit religiösen Fragen.

Wir haben uns jedenfalls bemüht, so weit wie möglich auf bereits vorhandene universitäre und außeruniversitäre Forschung zurückzugreifen, die gegebenenfalls durch eigene Untersuchungen und Erhebungen ergänzt werden. Ein besonderes

Anliegen ist es uns, Betroffene zu Wort kommen zu lassen, und daher haben wir Statements wiedergegeben, die wir als besonders repräsentativ ansehen. Zusätzlich wird eine Vielzahl von Medienberichten herangezogen, um einen Eindruck der öffentlichen bzw. veröffentlichten Meinungen zum Thema Muslime in Österreich zu vermitteln. Das Buch soll damit vor allem auch die Vielfalt und Dynamik der Situation von Muslimen/Musliminnen in Österreich verdeutlichen, ohne in einseitige Bewertungen zu verfallen.

Susanne Heine hat hauptsächlich die theologischen Themen aus christlicher und vergleichender Sicht bearbeitet, auch unter Bezugnahme auf Gespräche mit muslimischen Theologen im Rahmen von Dialog- und Forschungsaktivitäten, Richard Potz die rechtlichen und historischen, Rüdiger Lohlker vornehmlich die Lebenswelt von Muslimen/Musliminnen in Österreich, und wie sich diese Lebenswelt in den öffentlichen Diskursen niederschlägt. Wir haben aber alle drei an der Gestaltung des Buches zusammengewirkt.

Susanne Heine / Rüdiger Lohlker / Richard Potz

1 Einleitung

Es besteht ohne Zweifel ein Unbehagen, das viele Europäer/innen angesichts der raschen Veränderungen empfinden, die durch Zuwanderung im Allgemeinen und die muslimische Zuwanderung im Besonderen hervorgerufen werden. Dieses Unbehagen sollte nicht unterschätzt werden und bedarf eines angemessenen Umgangs. Es ist bemerkenswert, dass Europa, das im Laufe seiner Geschichte immer wieder durch Migrationen bestimmt war, im Bewusstsein seiner Bürger/innen überwiegend nicht als Einwanderungskontinent gesehen wird. Während sich etwa Nordamerika – unter Marginalisierung der indigenen Bevölkerung – als Einwanderungsgesellschaft sieht, versteht sich Europa bestenfalls als Zuwanderungsgesellschaft. Es zeichnet sich aber in gewisser Weise ein Annäherungsprozess in der Migrationspolitik zwischen den USA und Europa ab, wenn Samuel Huntington in „Who are we?", seinem zweiten Bestseller nach dem „Clash of Civilizations", die Gefährdung der amerikanischen Identität durch die Zuwanderung von Latinos heraufziehen sieht, vergleichbar der Sorge angesichts einer befürchteten islamischen Prägung Europas, was den Boden für brutale Verbrechen bereiten kann.

Aufgrund dieser vielfach verdrängten „Migrationsgeschichte" besteht in den meisten europäischen Staaten wenig Erfahrung mit dem Phänomen der Einwanderung, schon gar nicht dann, wenn die einheimische Bevölkerung mit dem Neuen in so kurzer Zeit und in einem bisher nicht gekannten Maße konfrontiert wird. Viele grundsätzliche Fragen von Migration und Integration werden am Beispiel von Muslimen/Musliminnen diskutiert und Berichte über Zuwanderung im Fernsehen regelmäßig mit Bildern von kopftuchtragenden Frauen unterlegt.

Die in Österreich vergleichsweise hohe Einwanderung von Menschen mit christlich-orthodoxem Bekenntnis – überwiegend Serben – wurde dagegen in den letzten zwei Jahrzehnten kaum mehr wahrgenommen, was zeigt, wie schnell sich das Bild von typischen Immigranten/Immigrantinnen verändern kann. So wurde die erste Welle von Gastarbeitern, die in den 1960er Jahren aus Jugoslawien kam, unterschiedslos mit dieser Herkunft identifiziert und mit negativ besetzten Bezeichnungen wie „Jugo" oder „Tschusch" versehen. Nach den jugoslawischen Sezessionskriegen begann eine differenziertere Wahrnehmung, entsprechend den Selbstbildern der Immigranten/Immigrantinnen aus dem ehemaligen Jugoslawien: Man unterschied nun zunehmend Serben, Kroaten und Bosnier. Im Allgemeinen trat und tritt in diesen Fällen die religiöse Zuordnung in den Hintergrund. Das trifft in Österreich auch auf Muslime/Musliminnen zu, die nun überwiegend als Bosnier/innen und Kosovo-Albaner/innen wahrgenommen werden.

Auf einem privat initiierten berühmt gewordenen Plakat aus 1973 fragt ein kleiner, offenbar „einheimischer" Bub in einer Lederhose einen als „Gastarbeiter" erkennbaren Mann: „I haaß Kolaric, du haaßt Kolaric, warum sogn's zu dir Tschusch?" Diese Kampagne vor nunmehr 38 Jahren macht zweierlei deutlich. Erstens, dass die bevorzugte Zielgruppe der Fremdenfeindlichkeit inzwischen offensichtlich gewechselt hat; der slawische Name weist auf die Einwanderungswellen zu Zeiten der Monarchie hin. Und zweitens, dass aber auch ein nicht zu unterschätzender Unterschied vorhanden ist. Der Bub könnte seine Frage nicht mit der Formulierung: „I haaß Öztürk, du haaßt Öztürk [...]" beginnen.

Die veränderte Wahrnehmung der Zuwanderer/Zuwanderinnen aus dem ehemaligen Jugoslawien ist selbstverständlich auch dadurch bestimmt, dass eingebürgerte Migranten/Migrantinnen als Wähler politisch interessant werden wie etwa die serbische „Community" für die FPÖ. Im Allgemeinen wählt die Mehrheit der Einwanderer aus dem Arbeitermilieu, vor allem die muslimische, die SPÖ; eingewanderte Akademiker/innen wählen mehrheitlich Grün, und die ÖVP konzentriert sich auf Migranten/Migrantinnen aus den katholischen Milieus von Kroatien und Polen. Wie dieses Wahlverhalten auch zu analysieren ist, diese Untersuchungen signalisieren jedenfalls auch, dass die eingebürgerten Migranten/Migrantinnen in der österreichischen Gesellschaft angekommen sind.

Was immer der Grund für die Emigration gewesen sein mag, für Einwanderer/Einwanderinnen stellt sich meist die Frage, ob sie ihre Herkunftsidentität in irgendeiner Weise aufrechterhalten sollen oder nicht; manchmal wird ihnen eine Identität auch erst im Einwanderungsland bewusst (und aufgezwungen). Unter den für eine Sicherung der Identität wirksamen Mechanismen kann der Religion eine spezifische Bedeutung zukommen. Religion steht meist in Verbindung mit kulturellen Traditionen, ist von diesen dann nicht losgelöst wahrnehmbar und stark im Bewusstsein der Menschen verankert. Religion hat Einfluss auf Überzeugungen und Verhaltensweisen, welche in der Regel die Identität der handelnden Person(en) fundamental betreffen. Das hat etwa zur Folge, dass Verletzungen von Religionsfreiheit zu einem hohen Maß von Betroffenheit führen, was diesem Grundrecht eine besondere Nähe zur Menschenwürde verschafft (vgl. Kalb/Potz/Schinkele 2003: 36). In diesem Sinne hebt auch der Europäische Gerichtshof für Menschenrechte in ständiger Rechtsprechung hervor, dass Religion ein wesentliches Element der Identität der Gläubigen und ihrer Wahrnehmung der Welt ausmacht und damit eines der schützenswertesten Güter für alle Menschen darstellt.

Im Allgemeinen wird man davon ausgehen können, dass Gastarbeiter/innen zunächst keine Vorstellung vom Leben in den Gastländern hatten, vor allem was vertraute lebensweltliche Abläufe betrifft (z. B. Strehle-Hechenberger 2008). Diese waren in der fremden Umgebung nicht mehr selbstverständlich gegeben, sondern mussten in irgendeiner Form in diese eingebettet und legitimiert werden. Gerade für Einwanderer bietet sich in dieser Situation Religion als geeignete Garantin zur Erhaltung einer gefährdeten Identität an, was für muslimische Migranten/Migrantinnen in besonderer Weise gelten dürfte.

Dies führt oft zu gefährlichen Vereinfachungen. Neben dem Vorherrschen traditioneller Stereotype und mangelnder Kenntnisse besteht seitens so genannter islamkritischer Teile der europäischen Öffentlichkeit die Tendenz, alle als negativ empfundenen Effekte und Phänomene religiös zu deuten, d. h. automatisch dem Islam zuzurechnen. Dabei ist „islamkritisch" ein Begriff, der nur zu oft der seriösen Camouflage von Rassismus dient. Diese Haltung findet ihre Entsprechung in der Selbstwahrnehmung und -darstellung von vielen, gerade den gläubigen Muslimen/Musliminnen, welche dann ihrerseits Traditionen unterschiedlichster Herkunft als religiös vorgeschriebene Verhaltensweisen verstehen. Dies reicht bis zu strafrechtlich relevanten Verhaltensweisen mit extremem Unrechtsgehalt wie weibliche Genitalverstümmelung und so genannte „Ehrenmorde". Selbstbilder und Fremdbilder hängen solcherart eng zusammen und bedingen einander. Auf diese Weise baut sich Konfliktpotenzial in der beiderseitigen Wahrnehmung auf.

Diesen Interpretationen stehen jene gegenüber, die auf die „Rückkehr der Religionen", der *revanche de dieu*, um mit Gilles Kepels berühmt gewordenem Buchtitel zu sprechen, zunächst verständnis- und fassungslos reagieren und die religiöse Dimension der Handlungsmuster herunterzuspielen versuchen. Es zeigt sich häufig, dass die sozial- und politikwissenschaftliche Beschäftigung mit dem Islam in Europa den kulturellen und religiösen Faktor lange Zeit unterschätzt oder einseitig interpretiert und die jeweiligen kultur- und religionsrechtlichen Rahmenbedingungen bestenfalls gestreift hat. Praktisch in allen europäischen Staaten haben im letzten Jahrzehnt vor allem die Sozialwissenschaften die Lebenssituation der muslimischen Minderheiten in Europa als Forschungsgebiet entdeckt, sodass eine beachtliche Zahl von einschlägigen Arbeiten entstanden ist. Diese spiegeln allerdings häufig die Schwierigkeiten, sozial- und politikwissenschaftliche Forschung mit kultur- bzw. religionswissenschaftlicher in adäquater Weise zu verknüpfen. Der Gefahr der „Ethnisierung" und „Kulturalisierung" sozialer Probleme (vgl. Ornig 2006: 53ff.) steht immer noch die Gefahr gegenüber, religiöse und kulturelle Ursachen für gesellschaftliche Probleme zu verkennen und zu unterschätzen, aber auch soziale Probleme als allein religiös bedingt zu definieren.

Ein weiterer Aspekt dürfte unbestritten sein: Um in adäquater Weise in das soziale Leben eingebettet zu sein, müssen auch gesellschaftliche Institutionen angeboten werden, welche den Immigranten/Immigrantinnen kollektive Rechte vermitteln können. In diesem Sinne weisen etwa Fetzer/Soper (2004) auf die Bedeutung der rechtlichen Rahmenbedingungen gerade für die religiös-kulturelle Dimension hin und bringen als Beispiele Religionsunterricht, staatliche Finanzierung von Privatschulen und baurechtliche Regulierungen für die Errichtung von Gotteshäusern, konkret von Moscheen.

Im modernen Verfassungs- und Rechtsstaat wird nicht nur durch religionsfreiheitsrechtliche Garantien ein besonders ausgebauter Schutz vor Diskriminierung gewährleistet, sondern es werden auch die entsprechenden Rechtsformen für Religionsgemeinschaften und ihre Aktivitäten zur Verfügung gestellt. Korporative religiöse Rechte bieten sich daher in besonderer Weise als institutionelles Netzwerk für die Gewährleistung von Minderheitenrechten für Immigranten/Immigrantinnen an. Dies deckt sich mit der ständigen Rechtsprechung des Europäischen Gerichtshofs für Menschenrechte, der immer wieder betont, dass Religionsfreiheit nicht nur zu den wesentlichen Grundlagen einer demokratischen Gesellschaft gehört, sondern auch, dass die Sicherung der Autonomie religiöser Gemeinschaften für den Pluralismus einer solchen Gesellschaft unabdingbar ist. In Österreich macht die religionsrechtliche Anerkennung des Islams und die damit verbundene öffentlich-rechtliche Stellung der „Islamischen Glaubensgemeinschaft" diese zu einem „player" mit Migrationshintergrund im öffentlichen Raum (vgl. dazu Permoser/Rosenberg u. a. 2010).

Es ist allerdings nicht zu übersehen, dass die solcherart in Institutionen verdichteten Gruppenrechte gesellschaftspolitisch durchaus ambivalent sind, wenn sie den Minderheiten zur Identitätserhaltung im öffentlichen Raum verhelfen. Im Allgemeinen „gilt die Einbindung in religiöse Organisationen und die Teilnahme an religiösen Veranstaltungen als förderlich für die Entwicklung von so genannten Organisations- und Kommunikationsfähigkeiten [...] von Individuen [...]. Religiöse Partizipation kann somit eine Gelegenheit für den Erwerb von sozialem Kapital bieten" (Strømsnes 2008: 481). Das solcherart „angehäufte" soziale Kapital kann damit einerseits der Inklusion der Minderheiten in die Gesellschaft dienen, andererseits aber können derartige Aktivitäten im ungünstigen Falle die Gefahr von sozialer Exklusion verstärken. Alle empirischen Untersuchungen zeigen, dass religiös stärker gebundene und in religiösen Vereinen aktive Muslime/Musliminnen weniger Kontakte zur „Mehrheitsbevölkerung" haben.[3] Auch herkunftsmäßige Differenzierungen werden deutlich: Die Distanz von der Mehrheitsbevölkerung aufgrund traditionell-religiöser Haltungen ist z. B. bei Türken/Türkinnen deutlich stärker ausgeprägt als bei Bosniern/Bosnierinnen (Rohe 2006: 35ff.; Ulram 2009: 7, 19). Bei Befragungen treten unterschiedliche Haltungen zu Themen der Integration bei den aus der Türkei stammenden Aleviten/Alevitinnen und Sunniten/Sunnitinnen zutage (Ulram 2009: 44).

Es entsteht also der Eindruck, dass der Rückzug in den „eigenen" religiösen Raum als Schutz vor Diskriminierungserfahrungen dient, aber auch zur Erhaltung manchmal fragwürdiger Identitäten missbraucht werden kann. Diesen Ambivalenzen werden wir uns noch im Zusammenhang mit der Diskussion um die viel zitierte „Parallelgesellschaft" widmen, zuvor jedoch der Frage nachgehen: Wie viele Personen sind eigentlich gemeint, wenn wir von Muslimen/Musliminnen in Österreich sprechen?

2 Statistiken und Daten

Die Zahl der Muslime/Musliminnen in Österreich wurde zum ersten Mal bei der Volkszählung 1981 gesondert erhoben; es wurden 76.939 Personen gezählt, das war knapp über 1 % der Wohnbevölkerung. Bis zur Volkszählung 1991 hatte sich die Zahl der Muslime/Musliminnen auf 158.776 Personen, das sind 2 % der Wohnbevölkerung, verdoppelt. Laut Volkszählung 2001 haben dann 338.988 Muslime/Musliminnen in Österreich gelebt, das waren 4,2 % der Wohnbevölkerung, das ist also mehr als eine Verdoppelung seit 1991. Schließlich lebten laut Angaben des Österreichischen Integrationsfonds mit Stichtag 1.1.2009 in Österreich 515.914 Menschen islamischen Glaubens, also 6,2 % der Gesamtbevölkerung. Da diese Statistik von Ausländern/Ausländerinnen und eingebürgerten Personen zwar die Staatsbürgerschaft, aber nicht das Religionsbekenntnis erhebt, wurde diese Zahl statistisch so gewonnen, dass man den 2001 errechneten Anteil von Muslimen/Musliminnen an den jeweiligen Staatsbürgern/Staatsbürgerinnen fortschrieb.[4] Die Zahl ist daher keinesfalls verlässlich. So geben laut einer – zum Vergleich für Österreich durchaus heranziehbaren – deutschen Untersuchung 23 % von Personen aus muslimisch geprägten Ländern (Türkei 14,7 %) an, keiner Religion anzugehören, und 22 % einer christlichen Konfession (Türkei 2,7 %) (Haug/Müssig/Stichs 2009: 95). Der Anteil der Muslime/Musliminnen in Österreich liegt jedenfalls deutlich über dem europäischen Durchschnitt, der derzeit in der Europäischen Union bei etwa 3,5 % liegt.

Es ist in unserem Zusammenhang statistisch interessant, woher die Muslime/Musliminnen in Österreich kommen. Im Durchschnitt des Jahres 2010 lebten in Österreich 1.543.000 Menschen mit Migrationshintergrund („Erste" und „Zweite" Generation), das sind 18,6 % der Gesamtbevölkerung (Statistik Austria 2010: 20). Da der muslimische Anteil nicht erhoben wird, ist man auch hier auf die Staatsbürgerschaft verwiesen und kann daher nur grobe Schätzungen vornehmen. Aus der Türkei stammen 185.000 Personen, das sind 2,2 % der Gesamtbevölkerung, der Anteil von Muslimen/Musliminnen aus dem ehemaligen Jugoslawien (Bosnien und Herzegowina, Serbien, Montenegro, Kosovo und Mazedonien) dürfte nur knapp darunter liegen. Weitere Herkunftsländer von mehr als 10.000 muslimischen Migranten/Migrantinnen sind die Russische Föderation (vor allem Tschetschenen), Ägypten, Syrien, Irak und Iran.

Was die demographische Dynamik betrifft, so ist der – wenn auch verlangsamte – Zuwachs im ersten Jahrzehnt des 21. Jahrhunderts hauptsächlich durch Geburten und nicht durch Zuwanderung bedingt, die praktisch nur mehr im Zusammenhang mit Familienzusammenführung stattfindet. Die deutlich höhere Geburtenbilanz ist sowohl auf eine höhere Geburtenzahl als auch darauf zurückzuführen, dass die muslimischen Teile der österreichischen Bevölkerung im Durchschnitt jünger sind; das Durchschnittsalter von Einwohnern mit türkischer Herkunft beträgt 35,6 Jahre, das der Gesamtbevölkerung 41,7 Jahre (vgl. Statistik Austria 2011: 27). Allerdings kehren viele ältere Migranten/Migrantinnen der ersten Generation immer noch in ihre Heimatländer zurück, sodass mögliche Sterbefälle nicht in Österreich erfasst werden (Marik-Lembeck 2010).

Von den statistisch als Muslime/Musliminnen Identifizierten haben 252.845 Personen die österreichische Staatsbürgerschaft (3,4 % der Gesamtbevölkerung), 263.069 Personen eine andere Nationalität. Also sind knapp die Hälfte dieser Bevölkerungsgruppe österreichische Bürger/innen. Statistische Projektionen der Bevölkerungsentwicklung gehen von einem maximalen muslimischen Bevölkerungsanteil in Österreich von 18 % im Jahre 2051 aus; dies allerdings unter der unrealistischen Annahme, dass die Fruchtbarkeitsrate der Musliminnen deutlich höher bleibt als die anderer Frauen. Denn es ist in diesem Zusammenhang bemerkenswert, dass ausländische Staatsbürgerinnen im Durchschnitt mehr Kinder (Geburtenzahl 2,01) zur Welt brachten als bereits eingebürgerte Migrantinnen (1,50) (Statistik Austria 2011: 29). Wird eine Angleichung der Fruchtbarkeit angenommen, so wird in den Projektionen von 14–15 % Anteil von Muslimen/Musliminnen ausgegangen (Goujon u. a. 2006). Aber auch diese nunmehr bereits einige Jahre alten Annahmen liegen immer noch etwas zu hoch, wie die ersten aktuellen Vergleiche mit den oben angeführten Angaben zeigen.

Im Dunklen bleibt auch, was diese Zahlen über religiöses Engagement aussagen. Letzten Endes ist eine Selbsteinstufung als Muslim/in in einer Volkszählung nur bedingt aussagekräftig.[5] In der Umfrage durch Ulram aus 2009 – allerdings nur unter türkischen Migranten/Migrantinnen – werden 31 % als „Laizisten" identifiziert, als moderat säkular 6 %, als moderat religiös-politisch orientiert 22 % und als religiöse Integralisten 21 %. Von den Befragten konnten 20 % nicht zugeordnet werden (Ulram 2009: 46).

Des Weiteren sei auf eine von Paul Zulehner vorgenommene Sonderauswertung der Langzeitstudie „Religion im Leben der Österreicher 1970–2010" zu Glauben und Leben der österreichischen Muslime/Musliminnen verwiesen. Einige bemerkenswerte Ergebnisse wurden in der „kathpress" vorgestellt (kathpress-Wochendienst Nr. 445 vom 18. November 2010). Diese betreffen die Bejahung autoritärer Strukturen, wobei es einerseits einen signifikanten Rückgang in der zweiten Generation, andererseits einen Anstieg bei ganz jungen Muslimen/Musliminnen seit der Mitte der 1990er Jahre gibt. Es zeichnet sich weiters eine dramatische Veränderung im Rollenverständnis der Musliminnen der zweiten Generation in Richtung auf ein modernes Frauenbild ab. Auf der einen Seite: „Die Zahl jener Muslime zwischen erster und zweiter Generation hat sich verdoppelt (von 32 auf 65 Prozent), die ihre ursprüngliche Kultur auch dann leben und pflegen wollen, wenn diese im Widerspruch zu in Österreich gelebten Werten stehe." Auf der anderen Seite hat sich aber auch der „Anteil jener Muslime, die ihre ursprüngliche Kultur gänzlich hinter sich lassen", von 5 auf 10 Prozent verdoppelt (kathpress, ebenda: 9).

Friesl, Kromer und Polak befassen sich in exemplarischen Tiefenanalysen mit den Spezifika der Religiosität muslimischer Jugendlicher. Sie mahnen dabei unter Verweis auf eine von Weiss 2007 herausgegebene Untersuchung zu Recht zur Vorsicht, da „sich migrationsbedingte soziale und kulturelle Faktoren auf Wert und Einstellungen wesentlich signifikanter auswirken als die Religiosität der Befragten". Daher „lassen sich [...] bestenfalls Vergleiche zwischen muslimischen und nicht-muslimischen Jugendlichen mit Migrationshintergrund treffen". Auffällig ist, dass „mit Ausnahme deklarierter Atheisten sich auch jene muslimischen Jugendlichen, die nicht praktizieren und sich nicht an die Verhaltensnormen der Religion halten, als MuslimeInnen" bezeichnen. Davon sehen sich 19 % gleichzeitig als „nicht religiös". Bezüglich Neo-Autoritarismus finden sich Parallelen zu der erwähnten Untersuchung von Zulehner. Diese Haltung ist bei Jugendlichen mit Migrationshintergrund generell höher und insbesondere bei männlichen muslimischen Jugendlichen stärker verbreitet (Friesl/Kromer/Polak 2008: 188–203). Eine umfassende und aussagekräftige Studie zur religiösen Praxis und zu Werthaltungen von Muslimen/Musliminnen in Österreich steht leider immer noch aus.

3 Zwei Schlagworte

Die Diskussion um Muslime/Musliminnen kristallisiert sich wie überall in Europa, somit auch in Österreich, häufig um eine Reihe von Schlagworten, von denen wir zwei einleitend herausheben wollen. Es sind dies die Begriffe der *Parallelgesellschaft* und der *Islamophobie*.

3.1 Parallelgesellschaften

Der Begriff der Parallelgesellschaft wurde vom Bielefelder Soziologen Wilhelm Heitmeyer Anfang der 1990er Jahre in die Diskussion um die gesellschaftliche Situation von Migranten/Migrantinnen eingebracht und hat als negativ besetztes Schlagwort eine beachtliche politische Karriere gemacht. Vor allem nach den Terroranschlägen 2001 bis 2005 werden damit die Diskussionen um den Islam auf ein Schreckensbild hingeleitet, das zugleich das Ende der Idee der multikulturellen Gesellschaft verkünden soll.

Die Mehrheitsgesellschaft, aber auch Teile der Minderheiten selbst sehen soziale Zusammenhänge entstehen, die den jeweiligen „eigenen Normen" nicht entsprechen. Dabei wird meist nicht darüber nachgedacht, ob die Geschlossenheit des eigenen Normensystems nicht ein unrealistisches Konstrukt ist, d. h. ob nicht die Mehrheitsgesellschaft selbst aus einem Konglomerat von Subkulturen mit recht unterschiedlichen gesellschaftlichen Normen besteht, die oft nur weitschichtige Familienähnlichkeiten aufweisen. Man sollte an dieser Stelle auch nicht vergessen, dass etwa der Begriff „Alternativgesellschaft" noch vor kurzer Zeit – und dies vor allem auch im christlichen Kontext – durchaus positiv bewertet wurde. Auch der etwas aggressiv klingende Begriff „Gegengesellschaft" war ursprünglich vor allem für ökologisch ausgerichtete alternative Lebensformen verwendet worden.

Im Kern der seit längerem andauernden Diskussion um Parallelgesellschaften steht die Behauptung, dass Migranten/Migrantinnen in Österreich (und in Europa) durch eine bestimmte Religion oder Kultur absolut bestimmt seien. Insbesondere den Islam stellt man sich oft fälschlich als eine einheitliche Kultur vor, die dann für vielerlei Probleme verantwortlich gemacht wird. Ein solcher „fantasierter" Islam, dessen DNS gewissermaßen im Koran niedergelegt sei, bestimme das Verhalten der Muslime/Musliminnen in Europa. Diese werden dann als so etwas wie „Koranautomaten" gesehen, die nur Anweisungen des Korans ausführen und dadurch in einer – für Nicht-Muslime/Nicht-Musliminnen unbegreifbaren – Parallelwelt leben. Es werden Urteile ohne Kenntnis der gegenwärtig höchst komplexen religiösen Diskurse im Islam und der genauso komplexen Realitäten des Lebens von Muslimen/Musliminnen in Österreich (und in Europa) gefällt – letztlich also *Vor*urteile.

Diesen Vorurteilen unterliegen zunehmend auch Muslime/Musliminnen, die aus Sicht der selbsternannten Vertreter der Mehrheitsbevölkerung eigentlich als integriert betrachtet werden müssten. Der Bericht einer in der Schweiz lebenden Frau jemenitischer Herkunft ist dafür charakteristisch. Vor dem 11. September 2001 sei sie als Jemenitin wahrgenommen worden, danach habe sich dies geändert: „Von einem Tag auf den anderen wurde ich zur Muslimin! Dass der Jemen immerhin ein fest umrissenes Territorium hat, ist plötzlich irrelevant. Was zählt, ist eine sehr schwammige Vorstellung von dem, was ein Muslim oder eine Muslimin ist" (Manea 2009: 10). Diese Erfahrung haben wohl auch viele Muslime/Musliminnen in Österreich machen müssen, wobei die Zuordnungen in den Fremdbildern eine durchaus komplexe Variabilität aufweisen, da Muslime/Musliminnen aus dem ehemaligen Jugoslawien gegenwärtig meist als Bürger der jugoslawischen Nachfolgestaaten „ethnisch" identifiziert werden.

Selbsthilfe und Solidarität

Wie immer man diese Zuordnungen sieht, aus Sicht der Migranten/Migrantinnen sind eigene soziale Zusammenhänge existenziell notwendig. Simon Burtscher hat einige wichtige Beobachtungen dazu in seiner Studie über die Immigration in Vorarlberg sehr treffend wiedergegeben: „Die bisherige Forschung zeigt, dass Immigrantenselbstorganisationen im Laufe ihrer Entwicklung mehrere wesentliche Funktionen erfüllen [...]. Zentral ist einerseits die Funktion der Selbsthilfe und solidarischen Unterstützung. Die Hilfs- und Unterstützungsnetzwerke zum Ausgleich sozialer und ökonomischer Benachteiligungen im Einwanderungsland sind speziell für Neuzugewanderte von Relevanz, bleiben aber auch in späteren Phasen von Bedeutung. Wichtig ist weiters die Funktion für die kulturelle Identitätsbildung innerhalb der eigenen Gemeinschaft und der interkulturellen Vermittlung zwischen der eigenen Community und der Mehrheitsgesellschaft. Bedingt durch die Migration und die Fremdheit im Einwanderungsland gewinnt die Pflege der eigenen Sprache, Kultur und Tradition sowie die Religionsausübung eine neue Bedeutung. [...] Durch die Ausgrenzung von der Wir-Gruppe der Einheimischen gewinnt die eigene Wir-Gruppe in der Fremde an zusätzlicher Bedeutung. Mittels der kulturellen und religiösen Identität werden auch die Bedürfnisse nach Zugehörigkeit und Anerkennung befriedigt. [...] Selbstorganisationen von Zuwanderungsgruppen dienen weiters der politischen Organisation und Interessenvertretung. Die politischen Interessen können sich sowohl auf das Herkunftsland als auch auf das Einwanderungsland beziehen" (Burtscher 2009: 94f.).

Es zeigt sich auch hier wieder, wie sehr Selbstbilder und Fremdbilder zusammenspielen. In dieser Situation bekommen Verbände, Vereine und andere Institutionen von Einwanderern/Einwanderinnen eine wichtige Funktion, um institutionelle Diskriminierungen und Ausschlussmechanismen zu überwinden. Es besteht damit oft ein Spannungsverhältnis zwischen einer Orientierung entweder am Herkunftsland oder am Einwanderungsland der Muslime/Musliminnen. Dieses Spannungsverhältnis löst sich nur langsam zugunsten einer Verankerung in Europa und Österreich auf. Dies signalisiert aber nur dann zunehmende „Normalität", wenn ein gewisses Maß an Bereitschaft besteht, im öffentlichen Raum Präsenz zu zeigen und gegebenenfalls mit anderen gesellschaftlichen Kräften zivilgesellschaftlich kooperieren zu können.

Im demokratiepolitisch günstigsten Fall würden solche Vereine, Verbände etc. damit zu intermediären Institutionen werden, welche im freiheitlich-demokratischen Staat eine „Bürgergesellschaft" konstituieren und damit jene Voraussetzungen schaffen, die dieser Staat nach einem berühmten Wort des deutschen Verfassungsrechtlers Ernst-Wolfgang Böckenförde selbst nicht garantieren kann. Mit anderen Worten, es geht um die „Ligaturen", die Ralph Dahrendorf für die Gesellschaft reklamierte. Zugleich aber verlangt dies von den beteiligten gesellschaftlichen Gruppen einen *overlapping consensus* bezüglich der zentralen, vor allem in grundrechtlichen Garantien festgelegten politischen Wertüberzeugungen (John Rawls). Das darf jedoch nicht mit dem verwechselt werden, was üblicherweise unter „Leitkultur" verstanden wird. Auch wenn sich manche Muslime/Musliminnen nur auf einen *modus vivendi* einlassen wollen, „stellt sich doch die Frage, ob dieser *modus vivendi* nicht doch zum Ausgangspunkt einer Entwicklung werden kann, die dazu führen könnte, dass auch Muslime/Musliminnen in einen von Loyalitätsmotiven gespeisten Konsens über politische Gerechtigkeit eintreten. Das könnte den Rawls'schen Vorstellungen von den Entwicklungschancen eines *modus vivendi* durchaus entsprechen, obwohl auf den Islam nicht explizit Bezug genommen wird. Rawls meint nämlich, dass der *modus vivendi* auf Dauer sittenbildendes Potenzial besäße, das durch das reale Leben innerhalb liberaler Institutionen zur Entfaltung gebracht und über einen Verfassungskonsens in einen „übergreifenden Konsens" übergeleitet werden könne" (Luf 2003: 289).

Diese Verbände können schließlich noch eine weitere äußerst wichtige gesellschaftliche Aufgabe erfüllen. Sie können dabei helfen, einer in ganz Europa feststellbaren gesellschaftlichen Entwicklung entgegenzuarbeiten, in der sich eine Unterschicht herausbildet, in der ethnische Gruppen überrepräsentiert sind, die als Folge des Kolonialismus (so z. B. in Frankreich, Großbritannien) oder im Zuge der Arbeitsmigration nach West- und Mitteleuropa gekommen sind bzw. von dort geholt wurden. Für diese Situation wird heute der Begriff der sozialen Ausgrenzung verwendet, der das Augenmerk auf die vielfältigen Prozesse der Exklusion von gesellschaftlicher, politischer und kultureller Partizipation richtet. So wichtig es ist, die Entstehung von sozialer Exklusion als vielschichtiges Phänomen zu begreifen, so gefährlich können eine einseitige „Kulturalisierung" von Exklusion und Armut sowie die Rede von einer „Kultur der Armut" werden (Potz 2010b: 12ff.). Dass Menschen „mit Migrationshintergrund" zu jenen Gruppen gehören, die auch durch das Armutsrisiko überdurchschnittlich hoch betroffen sind,[6] bedeutet gerade für Muslime/Musliminnen, dass die „Kulturalisierung" von Armutsgefährdung häufig speziell mit ihrer Religion verknüpft wird. Es fällt dadurch auch leichter, soziale Probleme als Schuld der betroffenen Menschen zu deklarieren und sich damit selber vor dem Absturz in diese Unterschicht zu schützen, da man ja nicht zu dieser „minderwertigen" Kultur (und damit Religion) gehöre.

Mechanismen der Ausgrenzung

Der Kommentar eines islamischen Religionslehrers aus Feldkirch, der aus Anlass einer Krise um den islamischen Religionsunterricht in Österreich verfasst wurde, scheint zuerst einmal in massiver Selbstkritik das Bild der islamischen Parallelgesellschaft zu bestätigen: „Die Kluft zwischen uns Muslimen und der Gesellschaft, in der wir leben, ist immer noch sehr tief, obwohl bereits die dritte Generation ihren Einzug gehalten hat. [...] Mit ein paar Ausnahmen vielleicht versuchen die Muslime immer noch in dieser Rolle als ‚Gast' zu leben. [...] Unser Da-Sein ist für viele Muslime eher physisch, ihre Seelen sind mehr in der ‚Heimat'. Und hier vertritt der Verein die Heimat. Dieses Denken findet seinen Niederschlag im Islamunterricht. Wir bewegen uns zwischen den Vereinen und der virtuellen Welt durch Sender aus der Heimat. Wozu sollte man sich da intensiv mit einer anderen Sprache oder Kultur auseinandersetzen? Wir wollen sogar Moscheen haben, die so aussehen wie die Moscheen aus dem Orient. [...] Sowohl die Lehrer als auch die Inspektoren sind an ein System gebunden, das sie blockiert und ihnen nicht dabei hilft, sich für das Hier und Jetzt zu entscheiden. Wenn sich jemand von dieser ‚Klemme' befreien will, meldet er sich vom Unterricht ab" (El Ghoubashy 2009: 27).

Die Diagnose scheint zuerst einmal eindeutig: entweder Ghetto und fortdauernder Gaststatus oder intensive Beschäftigung mit der Mehrheitsgesellschaft, anders formuliert: separierende Segregation oder partizipative Integration. Unser Blick sollte aber auf eine bestimmte Stelle dieses Zitates fallen: „Wenn sich jemand von dieser ‚Klemme' befreien will, meldet er sich vom Unterricht ab." Es gibt also eine praktizierte Befreiung aus den beschriebenen Schwierigkeiten, ein individuelles Loslösen von organisierter Form der Religion, der Religiosität islamischer Vereinigungen, der Islamischen Glaubensgemeinschaft. Die Individualisierung von Religion findet nun auch bei muslimischen Bürgern/Bürgerinnen statt. Europäische Gesellschaften, in denen Religion oft zu einer Konsum-, Erlebnis- und Freizeitangelegenheit wird, sind durch weiter fortschreitende Individualisierungsprozesse und den postmodernen Anspruch gekennzeichnet, mit dem Nebeneinander von oft unvereinbaren alternativen Lebensentwürfen fertig zu werden. Eine Entwicklung, die eben auch Muslime/Musliminnen in Europa betrifft.

Traditionelle Religionsgemeinschaften sahen sich dagegen lange als sinnstiftende Instanzen im gesamtgesellschaftlichen Kontext, für den religiöse Autoritäten die moralischen Verbindlichkeiten vorgaben. Inzwischen haben sie gelernt, sich in der Öffentlichkeit der pluralistischen Gesellschaft adäquat zu bewegen, ohne ihre Mission zu verraten, und auf solche Weise auch in der pluralistischen Gesellschaft soziales Kapital zu liefern (vgl. Nolte 2009: 79).

Bei Aussagen von muslimischer Seite zum Islam in Österreich darf aber nicht übersehen werden, dass es häufig um Macht, Autorität und Positionen geht sowie darum, zu definieren was islamisch ist. Aus nicht-muslimischer Sicht ist es daher eher angemessen, Zurückhaltung zu üben und sich nicht auf jene Kronzeugen zu berufen, die das eigene Vorurteil am ehesten bestätigen, da man sonst z. B. in die Falle läuft, innertürkische Auseinandersetzungen um Religionspolitik auf österreichischem Boden fortzuführen, ohne damit die spezifisch österreichischen Probleme zu lösen.

Zentral für die beschriebene Distanz ist vor allem das Fremdsein, die Fremdheit eines Gastes, die bis zu einem Ghettodasein führen kann. Es gehört daher zu den expliziten Zielen der Integrationspolitik, keine Ghettos entstehen zu lassen, was angesichts einer sich teilweise verschlechternden Wohnsituation nicht einfach ist.

Das Gefühl der Fremdheit ist z. B. in der türkischstämmigen Immigrationsbewegung nach Westeuropa prägend gewesen. Die potenziell sozial schwierige Situation der Migranten/Migrantinnen kann in einer Gemeinschaft gleichgesinnter Menschen aufgefangen werden; darin liegt die entscheidende Wurzel des Verbände-Islams. Eine andere Dimension kann als Sinnkrise beschrieben werden. Praktisch jede/r Migrant/in fragt sich zu einem gewissen Zeitpunkt, welchen Sinn es macht, die Mühen und Belastungen des Lebens in der Fremde auf sich zu nehmen, und ob es nicht besser gewesen wäre, daheim zu bleiben. In diesem Moment kann eine religiöse Orientierung hilfreich sein, umso mehr als für Muslime/Musliminnen der Ort der Verrichtung religiöser Handlungen grundsätzlich nicht bedeutsam ist. Die vielleicht wichtigste Dimension ist das Ergebnis des Familiennachzuges seit Beginn der 1970er Jahre. Die Etablierung der Familien in Europa signalisierte die Möglichkeit, in der Fremde zu bleiben, und brachte überdies die Notwendigkeit mit sich, die Kinder in einer fremden Umgebung aufziehen zu müssen. Auch hier kann die Orientierung an einem – häufig idealisierten – Islam mit Heimatbezug die Sicherheit bieten, dass die Kinder nicht „verloren" gehen, wenn sie sich nicht mehr an die Normen und Werte der älteren Generation halten (Schiffauer 2007: 71f.).

Dieses Fremdheitsgefühl kann dazu führen, dass sich Minderheiten abkapseln, eine Tendenz, die oft durch abwertende und diskriminierende Haltungen in den Mehrheitsgesellschaften noch verstärkt wird (empirisch: Leibold/Kühnel/Heitmeyer 2006). Damit wird auch das Zirkulieren von Identitäten erschwert, die sich in der modernen Gesellschaft nicht als statisch verstehen lassen, vielmehr höchst dynamisch von einem Zustand in den anderen wechseln. Im negativsten Falle führen die Abkapselungs- und Verhärtungstendenzen tatsächlich zur sozialen Ausgrenzung in geschlossenen Kulturen, die solcherart im negativen Zusammenwirken von Migranten/Migrantinnen mit den Angehörigen der Mehrheitsgesellschaft hervorgebracht werden. Damit entstehen auch auf Seiten der „Mehrheit" Parallelgesellschaften; man zieht sich wahlweise in *gated communities* oder in ausländerreine Gemeindebauten zurück. Wohlhabendere schicken ihre Kinder bevorzugt in Privatschulen, weniger Wohlhabende verlangen ausländerfreie Klassen. Dass hier allerdings Verallgemeinerungen gefährlich sind, zeigen Beispiele von katholischen Privatschulen, die in einigen Schulstufen bereits mehr muslimische und orthodoxe Schüler/innen aufweisen als katholische.

Die Analyse des Verhältnisses von Etablierten und Außenseitern durch Elias und Scotson verdeutlicht die Mechanismen solcher Abschließungsbewegungen: „Gemeinsam ist all diesen Fällen, dass die mächtigere Gruppe sich selbst als die besseren Menschen ansieht, ausgestattet mit einem Gruppencharisma, einem spezifischen Wert, an dem ihre sämtlichen Mitglieder teilhaben und der den anderen abgeht" (Elias/Scotson 1993: 8). Burtscher beschreibt sie am Beispiel der Migranten/Migrantinnen in Vorarlberg folgendermaßen: „Die Rangordnung zwischen den Gruppen [...] entstand durch die gegenseitige Abhängigkeit: Die Neuen wollten ihre Situation verbessern, die Alten ihre erhalten. Die Neuankömmlinge stellten für die Alteingesessenen eine Bedrohung ihres Status und ihrer Macht dar. Um intern das Gefühl der menschlichen Überlegenheit aufrecht zu erhalten, schlossen sich die etablierten Alteingesessenen gegenüber den Außenseitern nach außen ab. Mittels sozialer Kontrollmechanismen, wie Lobklatsch über die eigenen Mitglieder und Schimpfklatsch über die Außenseiter, wurde der Verkehr mit den Außenseitern tabuisiert. [...] Das Machtgefälle wurde durch die Zuschreibung von Gruppencharisma für die Etablierten und Gruppenschande für die Außenseiter zusätzlich verstärkt und legitimiert. Die tatsächlichen Eigenschaften der Zugewanderten spielen dagegen nur eine untergeordnete Rolle" (Burtscher 2009: 19). Und weiter: „In der Etablierten-Außenseiter-Figuration in Vorarlberg entscheidet das Merkmal ‚Herkunft der Familie' und die damit verbundene Wir-Gruppenzugehörigkeit über die Unterscheidung in Etablierte und Außenseiter. Dieses Merkmal ist besonders prägend, da es nicht gewählt oder erworben werden kann, sondern mit der Geburt verliehen wird. Es handelt sich also um eine [...] negative Klassifikation, die die Außenseiter aufgrund nicht wählbarer Merkmale abwertet und folglich eine Veränderung nur unter der Bedingung des Wandels des Musters der gegenseitigen Beziehungen und einer Machtumverteilung zulässt" (Burtscher 2009: 245f.).

Diese befürchtete Machtumverteilung birgt den Hauptsprengstoff in all den Debatten um Integration, Assimilation, um angebliche Defizite von Zuwanderern/Zuwanderinnen, die sich freilich durch eine bewusste und unaufgeregt problemorientierte Politik aufheben ließen. Letztlich kann allen diesen Schwierigkeiten nur durch Partizipation an der Mehrheitsgesellschaft entgegengewirkt werden – nichts anderes bedeutet ja Integration.

Muslimische Jugendarbeit

Ein besonders kritisch beobachteter Teil der Aktivitäten islamischer Organisationen und Vereine sind die Jugendarbeit[7] und insbesondere Koran- und Sommerkurse. So gibt es drei- bis vierwöchige Kurse von Milli Görüş (IGMG) für Kinder und Jugendliche in angemieteten Landschulheimen, Freizeitheimen u. Ä. Diese Kurse haben einen großen Erfolg, weil sie spezifische Bedürfnisse der Eltern befriedigen. Wie andere Eltern auch müssen muslimische Eltern während der langen Sommerferien eine Betreuung für ihre Kinder organisieren. Das Angebot nicht-islamischer Verbände wird als unzureichend wahrgenommen, da nicht vertrauenswürdig hinsichtlich des Alkoholkonsums, der Sexualbeziehungen oder auch des Essens. Hauptmotivation der Eltern ist es, ihre Kinder von „der Straße" fernzuhalten, ein Sinnbild für die schiefe Bahn, auf die diese geraten könnten. Unterrichtet werden in fünf Stunden täglich Rituallehre (hauptsächlich mit dem Gebet zusammenhängende Fragen), Glaubenslehre, islamische Ethik, Koranrezitation, das Leben Muhammads. Weitere Angebote hängen von den Lehrkräften ab. Am restlichen Tag gibt es ein Freizeitangebot mit Fußball- und Volleyballspiel, abends islamische Filme. Ergänzt wird dies durch Ausflüge, Familienbesuche am Wochenende oder mit gemeinsamem Grillen.

Die Kurse werden zum größten Teil auf Türkisch gehalten. Schiffauer berichtet am Beispiel einer Stunde im Fach Glaubenslehre, dass sich religiöse Inhalte schwer von einer Sprache in eine andere übertragen lassen, und dass große Sprachkompetenz erforderlich ist, um religiöse Begriffe in ihrem Bedeutungsumfang zu erfassen. Hier scheint das Problem einer weiterhin zu entwickelnden islamischen religiösen Diskussionskultur und Terminologie in deutscher Sprache auf. Die Lehrenden kommen zum großen Teil aus der Türkei. Hauptsächlich sind es Universitätsabsolventen und -lehrer und Studenten, keine Hodschas oder Imame im engeren Sinne, da die IGMG mit der pädagogischen Eignung der Letzteren nicht unbedingt gute Erfahrungen gemacht hat. „Die Atmosphäre, die mir bei den Kursen entgegenkam, war sehr unterschiedlich. An einem Ende des Spektrums war der Kurs auf den Erlacher Höhen. Hier herrschte die Atmosphäre eines Schullandheims. Die dreizehn- und vierzehnjährigen Jugendlichen folgen dem Religionsunterricht mit schläfriger Unaufmerksamkeit und zeigen die üblichen Zeichen schulischer Langeweile [...]. Ganz anders war die Stimmung am Nachmittag, für den eine Wanderung angesetzt war. Dies lag nicht zuletzt an dem Verantwortlichen, Ramazan, einem etwa zwanzigjährigen Funktionär aus der Jugendabteilung. Die Jugendlichen begeistern sich für ihn“ (Schiffauer 2008: 61). Generell scheint für die Teilnehmenden, die die Freiwilligkeit der Teilnahme betonen, ein Gefühl des Zu-Hause-Seins zu überwiegen, das sich vorteilhaft von der harschen Realität z. B. des Schulalltags abhebt.

Die Frage, ob solche Kurse integrationshemmend oder -fördernd sind, lässt sich nicht einfach beantworten. Es ist zunächst zu fragen, ob die Kinder und Jugendlichen durch solche Aktivitäten gestärkt und befähigt werden, sich in der Gesellschaft zu betätigen, oder ob dadurch parallelgesellschaftliche Tendenzen gefördert werden. Daran anschließend stellt sich die weitere Frage, ob eine bewusste konservative religiöse Erziehung Integration verhindert oder sogar Integration fördern kann, indem sie Kinder und Jugendliche kommunikationsfähig macht und ihnen Selbstwertgefühl verleiht. Kann in diesem Sinn sogar „Eingliederung durch Abschottung“ erfolgen, wie es in einem Zeitungsartikel heißt?[8]

Betrachtet man die Sozialarbeit der IGMG realistisch, so lässt sich feststellen, dass durch diese Arbeit u. a. ein Abgleiten von Jugendlichen in die Delinquenz, in den Konsum von Drogen oder Rauschgift relativ erfolgreich verhindert wird. Auch die Integration in Schule und Arbeit wird bewusst – für Männer und Frauen – gefördert, was mit der Schaffung einer starken religiösen Identität verbunden ist. Diese dient dem *empowerment* der Mitglieder, die befähigt werden, in der Gesellschaft zu wirken, und weniger der gesellschaftlichen Abschottung. Unvoreingenommen betrachtet ist der Vorwurf, quasi-politische Separation zu betreiben, daher zu relativieren.

„Parallelgesellschaften“ als Chance

Die negative Charakterisierung islamischer Gemeinden und Verbände als Motoren von selbstinszenierten desintegrierenden Parallelgesellschaften hält also einer kritisch differenzierenden Überprüfung kaum stand. Die Aktivitäten umfassen ein breites Spektrum, sodass jede einseitige Stigmatisierung als gesamtgesellschaftliches Problem verstanden werden muss, für das nach anderen Gründen zu suchen ist. Dazu ist es weiterführend, etwa an Baumans Überlegungen zu Gemeinschaften anzuknüpfen (Bauman 2009: 141f.): Eine wichtige Dimension der Evolution des heutigen städtischen Lebens besteht darin, dass sich eine neue Idee der „Gemeinschaft“ herausbildet. Diese Gemeinschaft beruht auf *Gleichheit*. Diese neue Gleichheit meint die Abwesenheit des Fremden, eines Fremden, der ja nicht nur „unbekannt", sondern sogar Ausländer und damit „nicht von hier" ist. So wird die in der Lebenserfahrung begründete Furcht vor dem, was ungewiss ist, verkörpert, ja geradezu ersehnt: Angesichts der Intensität unserer Ängste müssten wir die Fremden erfinden, wenn es sie nicht schon gäbe. Und tatsächlich werden Tag für Tag die Fremden neu erfunden und zu Ausländern gemacht. Das schafft einen festen Kern, um den sich „die aufgesplitterten, frei fließenden Ängste sammeln können".

Bauman bringt hier Phänomene auf den Begriff, die wir auch immer wieder auf manchen Wahlplakaten sehen können. Die Rede von den Parallelgesellschaften wird zunehmend als Rede über die, von den Mitgliedern der Mehrheitsgesellschaften vollzogene (oder erhoffte) Trennung von der als gefährlich angesehenen Gruppe erkennbar. Diese Trennungsbewegung führt zur Bildung kleinerer Gruppen von Gleichen, deren Sicherheit aber immer nur vorläufig ist und immer wieder neuer Abwehr von Gefahren bedarf. Nicht über das Fremde wird hier gesprochen, das Eigene ist es, von dem gesprochen wird: Wir müssen uns einmauern, damit die anderen nicht hereinkommen (vgl. Volkan 2004). Die Folge ist also das Paradox der Selbstghettoisierung, weil die Einmauerung der anderen in einem Ghetto nicht mehr so recht funktioniert. Auch auf diese Weise werden parallel zur Gesamtgesellschaft existierende Gesellschaften geschaffen, die sich ständig bedroht fühlen und die Mauern ihres Ghettos immer höher bauen müssen.

Parallelen zu anderen existierenden Milieus, die als Subkulturen in den global immer stärker urbanisierten Gesellschaften für eine Vielfalt sorgen, sollten aber nicht nur negativ gesehen werden. „Denn ‚Parallelgesellschaften' erleichtern ihren Mitgliedern den Wechsel in eine kulturell radikal anders geprägte Ordnung. Sie machen die sonst fällige Isolation der Individuen erträglicher. ‚Parallelgesellschaften' sind ein Schutz- und Orientierungsraum. Sie vergemeinschaften den Einzelnen, stellen so soziale Beziehungen her, wirken dadurch stabilisierend, im Übrigen auch aktivierend. Ihre Kollektivität baut folglich Apathie und Resignation ab, reduziert die ‚negative Individualität' der Moderne. In Einwanderungsgruppen ohne sozialräumliche Verdichtungsquartiere und integrative Infrastrukturen jedenfalls liegt die Zahl psychischer Krankheiten bedeutend höher." So der Politologe Franz Walter 2006 in einem „Spiegel"-Essay[9] mit dem provozierenden Titel: „Mangelt es an ‚Parallelgesellschaften'?".

Parallelgesellschaften hat es immer schon gegeben, und sie haben eine wichtige Integrationsfunktion, indem sie als Brückenköpfe zur Mehrheitsgesellschaft und als gesamtgesellschaftliche Dialogpartner agieren. Ein solches Verständnis steht dem Kampfbegriff „Parallelgesellschaft" allerdings diametral gegenüber. An die Stelle des Suchens nach solchen missverständlichen Allgemeinbegriffen muss im Sinne der Aufforderung Werner Schiffauers „für einen neuen Realismus" plädiert werden, „für eine neue Kultur des genauen Hinsehens" (Schiffauer 2008:

15). Das gilt auch für die Untersuchung der realen Situation von Muslimen/Musliminnen in Österreich.

3.2 Islamophobie

Islamophobie (auch Islamfeindlichkeit, Antiislamismus oder antimuslimischer Rassismus) benennt das seit einigen Jahren diskutierte Phänomen einer spezifischen feindseligen Ablehnung des Islams. Angeknüpft wird zwar hin und wieder an reale Probleme, die nicht wegdiskutiert werden dürfen, aber übersteigert und in den Gegensatz zweier als unveränderlich gesehener Kulturen eingebettet werden. Islamophobie erscheint daher vielfach als irrationale, übersteigerte Angst vor dem Islam oder den Muslimen/Musliminnen, beruhend auf einem mit Vorurteilen besetzten Bild, in dem der Islam als homogener Block wahrgenommen wird, der keine Veränderungen und Differenzierungen möglich macht. Dieser Block ist das negativ besetzte Fremde, ja sogar Böse, zu dem das Eigene, das Gute, als Gegensatz konstruiert wird. Gefasst wird dieser Gegensatz in Kategorien der fremden – islamischen – Kultur gegen die eigene Kultur, die allerdings genauso homogenisiert wird wie das Feindbild. Solche Vorstellungen können an älteres christliches Gedankengut über die islamische Bedrohung anknüpfen (vgl. Attia 2007 und Beiträge bei Schneiders 2009), wobei in Österreich zusätzlich die Erinnerung an die Kriege mit dem Osmanischen Reich eine Rolle spielen mag.[10]

Dass Islamophobie in Form von antimuslimischem Rassismus Wurzeln in Österreich (Bunzl/Hafez 2009) geschlagen hat, wurde in der Nacht vom 11. auf den 12. Februar 2009 deutlich. An den Außenmauern der KZ-Gedenkstätte Mauthausen wurde der Spruch geschmiert: „Was unseren Vätern der Jud, ist für uns die Moslembrut, seid auf der Hut! 3. Weltkrieg – 8. Kreuzzug." Ähnliche Grafitti fanden sich auch an anderen Stellen in Österreich. In der widerwärtigen Bezugnahme auf den Holocaust kommt hier die Extremform von Islamophobie zum Ausdruck: die Drohung mit Vernichtung. Nach den Morden in Norwegen im Juli 2011, hinter denen ebenfalls eine solche Geisteshaltung steht, wirken solche Graffiti noch einmal mehr beklemmend.

Die hier zutage tretende Parallele zu anderen Formen einer extremen gruppenbezogenen Menschenfeindlichkeit, insbesondere zum Antisemitismus, wird im Schrifttum immer wieder herausgestellt. Es kann wohl kaum bestritten werden, dass Fremdenfeindlichkeit und Rassismus bestimmende Faktoren der Islamophobie darstellen. Angesichts dieser grundsätzlichen Parallelen dürfen aber auch Unterschiede bei islamophoben Haltungen nicht aus den Augen verloren werden (Benz 2009). Es sind dies vor allem demographische Ängste vor der „Überfremdung" der Heimat sowie die Angst vor dem dschihadistischen Terrorismus, die mobilisiert werden.

Die Kritiker betonen, dass der Gebrauch des Begriffes Islamophobie dazu diene, jegliche Kritik zu unterbinden, mit dem Schwingen der Islamophobie-Keule geradezu eine Immunisierungsstrategie gegenüber jeder Kritik am Islam zu verfolgen. Ein oft zitiertes Beispiel dafür stellt die Stellungnahme der Außenminister der Organisation der Islamischen Konferenz (OIC) vom 16. Mai 2007 dar, in der Islamophobie als die schlimmste Form des Terrorismus bezeichnet wird. Für die Ausbreitung der Islamophobie werden u. a. die Mohammed-Karikaturen und die Regensburger Rede Papst Benedikts XVI. verantwortlich gemacht, während die gewalttätigen Reaktionen in der islamischen Welt und deren destruktive Wirkung auf die westliche Öffentlichkeit jedoch unerwähnt bleiben.

Islamfeindlichkeit gesellschaftsfähig?

Ob man nun den Begriff Islamophobie verwendet oder nicht, Fremdenfeindlichkeit wird im politischen Diskurs immer mehr auf Muslime/Musliminnen fokussiert, und europaweit bedienen sich manche politische Strömungen in Wahlkämpfen dieser Grundstimmung in offensiver Weise. In Österreich reicht dies von „Daham statt Islam" im Wiener Wahlkampf 2010 bis zu einem aus der Schweiz übernommenen und im Wahlkampf in der Steiermark 2010 eingesetzten technisch primitiven Computerspiel; an das uralte „Moorhuhn-Spiel" erinnernd, animiert es zum „Abschießen" von Minaretten und Muezzinen.[11] In einer zunehmend sensibilisierten Öffentlichkeit werden Fremdenfeindlichkeit und Antisemitismus – zumindest nach außen – abgelehnt, während Islamfeindlichkeit als „gesellschaftsfähig" angesehen und zur „Islamkritik" geadelt wird.

Islamophobe Vorstellungen finden sich in unterschiedlichen Foren. Es gibt inzwischen auch Internet-Seiten in rein österreichischer Form, auf die auch der Attentäter von Oslo und Utøya verwiesen hat. Darin werden einzelne Vorfälle zu allgemeinen Merkmalen aller Muslime aufgebauscht, Ereignisse verdreht, um Muslime/Musliminnen in schlechtem Licht erscheinen zu lassen, und allgemein pauschalisierende Urteile über sie gefällt, ohne bereit zu sein, diese Vorurteile einmal zu überprüfen. Menschen, die eine differenzierte Sicht vertreten, werden häufig persönlich diffamiert und beleidigt. Auch sich wissenschaftlich gebende Internet-Foren verwenden diese Muster. Aus solchen Quellen gelangen dann derartige Positionen in die Medien, in Institutionen und auch in die Politik.[12]

Versuche, jede Kritik am Islam als Islamophobie zu brandmarken, stehen also Versuchen gegenüber, islamophobe Positionen als wissenschaftliche Islamkritik zu verkaufen. Im Gewirr dieser Argumentationen ist es oft nicht einfach, auch nur den Mindestansprüchen des intellektuellen Anstands zu genügen.

Wie sich die Bilder gleichen

Zu Weihnachten 2009 wurde kolportiert, ein weltweit populärer sunnitischer Gelehrter, Jusuf al-Qaradawi, habe sich in einer Fatwa (Rechtsmeinung) für das Verbot von Weihnachten ausgesprochen und gegen Christen gehetzt. Schaut man sich das Video an, merkt man, dass al-Qaradawi damit zwei Absichten verfolgt, wobei von Hetze keine Rede sein kann. Erstens kritisiert er seine Glaubensbrüder und -schwestern, welche das Fest einer anderen Religion (mit)feiern, das noch dazu in besonderer Weise mit dem Islam unvereinbar sei. Zu Weihnachten sähen die islamischen Länder in jüngster Zeit geradezu christianisiert aus. Dieses Raisonnement Qaradawis erinnert ironischerweise gleichsam spiegelverkehrt an die europäischen Ängste vor Islamisierung. Zweitens wendet er sich im Zusammenhang damit gegen die kommerzielle Ausbeutung von Weihnachten etwa in Qatar, wo Händler hohe Weihnachtsbäume errichteten, um Kunden anzulocken. Muslimische Händler von Marokko bis Indonesien wären in das Weihnachtsgeschäft mit Weihnachtsmännern und Weihnachtsschmuck voll eingebunden. Dies wiederum erinnert stark an christliche Klagen über die Kommerzialisierung des Weihnachtsfestes. Obwohl es sich um eine simple Ansprache al-Qaradawis handelte, sollte durch den Gebrauch des Wortes Fatwa überdies eine besondere Gefährdung suggeriert werden.

4 Islam in Österreich: ein historischer Abriss

4.1 Islam und Europa

Das Verhältnis zwischen dem vom Christentum geprägten Europa und dem Islam ist über lange Zeit durch einen fundamentalen religiös-politischen Gegensatz geprägt gewesen. Ob in kriegerischen oder in friedlichen Zeiten – das Verhältnis Europas zum Islam ist zweifellos dadurch bestimmt, dass der Islam mit jener äußeren Macht verbunden war, die bis in die Neuzeit die externe Geschichte Europas bestimmt hat. Diese Macht stellte von der arabischen Expansion bis zum Rückzug des Osmanischen Reiches eine einzige große Herausforderung für das westliche Europa dar.

Kriege und Bündnisse

Das Verhältnis zueinander erschien den Zeitgenossen von einem ständigen Glaubenskrieg bestimmt, wie es im Rückblick oftmals auch uns heute erscheint. Die Konflikte waren tatsächlich zahlreich, und vor allem die Kreuzzüge haben auf Seite der islamischen Welt kollektive Traumata hervorgerufen, die dann häufig mit den verschiedenen Formen des europäischen Kolonialismus im 19. und 20. Jahrhundert identifiziert werden.

Die Ursachen der Kreuzzüge waren vielfältig, und die religiöse Dimension stand im Bewusstsein der Handelnden im Vordergrund. Eine Ursache lag daher in den Berichten über die zunehmenden Behinderungen der christlichen Pilger, die Zerstörung der Grabeskirche durch den Kalifen al-Hakim 1009 und über die Unsicherheit in Jerusalem aufgrund innermuslimischer Konflikte. Unmittelbarer Anlass war das Hilfeersuchen des byzantinischen Kaisers Alexios I. Komnenos um militärische Unterstützung gegen die Bedrohung durch die Seldschuken, die seit ihrem Sieg bei Mantzikert 1071 Anatolien besetzten. Dazu kamen aber massive ökonomische Interessen und gesellschaftliche Veränderungen in Europa. Am Ende des 11. Jahrhunderts setzte in Europa auf vielen Ebenen ein allgemeiner Aufschwung ein; das Selbstbewusstsein der Europäer wurde auch dadurch gestärkt, dass die muslimische Expansion nicht nur zum Stehen gebracht werden konnte, sondern dass es in Spanien und Sizilien zu Eroberungen muslimisch beherrschter Gebiete gekommen war.

Die Kreuzzüge waren in vielen Fällen durch das Ausleben ungehemmter Grausamkeit charakterisiert. Sie begannen bereits in Europa mit Gewaltexzessen gegen die jüdischen Gemeinden und richteten sich – wie im Falle der Eroberung Jerusalems – häufig unterschiedslos gegen alle Bewohner des Heiligen Landes. Man sollte jedoch nicht übersehen, dass die Quellen auch von Zweckbündnissen zwischen christlichen und muslimischen Herrschaften nicht nur in Spanien, sondern auch im Heiligen Land, und von Phasen des friedlichen Zusammenlebens berichten. Selbst die Situation in den Kreuzfahrerstaaten wird von arabischen Quellen nicht nur negativ dargestellt, sondern es werden ebenso die unbehinderten Handelsbeziehungen betont. Ein Bericht des arabischen Reiseschriftstellers Ibn Dschubair aus der Zeit des 3. Kreuzzuges beschreibt die auch für Muslime[13] bestehende Rechtssicherheit im Königreich Jerusalem.

Angesichts der am Ende des 20. Jahrhunderts gelungenen europäischen Einigung ist es vielleicht auch bemerkenswert, dass bis zum Beginn der Neuzeit alle Pläne für eine Einigung Europas vom Kreuzzugsgedanken getragen waren, sodass die gemeinsame Gegnerschaft zum Islam im Bewusstsein der Europäer das wichtigste Einheit stiftende Element darstellte. So forderte der französische scholastische Jurist Pierre Dubois im Jahre 1306 zum Zweck der Wiedergewinnung des Heiligen Landes die Bildung einer politischen Einheit unter den europäischen christlichen Fürsten, die sich deshalb zu einem einzigen Staat zusammenschließen sollten. Ennea Silvio Piccolomini, der spätere Papst Pius II., der als Sekretär König Friedrichs III. von Habsburg (ab 1452 Kaiser) eine Zeitlang in Wien gelebt hat, rief auf mehreren Reichstagen in „Türkenreden" zur Abwehr der „Türkengefahr"[14] und schließlich noch einmal konkret zu einem Kreuzzug auf, während dessen eher kläglichen Vorbereitungen er 1464 verstarb.

Koalitionen gegen die Osmanen

Die Abwehr der Osmanen und damit des Islams ist im Bewusstsein der Europäer weiterhin ein einigendes Band geblieben, das jedoch praktisch-politisch nur selten wirksam war. Manchmal griff man zwar bis ins 17. Jahrhundert in anachronistischer Weise auf die Kreuzzugsidee zurück, aber die gegen die Osmanen geschlossenen militärischen Bündnisse, meist „Heilige Liga" genannt, waren eher defensiv ausgerichtet. Die bedeutsamste „Heilige Liga" der christlichen Mittelmeermächte führte am 7. Oktober 1571 unter dem Oberbefehl von Don Juan d'Austria, einem unehelichen Sohn von Kaiser Karl V., zum Sieg über die osmanische Flotte bei der Seeschlacht von Lepanto (Naupaktos auf der Peloponnes). Dieser Sieg zeigte zur See die Grenzen der militärischen Expansion der Osmanen und hatte eine hohe psychologische Wirkung.

Auch die Türkenabwehr vor Wien 1683 brachte eine Koalition mehrerer europäischer Mächte zusammen und führte im Jahr darauf zur Gründung einer weiteren „Heiligen Liga" zwischen dem Reich, Polen und Venedig, der kurz darauf auch Russland beitrat. Jedoch wurde das Osmanische Reich seit dem 16. Jahrhundert auch in die europäische Politik eingebunden, wie vor allem das gegen Habsburg gerichtete Bündnis Frankreichs mit den Osmanen unter Ludwig XIV. in der 2. Hälfte des 17. Jahrhunderts deutlich macht. Damit zeichnete sich der Weg des Osmanischen Reiches von der islamischen Weltmacht zum „player" im europäischen Mächtekonzert ab.

Was die zunächst kleine Anzahl von Muslimen betraf, die innerhalb der christlich-europäischen Gesellschaften lebte, so wurde früh die Frage gestellt, ob man sie in Analogie zu den jüdischen Gemeinschaften tolerieren konnte und durfte. Den Juden wurde seit den christlichen römischen Kaisern der Spätantike als dem Volk des Alten Bundes eine Sonderstellung eingeräumt. Man sah sie als Vorläufer mit einer unvollständigen Offenbarung an, warf ihnen aber vor, sich nicht der messianischen Offenbarung von Jesus zugewandt zu haben. Hier zeigt sich eine Parallele zum islamischen Recht: Juden und Christen genießen als Angehörige von „Buch-Religionen" im traditionellen islamischen Recht Toleranz. Aufgrund des Anspruches, die Fülle der göttlichen Offenbarung zu besitzen, konnten die Christen die dem Vorgänger zugebilligte Toleranz aber nicht auf den später entstandenen Islam übertragen. Insoweit war es für den Islam leichter, das Christentum zu tolerieren, als für das Christentum den später entstandenen Islam. Es ist aber auch zu betonen, dass, obwohl sich in der Theorie die Behandlung der Juden durch Christen und Muslime vergleichen lässt, dies nicht für die Praxis galt: Der Umgang christlicher Herrschaften mit jüdischen Minderheiten war lange Zeit deutlich schlechter als seitens der muslimischen Herrscher, sodass es immer wieder zur Emigration europäischer Juden ins Osmanische Reich gekommen ist.

Solange Muslime durch das christlich-konfessionelle Recht als Ungläubige definiert wurden, die sich auf eine nachchristliche Offenbarung beriefen, ließ sich an eine gesellschaftliche Emanzipation nicht denken. Es war erst die Säkularisierung der westlich-neuzeitlichen Gesellschaft, welche für Muslime die grundsätzliche Möglichkeit bot, zu Bürgern mit islamischem Bekenntnis zu werden. Noch unter Karl VI. und Maria Theresia war die Habsburgermonarchie durch die konfessionelle Bindung des Rechts bestimmt, und erst unter Joseph II. setzte sich die religiöse Toleranz durch. Ob diese auch eine islamische Minderheit unter den Untertanen erfasst hätte, lässt sich bestenfalls vermuten.

4.2 Islam und Österreich vor der Okkupation Bosniens

Auch für Österreich ergaben sich die ersten Kontakte mit dem Islam im Zusammenhang mit der Kreuzzugsbewegung. Österreichische Herzöge haben mit einem Gefolge von österreichischen Rittern an mehreren Zügen teilgenommen, darunter Herzog Heinrich II. Jasomirgott, der vom 2. Kreuzzug seine Gemahlin Theodora Komnene mitbrachte. Sie war eine Nichte des byzantinischen Kaisers, die er als Halbbruder Kaiser Konrads III. auf einer pompösen Hochzeit in Konstantinopel geheiratet hatte. Diese Ehe wird traditionell mit ersten griechischen Kultureinflüssen in Wien in Verbindung gebracht.

Löwenherz im Gefängnis

Das wohl berühmteste Ereignis, das Österreich mit den Kreuzzügen verbindet, ist der Konflikt zwischen Herzog Leopold V. und dem englischen König Richard Löwenherz im Zuge des 3. Kreuzzugs. Nach dem Ertrinkungstod Friedrich Barbarossas in Anatolien im Jänner 1191 beanspruchte der Babenbergerherzog als Cousin des Kaisers die Führung der deutschen Kreuzfahrer. Als die Festung Akkon an der Bucht von Haifa 1191 erobert wurde, beharrte Leopold auf seiner Gleichrangigkeit mit dem englischen und dem französischen König und hisste die Babenbergerfahne.

König Richard ließ die Fahne vom Turm holen, und der brüskierte Leopold reiste ab. Richard hatte Probleme mit der Rückreise: Frankreich war inzwischen verfeindet, am Seeweg erlitt er in der nördlichen Adria Schiffbruch, und so versuchte er verkleidet der Donau entlang durch Mitteleuropa zu gelangen, wurde aber in Erdberg bei Wien enttarnt, verhaftet und auf der Burg Dürnstein in der Wachau festgehalten. Dieses Ereignis ging nicht nur in die österreichische Sagenwelt ein, sondern verbreitete sich „wie ein Lauffeuer in ganz Europa" und „führte zu einem völligen Wechsel der politischen Kraftverhältnisse". Nach langen Verhandlungen und einer Irrfahrt durch deutsche Burggefängnisse ließ man den englischen König um ein immenses Lösegeld von etwa 23 Tonnen Silber frei, wovon der Babenbergerherzog die Hälfte erhielt. Österreich wurde zwar von Papst Cölestin III. wegen des Vorgehens gegen einen Kreuzfahrer mit einer kollektiven Kirchenstrafe – einem Interdikt – belegt, aber der Anteil am Lösegeld erlaubte die Erweiterung der Wiener Stadtmauer, der Befestigung von Enns und Hainburg und die Gründung von Wiener Neustadt. Offiziell wurde die Lösegelderpressung übrigens als Aussteuer für Eleonore, die Nichte des Königs, deklariert, die einen Sohn Leopolds heiraten sollte (Dopsch 1999: 157f.).

Am 5. Kreuzzug (1217–1218) beteiligte sich schließlich Herzog Leopold VI.; auch er war mit einer byzantinischen Prinzessin verheiratet. Im Übrigen darf man nicht vergessen, dass Wien durch die Kreuzzüge wirtschaftlich profitiert hatte, denn die zu Land in den Orient ziehenden Kreuzfahrer nahmen häufig ihren Weg entlang der Donau über Wien, was auch entsprechende Einkünfte brachte.

Die Kreuzzüge sind zwar durch eine große Zahl von Sagen in die österreichische Erinnerungskultur eingegangen, haben jedoch keine dauerhaften Ressentiments mit sich gebracht, da sie keine eigene Leiderfahrung transportieren. Etwas anders dürfte es im Falle der „Türkenkriege" sein, die im kollektiven Bewusstsein des Ostens Österreichs, in vielen Fällen auch auf regionaler Ebene, im Zusammenhang mit dem Islam von Bedeutung sind. Die damit verbundenen Erfahrungen von Leid und Demütigung haben sich ebenfalls in der Sagenwelt niedergeschlagen, lassen sich aber jederzeit aktualisieren. Bekanntlich hat es, wie bereits erwähnt, nicht an Versuchen gefehlt, diese Geschichte mit ihren kollektiven Erinnerungen in Wahlkämpfen politisch zu benutzen.

Die „Türken" vor Wien

Schon im Herbst 1529 standen die Osmanen vor Wien, beendeten aber die Belagerung nach zweieinhalb Wochen vor dem Wintereinbruch. Der entscheidenden Auseinandersetzung in der zweiten Hälfte des 17. Jahrhunderts war eine militärische Aufrüstung des Osmanischen Reiches vorausgegangen, in der es sich immer noch als sehr lebenskräftig erwies. Während des Dreißigjährigen Krieges hatte es sich an seiner Westgrenze ruhig gehalten, da es angesichts der Bedrohung durch Persien einen Zweifrontenkrieg vermeiden musste. In der Mitte des 17. Jahrhunderts änderten sich diese Bedingungen. Und so brach im März 1683 ein 200.000 Mann starkes osmanisches Heer unter Führung des Großwesirs Kara Mustafa gegen Wien auf und schloss am 14. Juli die Stadt ein. Tausende waren aus der Stadt geflohen, auch der Kaiser mit seinem Hofstaat. Die Kuruzzen, ungarische Freischärler, zusammen mit Protestanten, die im Zuge der Gegenreformation ins Osmanische Reich geflüchtet waren, und Angehörigen der orthodoxen Balkanvölker, die gegen die gewaltsame Rekatholisierung kämpften, unterstützten lieber den Sultan als den Kaiser. Sie hatten den Vormarsch vorbereitet und schwärmten gemeinsam mit osmanischen Soldaten plündernd bis tief ins österreichische Gebiet aus. Wien war nach zwei Monaten Belagerung sturmreif und wäre gefallen, hätte nicht ein Entsatzheer unter Führung des polnischen Königs Sobieski am 12. September 1683 die Osmanen in die Flucht geschlagen.

In diesem Entsatzheer kämpfte Prinz Eugen von Savoyen, der in Frankreich vergeblich versucht hatte, eine militärische Laufbahn anzutreten. In Österreich gelang ihm ein steiler Aufstieg. Nach dem Entsatz Wiens wurde zum Gegenangriff geblasen, Eugen gelang es, die Osmanen aus Ungarn, Siebenbürgen und Slawonien zu vertreiben, und die Habsburgermonarchie wurde durch diese Expansion in den mittelost- und südosteuropäischen Raum zur europäischen Großmacht. Somit stand die Auseinandersetzung mit dem Osmanischen Reich der österreichischen Staatswerdung und dem Aufblühen der Habsburgermonarchie im 18. Jahrhundert Pate. Die österreichische Monarchie als eine Ansammlung von Ländern ohne ethnische Mehrheit wurde politisch-ideologisch durch ein Legitimationsnetz gestützt, zu dem ganz wesentlich auch die Abwehr der osmanischen Expansion durch eine Sicherheitsgemeinschaft der Völker des Donau-, Ostalpen- und Karpatenraumes gehörte.

Reminiszenzen

Diese letzte große militärische Konfrontation hat sich im österreichischen Gedächtnis auch und wohl vor allem als christlich-islamischer Konflikt par excellence festgeschrieben. Der Tag der Befreiung Wiens, der 12. September, wird seit damals im römisch-katholischen Kalender mit dem Fest Mariä Namen gefeiert. Unzählige Sagen, Volksbräuche, Straßennamen, Gedenkstätten und Relikte der türkischen Heeresmacht erinnern an die Gefahr und ihre Überwindung. Die große Glocke des Wiener Stephansdoms, die Pummerin, wurde 1711 aus jenen 180 Kanonen gegossen, die Kara Mustafa bei seiner überstürzten Flucht zurückgelassen hatte. Und noch heute – auch nach dem Neuguss von 1952 (die Pummerin war 1945 beim Brand des Stephansdoms abgestürzt und zerschellt) – hängt die Glocke an bronzenen Türkenköpfen und trägt ein Relief mit einer Schlachtenszene aus 1683. Solche Zeichen mögen bis heute die ablehnende Haltung vieler Österreicher gegen Muslime, insbesondere gegen Türken, mitbestimmen.

Die Abwehr der Osmanen hat insoweit auch auf die religionspolitische Entwicklung der habsburgischen Erblande Einfluss gehabt, als die dafür notwendige Unterstützung der Landstände durch – allerdings nur vorübergehende – religiöse Zugeständnisse an die Evangelischen erreicht werden konnte, was zum Spruch führte: „Der Türk ist der Lutheraner Glück." Umgekehrt bemühten sich die Osmanen um die Förderung der Evangelischen in den von ihnen beherrschten Gebieten (Norton 2005).

Im Zuge dieser Auseinandersetzungen war es nicht nur zu Verschleppungen ins Osmanische Reich gekommen, sondern auch dazu, dass eine nicht geringe Zahl türkischer Gefangener oder Überläufer in Österreich blieb. Der sagenhafte „Purbacher Türke" ist also kein Einzelfall.[15] Ein interessantes Schlaglicht auf diese bis heute noch zu wenig beachteten Fälle wirft ein Gerichtsverfahren aus Wiener Neustadt aus dem Jahre 1604 (Rist 2005: 140). Am 5. Juli 1604 klagte eine Magdalena Santmanin vor dem Stadtgericht den Leopolt Weinperger, weil er „ihren Türken" betrunken gemacht hatte und ohne ihr Wissen taufen lassen wollte. Das Gericht entschied, dass die Klägerin den Türken keineswegs von der Taufe abhalten dürfe und ihm daher die Gelegenheit zur vorbereitenden Glaubensunterweisung zu geben habe. Im selben Jahr kam ein weiterer Fall vor dieses Gericht: Hans Georg von Heussenstain beschuldigte Wolf Hartman u. a. „seine Türkin" geschlagen zu haben und tatsächlich wurde dieser wegen der Schläge zu 20 Talern Strafgeld verurteilt (Rist 2005: 149f.).

Es waren aber nicht nur einfache Leute; unter den osmanischen Kriegsgefangenen befanden sich durchaus auch Repräsentanten der Oberschicht, die nach der Taufe in die österreichische Gesellschaft ranggemäß integriert wurden. Es ist übrigens ein bis heute beobachtbares Phänomen, dass Konversionen zum Islam in der medialen Öffentlichkeit bedeutend mehr Aufmerksamkeit erregen als Konversionen von Muslimen zum Christentum. Neben diesem „Austausch" von Gefangenen und Überläufern gab es auch eine politische und rechtliche Beeinflussung, wirtschaftliche Kontakte und nicht zuletzt auch Transfer auf kultureller und wissenschaftlicher Ebene. Was den wirtschaftlichen Aspekt betrifft, so muss man durchgängig mit der Anwesenheit von Händlern auch aus dem Osmanischen Reich rechnen. Bereits in der ersten Hälfte des 16. Jahrhunderts räsonnierte der Komponist, Dichter und Schulmeister im Wiener Schottenstift, Wolfgang Schmeltzl (1500–1557), der auch an einem Türkenkrieg teilgenommen hatte, in seinem in Knittelversen verfassten „Lobspruch der hochlöblichen und weitberümbten Küniglichen Stat Wienn in Osterreich"[16] über das Völker- und Sprachengewirr, wobei Türkisch an durchaus prominenter Stelle steht:

An das Lugeck kam ich ongfer,
Da tratten Kauffleut hin und her,
Al Nacion in jr claidung.
Da wirt gehört manch sprach und zung,
Ich dacht ich wer gen Babl khumen,
Wo alle sprach ein anfang gnomen,
Und hört ein seltzams dräsch und gschray
Von schönen sprachen mancherlay,
Hebreisch, Griechisch und Lateinisch,
Teutsch, Frantzösisch, Türkisch, Spanisch,
Behaimisch, Windisch, Italienisch,
Hungarisch, guet Niederlendisch,
Natürlich Syrisch, Chrabatisch,
Rätzisch, Polnisch und Chaldeisch.

Kulturtransfer nach den Kriegen

Was die Anleihen beim Gegner hinsichtlich der politischen und rechtlichen Strukturen betrifft, so erinnert die machtvolle Position von Prinz Eugen im Habsburgerreich durchaus an die Stellung eines Großwesirs im Osmanischen Reich. Die nach Südosten expandierende Habsburgermonarchie erfuhr eine spezifische Entwicklung in politischer und rechtlicher Hinsicht. Diese Besonderheit bestand darin, dass Österreich mehr als andere europäische Staaten durch einen religiösen Pluralismus bestimmt wurde und auf die geopolitische Nähe zum Osmanischen Reich Rücksicht nehmen musste. So stellte sich für das katholische Habsburg-Imperium erstens die Herausforderung, orthodoxe Untertanen des Sultans auf seine Seite zu ziehen und zu integrieren, und zweitens trat die Frage auf, wie man muslimische Untertanen behandeln solle.

Seit 1690 wurden daher besondere Privilegien vor allem für jene orthodoxen Untertanen verhandelt und erlassen, die man in den als Militärgrenze bezeichneten Gebieten ansiedelte. Dem „Dhimmi" – (Schutzbefohlenen)-Konzept – entsprechend, aus dem sich das osmanische Millet-System zur Duldung religiöser Minderheiten entwickelt hatte, standen der serbische Patriarch von Pec (Kosovo) und seine Bischöfe an der Spitze des emigrierenden Volkes. In Verhandlungen mit dem Kaiser setzten sie auch die Zuerkennung von Rechten durch, die ihnen als Häupter ihres Volkes im Osmanischen Reich zugestanden waren. In der Folge entstanden auf dem Boden der Habsburgermonarchie geschützte orthodoxe „Kirchennationen", die bis zur Mitte des 19. Jahrhunderts in der Militärgrenze, der Krajna, rechtliche Konturen hatten.

Die jahrhundertelangen Auseinandersetzungen zwischen dem Habsburgerstaat und dem Osmanischen Reich haben es jedenfalls mit sich gebracht, dass es – wie das bei solchen „Erbfeindschaften" üblich ist – auch zu einem beachtlichen Kulturtransfer gekommen ist, der über die traditionellen Klischees hinausgeht, als da sind Kaffeehaus, Kipferln und andere kulinarische Übernahmen sowie der Einfluss der Janitscharenmusik auf die österreichische Militärmusik. In den ersten Jahren des 18. Jahrhunderts war die osmanische Bedrohung jedenfalls im Wesentlichen zu Ende gegangen. Das Interesse an der Türkei nahm daher deutlich einen anderen Charakter an: Türkisches und Persisches wurde Mode, die Philosophen der Aufklärung bedienten sich fiktiver Reisender aus diesen Ländern für eine kritische Außensicht auf die europäischen Zustände wie etwa die „Persischen Briefe" von Charles de Montesquieu (1689–1755).

Die Aufklärung interessierte sich für persische und türkische Literatur und erfand den edlen Türken, den Mozart in seiner Oper „Die Entführung aus dem Serail" verewigte und 1782, fast genau ein Jahrhundert nach der Belagerung Wiens, zur Uraufführung brachte. Man schmückte sich gern mit dem exotischen Flair türkischer Waren und türkischen Kunsthandwerkes, türkische Worte fanden als Fremdworte in den Sprachgebrauch Aufnahme, Spielkarten mit türkischen Motiven (Tarock) sind bis heute verbreitet.

Als prägnantes Beispiel für die wissenschaftliche Bereicherung durch die Kontakte mit dem Osmanischen Reich sei der 1526 in Arras geborene niederländische Jurist Charles de l'Écluse (Carolus Clusius) genannt, der mit Ghislain de Busbeq, dem Gesandten von Ferdinand I. beim Sultan, korrespondierte und in seinen Briefen nach Wien Tulpen erwähnte. Er schickte auch Tulpenzwiebeln und andere Pflanzen nach Wien, das die erste Stadt in Europa wurde, in der man sich professionell mit Tulpen befasste. Clusius war von 1573 bis 1576 Hofbotaniker Kaiser Maximilians II. in Wien, wo er einen Garten für medizinische Kräuter und das erste Alpinum anlegte. Er begann nicht nur erstmals in Westeuropa systematisch mit der Tulpenzucht, sondern führte auch viele aus dem Osmanischen Reich stammende Pflanzen in Österreich ein (Rosskastanie, Flieder, Jasmin, Schwertlilie und Krokus). 1576 musste er Wien verlassen, weil Rudolf II., der Sohn Maximilians II., alle protestantischen Hofangestellten entließ. Zunächst ging Clusius im Dienste des ungarischen Grafen Batthyány nach Güssing, wo heute ein „Clusius Naturwildpark" besteht, dann 1587 nach Frankfurt/Main und schließlich 1592 nach Leiden. Er brachte damit die Tulpen und die wissenschaftliche Arbeit mit ihnen in die Niederlande.

Aber auch auf osmanischer Seite hat die lange Konfrontation mit Österreich Folgen gezeitigt. Das wohl bekannteste Beispiel ist die geradezu sagenhafte Darstellung des „Reichs des goldenen Apfels" durch den osmanischen Geschichtsschreiber Evliya Çelebi, der 1665 als Teilnehmer einer großen osmanischen Gesandtschaft auch Österreich bereiste und dabei besonders ausführlich Wien beschrieb. Die Stadt ist allerdings angesichts seiner positiven Übertreibungen oft nicht wiederzuerkennen. Wir erfahren – freilich ungenaue – Details über den Stephansdom, über die ärztliche Kunst in Wien oder die Situation in den Wiener Vororten. Çelebi schildert mit Begeisterung die Schönheit der Mädchen Wiens – insbesondere findet sich das Klischee der reizenden Wiener Wäschermädchen –, aber auch der Reiz der Wiener Burschen hat es ihm angetan (Çelebi 1987: 98, 193). Wir erfahren von ihm, dass in Wien immer eine angenehme Brise weht. Schließlich verwundert ihn vor allem auch die Stellung der Frauen: „Eine ganz seltsame Sache ist das. In diesem Land und überhaupt im ganzen Giaurenreiche führen die Weiber das große Wort und man ehrt sie und achtet sie um der Mutter Maria willen" (Çelebi 1987: 196).

Interesse und Kooperation

Der Orient und das Osmanische Reich im Besonderen blieben nicht zuletzt aus geopolitischen und wirtschaftlichen Gründen im Blickpunkt Österreichs. Bereits 1674 hatte man in Wien mit dem Unterricht in türkischer und arabischer Sprache begonnen. 1754 gründete schließlich Kaiserin Maria Theresia auf Vorschlag von Wenzel Anton Graf Kaunitz die Kaiserlich-Königliche Akademie für Orientalische Sprachen, auf der neben dem Unterricht von Türkisch, Persisch und Arabisch allgemeine orientalische Studien betrieben wurden. Die Absolventen der Akademie traten meist in den diplomatischen Dienst ein, wo sie aufgrund ihres Alters „Sprachjünglinge" genannt wurden. Einer dieser „Sprachjünglinge" war der österreichische Pionier der Orientalistik Joseph von Hammer-Purgstall (1774–1856), der 1790 als 16-jähriger Schüler der Akademie beim Besuch einer osmanischen Delegation dolmetschte.

Wie eine im Haus-, Hof- und Staatsarchiv befindliche „Conscription deren allhier in Wien sich befindlichen Türken und türkischen Unterthanen" vom Jänner 1767 zeigt, waren diese meist christliche Untertanen des Osmanischen Reiches. Die Auswertung ergibt, dass im Jahre 1766 134 türkische Untertanen zum Teil mit Familie in Wien lebten, darunter 13 muslimische Türken, 18 türkische Juden, 21 Armenier und als größte Gruppe 82 Griechen, worunter alle Orthodoxen zu verstehen sind.

Da sich die muslimischen Bewohner, anders als die orthodoxe Bevölkerung, bei der Expansion des Habsburgerstaates am Balkan zunächst meist mit der osmanischen Armee zurückzogen bzw. nach den Friedensschlüssen in das Osmanische Reich auswanderten, stellte sich das Problem islamischer Minderheiten zunächst kaum. Aus Slawonien, wo die Muslime 1680 noch die Mehrheit bildeten, zogen sie praktisch zur Gänze aus. Ein besonders wechselhaftes Schicksal hatten die Muslime in Belgrad; sie verließen die Stadt zunächst 1686, kehrten kurzfristig mit der osmanischen Armee 1690/91 wieder zurück, um die Stadt nach dem Frieden von Passarowitz/Požarevac, als sie an Österreich fiel, abermals zu verlassen. Nachdem Österreich Belgrad 1739 wieder an das Osmanische Reich abtreten musste, kehrten die Muslime erneut zurück, um dann in der Folge der serbischen Aufstände im 19. Jahrhundert aus Nordserbien endgültig wegzuziehen. Das Zurückfluten der islamischen Bevölkerung aus den an die Habsburgermonarchie verlorenen Gebieten hatte für Bosnien und Herzegowina insofern Bedeutung, als es zum „ersten und natürlichsten Rückzugsgebiet" wurde (Hauptmann 1995: 670). Damit nahm nicht nur der Anteil der muslimischen Bevölkerung in Bosnien laufend zu, sondern es stieg auch ihr Bewusstsein, eine islamische Bastion zu bilden.

Seit dem Frieden von Passarowitz/Požarevac von 1718 hatten alle osmanischen Untertanen in den habsburgischen Ländern die volle Handelsfreiheit und das Recht, Niederlassungen und Unternehmen zu begründen. Damit fielen sie unter die faktische Glaubens- und Gewissensfreiheit, die ausländischen Bekennern des Islams von alters her eingeräumt worden war. Diese Freiheiten bezogen sich jedoch nicht auf Untertanen der habsburgischen Herrschaft. Dies zeigte sich in einem Aufruf Kaiser Karls VI. von 1737 an die Bevölkerung Bosniens, worin er auch dem islamischen Bevölkerungsteil für den Fall der Eroberung Schutz und Garantie des Besitzes zusicherte – allerdings unter der Bedingung, dass sie zum Christentum übertreten; andernfalls müssten sie das Land verlassen. Die unerwartete Niederlage gegen die reformierte osmanische Armee enthob Österreich der Verlegenheit, dieses „Angebot“ umzusetzen.

Von der Josephinischen Toleranz zur Religionsfreiheit

Das aufgeklärte Toleranzsystem Josephs II. brachte dann einen entscheidenden Schritt für die gesellschaftliche Emanzipation der religiösen Minderheiten in der Habsburgermonarchie. Im Unterschied zu den anderen Staaten West- und Mitteleuropas war diese Emanzipation von allem Anfang an plurikonfessionell ausgerichtet. Es gab nicht nur die evangelische Minderheit, sondern auch bedeutende orthodoxe und jüdische Minderheiten. Eine kompakte muslimische Minderheit bestand zu diesem Zeitpunkt zwar noch nicht, aber die rechtlich akzeptierte Anwesenheit von Muslimen geht aus einem bis heute geltenden Hofdekret vom 26. August 1826 hervor. Dort wird die Praxis geregelt, dass Muslime den Eid bei Gericht auf den Koran zu leisten haben.

Das josephinische System bestand grundsätzlich bis 1848. Im Gefolge der Revolution in diesem Jahr entfaltete sich Schritt für Schritt ein neues Konzept für das Verhältnis des Staates zu den Religionsgemeinschaften. Erst das heute noch geltende „Staatsgrundgesetz über die allgemeinen Rechte der Staatsbürger“ von 1867 brachte in der österreichischen Verfassungsordnung Religionsfreiheit und die Gleichbehandlung der bis dahin nur tolerierten Religionsgemeinschaften, was jedoch ein staatliches Aufsichtsrecht einschloss. Gemäß Art. 15 hat „jede gesetzlich anerkannte Kirche und Religionsgesellschaft das Recht der gemeinsamen öffentlichen Religionsübung, ordnet und verwaltet ihre inneren Angelegenheiten selbständig, [...] ist aber, wie jede Gesellschaft, den allgemeinen Staatsgesetzen unterworfen“. Als Ausführungsgesetz zu Art. 15 Staatsgrundgesetz erging 1874 das Gesetz betreffend die gesetzliche Anerkennung von Religionsgesellschaften, das die Voraussetzungen für die Anerkennung weiterer Religionsgemeinschaften festlegt. Die Bestimmungen für die damals bereits bestehenden Kirchen und Religionsgesellschaften werden jedoch bis heute durch Spezialgesetze geregelt: durch Verträge mit dem Hl. Stuhl für die katholische Kirche, durch das Protestantengesetz 1961, das Israelitengesetz 1890, das Orthodoxengesetz 1967.

4.3 Die Okkupation Bosniens und ihre Auswirkungen auf Österreich

Mit der Okkupation von Bosnien und Herzegowina im Jahr 1908 hatte sich die Habsburgermonarchie der neuen Herausforderung zu stellen, erstmals eine islamische Bevölkerung in ihren Herrschaftsbereich aufzunehmen. Damit beginnt die Zeit einer expliziten, den Islam betreffenden Religionspolitik, die zunächst durch die besonderen Bedingungen in Bosnien und Herzegowina bestimmt war und nach der Annexion der beiden Länder auch in der österreichischen Rechtsordnung mit dem Islamgesetz 1912 ihren Niederschlag fand (Schmid 1914: 659ff.; Hauptmann 1995: 683ff.; Rösler 2002; Potz 2010a: 387ff.).

Als es in Bosnien aufgrund des osmanischen Staatsbankrotts 1875 zu Aufständen gekommen war, die hauptsächlich von der christlichen Bevölkerung getragen wurden, reklamierte Österreich-Ungarn in einer diplomatischen Note vom 30. Dezember 1875 bei der Hohen Pforte die Erfüllung der Reformzusagen, darunter vor allem Religionsfreiheit und Agrarreformen. In der Folge erreichte Österreich-Ungarn von Russland die Zustimmung zur Besetzung von Bosnien und Herzegowina im Falle eines Konfliktes mit dem Osmanischen Reich. Diese Aussichten führten im selben Jahr bereits zu einer durchaus bemerkenswerten Instruktion für den Bedarfsfall an den aus Gospic in Kroatien stammenden Feldzeugmeister Josef Freiherr von Philippovich von Philippsberg als vorgesehenen Kommandanten für „Bosnien, die Herzegowina und die angrenzenden Gebietstheile" (Bauer 1971: 45f.). Darin wird die Gewährleistung der vollkommenen Gleichheit in der Behandlung der verschiedenen Nationalitäten und Religionsbekenntnisse zu den ersten und wichtigsten Aufgaben gezählt, welche bei der Okkupation zu erwarten waren. „Insbesondere die Berücksichtigung der religiösen Fragen" wird dem Kommandanten „wärmstens empfohlen".

Neben den katholischen Einwohnern sollten die Verantwortlichen den muslimischen Einwohnern ihre Aufmerksamkeit und ihren besonderen Schutz zuwenden. Als Gründe werden angeführt, dass diese „nicht nur den größten Besitzstand innehaben, sondern auch den relativ fortgeschrittensten und bildungsfähigsten Teil der Bevölkerung repräsentieren". Empfohlen wird auch, die bosnischen Muslime „in näheren Kontakt mit den Katholiken zu bringen und eine besondere Annäherung oder Verbindung des islamischen Elements mit der orthodoxen Bevölkerung [...] zu verhindern". Denn die orthodoxen Einwohner seien „hinsichtlich ihrer etwaigen, der Okkupation feindseligen Aspirationen, schärfstens zu überwachen" (Bauer: s.o.).

Als dann auf dem Berliner Kongress außer dem Osmanischen Reich alle Großmächte der Okkupation zugestimmt hatten und Österreich-Ungarn gemäß Artikel XXV des Berliner Vertrages ermächtigt wurde, die Provinzen Bosnien und Herzegowina zu verwalten, wurde dieses Programm im Großen und Ganzen bald nach der Okkupation auch tatsächlich umgesetzt. Bereits am 28. Juli 1878 hatte Kaiser Franz Joseph versichert „daß alle Söhne dieses Landes gleiches Recht nach dem Gesetze genießen, daß sie alle geschützt werden in ihrem Leben, in ihrem Glauben, in ihrem Hab und Gut".[17] Seit 1867 war Österreich-Ungarn ungeachtet des traditionellen katholischen Bekenntnisses der Herrscherdynastie kein katholisches Imperium mehr.

Reorganisation der islamischen Gemeinschaft

In der am 21. April 1879 geschlossenen Konvention mit dem Osmanischen Reich wurde in Art. II den in Bosnien und Herzegowina bestehenden Kulten Religionsfreiheit, insbesondere auch die öffentliche Religionsausübung garantiert, was eine Sicherstellung vor allem für die muslimische Bevölkerung bedeutete. Nach längerem Zaudern kam es schließlich 1882 zu einer Neuorganisation der Islamischen Gemeinschaft in Bosnien, die eine gewisse, bis heute geltende Hierarchisierung mit sich brachte. Der auf der untersten Ebene bestehende Dzemat entspricht der Pfarrorganisation. Ein Dzemat mit einer Moschee (*dzamija*) als Zentrum umfasst normalerweise ein Dorf oder einen Stadtteil. Die nächsthöhere Verwaltungseinheit ist der Medzlis, mit dem einem Bistum vergleichbaren Muftiat. Bosnien zählt acht Muftiate. An der Spitze der Organisation steht – einem Metropoliten vergleichbar – der Reis-ul-Ulema, der von der Vollversammlung, dem höchsten gesetzgebenden Organ der Islamischen Gemeinschaft, gewählt wird. Diese ernennt unter anderem die Muftis und gründet Religionsschulen (Medressen). Ihr Exekutivorgan ist der bis heute bestehende Rijaset in Sarajevo.

Im Jahr 1910 gab es im Land 1043 Moscheen, die von 1090 Imamen betreut wurden. „Spirituell dominierten sechs Derwischorden, die den Hauptströmungen des Islams vielfach heterodox (= nicht rechtgläubig) galten und mit ihren verstreuten und einfachen, von charismatischen Scheichen betreuten sog. Tekkes (Gebetsstätten) für eine besondere Inkulturation des Islams in die regionalen Gegebenheiten gesorgt hatten" (Klieber 2010: 159). Gegen den weitreichenden Analphabetismus wurden Schulen gegründet. Islamischer Religionsunterricht wurde Pflichtfach, aber in allen Schulen blieb die Zahl der muslimischen Kinder hinter ihrem Prozentsatz an der Gesamtbevölkerung zurück. Dennoch durchlief die muslimische Bevölkerung in wenigen Jahren einen Prozess der Identitätsbildung als nationale Gruppe; das führte 1906 zur Gründung der ersten bosnischen politischen Partei (Klieber 2010: 166).

Diese „Verkirchlichung" der islamischen Gemeinschaft ermöglichte eine gewisse Europäisierung der Organisation und damit für den bosnischen Islam einen Modernisierungsschub, der dessen Geschichte im 20. Jahrhundert durchaus beeinflussen sollte. Es war also auf europäischem Boden erstmals zur Kooperation einer eigenständigen muslimischen Bevölkerung mit einem westlichen Staatssystem gekommen, das Religionsfreiheit gewährleistete. Die „hierarchische" Organisation ist nicht nur eine bis heute bestehende Besonderheit der Islamischen Glaubensgemeinschaft in Bosnien und Herzegowina, sondern hat bei der Einrichtung der Verfassung der Islamischen Glaubensgemeinschaft in Österreich Vorbildwirkung gehabt. Auf diese Weise ist ein „österreichisch-islamisches" Modell gleichsam wieder nach Österreich zurückgekehrt.

Die Herausforderung für die österreichisch-ungarische Religionspolitik in Folge der Okkupation und späteren Annexion Bosniens und Herzegowinas war vielschichtig. Es galt einerseits, in einem Land, das seit Jahrhunderten von der islamischen Bevölkerungsgruppe dominiert worden war, ein religionsneutrales System zu etablieren, das von den Muslimen nicht als zu diskriminierend empfunden wurde. Ungeachtet der Tatsache, dass die österreichisch-ungarische Verwaltung nicht immer glücklich agierte und erst mühsam ihre Erfahrungen sammeln musste,[18] kam es in Kooperation mit den dynamischen Kräften des Landes langfristig zu einer zunehmend europäischen Ausrichtung der bosnischen Muslime.

Aber auch umgekehrt: Vor allem in der Modernisierung der Rechtsordnung ging die österreichische Verwaltung sehr behutsam vor. So wurde 1881 in einer in Wien erschienenen vierbändigen „Sammlung der für Bosnien und die Hercegovina erlassenen Gesetze, Verordnungen und Normalweisungen" eine ganze Reihe von türkischen Gesetzen in Übersetzung aufgenommen und 1883 ein systematisches Handbuch zum „Eherecht, Familienrecht und Erbrecht der Mohammedaner nach dem hanefitischen Ritus" herausgegeben. Damit sollten die Behörden in die Lage versetzt werden, „die bisher uncontrolirbare scheriatsgerichtliche Judicatur zum Zwecke einer gewissenhaften, unparteiischen Rechtspflege zu überwachen, sich von der Gesetzeskenntnis und der richtigen Anwendung der Gesetze Seitens der Scheriatsrichter zu überzeugen und bei vorkommenden Beschwerden mohammedanischer Parteien denselben nicht nur die richtige Anleitung geben, sondern auch die nothwendige Abhilfe veranlassen zu können". Interessanterweise war aufgrund dieser Sammlung für Muslime zunächst die Polygamie erlaubt; aufgenommen wurden auch das Verbot des unbefugten Betretens von Frauengemächern, Regelungen über die Ver- und Entschleierung vor Gericht (eine durchaus auch heute aktuelle Frage), ja sogar der Milderungsgrund bei Tötung von in flagranti ertappten Ehebrechern (Kornrumpf 1984: 24ff.). Es gab in Bosnien aber durchaus auch muslimische Kritiker, die der österreichisch-ungarischen Verwaltung vorwarfen, die Modernisierung nicht energisch genug vorangetrieben und auf schlechte muslimische Traditionen zu viel Rücksicht genommen zu haben (Karic 2008: 157ff.). Bemerkenswert ist schließlich auch, dass die k. u. k. Gesetzgebung für die Muslime in Jugoslawien im Wesentlichen bis nach dem Zweiten Weltkrieg weiter gegolten hat.

4.4 Die gesetzliche Anerkennung des Islams im Jahre 1912

Bereits wenige Wochen nach der Annexion Bosniens und Herzegowinas 1908 sondierten Vertreter der in Wien lebenden Muslime, ob „die Geneigtheit bestehe, dem Islam die gesetzliche Anerkennung zu gewähren".[19] Kurz darauf kam es zu einer Eingabe gleichen Inhalts seitens eines Aktionskomitees des Österreichischen Orientvereins zur Erbauung einer Moschee in Wien, datiert mit 22. Jänner 1909. Diese Eingabe verwies ausdrücklich auch auf die Absicht des Wiener Bürgermeisters Karl Lueger, für die in Wien lebenden Muslime[20] eine Moschee zu errichten. Dabei wurde auch nicht darauf vergessen, die wirtschaftliche Bedeutung eines solchen Vorgehens zu vermerken: „Aus geschäftlichen Gründen empfiehlt es sich, Rücksicht auf die Mohammedaner zu nehmen, damit sie sich in Wien wohl fühlen und hier ihre Einkäufe mit Vorliebe vornehmen."

Der Weg zum Islamgesetz

Das Ministerium lehnte die Behandlung dieser Eingabe allerdings ab, da das aus Nicht-Muslimen bestehende Aktionskomitee des Orientvereins keine Legitimation für einen derartigen Antrag auf Anerkennung besäße. Mit einer gewissen Süffisanz wird im Ministerialakt angemerkt, dass „keiner der drei gefertigten Herren[21] die Absicht kundgibt, selbst zum Islam überzutreten". Dennoch beschloss man, mit dem für Bosnien zuständigen gemeinsamen Finanzministerium Kontakt in dieser Sache aufzunehmen, das dem „Ziele einer solchen Aktion sympathisch" gegenüberstand. Im Februar 1909 trat daher eine Arbeitsgruppe unter dem Vorsitz von Sektionschef Max v. Hussarek, dem späteren Unterrichtsminister (1911–1917) und vorletzten Ministerpräsidenten von Österreich-Ungarn (25. 7.–27. 10. 1918) zusammen. Von allem Anfang war allen Beteiligten klar, dass ungeachtet der Anerkennungswürdigkeit des Islams die Anwendung des oben genannten Gesetzes von 1874 nicht in Frage kam. Als Gründe dafür wurden im Zuge der Konzeption des Islamgesetzes immer wieder genannt, dass die Bildung von Kultusgemeinden weder gegeben noch absehbar sei, und vor allem weil es an jeder gesetzlichen Bestimmung über das Eherecht der „Mohammedaner" gefehlt habe.

Damit zusammenhängend stellte Hussarek auch die Frage nach dem Umfang der Anerkennung. Es wurden Bedenken gegen eine weite Formulierung geäußert, diese „sei zu vag", weil damit „sämtliche mohammedanische Riten subsummiert werden [könnten], wogegen in Bosnien und Herzegowina nur sunnitische Mohammedaner nach hanefitischen Ritus [lebten]". Abgesehen vom unklaren Geltungsbereich, wurden in der Arbeitsgruppe weitere Argumente gegen eine weite, alle „Mohammedaner" umfassende Formulierung vorgebracht: die politische Rücksichtnahme auf das Osmanische Reich, ein möglicher Gegensatz zwischen Sunniten und Schiiten, und schließlich, dass man im Gesetz den „Europäer-Mohammedaner" gegenüber seinen anderen Glaubensgenossen durchaus bevorzugen könne; damit wurde auf die traditionelle Einordnung der hanefitischen Rechtsschule als „europäisch-islamisch" angespielt. Letztlich billigte die Arbeitsgruppe die Einschränkung auf „Anhänger des Islams nach hanefitischem Ritus". Hinsichtlich dieser Einschränkung ist eine Bemerkung des Berichterstatters im Herrenhaus noch heute interessant: Er stellte in Aussicht, dass, „wenn das Bedürfnis entstehe, eine der drei anderen Schulrichtungen des Islams anzuerkennen, jederzeit die Ausdehnung auf diese Schulrichtungen erfolgen könne". Der historische Gesetzgeber hatte also nur die Richtungen innerhalb des sunnitischen Islams vor Augen.

Aktuelle Bezüge

Hussarek wollte vermeiden, den strafrechtlichen Schutz, der die Beleidigung einer gesetzlich anerkannten Kirche oder Religionsgesellschaft zum Inhalt hatte, auf den Islam auszudehnen. Denkt man an den dänischen Karikaturenstreit im Jahr 2005, dann lassen sich in der damaligen Diskussion aktuelle Bezüge erkennen. Denn Hussarek bezog sich auf einen konkreten Fall. Darin ging es um ein Presseerzeugnis (eine christliche Missionszeitschrift), in dem Muhammad als „Lügenprophet" bezeichnet worden war. Jedoch erschien dem Vertreter des Justizministeriums dann doch eine „strafrechtliche Differenzierung zu Ungunsten des Islams und seiner religiösen Einrichtungen nicht am Platze".

Auch in einer späteren Stellungnahme des Justizministeriums finden sich einige bemerkenswerte Sätze von hoher Aktualität, denn dort sind am Vorabend des Ersten Weltkrieges Argumente der gegenwärtigen ständigen Rechtsprechung des Europäischen Gerichtshofes für Menschenrechte vorweggenommen. Damals hieß es: „Was heute als den kulturellen Anschauungen widersprechend gilt, das widerspricht ihnen nach einiger Zeit schon nicht mehr, weil man sich an das Neue und Fremdartige gewöhnt hat. Dazu kommt, daß ein Widerspruch der Lehren, Gebräuche und Einrichtungen einer Religion mit den sittlichen und kulturellen Anschauungen der Zeit zwar der Anerkennung der Religionsgesellschaft hindernd entgegenstehen kann, aber keinen Freibrief geben darf für gröbliche Verletzung der Rücksicht auf Andersdenkende. Jede vom Staat anerkannte Religionsbetätigung muß gegen gröbliche Verunglimpfung geschützt werden, weil diese die Menschen in ihren heiligsten und empfindlichsten Vorstellungen und Gefühlen trifft, die gefährlichste Reaktion auslösen kann und den öffentlichen Frieden auf das schwerste gefährden kann. Kritik und Polemik in angemessener Form werden durch den strafrechtlichen Schutz gegen Verspottung und Herabwürdigung nicht behindert oder beschränkt."

Als Nächstes wurde die Eherechtsfrage besprochen, wobei man eine auch nur teilweise Übernahme des muslimischen Eherechts als kaum durchführbar ansah und einvernehmlich feststellte, dass „das Eherecht jenes Gebiet sei, auf welchem man den Mohammedanern die allergeringsten Konzessionen machen könne". Lediglich das für Bosnien und Herzegowina zuständige Ministerium setzte sich in seiner Stellungnahme für das islamische Eherecht ein, „um den Mohammedanern die Akklimatisierung in einem vorwiegend christlichen Staate zu erleichtern". Es wurde vorgeschlagen, zumindest die Hauptgrundsätze des scheriatlichen Eherechtes in Bezug auf die Ehehindernisse und die Ehetrennung mit Vorbehalten nach dem Allgemeinen Bürgerlichen Gesetzbuch aufzunehmen. Dieser Vorstoß blieb allerdings erfolglos, und die bosnischen Muslime waren damit die Ersten, für die in Österreich die obligatorische monogame Zivilehe galt.

Es wurde aber auch Kritik an der Situation in islamisch geprägten Staaten geäußert. Dabei ging es um das islamische Recht bezüglich des Glaubensabfalls und um die osmanische Gesetzgebung, die andere Religionen immer noch diskriminierte. Auch das gegenwärtig vielfach herangezogene Argument der Reziprozität spielte eine Rolle, das im Rechtsstaat jedoch als unzulässig gilt. Man konnte es sich aber nicht verkneifen, darauf hinzuweisen, dass durch den vorliegenden Entwurf „den Anhängern des Islams eine bessere und sicherere Rechtsstellung in Oesterreich eingeräumt werde, als die hierzulande bestehenden sonstigen Religionsgesellschaften in der Türkei haben".

Schließlich lautete der § 6 Absatz 1 des Gesetzes: „Die Religionsgesellschaft der Anhänger des Islams nach hanefitischem Ritus genießt als solche hinsichtlich ihrer Religionsübung und ihrer Religionsdiener denselben gesetzlichen Schutz wie andere gesetzlich anerkannten Religionsgesellschaften"; und Absatz 2: „Auch die Lehren des Islams, seine Einrichtungen und Gebräuche genießen diesen Schutz, insoweit sie nicht mit den Staatsgesetzen im Widerspruch stehen." Ausdrücklich hielt dazu später der Bericht der Kommission des Herrenhauses fest: „Dieser Vorbehalt ist geboten, weil innerhalb des gesamten Lehrbestandes des Islams an Glaubens- und Sittenvorschriften sich manche Auffassung und mancher Satz findet, dem der volle gesetzliche Schutz wegen seines Gegensatzes zur einschlägigen staatlichen Gesetzgebung nicht eingeräumt werden kann. Es mag in dieser Hinsicht die Verweisung auf die Polygamie genügen, welche, so wenig sie tatsächlich und praktisch eine Rolle im Leben der hierzulande befindlichen Anhänger des Islams innehat, doch in thesi als rechtliche Einrichtung besteht."

Im zusammenfassenden Ministervortrag an den Kaiser vom 5. Juni 1909 werden die Bedenken wegen der Andersartigkeit des Islams relativiert: „Andererseits kann wohl, wenn auch Manches an der Religion Mohammeds dem abendländischen Kulturbewußtsein fremd gegenübersteht, wohl mit Recht behauptet werden, daß die sittlichen Grundgedanken des Islams sich keineswegs in einem ausschließlichen Gegensatze zu den moralischen und ethischen Anschauungen des Okzidentes befinden", und daher „weder die Kultusübung noch die sonstige Betätigung religiösen Lebens seitens der Bekenner des Islams in Oesterreich irgendwie Anstoß erregen oder sich in Widerspruch mit den hier herrschenden kulturellen Anschauungen setzen wird". Es wird darauf hingewiesen, dass es nicht darum gehe, bei einer „Glaubenslehre, zu welcher sich ungefähr 220 Millionen Menschen bekennen [...] aufgrund der Einzelkritik dieser oder jener Glaubenssätze, dieser oder jener Gebote" zu entscheiden, denn: „Ohne Zweifel enthalten die Schriften, aus welchen die Lehren des Islams zu entnehmen sind, Gedanken, denen auf vielen Gebieten Großartigkeit und Tiefe, Weisheit und Poesie nicht abgesprochen werden kann."

Um allfälligen Missdeutungen dieses Gesetzesvorhabens seitens der „maßgebenden römischen Kreise" entgegenzutreten, wurde der „Heilige Stuhl" vom dortigen österreichischen Botschafter in informeller, nichtamtlicher Form über das Gesetzesvorhaben informiert. Kardinal-Staatssekretär Merry del Val betrachtete in diesem vertraulichen Gespräch die legislative Maßnahme als „ziemlich selbstverständlich". Er äußerte lediglich die Erwartung, dass „eine islamitische Propaganda, die ihm allerdings wenig wahrscheinlich erscheine, nicht geduldet werden würde".

Wirkung bis in die Gegenwart

Am 15. Juli 1912 trat das Islamgesetz schließlich in Geltung. Durch das bald folgende Ende der Habsburgermonarchie ergab sich zunächst keine Notwendigkeit, die im Gesetz vorgesehene Verordnung zu erlassen. In der klein gewordenen Republik wurde am Rande die Frage erörtert, ob das Islamgesetz nicht obsolet geworden sei, denn die besonderen Voraussetzungen waren inzwischen weggefallen. Die Weitergeltung ergab sich vor allem daraus, dass das Islamgesetz für das Burgenland mit Verordnung der Bundesregierung vom 30. Mai 1924 ausdrücklich in Geltung gesetzt wurde.

Das österreichische Islamgesetz hat eine langfristige Wirkung entfaltet und in der zweiten Hälfte des 20. Jahrhunderts hinsichtlich der rechtlichen Integration von Muslimen in West- und Mitteleuropa singuläre Bedingungen geschaffen. Eine Novellierung schien bereits damals angesagt, da es vielfach an gesetzlichen Regelungen für äußere Rechtsverhältnisse fehlte, wie sie die anderen Spezialgesetze für anerkannte Kirchen und Religionsgesellschaften kennen, etwa für die Anstalts- und Militärseelsorge und für das Universitätsrecht. Bei Novellierungsvorhaben solle jedoch der jeweils gegenwärtige Gesetzgeber nicht hinter das Argumentationsniveau der Jahre 1909 bis 1912 zurückfallen, ungeachtet der veränderten gesellschaftlichen Struktur und der unterschiedlichen Herkunft der muslimischen Minderheit.

Was das muslimische Leben in der Ersten Republik betrifft, so ist vor allem auf den im Jahr 1932 von österreichischen Muslimen gegründeten „Islamischen Kulturbund“ hinzuweisen. Er hatte seinen Sitz im Café Stadelmann im 9. Bezirk und später im Arkaden-Café hinter der Universität. Der erste Präsident war der Ethnologe Leopold/Umar Rolf von Ehrenfels, der 1927 in Berlin zum Islam konvertiert war. Nach dem „Anschluss“ Österreichs an das nationalsozialistische Deutschland wurde der Islamische Kulturbund aufgelöst, Ehrenfels musste emigrieren und wurde Professor für Anthropologie in Madras, wo er sich mit der Ethnologie Indiens und der Stellung der Frau in der indischen Gesellschaft befasste.

Der prominenteste Muslim (alt)österreichischer Herkunft war Leopold Weiss (zum Folgenden insbesondere Windhager 2002), der 1900 in Lemberg als Sohn eines Anwalts aus einer Rabbiner-Familie geboren wurde und in Wien aufwuchs. Nach einer Reise nach Palästina und Kontakten vor allem mit der Lebensweise der arabischen Beduinen wandte er sich dem Islam zu. In der Berliner muslimischen Gemeinde konvertierte er 1926 zum Islam und änderte seinen Namen in Muhammad Asad. In der Folge lebte er in Saudi-Arabien (1927–1932), wurde dort zu einem engen Vertrauten Ibn Sauds, des Gründers von Saudi-Arabien, und geriet in ein Naheverhältnis zum Wahhabismus. 1932 ging er nach Indien, wo er mit Muhammad Iqbal in Kontakt stand und an der Vorbereitung der Selbständigkeit des späteren Pakistan mitwirkte. Während des Zweiten Weltkriegs lebte er in einem britischen Internierungslager. Seine Versuche, seine Familie nach Britisch-Indien zu holen, scheiterten, seine gesamte Familie kam in Konzentrationslagern um. Der Verfassungsvorschlag für Pakistan wurde im März 1948 unter dem Titel „Islamic Constitution-Making“ veröffentlicht, aber nicht übernommen. Nachdem Pakistan selbständig geworden war, erhielt Asad den ersten Pass des neuen Staates, trat 1949 in dessen diplomatischen Dienst ein und wurde 1952 pakistanischer Botschafter bei den Vereinten Nationen in New York. In der Folge zog er sich, auch aus Enttäuschung über die Entwicklungen in der islamischen Welt, zurück und starb 1992 in Andalusien; er ist am islamischen Friedhof in Granada begraben. Am 14. April 2008 wurde der Platz vor dem Haupteingang der UNO-City in Wien zu seinen Ehren Muhammad-Asad-Platz benannt.

Zurück zur Geschichte des Islams in Österreich. Nach dem Verbot des regimefeindlichen „Islamischen Kulturbundes“ durch die Nationalsozialisten im Jahr 1939 konstituierte sich mit offizieller politischer Unterstützung des NS-Regimes 1943 die „Islamische Gemeinschaft zu Wien“. Wegen der politischen Kompromittierung leitender Mitglieder des Vereins kam es 1948 zu dessen Auflösung (Balic

1995: 28). Die Betreuung der Muslime in Österreich übernahm für kurze Zeit die österreichische Zweigstelle der internationalen Organisation „Jami'at al Islam“. Dem 1951 gegründeten „Verein der Muslime Österreichs“ folgte 1962 auf Initiative einiger bosnischer Intellektueller die Gründung des „Moslemischen Sozialdienstes“. Dieser widmete sich nicht nur der sozialen, religiösen und kulturellen Betreuung der Muslime in Österreich, sondern trieb auch die Errichtung einer muslimischen Organisation gemäß Islamgesetz 1912 voran.

5 Die Islamische Glaubensgemeinschaft in Österreich

5.1 Eine öffentlich-rechtliche Körperschaft

Die „Islamische Glaubensgemeinschaft in Österreich" (IGGiÖ) genießt heute als gesetzlich anerkannte Religionsgemeinschaft die Stellung einer Körperschaft des öffentlichen Rechts. Sie gehört damit in den Kreis von Kirchen und Religionsgesellschaften, die von der großen römisch-katholischen Kirche bis zu kleinen Einheiten wie der evangelisch-methodistischen Kirche oder den Zeugen Jehovas (seit 2009) insgesamt 14 religiöse Gemeinschaften umfassen.

Zunächst setzt die gesetzliche Anerkennung seitens der betreffenden Religionsgemeinschaft voraus, dass sie den demokratischen Rechtsstaat akzeptiert. In den Erläuterungen zum österreichischen Bekenntnisgemeinschaftengesetz 1998 wird auf die prinzipielle Konformität der Anerkennungswerber mit dem gesellschaftlichen Grundkonsens und den Menschenrechten verwiesen. Für den Islam bedeutet dies die Herausforderung, die Rolle einer Körperschaft des öffentlichen Rechts in einem westlich-pluralistischen Rechtsstaat einzunehmen. Damit ist die immer wieder gestellte Frage nach der Vereinbarkeit des Islams mit einem solchen Staat rechtlich positiv beantwortet.

Diese öffentlich-rechtliche Stellung enthält das Angebot des Staates zur Kooperation, was aber auch bedeutet, dass die Religionsgemeinschaften bereit sind, die mit der Anerkennung implizit verbundenen „institutionalisierten Verfassungserwartungen des Staates" (Meyer-Teschendorf 1978: 318) zu erfüllen. Der Staat darf von den Religionsgemeinschaften Beiträge zur Bewältigung der in unserer Gesellschaft aufbrechenden ethischen Probleme erwarten sowie Kooperation im Bildungs- und Erziehungsbereich, bei der Erfüllung der vielfältigen karitativen Aufgaben und bei der Betreuung von Menschen in spezifischen existenziellen Situationen wie durch Übernahme der Kranken- und Gefangenenseelsorge.

Die Errichtung der IGGiÖ

Der Zustrom von muslimischen Studenten/Studentinnen, Flüchtlingen, Diplomaten/Diplomatinnen und Gastarbeitern/Gastarbeiterinnen vor allem in Wien ab Mitte der 1960er Jahre führte zu verstärkten Bemühungen, endlich auch eine institutionelle Verankerung der Anerkennung zu erreichen, wie das für das österreichische Religionsrecht charakteristisch ist. Am 26. Jänner 1971 hatten Vertreter des „Moslemischen Sozialdienstes" in Wien ein diesbezügliches Ansuchen gestellt.

Nach langen Verhandlungen mit dem Kultusamt konnte schließlich am 20. April 1979 der letztlich erfolgreiche Antrag gestellt werden. In den vorausgehenden achtjährigen Verhandlungen waren einige bereits aus 1912 bekannte Probleme aufgetreten, zunächst wiederum die Frage der Verfasstheit der Religionsgemeinschaft. Dieser Mangel wurde behoben, denn einerseits war im „Moslemischen Sozialdienst" eine vereinsrechtliche Basis vorhanden, an die angeknüpft werden konnte; andererseits gab es die bereits genannten islamischen Gemeinde-Statuten in Bosnien, die nunmehr als Vorbild dienten. Am 2. Mai 1979 wurden schließlich die Errichtung der ersten Kultusgemeinde aufgrund des Islamgesetzes und die Verfassung der „Islamischen Glaubensgemeinschaft in Österreich" durch Bescheid genehmigt.[22]

Weitere Klärungen

Überraschenderweise kam in den Vorverhandlungen die Frage der Polygamie nochmals ins Spiel, allerdings unter einem veränderten Blickwinkel. Nachdem die individuelle Religionsfreiheit seit der Mitte des Jahrhunderts in den Vordergrund getreten war, tauchten bei der staatlichen Behörde Bedenken auf, ob sich nicht etwa ein österreichischer Muslim der Strafverfolgung wegen Bigamie mit dem Hinweis auf seine Glaubensfreiheit entziehen könnte. Man hatte im Ministerium offensichtlich die Horrorvision, Heiratsschwindler könnten sich durch den Übertritt zum Islam der strafrechtlichen Verfolgung entziehen. Es wurden Gutachten eingeholt, eines von der Al-Azhar-Universität in Kairo und eines von der türkischen Präsidialstelle für Religionsangelegenheiten (Diyanet). Diese legten dar, dass sich ein Muslim gegenüber dem Staat nicht auf ein durch den Islam ermöglichtes Recht auf Polygamie berufen könne.

Eine weitere Schwierigkeit ergab sich aus dem Islamgesetz der Monarchie, das sich – wie erwähnt – nur auf die hanefitische Rechtsschule bezog. Die Beibehaltung dieser Einschränkung wurde vom zuständigen Ministerium durchaus sorgfältig erwogen. Auch in dieser Frage wandte man sich an die türkische Regierung. Unter Berufung auf die Stellungnahme von Diyanet vom 18. Dezember 1972 heißt es im vorbereitenden Ministerialakt aus 1979: „Tatsache ist, daß es im Islam keine Rechtsschulen (Kulte) gibt, die – wie in einigen anderen Religionen – untereinander grundverschieden wären. Die in der islamischen Welt wirksamen und unter den Namen der Hanafiten, Schafiiten, Malikiten und Hanbaliten bekannten Rechtsschulen sind allesamt rechtgläubig. [...] Die ‚Ausdehnung' auf die Nicht-Hanafiten erfolgt nicht durch den staatlichen Akt, sondern durch einen innerreligionsgesellschaftlichen Akt in Übereinstimmung mit dem Selbstverständnis des Islam. [...] Nach Auffassung der Anerkennungswerber galten dieselben Erwägungen auch für die Zwölfer-Schiiten, Ibaditen und Zaiditen."

Als der österreichische Verfassungsgerichtshof im Jahre 1987 die Wendung „nach hanefitischen Ritus" im Islamgesetz als verfassungswidrig aufhob, tat er dies noch aus einem anderen Grund: Eine solche Einschränkung sei eine für den religiös-neutralen Staat unzulässige Differenzierung und damit ein Eingriff in das Selbstbestimmungsrecht der islamischen Glaubensgemeinschaft, die daraufhin ihre Verfassung änderte. Seit damals gehören ihr „alle Anhänger des Islams an, welche in der Republik Österreich ihren Aufenthalt haben" (Verfassung der IGGiÖ Art. 1).

Die Neuwahl von 2010/11

Später, im Jahr 1999, sind verschiedene Reformen der Verfassung der IGGiÖ durchgeführt worden, die zum Ziel hatten, die Demokratisierung und Repräsentativität der IGGiÖ voranzutreiben. Vor allem wurden zwei Gremien geschaffen: ein Beirat, von den Obmännern der großen islamischen Vereine gebildet, damit diese ihre Position in die IGGiÖ einbringen können. Dazu das Schiedsgericht, das als eine Art Verfassungskontrollorgan der IGGiÖ fungiert und auch bei Streitigkeiten in Vereinen einzuberufen ist (Sticker 2008b: 6f.).

Einen wichtigen Einschnitt in der Geschichte der IGGiÖ stellten die Neuwahlen aufgrund der neuen Verfassung dar. Erarbeitung und Genehmigung dieser Verfassung haben lange Zeit in Anspruch genommen, nicht zuletzt wegen der Diskussionen um den Wahlmodus. Nach der Genehmigung am 22. Oktober 2009 wurde intensiv an der Durchführung der Neuwahlen gearbeitet. Das Wahlverfahren ist dadurch kompliziert, dass die führenden Organe in einem mehrstufigen Verfahren indirekt gewählt werden. Auch dies ist ein Versuch, der oben erwähnten komplexen Struktur der IGGiÖ Rechnung zu tragen.

Nach diesem Verfahren werden zuerst in den Religionsgemeinden in den einzelnen Bundesländern Gemeindeversammlungen gewählt, um daraus Ausschüsse von je 11 Personen zu bilden, die die Geschicke der jeweiligen Religionsgemeinde leiten. Diese Ausschüsse entsenden dann vier ihrer Mitglieder in den Schura-Rat, das gesamtösterreichische Gremium der IGGiÖ mit legislativen Aufgaben. Zusätzlich stellen je 50 Mitglieder eines Vereins einen Delegierten, der ebenfalls in den Schura-Rat entsandt wird. Der Schura-Rat wiederum wählt den Obersten Rat, das ständige Verwaltungsorgan, dessen Vorsitzender als Präsident das höchste Amt der IGGiÖ innehat. Ein Kommentar in der „Presse" vermerkte dazu: „Es ist alles sehr kompliziert, könnte man meinen. Aber eigentlich ist das auch ein Zeichen dafür, wie sehr die Muslime in Österreich verwurzelt sind."[23]

Bei der Durchführung stellte sich bereits die erste Phase, nämlich die Registrierung der Wahlberechtigten, als schwierig heraus, da die IGGiÖ selber nicht genau wusste, mit welcher Zahl sie rechnen könne. Schließlich ließen sich nach einer offiziellen Angabe der IGGiÖ 124.465 Personen als Mitglieder registrieren, von denen allerdings nur 27.095 wahlberechtigt waren, da nur sie den verpflichtenden jährlichen Mitgliedsbeitrag geleistet hatten. Bei den Registrierungen fiel auf, dass kleinere Initiativen und Einzelpersonen relativ viele Personen mobilisieren konnten.

Zur Wahl gegangen sind schließlich 20.485 Personen, also 75,6 % der Wahlberechtigten. Im Verhältnis zu den registrierten Mitgliedern, welche die Reichweite der IGGiÖ anzeigen, ist diese Zahl relativ niedrig. Über die registrierten Mitglieder hinaus sind noch einige zehntausend bisher nicht registrierte Personen anzunehmen, da Vereine häufig nur so viele Mitglieder registrieren ließen, als für das Erlangen eines Delegiertensitzes erforderlich war. Die Zahl der auf diese Weise registrierten Moscheen und Fachvereinigungen beträgt 250.

Die einzelnen Kandidaten/Kandidatinnen für die Gemeindeversammlungen in den Religionsgemeinden und die Vereine hatten sich mit Profilbögen anzumelden. Interessant ist, dass darin als bisherige Tätigkeiten zum Wohle der Gemeinschaft nicht nur solche in muslimischen Vereinen angegeben werden konnten, sondern auch darüber hinausgehende und ehrenamtliche im Dienste des Allgemeinwohls.[24] Dies lässt sich als ein Zeichen für die Einbindung der Muslime/Musliminnen in die österreichische Gesellschaft sehen.

Den Anfang bei den Neuwahlen machten 2010 Vorarlberg, Tirol, Oberösterreich, Salzburg, Niederösterreich und Kärnten. Steiermark und Wien mit den größten Religionsgemeinden folgten 2011. Im Burgenland wurden wegen der wenigen Wahlberechtigten die Delegierten ohne Wahl bestimmt.

Eindeutiger Wahlsieger waren die türkischen Organisationen, nämlich ATIB und die Islamische Föderation, die in einer Art Koalition die Leitung der IGGiÖ übernahmen. Dabei hat ATIB eher im Westen Österreichs, die Islamische Föderation im Osten, insbesondere in Wien, Mehrheiten gewinnen können; in Wien lag die Föderation vor ATIB. Trotzdem übernahm Nihat Koca, ein Vertreter von ATIB, die Leitung der Wiener Religionsgemeinde, während Fuat Sanac, der der Islamischen Föderation und damit Millî Görüş zugerechnet wird, zum neuen Präsidenten gewählt wurde. In ersten Stellungnahmen machte der Präsident deutlich, dass er sich politischer Aussagen eher enthalten wolle und sich als „österreichischer Präsident“ der IGGiÖ verstehe.[25]

Nach dem „türkischen Block“ folgten in Wien, das als Beispiel dienen mag, die arabischen Muslime, die Muslime aus der Balkanregion (Bosnien, Albanien, Mazedonien, Sandschak), die „österreichischen Muslime“ aus eher ethnisch gemischten Vereinigungen, asiatische Muslime (Bangladesch, Pakistan, Iran), Schiiten und

Salafisten. Bei den meisten Religionsgemeinden ist die Führung türkischstämmig, lediglich Kärnten bildet mit einer bosnischen Führung eine Ausnahme. Unter den gewählten 501 Delegierten finden sich 44 Frauen. Mit der Wahl von Fuat Sanac zum Nachfolger von Präsident Anas Schakfeh beginnt ein neuer Abschnitt in der Geschichte der IGGiÖ. Eine zunehmende Professionalisierung und Evaluierung von Entwicklungsaufgaben der Gemeinschaft werden die wichtigsten Zukunftsaufgaben sein, die der neue Präsident auch bereits angesprochen hat.

5.2 Auseinandersetzungen um die IGGiÖ

Auf immer wieder aufkeimende Kritik an den Wahlen in der IGGiÖ hat Anas Schakfeh in einem Interview geantwortet: „Aber ich verstehe die Diskussion nicht. Wenn die IGGiÖ transparente Wahlen durchführt, fragt man, ob sie repräsentativ sind. Andere Religionsgemeinschaften haben gar keine Wahlen, und ihre Obrigkeiten werden fast immer aus dem Ausland eingesetzt." Diese Aussage trifft in einem weiteren Sinne einen entscheidenden Punkt: Es scheint nicht zu interessieren, was die IGGiÖ macht. Für ihre Kritiker kann dies nur negativ sein, selbst wenn die Praxis anderer Religionsgemeinschaften überboten wird. Dieses Phänomen zeigt sich z. B., wenn Muslimen/Musliminnen vorgeworfen wird, sie würden sich nicht ausreichend von Gewaltakten durch Extremisten distanzieren. So scheint die offizielle Erklärung von Anas Schakfeh vom 1. Jänner 2011, dass die IGGiÖ „den mörderischen Anschlag durch eine Autobombe auf hunderte koptische Kirchgänger in Alexandria in Ägypten"[26] verurteile, inzwischen aus dem öffentlichen Bewusstsein verschwunden zu sein.

Streit um Kompetenzen

Auseinandersetzungen um die IGGiÖ beruhen auch auf innermuslimischen Konflikten, die manchmal von persönlicher Art sind. Die folgende Darstellung beschränkt sich auf eine Beschreibung, ohne zu beurteilen, wer im Recht oder Unrecht ist. Die Spannungen hatten von allem Anfang an meist ihre Ursachen in den unterschiedlichen ethnischen Traditionen der Muslime/Musliminnen bzw. in den politischen Entwicklungen in den Herkunftsländern.

Mitte der 1980er Jahre wurde beim Verfassungsgerichtshof gegen einen Bescheid des zuständigen Bundesministers Beschwerde erhoben. Dieser Bescheid nahm die Abwahl des im Amt befindlichen Präsidenten durch eine, diesen ablehnende Gruppierung innerhalb der IGGiÖ nicht zur Kenntnis. Die Beschwerdeführer brachten vor, dass eine staatliche Behörde dazu keine Kompetenz habe, da es sich um innere

Angelegenheiten einer gesetzlich anerkannten Religionsgesellschaft handle, die der Staat sehr wohl zur Kenntnis zu nehmen habe, ohne sich durch Ablehnung einzumischen. Der Verfassungsgerichtshof bestätigte jedoch die Auffassung des Ministeriums, dass Wahlen dann nicht für den staatlichen Bereich gelten dürfen, wenn sie – wie im gegenständlichen Fall – unter grober Missachtung der Bestimmungen der Verfassung der betreffenden Glaubensgemeinschaft erfolgt waren.

Auch der Vorwurf, die IGGiÖ erhebe einen Anspruch auf Alleinvertretung der Muslime/Musliminnen in Österreich, rief bereits in den 1980er Jahren innermuslimische Kritik hervor. Insbesondere türkisch-muslimische Vereine bestritten die Kompetenzen der IGGiÖ bei der Gestaltung des Lehrplans für den Religionsunterricht oder bei der Anerkennung von Imamen. Diese Kritik, die vor allem vom türkischen ATIB ausging, hatte aber nicht nur negative Folgen; das sehen auch manche Muslime so: „Die öffentlich-mediale Diskussion über die IGGiÖ […] zeigt, dass verschiedene Verbände wie die ATIB, heute in der Lage sind, mit den deutschsprachigen österreichischen Medien zu arbeiten, sie als Sprachrohr ihrer oppositionellen Politik gegen die IGGiÖ zu benutzen und andererseits mit der IGGiÖ kooperieren. Das lässt vermuten, dass die MuslimInnen sich ihrer demokratischen Mittel der Politikgestaltung bewusster werden, was u. a. auf die zivilgesellschaftliche und politische Tätigkeit mit und durch die IGGiÖ zurückzuführen ist. Dementsprechend werden die MuslimInnen/der Islam als selbstverständlicher Teil der österreichischen Gesellschaft wahrgenommen. Ebenso wie österreichische Parteien und anerkannte Kirchen kritisiert werden, wird auch die IGGiÖ kritisiert. […] Dieser dialektische Prozess der Kritik bringt eine gewisse ‚Verösterreicherung' mit sich. Islam ist daham und nicht mehr weit weg" (Hafez 2009c: 24f.). Darüber hinaus kann man davon ausgehen, dass sich das Verhältnis zu den großen türkischen Verbänden mit der neuen Führungskonstellation der IGGiÖ ändern wird.

Formen der Mitgliedschaft

Die Art der Mitgliedschaft in der IGGiÖ entspricht einer ex-lege-Mitgliedschaft nach dem Vorbild staatlicher Selbstverwaltungseinrichtungen mit öffentlich-rechtlicher Stellung wie z. B. den Kammern. Nun ist aber deren Merkmal der „durchgehenden Entscheidungsverknüpfung" bei Religionsgemeinschaften meist nicht vorhanden (Luhmann 1977: 295). Daher wird die Unterscheidung zwischen einer „erworbenen und bejahenden Mitgliedschaft" und einer „zugeschriebenen Mitgliedschaft" (Preul 1997: 208) zu einer fundamentalen Frage.

In diesem Sinne wurde auch der Umstand der ex-lege-Mitgliedschaft der Muslime/Musliminnen in der IGGiÖ insbesondere vor dem Hintergrund ihrer ethnischen und theologischen Diversität zu einem immer wieder benutzten Angriffspunkt. Verschiedene Gruppen aus dem alevitischen und schiitischen Spektrum wie auch gesellschaftspolitische Initiativen und Gruppen protestierten in der Öffentlichkeit gegen den Alleinvertretungsanspruch der IGGiÖ. In der Rolle der öffentlichen Kritiker hat sich besonders das so genannte „Islamische Informations- und Dokumentationszentrum“ (IIDZ) hervorgetan, das immer wieder auch durch Presseaussendungen auffiel und regelmäßig Appelle an staatliche Institutionen richtete, die IGGÖ als Institution überhaupt aufzulösen. Diese Auffassungen fanden auch in einer Vielzahl von Verfahren ihren Niederschlag, den das IIDZ gegen die IGGiÖ und deren Glaubensgemeinden in den letzten Jahren, allerdings regelmäßig erfolglos, angestrengt hat (vgl. Hafez/Potz 2009).

Bei dieser Kritik wurde freilich übersehen, dass die IGGiÖ bereits durch die Verfassungsreformen von 1999 ihre Basis durch Kooperation mit den Verbänden verbreitert hatte. Damals waren im Beirat etwa 20 Verbände vertreten, „darunter auch jene, die die letzten Wahlen im Jahre 2001 boykottiert hatten wie etwa die ATIB“ (Hafez 2009c: 19). Einen Eindruck von der Basis der IGGiÖ gibt eine Erklärung vom 9. Februar 2009, in der sich etwa 50 muslimische Dachverbände, Vereine und Moscheegemeinden hinter den Repräsentationsanspruch der IGGiÖ stellten. Wenn auch das Gewicht der einzelnen Vereinigungen höchst unterschiedlich ist, lässt sich doch daran ablesen, dass die IGGiÖ bereits vor den Neuwahlen über eine Kerngruppe hinaus über eine breitere Akzeptanz verfügte, als in der Öffentlichkeit kolportiert.

Durch die jüngsten Wahlen dürften die kritischen Stimmen verstummen, denn durch das bereits geschilderte Wahlverfahren aufgrund der neuen Verfassung kam es zu einer weiteren Stärkung der muslimischen Vereine, für deren Mitglieder die Registrierung in der IGGiÖ offensteht. So lassen sich die Auseinandersetzungen um die IGGiÖ sowie um ihre Aktivitäten auch als Ausdruck eines Erfolges sehen, selbst wenn dieser den Beteiligten zuweilen als Belastung erscheinen mag, was manchmal zu heftiger innermuslimischer Abwehr und Kritik führen kann. Der Wandel zu einem türkischen Gesicht der IGGiÖ bringt auch einen Wandel der Kritiken mit sich: Jetzt melden sich türkische Organisationen mit Kritik an der neuen Führung zu Wort.

Imamekonferenzen

Auf Anregung der IGGiÖ und mit staatlicher österreichischer Förderung kam es seit einigen Jahren zu europäischen Imamekonferenzen. Die erste fand 2003 in Graz mit europäischer Beteiligung statt, es folgten zwei Konferenzen in Wien 2006 und 2010; dazwischen gab es 2005 in Wien eine österreichische Imamekonferenz. Wenn auch teilweise die Bedeutung dieser Konferenzen bestritten wird (Hofbauer

2009: 173f.), sind doch eine Vielfalt von religiösen und politisch aktuellen Themen diskutiert und einige bemerkenswerte Erklärungen verabschiedet worden.

Die Konferenz in Graz 2003 befasste sich z. B. mit der Standortsbestimmung der Muslime in Europa und hob die eigene, selbständige Identität der europäischen Muslime/Musliminnen hervor. Thema waren auch theologische Reflexionen zur Begründung der Vereinbarkeit von Islam mit Demokratie, Rechtsstaatlichkeit, Menschenrechten und Pluralismus sowie praktische Konsequenzen für die Arbeit der Imame als Multiplikatoren und Träger besonderer Verantwortung in Bildung und Erziehung. Dazu kamen Überlegungen zur Gestaltung der Beziehungen von in Europa lebenden Muslimen/Musliminnen zu den anderen Religionsgemeinschaften und zu den Bürger/innen anderer Weltanschauung im Sinne des Dialogs und des friedlichen Zusammenlebens. Man begann, eine kanonische rechtliche Ordnung für Muslime in Europa zu formulieren auf der Basis der islamischen Disziplinen *fiqh al aqaliat* (Rechtsauslegung in der Minderheitensituation)[27] und *fiqh al aulawiat* (Rechtsauslegung unter Berücksichtigung der Prioritäten)[28], wobei die Konferenz einen Baustein darstellt. Betont wurden auch der vom Islam prinzipiell postulierte mittlere Weg (*wasatiya*)[29] und eine gemäßigte Religiosität (*i'tidal*) unter Distanzierung von jeglicher Radikalität und von Fanatismus. Eine klare Ablehnung erfuhr die traditionelle Trennung der Welt in ein „Haus des Islams" (*dar al-islam*) und ein „Haus des Krieges" (*dar al-harb*). Diese Linie wurde 2005 für Österreich bestätigt und dabei die Unabhängigkeit der IGGiÖ unterstrichen (Imamekonferenzen: Internet).

Bei der Tagung in Wien 2006 wurden bestehende Schwierigkeiten und notwendige Anstrengungen in Bezug auf die Akzeptanz von Muslimen/Musliminnen in der Mehrheitsgesellschaft angesprochen. Muslime/Musliminnen sollten sich aber als aktiver Teil europäischer Gesellschaften verstehen. Als Voraussetzung dafür wurden insbesondere die Verstärkung von Bildung und die Ablehnung von antimuslimischem Rassismus genannt. Extremistische Gewaltakte erfuhren eine deutliche Zurückweisung, zusammen mit der Forderung, dagegen Initiativen zu setzen. Forderungen bezogen sich auch auf die Gleichstellung von Männern und Frauen, auf die Unterscheidung von Religion und Tradition, auf die Entwicklung von Perspektiven für Jugendliche und auf die Verwendung der jeweiligen Landessprache in Jugendorganisationen. Hinzu kam die Suche nach Ansätzen zu einer islamischen Umweltethik, ein Thema, das inzwischen in universitären Arbeiten aufgenommen wurde.

Zu dieser Konferenz waren schiitische Vertreter nicht eingeladen worden, was bemängelt, jedoch für die Konferenz 2010 behoben wurde. Allerdings scheint es damals nicht gelungen zu sein, türkische Vereinigungen repräsentativ einzubinden. Im Zentrum der einleitenden Vorträge stand die Frage nach muslimischen Beiträgen zur gemeinsamen Zukunft Europas. Die Abschlusserklärung erneuerte den

Aufruf, den „Weg der Mitte" nicht zu verlassen. Außerdem sollen die Imame nicht nur seelsorgerlich tätig sein, sondern in den Moscheegemeinden auch soziale Arbeit leisten; ebenso wird die Vertrautheit mit den jeweiligen Landeskulturen verlangt. Als Ziel hielt die Konferenz die aktive Beteiligung der Muslime/Musliminnen an der Entwicklung der europäischen Gesellschaften fest.

Die IGGiÖ und die verschiedenen islamischen Verbände

Wie auch anlässlich der Neuwahlen wiederum deutlich wurde, kommt den muslimischen Verbänden eine große Bedeutung zu: „Die Rolle von Mitgliedern, die außerhalb von Verbänden organisiert sind, ist sehr gering, da die bundesweiten Organe der IGGiÖ indirekt über die regionalen IRG (Islamische Religionsgemeinde) gewählt werden. Dadurch, dass der Gemeindeausschuss der IRG auf der Basis von Wahllisten gewählt wird, bedeutet dies, dass v. a. muslimische Verbände eine bedeutende Rolle spielen" (Hafez 2009c: 17f.). Inzwischen sind die Verbände stärker in die IGGiÖ eingebunden.

Hafez gibt in einer vorsichtigen Schätzung lediglich 27.000 bis maximal 47.000 Personen an, die von den Verbänden angesprochen werden können (Hafez 2009c: 18). Schließt man weitere Familienmitglieder ein, lässt sich noch eine höhere Zahl annehmen, als von Kritikern kolportiert wird, die zumeist von den Einzelmitgliedern ausgehen, um dann wegen deren geringer Zahl die IGGiÖ als nicht repräsentativ zu kritisieren. Die oben genannten Zahlen registrierter Wähler/innen bei den letzten Wahlen geben einen Eindruck des Einzugsbereichs der IGGiÖ.

Ein typisches Problem für Minderheiten, insbesondere mit „Migrationshintergrund", ist die Instrumentalisierung von Religion für die Erhaltung einer „Herkunftsidentität", was auch für Personen gilt, die der Religion mehr oder weniger fernstehen. Für diesen Personenkreis werden Religionsgemeinschaften dann interessant, wenn sie – wie in Österreich – einen besonderen rechtlichen Status besitzen. Dies kann dazu führen, dass auch religiös Fernstehende Partizipationsmöglichkeiten einmahnen, was in Bezug auf die katholische Kirche oder die evangelischen Kirchen wohl niemandem in den Sinn käme.

Jedenfalls wird versucht, das komplexe Geflecht von ethnischen, religiösen und Verbandszugehörigkeiten der muslimischen Gemeinschaften innerhalb der Strukturen adäquat abzubilden: „Die muslimischen Verbände sind allesamt von MigrantInnen gegründet worden. Dementsprechend stellt der innerverbandliche Fokus auf das ursprüngliche ‚Heimatland' bzw. ‚Ursprungsland' eine Normalität dar. Die Einbindung der Verbände in die Organisationsstruktur der IGGÖ forciert die muslimischen Verbände, gemeinsame Positionen im österreichischen Kontext auszuarbeiten, wie es im Rahmen der beiden Europäischen Imamekonferenzen und bei der

Österreichischen Imamekonferenz der Fall war. Die vermehrte Beschäftigung der VertreterInnen der muslimischen Verbände mit dem österreichischen politischen System vermindert die Orientierung an religiösen und gesellschaftlichen Diskursen in den Ursprungsländern dieser Verbände und stellt diese vermehrt in den Kontext des politischen Systems Österreichs im weitesten Sinne. Diese Kontextualisierung stärkt wiederum eine Österreich-Zentrierung [...]" (Hafez 2009c: 22).

Gerade diese, zumindest partielle und wie alle menschlichen Handlungen unvollkommene Orientierung in Richtung Partizipation an der österreichischen Gesellschaft dürfte die bemerkenswerteste Leistung der IGGiÖ sein, insbesondere während der Präsidentschaft von Anas Schakfeh. Dies verweist auf die Notwendigkeit des Zusammenspiels von geeigneten gesetzlichen Rahmenbedingungen, eines Interesses staatlicher Stellen und der muslimischen Gemeinschaften und Individuen für die Einleitung eines gelingenden Integrationsprozesses in europäischen Gesellschaften.

In welcher Form sich die Partizipation weiterentwickelt, wenn politische Initiativen, insbesondere diejenige des Innenministeriums für einen institutionalisierten Islamdialog, in die Tat umgesetzt werden, wird die Zukunft erweisen.

6 Islamische Strömungen, Einrichtungen und Gruppierungen

6.1 Individualisierungsprozesse

Bevor wir uns dem organisierten Islam zuwenden, muss festgehalten werden, dass es zahlreiche Muslime/Musliminnen in Österreich gibt, die ihren Glauben nicht in einem organisierten Verband, Verein o. Ä. leben.[30] Sie praktizieren einen persönlich geprägten Islam, orientieren sich z. B. an ihrem eigenen Verständnis des Korans, ohne die Auslegungen anderer als autoritativ anzuerkennen. In der eingangs zitierten Untersuchung zur Lage der deutschen Muslime/Musliminnen findet sich eine Zahl von ca. 14 %, die in Verbänden und Gemeinden aktiv sind (Haug/Müssig/Stichs 2009: 170). Für Österreich dürfte man von einem ähnlichen Prozentsatz von Aktiven ausgehen können.

„Auswahlmuslime"

Aber nicht nur das: Die eingangs angesprochene Individualisierung der Entscheidung für eine bestimmte Religion anstelle des Hineingeborenseins in eine Religion kann bedeuten, religiöse Traditionen nur zu besonderen Gelegenheiten zu pflegen und sie eher als kulturelles Erbe zu sehen. Dieses Phänomen hat nun auch den Islam erreicht. Daher gibt es zunehmend auch Muslime/Musliminnen, die in der Art von „Taufscheinchristen" den Regeln ihrer Religion nur fallweise entsprechen. In Anlehnung an den von Paul Zulehner geprägten Begriff der Auswahlchristen (Zulehner 1981) ließe sich von „Auswahlmuslimen" sprechen, oder in Anlehnung an den Begriff „Kulturprotestantismus" von „Kulturmuslimen" (Strobl 1997: 85). Man wird dabei allerdings die unterschiedlichen identitätsstiftenden Bedeutungen (etwa Türke = Muslim, aber auch Serbe = orthodox) sowie auch die Minderheitensituation im Auge behalten müssen. Neben dem von der britischen Religionssoziologin Grace Davie für England nach 1945 festgestellten *believing without belonging*, zeichnet sich gerade in solchen Situationen ein *belonging without believing*[31] ab, ein Dazugehören ohne zu glauben. Von außen betrachtet, verbietet sich ein Urteil darüber, wer als Muslim/in gelten könne, vielmehr sollte das Selbstverständnis der Betroffenen beachtet werden: „Für die Definition, wer MuslimIn sei, sei die Unterscheidung danach, ob er/sie praktizierende/r MuslimIn oder nicht sei, unangebracht und erzeuge einen falschen Gegensatz. Vielmehr sei gefragt, wer sich als MuslimIn fühle (‚who feels Muslim'), unabhängig davon, in welchem Ausmaß die Person sich an Glaubensprinzipien hält oder nicht" (Ornig 2006: 73).

Einige Interviewsplitter mögen die Situation beschreiben (alle aus: Petsovits 2007):

„Weil ich selbst wissen wollt, was heißt das, wenn ich Moslem bin oder was ist der Islam. [...] und so bin ich persönlich nie auf etwas jetzt im Koran gestoßen, wo ich sagen würde, das kann so in der Form nicht stimmen." „Ich respektiere jeden Menschen, der an seine Religion glaubt, ich respektiere genauso Menschen, die vielleicht an gar nichts glauben, und nur an irgendeine hohe Kraft. [...] wenn ich dich so akzeptiere wie du bist, dann erwartet man [...], der Moslem erwartet, dass er auch so akzeptiert wird wie er ist. [...] Es ist etwas Wunderbares, wenn du an etwas glaubst. Und das sollte man keinem Menschen zerstören." „[...] weil in Gottes Augen ist der Mensch der Mensch [...] egal ob Frau oder Mann. In unserer Religion heißt es, wir sind alles Gottes Diener. Alle! Ob ich jetzt ein männlicher Diener bin oder ein weiblicher, das macht keinen Unterschied vor Gott." [...] „Also es sind wirklich viele Muslime schon, die einfach ihr Leben in Österreich schon sehen. Nicht einfach sagen, O. K. sie sind jetzt nur in Österreich, um zu studieren oder um Geld zu verdienen, und sie gehen sowieso in ihr Land zurück. Sondern viele haben schon ihre Wurzeln [...], sehen schon ihre Wurzeln als Österreicher und tun ihr Leben auf Österreich aufbauen." „Es wäre eine Lüge, wenn ich sagen würde, ich war noch nie bei McDonalds. [...] Es schmeckt mir halt, ich esse es, und es steht nicht ganz groß angeschrieben dort: Schweinefleisch." „[...] wo ich beim Bundesheer war, eine Gruppe von zehn Moslems, wir sind zum Beispiel auch alle in ein Zimmer gelegt worden, hat gar nicht zur Diskussion gestanden, dass wir das irgendwie nach Zufallsprinzip wie bei allen anderen auch aufteilen."

Generationenwechsel

Das soll nicht heißen, dass alle nicht organisierten Muslime/Musliminnen nun in Glaubensdingen lax wären. Aber die Frage, welcher Islam gemeint ist, wenn über Muslime/Musliminnen gesprochen wird, lässt sich angesichts der großen Heterogenität der Auffassungen in der zweiten und den nachfolgenden Generationen und bei Konvertiten/Konvertitinnen schwer beantworten: „Denn, wenn auch der in den Familien vermittelte Islam überwiegend an das traditionelle, herkunftsethnische Verständnis von Religion gekoppelt ist und die Familie die zentrale Institution bleibt, entwickeln sich Gläubigkeit und Zugehörigkeit in der zweiten Generation sehr unterschiedlich." Einige versuchen, den ihnen vermittelten Islam so aufrechtzuerhalten, wie sie ihn kennengelernt haben. „Bei anderen kommt es zu einer stärkeren Generationenaufspaltung gegenüber den Eltern, und sie entwickeln ein eigenes Verständnis davon, was Religiosität bedeutet, und welche Inhalte ihr Glaube haben soll – sie wenden sich stärker der Religion zu oder eher davon ab, legen auf einige Dimensionen der Religion stärker Wert als auf andere." Einige wenden sich einer eher intellektuellen Beschäftigung mit den religiösen Quellen zu, wobei die verwendete Literatur und andere Quellen höchst unterschiedliche Qualität haben können. „Auch von einigen in der Kindheit religiös sozialisierten Befragten wird aber mit fortschreitendem Alter, insbesondere aber in der Adoleszenz, nach alternativen Angeboten der Sinnstiftung gesucht, und es kommt zu Formen der religiösen ‚Bricolage', eine Art Flickwerk religiöser Elemente und des interreligiösen Verständnisses von Transzendentem [...]. Ihr Glaube ist individualisiert, sie haben keine klassische Zugehörigkeit zu institutionalisierten religiösen Kollektiven" (Ornig 2006: 268f.).

Der Soziologe Khorchide analysiert: „Es ist sicherlich ein Verkennen der Realität, wenn Muslime der zweiten Generation lediglich aufgrund des Grads der Bindung an die Religion in die Kategorien ‚traditionell' und ‚modern', oder gar ‚integriert' oder ‚nicht integriert' unterteilt werden. Um die Frage der Integration der Muslime in die europäischen Gesellschaften objektiv beantworten zu können, müssen einerseits auch andere Indikatoren der Religiosität herangezogen bzw. individuelle Interpretationen berücksichtigt werden; andererseits müssen auch die realen Lebensverhältnisse der Jugendlichen untersucht werden, da Religiosität nur einer von vielen Einflussfaktoren ist" (Khorchide 2007: 243). Solche meist jungen Muslime/Musliminnen durchleben etwas, das als „innere" Konversion bezeichnet werden kann, die aktive Zuwendung zum Islam nach einer Lebensperiode, in der die Religion höchstens unbewusst präsent war.

Auch eine explizite Abwendung vom Islam als Religion kommt vor, ein Vorgang, der häufig in der Diskussion um Muslime/Musliminnen wenig Beachtung findet (Ornig 2006: 226, 269). So gibt es inzwischen einen österreichischen Ableger des deutschen Zentralrates der Ex-Muslime. Kritisch äußert sich ein Artikel über die Gründungsversammlung: „‚Die Gefahr besteht darin, dass sie, anstatt Teil der Lösung zu werden, Teil des Problems bleiben und auf muslimischer Seite keine selbstkritischen Debatten auslösen, sondern nur Abwehrreaktionen hervorrufen.' Diesen Satz schrieb die Süddeutsche Zeitung einmal über die holländische Islamkritikerin Ayaan Hirsi Ali und ihre Mitstreiter. Er könnte sich aber ebenso gut auf den neuen Zentralrat beziehen. Denn wie dessen Exponenten da so im Republikanischen Club sitzen und gegen den Islam rasen, erwecken sie nicht den Eindruck, als würden sie für die 95 Prozent der heimischen Muslime sprechen, die keine Moschee besuchen, sondern für jene 30 Prozent Österreicher, die laut Umfragen nicht neben Muslimen leben wollen."[32]

6.2 Größere Verbände und Gemeinschaften

Bei den Verbänden und Vereinen, die in diesem Kapitel vorgestellt werden, ist zu bedenken, dass viele in einem Feld politischer und religiöser Auseinandersetzungen agieren, die eine nüchterne Betrachtung äußerst erschweren. Wenn es notwendig ist, werden wir darauf hinweisen. Für die islamischen Vereinigungen kann zum Teil festgestellt werden, dass sie den Kontakt zur zweiten und dritten Generation manchmal etwas verlieren, oder diese Verbindung lockerer wird; es gibt aber Bestrebungen, solche Tendenzen zu stoppen. Damit wird es immer schwieriger, die Entwicklung des Islams in Österreich zu beschreiben, da sich auch im islamischen Kontext eine stärker werdende Individualisierung von Gläubigkeit feststellen lässt.

Unter diesem Kapitel werden die unterschiedlichen Verbände, Gruppierungen und Strömungen aufgeführt, zusammengefasst und nach der Größe und dem Umfang ihres Vertretungsanspruches geordnet. Ist der Anspruch eher auf spezifische Interessen gerichtet, werden sie in einer gesonderten Gruppe erfasst. Die Reihung innerhalb der Gruppen erfolgt alphabetisch. Besondere Strömungen und Phänomene wie der Dschihadismus, Salafismus und Sufismus werden ebenfalls getrennt betrachtet. Eine eigene Sondergruppe bilden Gemeinschaften, die sich in ihrem Selbstverständnis auf islamische Wurzeln beziehen, jedoch nicht den islamischen Hauptrichtungen zuzurechnen sind. Dazu gehören insbesondere die Aleviten/Alevitinnen, aber auch in Österreich wenig präsente Gemeinschaften wie die Ahmadija, die Drusen oder die Alawiten, die sich von den Aleviten unterscheiden (Puchberger 2004: 81ff.).

▶ Türkisch-Islamische Union für kulturelle und soziale Zusammenarbeit in Österreich (ATIB)

Der österreichische Dachverband von türkisch-islamischen Moscheevereinen, ATIB (*Avusturya Türk İslam Kültür ve Sosyal Yardımlaşma Birliği*), ist eine der drei großen religiös orientierten türkischen Vereinigungen im Lande. Diese österreichische Auslandsvertretung der türkischen Präsidialstelle für religiöse Angelegenheiten (*Diyanet İsleri Baskanlığı*) wurde erst 1990 gegründet. Als Präsident fungiert der Religionsattaché der türkischen Botschaft, also ein Diplomat, der Ankara direkt untersteht. Seit der Mitte der 1970er Jahre hat der türkische Diyanet begonnen, die Nachfrage in den türkischen Vereinen durch die Entsendung von Imamen nach Europa zu beantworten. Ein wichtiger Anstoß war auch die Aktivität anderer türkischer Vereine, die dem türkischen Staatsmodell ablehnend gegenüberstanden. Die Imame kamen für eine begrenzte Zeit nach Europa, z. B. für islamische Festzeiten wie den Ramadan oder das Opferfest. Zu Anfang waren es maximal sechs

Monate. Es folgte eine Verlängerung auf ein Jahr und weiter bis zu fünf Jahren. Aktuell wird von etwa sechzig entsandten Imamen gesprochen.

Die Aufgabe von ATIB besteht darin, die Moscheevereine untereinander zu vernetzen. Für die Gründungszeit von ATIB geht man von 31 Mitgliedsvereinen aus, 2009 von 57. Inzwischen werden sogar 60 Einrichtungen genannt, bei denen 25.000 Familien eingetragen sind und 80.000 regelmäßige Besucher.[33] ATIB präsentiert sich in erster Linie als unpolitische Organisation, die sich lediglich kulturellen, religiösen und sozialen Belangen der türkischen Muslime/Musliminnen widmet; dies wird mit der Pflege der „türkischen Identität" verbunden. Charakteristisch für die Positionierung von ATIB sind auch Versuche, dem Islam in Österreich ein türkisches Antlitz zu geben. Die prinzipiell durchaus berechtigte Kritik an der Unterrepräsentanz von ATIB in der IGGiÖ wurde allerdings manchmal mit unrealistischen Zahlen hinsichtlich des Anteils der türkisch-stämmigen Muslime/Musliminnen in Österreich zu untermauern versucht (Reiser 2000: 199, wonach ein Vertreter von ATIB diesen Anteil mit 95 % beziffert hat).

Angesichts recht nationalistischer Äußerungen türkischer Politiker in der letzten Zeit und der Kritik an der Anbindung an die Türkei betont ATIB die Unabhängigkeit von türkischen Stellen. Vor allem sei zwischen religiösen Aufgaben und Integrationsaufgaben zu trennen: „ATIB ist nicht in erster Linie ein Integrationsverein", betonte der jetzige Vorsitzende, Seyfi Bozkus.[34] „Die Botschaft aus der Türkei lautete: ‚Man soll uns ernst nehmen, aber wir mischen uns in Österreich nicht ein', bestätigt Ednan Aslan, Professor für Islamische Religionspädagogik an der Universität Wien."[35]

In den angeschlossenen Moscheegemeinden werden verschiedene Dienste zur Verfügung gestellt, die der türkisch-muslimischen Gemeinschaft nützen sollen. Dazu gehören auch öffentliche Veranstaltungen wie Vorträge und *Iftar*-Essen zum Fastenbrechen. Die religiösen Dienste umfassen die Bereitstellung von Räumen für das Gebet, die religiöse Unterweisung und Koranunterricht sowie Unterstützung bei Wallfahrten und Todesfällen. Eine der wichtigsten Serviceleistungen dürfte immer noch der Rückführungsfonds für Verstorbene sein. Gegen Einzahlung einer bestimmten jährlichen Summe wird zugesagt, die sterblichen Überreste der Versicherten an jeden beliebigen Ort in der Türkei zu überführen – und dies rund um die Uhr. Die Jugend- und Frauenarbeit wurde in den letzten Jahren weiter verstärkt.

Seit einigen Jahren bemüht sich ATIB in besonderem Maße um die Errichtung von Moscheen und islamischen Kulturzentren, die repräsentativer und sichtbarer sein sollen als die bisherigen. Das gelingt aber nur bedingt, wie sich anlässlich verschiedener Konflikte gezeigt hat. Allerdings bemüht sich ATIB in immer höherem Maße um Kommunikation mit den Nachbarn, was anscheinend teilweise hilft, Ängste zu mindern.

ATIB konnte zwar mit den Wahlen zur IGGiÖ 2011 zur führenden Kraft aufsteigen, verzichtete aber auf die Besetzung des Präsidentenamtes, um stattdessen die Leitung der Religionsgemeinde Wien zu übernehmen. Angesichts der großen Bedeutung wäre eine bessere Kenntnis dieser Organisation wünschenswert, aber der Verband wurde bisher relativ wenig untersucht. Allerdings scheint die Kontaktaufnahme nicht immer einfach, wie Reiser in seiner Arbeit berichtet; ein Gespräch mit Vertretern von ATIB habe „Hartnäckigkeit und Geduld" verlangt (Reiser 2000: 193).

Bosnische Muslime

Der bosnische Islam ist für die Muslime/Musliminnen in Österreich seit langem von großer Bedeutung; dennoch konnte diese Minderheit bislang ebenso wenig empirisch untersucht werden wie andere Teile der österreichischen muslimischen Minderheit. Bosnische Muslime waren wesentlich an der Etablierung des „Moslemischen Sozialdienstes" 1962 beteiligt, u. a. mit Persönlichkeiten wie Smail Balić (gest. 2002), der viele Jahre als Bibliothekar in der Österreichischen Nationalbibliothek arbeitete.

Eine erste Welle von bosnischstämmigen Muslimen/Musliminnen kam im Zuge der Anwerbung jugoslawischer Gastarbeiter nach Österreich, eine zweite aufgrund der Flüchtlingswelle infolge der Bürgerkriege im ehemaligen Jugoslawien. Die Fragmentierung Bosniens im Bürgerkrieg führte zur Gründung von separaten Vereinen für Kroaten (mehrheitlich römisch-katholisch), Serben (mehrheitlich orthodox) und Muslimen: „Für religiöse Aktivitäten bosnischer Muslime ist der 1992 gegründete Bosnisch-islamische Religions- und Kulturverein (*Džemat* Innsbruck) anzuführen, der Teil der Bosnisch-islamischen Vereine (*Islamska Zajednica u Bosni u Herzegovinci*) in Österreich ist. [...] Im Verlauf der 1990er Jahre entstanden weitere bosnische Vereine, die nach dem jeweiligen Herkunftsort ihrer Mitglieder oftmals einen starken Regionalbezug ihrer Mitglieder zu Bosnien und Herzegowina aufweisen" (Tomenendal/Doğan/Heuberger 2010: 55). Mit Ende des Krieges in Bosnien stellten auch etliche Vereine ihre Tätigkeit ein. Es gibt einige Versuche, die bestehenden bosnischen Moscheevereine zu sammeln, sie sind aber bis jetzt wenig effektiv.

Generell erscheint die bosnisch-islamische Landschaft in Österreich nicht sehr gut organisiert. Manche Gebildeten üben scharfe Kritik an der Qualität der Arbeit in den Moscheevereinen. Einige Moscheevereine bemühen sich nachdrücklich um die Schaffung eines ausgeglichenen Verhältnisses zwischen dem Bezug nach Bosnien und dem Leben in Österreich. Dies gilt besonders für die Jugendlichen, von denen es z. B. in Wels heißt, sie hätten die Einführung von Freitagsansprachen in deutscher Sprache begrüßt. Am Beispiel einer Linzer Moschee werden von einem Bosnier zwei Gruppen unterschieden: „Zu der einen Gruppe zählen jene, die sich assimilieren wollen, und zwar nicht nur durch den Erwerb der deutschen Sprache, sondern auch dadurch, dass für sie die Zugehörigkeit zum Islam primär kulturelle Bedeutung besitzt – ähnlich den ‚Taufscheinchristen' –, die aber nicht regelmäßig beten oder andere Gebote des Islam einhalten. Die Angehörigen der zweiten Gruppe verstehen sich als ‚fromme Muslime' – sie halten sich an die Gebote des Islam" (Tomenendal/Doğan/Heuberger 2010: 158).

In Wien gibt es sechs Moscheen/Gebetsräume und drei eher nicht religiöse Kulturvereine; eine von den Moscheen wird aus Serbien stammenden Muslimen/Musliminnen zugerechnet. Zwei weitere anerkennen die bosnische Rijaset (religiöse Führung) nicht und bilden eine Art Opposition. Sie werden von anderen als wahhabitisch bezeichnet, weil sie zum Teil ein extremistisches Islamverständnis propagieren. Finanziert werden alle diese Vereine durch Spenden, Beiträge einiger Geschäftsleute und jährliche Vereinsbeiträge.

Der bosnische Islam kann als eigenständige europäische Gestalt des Islams gelten. Dieser Anspruch wird auch von führenden muslimischen Repräsentanten in Bosnien offensiv vertreten: „Für Kontakte in religiös-spiritueller Hinsicht nach Bosnien ist vor allem auf den Großmufti von Bosnien und Herzegowina, Mustafa efendi Cerić, zu verweisen, dessen Meinung und Autorität in religiösen und gesellschaftspolitischen Belangen für die Muslime in Österreich insgesamt Bedeutung zukommt. Er ist bei Anlässen wie internationalen Konferenzen [...] häufig zu Gast in Österreich. Cerić wird als Vertreter eines moderaten Islam in Europa angesehen, [...] ein Islam, der zwar ‚lokale Traditionen' einbezieht, aber [...] von einer einheitlichen *umma* ausgeht" (Tomenendal/Doğan/Heuberger 2010: 56).

Nach dem Bürgerkrieg setzte in Bosnien eine stärkere Betonung des islamischen Elements der eigenen Identität ein. Seit einigen Jahren wird allerdings wieder von einer Abschwächung dieser Identität gesprochen. Die offiziellen islamischen Institutionen versuchen in diesem Zusammenhang einen „Islam mit europäischem Gesicht" zu schaffen (Idriz u. a. 2010). Umfragen in Österreich weisen darauf hin, dass bosnische Muslime/Musliminnen eine hohe Integrationsbereitschaft zeigen.

▶ Islamische Föderation Wien (Millî Görüş)

Diese Strömung kann ein besonderes Interesse beanspruchen, da der neue Präsident der IGGiÖ ihr zugerechnet wird. Millî Görüş („Nationale Sicht"; MG) hat in Österreich einen Dachverband von Moscheevereinen, die Österreichische Islamische Föderation (*Avusturya İslam Federasyonu*), deren stärkster Verband wiederum die Islamische Föderation Wien ist: „Die Bestrebungen, die Komplexität an

Bedürfnissen in der Aufnahmegesellschaft zu institutionalisieren, entstanden aus der Immigrantencommunity in Wien und haben sich aufgrund lokaler Gegebenheiten entwickelt. In den späten 1980er und frühen 1990er Jahren fand dann eine verstärkte Anbindung und strukturelle Angleichung an die deutsche Millî Görüş statt" (Lazelberger 2009: 37). Seit den 1980er Jahren kam es in Österreich zu Zusammenschlüssen von Moscheevereinen; 1987 wurde die Islamische Föderation in Wien (IFW) gegründet. Es mag verblüffen, dass u. a. eine Fußballmannschaft in der Vorgeschichte der Gründung eine Rolle gespielt hat (Kroissenbrunner 1996: 44).

Millî Görüş in Österreich

Die genaue Zahl der Mitgliedsvereine ist nicht erkennbar, da unterschiedliche Angaben kursieren. Die IFW selbst nennt auf ihrer Website 26 Kooperationsvereine in vier Bundesländern. Dort findet sich auch die folgende Selbstbeschreibung: „Die Islamische Föderation in Wien (IFW) ist eine [...] Organisation, die das religiöse Leben der Muslime umfassend organisiert. Neben der Pflege der Lehre und der allseitigen Erfüllung der durch dieses Bekenntnis gesetzten Aufgaben, befasst sich die IFW mit sämtlichen Angelegenheiten der Muslime und vertritt ihre Interessen. Die IFW setzt sich für die Verbesserung der Lebensverhältnisse der Muslime und den Schutz ihrer Grundrechte ein. Grundlage des Islamverständnisses der IFW sind die Lehren von Koran und Sunna. Beide Quellen sind richtungweisend, sowohl für die Gemeinschaft, als auch für ihre Mitglieder. Dabei versteht die IFW den Islam im gesellschaftlichen und individuellen Bereich als eine Lebensweise, deren Einfluss nicht an der Moscheetür endet, sondern auch im Alltagsleben der Muslimen mit moralisch ethischen Werten und Vorgaben eine maßgebliche Rolle spielt. Hierbei geht es der IFW nicht um die Konservierung bestimmter regional-kultureller Formen der Religiosität, sondern um die Auslebung des Glaubens im Lichte des Korans und der darauf aufbauenden Tradition des Propheten. [...] Die überwältigende Mehrheit der Mitglieder der IFW hat sich auf einen dauerhaften Verbleib in Österreich eingestellt. Ohne die große Bedeutung einer vitalen Beziehung zu ihren Herkunftsländern in Frage zu stellen, fühlen sie sich nicht mehr als ‚Gäste', sondern empfinden sich – als muslimische Bürger – als integrale Teile der Gesellschaften, in denen sie leben" (http://www.ifwien.at)

Für das Jahr 2009 interpretiert Lazelberger die Situation folgendermaßen: „Mit der Gründung der islamischen Föderation versuchte man die Verhandlungsmacht der einzelnen Moscheen im Verband zu verstärken, so sollten die Moscheen bei Problemen mit der Baupolizei oder bei Steuer- und Mietrechtsproblemen unterstützt werden. Ein Hauptschwerpunkt, dem sich die MG widmet, ist die zweite Generation, also die Jugendarbeit. Im Fokus liegen aber alle sozialen Schichten, alle ‚Einwanderungsgenerationen', Männer und Frauen. Die zentralen Funktionen sind Kommunikation, Integration, ‚empowerment' (Selbstkompetenz) und Auffüllen des Vakuums des Staates. Damit versucht man auf eine moderne westliche Industriegesellschaft zu reagieren und sich strukturell etwa durch Zielgruppenorientierung anzupassen. Das Freitagsgebet, an dem Muslime unterschiedlichster politischer Richtungen teilnehmen, ist eine geeignete Basis der Kommunikation, hier besteht die Möglichkeit, bestimmte Botschaften zu vermitteln und das anzusprechen, was die Leute unter der Woche beschäftigt haben könnte. Integration, die zweite Funktion, meint Integration in das System, also in die österreichische Gesellschaft. Es wird betont, dass die Leute freiwillig nach Österreich gekommen sind und daher auch die Verfassung und das Rechtssystem zu akzeptieren haben. Das Integrationskonzept ist jedoch stark an die Entwicklung einer islamischen, kollektiven und individuellen Identität gebunden. Bei der Stärkung des ‚empowerments' werden alle Schichten gleich angesprochen, man unterstützt die Frauensektion und ist der jungen Generation beim Aufbau einer Jugendsektion behilflich. Es wird versucht, das Potenzial der Studenten und Akademiker für Kurse oder Öffentlichkeitsarbeit zu nutzen, und die MG engagiert sich auch im Bereich der kulturellen Aktivitäten. Der Versuch das Vakuum zu füllen, welches der Staat nicht füllt, bezieht sich auf Dienste und Hilfeleistungen, die sich manche Türken von der türkischen Botschaft erwarten würden. In Zusammenhang mit der Jugend ist diese Funktion jedoch viel wichtiger. Maßnahmen und Orientierungsmöglichkeiten, die eigentlich der österreichische Staat bieten oder fördern sollte, versucht MG zu übernehmen. Sie erkennt, dass Jugendliche eigentlich nicht in die Moschee gehen möchten, darum muss es auch abgesehen von der Moschee eine Reihe von spezifischen Angeboten für Jugendliche geben" (Lazelberger 2009: 38f.).

Die wichtigste Abteilung der IFW in religiöser Hinsicht ist diejenige für *Irschad*, die religiöse Rechtleitung. Sie steht den Mitgliedern in allen religiösen Angelegenheiten zur Verfügung, so bei den täglichen Gebeten und Andachten, bei der Durchführung großer muslimischer Feste und der Fastenzeit. Die *Irschad*-Abteilung bildet auch die Imame der Gemeinden aus und führt deren Weiterbildung durch (Wunn 2007: 54). Millî Görüş wird von anderen Muslimen/Musliminnen als sehr türkische, ethnisch abgeschlossene Organisation gesehen, die eher die türkische Mittelschicht vertritt (Strasser 2009: 223). Die Veranstaltungen und Zentren der Organisation werden nicht nur von Mitgliedern, sondern auch von anderen Muslimen/Musliminnen besucht. Um Millî Görüş gruppiert sich eine Vielzahl von Organisationen, Bildungseinrichtungen u. a. m. In der IGGiÖ wird Millî Görüş sicherlich auch in Zukunft eine wichtige Rolle spielen.

Das Konzept

Gestützt auf hauptsächlich deutsche Publikationen und Verfassungsschutzinformationen, erfährt Millî Görüş auch in Österreich oft eine Darstellung als fundamentalistische, subversive Bewegung, hinter deren freundlichem Gesicht sich angeblich eine gefährliche Ideologie verberge (Hofbauer 2009: 269ff.). Dabei werden eine Menge unterschiedliche Informationen zusammengeworfen, ohne eine empirische Analyse vorzunehmen. Das häufig als Ideologie eines islamischen Staates interpretierte Konzept der gerechten Ordnung (*adil düzen*) war von dem türkischen Politiker Necmettin Erbakan entwickelt worden, dem geistigen Vater von Millî Görüş. Dieses Konzept kann auch als Abwehrkonstrukt gegen den türkischen Staatskorporatismus und die laizistische Staatsideologie interpretiert werden (Kroissenbrunner 1996: 50); es verliert heute an Bestimmungsmacht, da die Dominanz des Laizismus in der Türkei zurücktritt. Die Frage, ob Millî Görüş hauptsächlich als politische Organisation zu verstehen sei, kann durchaus bejaht werden, wenn die Herstellung sozialer Beziehungen und der Widerstand gegen Ungerechtigkeit „politisch" sind (Kroissenbrunner 1996: 45f.). Darin geht die Organisation allerdings nicht auf.

Millî Görüş lässt sich als transnationale Gemeinschaft verstehen, deren Beziehungen zur österreichischen Gesellschaft, zu den türkischen Gemeinden in der Migration und zur Türkei als dem Herkunftsland in eine komplexe Geschichte eingebettet sind, was sich auch im Wandel der internen Struktur niedergeschlagen hat. Millî Görüş wird heute als ein Beispiel für eine post-islamische Organisation angesehen, auf die alte Beschreibungen nur mehr bedingt zutreffen. Die Generationen der in Europa aufgewachsenen Muslime/Musliminnen, die zunehmend die Verantwortung übernehmen, streben für Millî Görüş eine Orientierung an, die sich auf eine für europäische Verhältnisse passende Fassung ihres Islamverständnisses und ihrer Praxis hin ausrichtet. In Teilen der europäischen Öffentlichkeit werden solche Veränderungen unter Bezugnahme auf ein zurückliegendes Profil als bloße Täuschung dargestellt. Charakteristisch für diese Sicht ist die Behauptung: „Hinter dem freundlichen Gesicht der Organisation verbirgt sich jedoch die Ideologie von Necmettin Erbakan, dessen Saadet Partisi[36] heute die kleinere – jedoch weit radikalere – Partei des politischen Islam darstellt" (Schmidinger/Larise 2008: 159). Diese Sicht bindet die Beurteilung von Millî Görüş einseitig an die *politische* Entwicklung in der Türkei und macht es unmöglich, die religiöse Dynamik in Europa wahrzunehmen (dazu vgl. Schiffauer 2010). Daher kann nicht oft genug betont werden, dass auch die Dynamik einer Organisation wie Millî Görüş um vieles komplexer ist.

Union Islamischer Kulturzentren/ Vereinigung Islamischer Kulturzentren (UIKZ)

Die Geschichte der UIKZ (türk. *Avusturya Islam Kültür Merkezleri Birligi*) beginnt in den 1970er Jahren (genauer dazu Kroissenbrunner 1996: 68ff.). Auf ihrer Homepage gibt die UIKZ ein Bestehen in Österreich seit 1980 an.

Die Gemeinschaft ist organisatorisch in zwei Teilen gegliedert, die *Union* und die *Vereinigung* Islamischer Kulturzentren, letztere hauptsächlich in Westösterreich. Es bestehen Verbindungen zur deutschen Organisation der Gemeinschaft und zur türkischen Zentrale, die wesentlichen Einfluss hat. Die Tätigkeit der Gemeinschaft ist hauptsächlich religiös und kulturell orientiert, umfasst Korankurse, Sommerlager, Internate u. Ä. In der äußeren Erscheinung kann bei den Mitgliedern die Mischung aus systematisierter religiöser Lebensführung und einem modernen Kleidungsstil (Anzug, Krawatte etc.) möglicherweise verwundern.

Den Internaten der UIKZ/VIKZ wird vorgeworfen, die Internatsschüler von der Mehrheitsgesellschaft zu isolieren und sie mit einem politischen Islam zu indoktrinieren. Eine neue Untersuchung der Jugendsoziologin Ursula Boos-Nünning am deutschen Beispiel zeigt allerdings, dass eine solche Indoktrination nicht belegbar erscheint: „Mehr als 90 Prozent der Jugendlichen gaben als Motiv für die Anmeldung einen guten Schulabschluss an. Die meisten schätzen den Islam als wichtigen Bestandteil ihres Alltags ein. Religiöse Unterweisung durch Imame sei der Hausaufgabenbetreuung und dem Förderunterricht ‚nicht übergeordnet'. Etwa ein Viertel der Jugendlichen bekundete, religiöse Vorschriften hätten für sie kaum Bedeutung. Überrascht zeigte sich Boos-Nünning, wie wichtig religiöse Toleranz und die Menschenrechte den Einwandererkindern sind. Kritik übte sie an der starken Fremdbestimmung der Schüler in deren Freizeit und forderte den VIKZ auf, für eine ‚institutionalisierte Mitbestimmung' der Schüler zu sorgen."[37]

Frauen spielen in der Gemeinschaft eine gewisse Rolle als Seelsorgerinnen, u. a. zuständig für Korankurse für Mädchen. Auch als religiöse Expertinnen sind sie präsent, eine Tradition, die auf den Gründer Süleyman Hilmi Tunahan zurückgeht, der auch seine eigenen Töchter in religiösen Wissenschaften unterrichtete.

Herkunft aus dem Sufismus

Ihren Ursprung hat die Gemeinschaft in der *Nakschbandi*-Strömung des Sufismus. Baha'addin Nakschband (gest. 1389) lehrte in Zentralasien. Die nüchterne Ausrichtung der Strömung, die „auf jegliches exzessive und ekstatische Erleben bewusst verzichtete und sich stattdessen streng am Gesetz ausrichtete, wirkte vor allem anziehend auf die gebildeten Kreise in den Städten" (Wunn 2007: 77).

Erneuert wurde diese Strömung durch den Inder Ahmad Sirhindi (gest. 1624) (Lohlker 2008: 164), der eine strikte Befolgung und Verinnerlichung des Gesetzes in der Nachahmung des Propheten forderte. Süleyman Hilmi Tunahan (gest. 1959) war ausgebildeter Theologe und ist in der Tradition der *Nakschbandi*-Strömung aufgewachsen. In der laizistischen Türkei konnten seine Anhänger aufgrund ihrer relativen Unauffälligkeit zuerst unbehelligt weiterwirken. Tunahan schloss sich einer quietistischen islamischen Richtung an und nahm eine Tätigkeit als Wanderprediger auf. Dies zwang ihn, ein neues Lehrsystem zu entwickeln, das Alphabetisierung mit der Vermittlung der *Nakschbandi*-Texte an einfache Laien verband. Angesichts der Verfolgung der sufischen Strömungen in der Türkei und der staatlich verordneten Vernichtung ganzer religiöser Bibliotheken, verzichtete Tunahan aber auf die schriftliche Weitergabe seiner Lehren. Durch Tunahan erfolgt eine Wandlung von der Organisation einer religiösen Elite zu einer Laienorganisation. Die Süleymancis bilden einen modernisierten sufischen *tarikat* (Weg) (Kroissenbrunner 1996: 63ff.).

Am Beispiel der Süleymanci-Gemeinschaft lässt sich zeigen, in welche Probleme die laizistische Position der Türkei führen kann: Der Staat kontrolliert Religion, und das Recht auf freie Religionsausübung wird nicht anerkannt. Hinzu kommt ein Unverständnis für religiöse Sprache, die von türkischen Autoren/Autorinnen häufig nur noch politisch gedeutet wird. Da die Träger/innen der Süleymanci-Gemeinschaft oder ähnlicher Gruppen hauptsächlich Flüchtlinge und Binnenmigranten/Binnenmigrantinnen mit bäuerlichem Hintergrund waren, erschienen sie als eine Gefahr für das fragile soziale Gleichgewicht der türkischen Republik. So konnte die Tätigkeit im Rahmen einer sufischen Strömung bzw. einer diesen ähnlichen Bewegung wie der Süleymanci-Gemeinschaft nur als politische Unterwanderung gedeutet werden (Jonker 2002: 86ff.). Die enge Bindung der Mitglieder und ihrer Kinder an die Gemeinschaft wird von außen oft nur als Indoktrination oder Gehirnwäsche gedeutet (Hofbauer 2009: 265); dass sie als Ausdruck der intensiven religiösen Kommunikation verstanden werden kann, kommt gar nicht ins Blickfeld.

Ein wichtiges Element dieser religiösen Kommunikation ist der *dhikr*, das Erinnern, das in Form einer festen Gebetsabfolge zelebriert wird: „Die Abfolge der Gebete, aber auch die Hilfe, die die Heiligen den Betenden bei der Durchführung geben, erzeugen zusammen das ersehnte ‚Band der Liebe' zwischen Gott und Mensch" (Jonker 2002: 207). Der *dhikr* „bildet einen kollektiven Akt des Gedenkens, in dem durch die Wiederholung des Namens Gottes oder bestimmter Koranverse alle anderen Gedanken verdrängt werden. [...] Die Mitglieder der heutigen Laiengemeinschaft sind aber keine Mystiker. [...] Die fortdauernde Wiederholung der Textsequenzen verschafft [...] ‚Sinn', die Texte werden zu einer Information aus dem Jenseits, die anschließend durch das richtige Verstehen der sozialen Welt als Mitteilung an die Gläubigen wiederkehren" (Jonker 2002: 208f.).

Zwölferschiiten

Von der zahlenmäßig größten islamischen Strömung, den Sunniten, sind die Zwölferschiiten zu unterscheiden. Das hervorstechende Merkmal ist die Verehrung der zwölf Imame, die als direkte Nachkommen des Propheten Muhammad über seinen Schwiegersohn Ali ibn abi Talib eine besondere Verehrung erfahren. Diesen allein wird die Berechtigung zur Leitung der islamischen Gemeinschaft zuerkannt, da sie spirituell besonders begabt gewesen seien, diese Funktion zu übernehmen. Der zwölfte Imam gilt als verborgen und wird am Ende der Zeiten wiederkehren. Besondere Verehrung gilt dem dritten Imam al-Hussain, an dessen Tod am Aschura-Tag im Monat Muharram gedacht wird. Die zwölferschiitische Gelehrsamkeit zeichnet sich durch die große Rolle aus, die Philosophie und Mystik zugemessen wird. Auch in Österreich gibt es schiitische Gelehrte, die im Iran studiert haben. An der Universität Innsbruck wurde ein schiitischer Gelehrter an der Katholisch-Theologischen Fakultät promoviert; er führt seine Forschungen an der Universität Wien weiter.

Die Revolution im Iran 1979, die Gründung der Islamischen Republik Iran sowie die Veränderungen im Irak haben den Status der zwölferschiitischen Minderheit von einem häufig unterdrückten Teil der muslimischen Weltgemeinschaft zu neuem Selbstbewusstsein verschoben. Die Zwölferschiiten und -schiitinnen in Österreich kann man in drei Gruppen unterteilen: solche iranischer und irakischer Herkunft sowie eine kleinere Gruppe von Konvertiten/Konvertitinnen; auch eine türkisch-schiitische Gemeinde ist vorhanden. Irakische Organisationen wie der Islamische Höchste Rat des Irak (ISCI, früher SCIRI) haben österreichische Ableger, die sich auch für die Belange der österreichischen schiitischen Gemeinschaft einsetzen; das 1990 gegründete Islamische „Zentrum Imam Ali" in Wien betreut eher iranische Schiiten/Schiitinnen. Zwölferschiitisch orientiert mit einer Nähe zur Islamischen Republik Iran tritt das „Islamische Bildungs- und Kulturzentrum Österreich" (IBIKUZ) auf, das von österreichischen Muslimen/Musliminnen geführt wird. Es ist nicht klar, wie viele Zwölferschiiten/Zwölferschiitinnen es in Österreich gibt; analog der globalen Verteilung zwischen Sunniten/Sunnitinnen und Schiiten/Schiitinnen wird von zehn bis fünfzehn Prozent gesprochen, eine Zahl, die sich aber derzeit nicht verifizieren lässt.

Nach scharfer öffentlicher Kritik an der IGGiÖ, wonach die Schiiten unterrepräsentiert seien, gibt es inzwischen einen Dialog zwischen dem Dachverband der schiitischen Vereine Ahlul-Bayt und der IGGiÖ. So betont Erich Muhamad Waldmann, der Sprecher des Verbandes und ausgebildeter zwölferschiitischer Gelehrter: „Es ist sicherlich so, dass wir versuchen werden, in allen Gremien der Glaubensgemeinschaft vertreten zu sein und dass wir auch für schiitische Schüler einen schiitischen Religionsunterricht anstreben. Das ist keine Problematik, die mit den Verantwortlichen der Glaubensgemeinschaft direkt zusammenhängt, sondern mit der Problematik der Entstehung der Glaubensgemeinschaft. Aber ich glaube, dass eine sehr große Hoffnung besteht – und das haben unsere Gespräche mit der Glaubensgemeinschaft auch bestätigt – dass hier eine Reform stattfindet und diese Probleme gelöst werden.“[38] Ungeachtet dieser Perspektive hat inzwischen eine irakische zwölferschiitische Gruppierung einen Antrag auf Eintragung als Bekenntnisgemeinschaft gestellt, der Ende 2011 noch nicht erledigt worden war.[39]

Fethullah Gülen

Die Bewegung um den 1938 geborenen Prediger Fethullah Gülen ist aus der Nurcu-Bewegung hervorgegangen. Die Begriffe „Bewegung“ oder „Netzwerk“ und nicht etwa „Organisation“ werden deshalb gewählt, weil keine formelle Mitgliedschaft und auch keine festen vereinsartigen Strukturen bestehen. Die Aktivitäten der Bewegung beruhen eher auf freiwilligem Engagement (wobei sozialer Zwang nicht auszuschließen ist). Die Bewegung vertritt einen sunnitischen Islam mit mystischen Einflüssen, die sich insbesondere aus ihrem Bezug zu den Werken Said Nursis (1878–1960) speisen.

In Gülens Bewegung ist die türkisch-islamische Synthese wichtiger als bei den anderen türkischen Bewegungen. Gülen will wie Nursi den Islam mit der Moderne versöhnen. Dies kann seiner Meinung nach nur durch Wissenschaft und Bildung gelingen. Folglich fördert und finanziert er Privatschulen in jenen Staaten, die einst zum Osmanischen Reich gehörten, sowie in Zentralasien. Die Schulen der Bewegung fallen durch ihr hohes Niveau gegenüber den staatlichen Schulen z. B. in Albanien oder Usbekistan auf. „Religiöse Propaganda wird zurückgehalten und Nichtmuslime sind willkommen. Vorwürfe, die Schulen wären eine Rekrutierungsinstitution für Islamisten, hielten bisher keiner ernsthaften Überprüfung stand. In der Öffentlichkeit tritt er immer gemäßigt auf und versucht sich als der Vertreter eines moderaten Islam schlechthin zu positionieren“ (Posch 2005: 175). Früher wurde die Bewegung vom türkischen Militär als moderate Alternative unterstützt, inzwischen ist sie aber in Ungnade gefallen. Dies konnte aber das Wachstum der Bewegung nicht behindern.

In der Kritik an den Fethullah-Anhängern mischen sich häufig stark kemalistische und nationalistische Vorbehalte gegen jegliche islamische Bewegung als Konkurrenz gegenüber traditionellen staatlichen Eliten (Riexinger 2009). Die Fethullah-Bewegung agiert sehr medienbewusst. Als ihre deutlichste Präsenz in Österreich gilt die Zeitung *Zaman*, die auch über eine deutschsprachige Ausgabe verfügt. Den Ideen Fethullah Gülens stehen auch Vereinigungen wie das „Friede-Institut für Dialog" nahe. Dieses Institut, das in Wien und in Innsbruck Zentren hat, widmet sich insbesondere dem interreligiösen Dialog. Dabei werden auch der Buddhismus und der Hinduismus nicht ausgeschlossen. Mitglieder sind nicht nur Muslime/Musliminnen, auch Christen/Christinnen und Juden/Jüdinnen finden sich unter ihnen. Zielgruppe des Instituts ist eher eine Bildungselite in Österreich im universitären und interreligiösen Bereich, die Mitarbeiter sind häufig Akademiker/innen oder angehende Akademiker/innen (Tomenendal/Doğan/Heuberger 2010: 170ff.).

6.3 Kleinere Organisationen, Vereine und Strömungen

▶ Hizb ut-Tahrir

Wien ist der Hauptsitz der islamischen Befreiungspartei, Hizb ut-Tahrir, im deutschsprachigen Raum. In Deutschland ist die Organisation inzwischen wegen ihrer antiisraelischen Haltung, die von manchen als antisemitisch charakterisiert wird, verboten. Aufmerksamkeit erregte sie in den letzten Jahren besonders mit einem Vortrag ihres Mediensprechers Shaker Assem in Wien, in dem er u. a. die (Wieder-)Errichtung des Kalifats, also eines islamischen Staates, in einem Land mit muslimischer Bevölkerungsmehrheit forderte. Dieses Kalifat solle alle Probleme der Muslime lösen. Die gegenwärtigen muslimisch geprägten Staaten werden als unislamisch abgelehnt. Die in den 1950er Jahren von einem Palästinenser gegründete zentralistische transnationale Kaderpartei hat ihre größten Organisationen in Usbekistan und vermutlich in Indonesien. Die Mitglieder sind häufig gut ausgebildet und ideologisch trainiert. Imame der Hizb ut-Tahrir treten in Österreich zuweilen in Moscheen oder Gebetsräumen auf.

▶ Initiative Liberaler Muslime Österreich (ILMÖ)

Die ILMÖ definiert sich als Vertreterin der schweigenden Mehrheit der Muslime/Musliminnen in Österreich, die lange Zeit im Hintergrund tätig gewesen ist. Sie verteilt Informationen und fertigt Übersetzungen von arabischen Schriften für politische Organisationen und verschiedene Medien an. Seit einiger Zeit tritt sie auch mit Presseaussendungen an die Öffentlichkeit.

Hauptgegenstand der Kritik – auch mit persönlichen Angriffen – sind prominente Vertreter der IGGiÖ und Personen, die dieser nahestehen. Eine Aussendung vom 27. Juni 2009 geht bis zur folgenden Formulierung: „Die ILMÖ warnt alle

Parteien und Politiker, den Präsidenten Anas Schakfeh zu unterstützen, da dieser nicht vertretungsbefugt für alle Muslime in Österreich ist, und sich die Parteien und Politiker sonst an den undemokratischen Missständen in der IGGiÖ mitschuldig machen." Die ILMÖ hat nach Bekunden des Wiener Akademikerbundes, einer ehemaligen ÖVP-Vorfeldorganisation, eng mit diesem zusammengearbeitet, um ein eher antimuslimisches Integrationspapier zu erstellen. Mitglieder der ILMÖ, die bei der Präsentation anwesend waren, bestreiten diese Kooperation.[40]

Bei der ILMÖ handelt es sich um einen kleinen Personenkreis, der offenkundig keine größeren organisatorischen Anstrengungen zur Ausweitung macht. Auch sind die Konturen des von der Gruppe vertretenen liberalen Islams nicht zu erkennen. Nach einer Pressemitteilung vom 10. August 2011 will sich die ILMÖ für „spezielle Kurse für Frauen: nähen, kochen, Pflege u. a. m." einsetzen. Die ILMÖ hat auch erklärt, dass sie um die offizielle Anerkennung als Islamische Glaubengemeinschaft der liberalen Muslime ansuchen werde – offensichtlich eine Folge der Anerkennung der islamischen Aleviten/Alevitinnen. Diesem Ansuchen wird kaum Erfolg einzuräumen sein, da die Zahl der Mitglieder einfach zu klein ist.[41]

▶ Initiative Muslimischer ÖsterreicherInnen (IMÖ)

Die Initiative Muslimischer ÖsterreicherInnen „ist eine Gruppe von AkteurInnen, die durch Medien- und Lobbyarbeit für Gleichberechtigung von MuslimInnen eintritt und das vielfach verzerrte Bild des Islam in der Öffentlichkeit korrigieren will. Durch ihre Arbeit wollen sie aber auch alle MuslimInnen über interne Differenzen hinweg ansprechen und für das Allgemeinwohl arbeiten. Die Gruppe konstituierte sich anfänglich nicht als Verein, sondern lud alle, die diese Anliegen vertreten, zur Mitarbeit ein. Die Hauptarbeit ging von einer Kerngruppe (zwischen sechs und neun AkteurenInnen) unterschiedlicher nationaler Herkunft (Deutschland, Österreich, Türkei, Syrien, Irak) aus, die sich aber als ÖsterreicherInnen *und* MuslimInnen engagieren wollten. Sie sind großteils AkademikerInnen und sowohl zum Islam konvertierte ÖsterreicherInnen und EuropäerInnen als auch muslimische MigrantInnen, bzw. deren Nachkommen" (Strasser 2009: 227). Als Perspektive ihres Engagements werden die positive Partizipation von Muslimen/Musliminnen in der österreichischen Gesellschaft, ein Herauskommen aus dem sozialen Abseits und ein Aufstieg in die Mittelschicht genannt. Zusammenfassend lässt sich die Arbeit der IMÖ als Schaffung einer österreichisch-muslimischen Identität beschreiben.

Viele Initiativen der IGGiÖ gehen auf den Anstoß durch die IMÖ zurück: Imamekonferenzen, islamischer Friedhof, Platzbenennung nach Muhammad Asad, Medienauftritte, Initiative gegen Frauenbeschneidung, Antirassismus, Vereinheitlichung der Gefangenenseelsorge. Daneben sind u. a. Tage der offenen Moschee, Veranstaltungen für Berufsgruppen und Schulprojekte zu nennen. Auch innermuslimisch hat die IMÖ als Impulsgeberin gewirkt. Besonders zeichnet sie sich auch durch die gleichberechtigte Arbeit von Männern und Frauen aus. Mitglieder der IMÖ nehmen immer wieder an öffentlichen Veranstaltungen teil, die über ein im engeren Sinne islamisches Thema hinausgehen, um so islamische Positionen partizipativ in der österreichischen öffentlichen Diskussion zu verankern.

Die öffentliche Präsenz der Initiative führt dazu, dass prominente Mitglieder in manchen Kreisen zu veritablen Feindbildern geworden sind. Gerade dass Muslime/Musliminnen selber reden und nicht nur über sie geredet wird, dürfte für diese negative Haltung ursächlich sein. Positive öffentliche Resonanz erfuhr die Arbeit der IMÖ u. a. 2008 durch die Verleihung des Demokratiepreises der Margaretha-Lupac-Stiftung für ihre Beiträge zur demokratiepolitischen Partizipation.[42]

Über den muslimischen Rahmen hinaus wirkt die IMÖ auch in andere gesellschaftliche Bereiche durch die Teilnahme u. a. an antirassistischer Arbeit, aber auch an interreligiösen Aktivitäten. Eine bemerkenswerte Initiative im interreligiösen und -kulturellen Gespräch war ein Essen zum Fastenbrechen im Ramadan 2010, zu dem die IMÖ eine große Gruppe jüdischer Intellektueller eingeladen hatte. Dies setzten ähnliche Initiativen im Bereich des christlich-islamischen Dialogs und bereits bestehender islamisch-jüdischer Kontakte fort.

Auch internationale Initiativen werden von den Mitgliedern verfolgt. So wurde am 18. Dezember 2010 unter Beteiligung von IMÖ-Mitgliedern die EMISCO gegründet, die „European Muslim Initiative for Social Cohesion", die sich zum Ziel gesetzt hat, durch bessere Partizipation von Muslimen/Musliminnen in europäischen Gesellschaften die stärker gewordenen Spannungen zwischen Mehr- und Minderheiten zu überwinden.

▶ Islamisches Informations- und Dokumentationszentrum (IIDZ)

Das 2005 gegründete Islamische Informations- und Dokumentationszentrum (IIDZ) ist ein kleiner Verein, der sich als Vertretung „eines liberalen und weltoffenen Islam" sieht und auch nicht ausdrücklich anstrebt, möglichst viele Mitglieder zu gewinnen. Sein Ziel besteht darin, europäische Werte mit islamischen Grundsätzen zu vereinbaren.[43] Das Zentrum versteht sich als Serviceinstitution für Muslime/Musliminnen. Schwerpunkte der Tätigkeit sind Presseaussendungen und -konferenzen, Vorträge und die Pflege einer mit vielen Texten versehenen Webseite.

Generell wird die Möglichkeit gesehen, durch Vorbilder eine Änderung muslimischen Verhaltens zu erreichen und Abschottungstendenzen zu überwinden. Es gelte, ethnisch-nationalistische Strukturen und machistische Haltungen zu überwinden, die in den muslimischen Gemeinschaften und Vereinen vorherrschen würden. Der IGGiÖ wird mangelnde Repräsentativität aufgrund geringer Mitgliederzahl vorgeworfen, der muslimischen Basis eine mangelnde Kenntnis der Lage; andere Kritikpunkte unterliegen eher der Tagesaktualität. Das IIDZ versucht seine Kritik an der IGGiÖ mittels Gerichtsverfahren auch praktisch umzusetzen, was aber bislang zu keinem Erfolg geführt hat. Die letzte Serie von Verfahren wurde vom IIDZ gegen die neue Verfassung der IGGiÖ gerichtet, konnte aber deren Genehmigung nicht aufhalten. Das IIDZ arbeitet seit einiger Zeit mit der ILMÖ und alevitischen Organisationen zusammen.

In letzter Zeit konzentriert sich das IIDZ auf die Zertifizierungen von *halal*-Produkten und eines Islamic Banking Standard, der eine Einführung islamischer Bankprodukte erleichtern soll. Die Einnahmen aus den Zertifizierungen werden nach Auskunft des IIDZ zu wohltätigen Zwecken und zur Finanzierung der ehrenamtlichen Arbeit verwendet. Neuere Presseberichte sprechen von Auseinandersetzungen innerhalb des IIDZ, die sich an der Verwendung von Geldern aus der *halal*-Zertifizierung entzündet haben.[44]

▶ Muslimbruderschaft

Die Organisation der Muslimbrüder wurde 1928 in Ägypten gegründet, war dort die stärkste Oppositionskraft und wird nach der ägyptischen Revolution 2011 in der Politik mitbestimmen; sie wird immer wieder als eine Bedrohung Europas gesehen. Die in vielen arabischen Ländern vertretene Organisation findet sich auch in europäischen Ländern.

Die einzige ernstzunehmende empirische Studie über die Muslimbruderschaft (MB) in Europa (Maréchal 2009) nennt folgende Charakteristika: 1) Die MB bildet für zahlreiche europäische Muslime/Musliminnen einen – ziemlich entfernten – historischen Referenzrahmen. 2) Sie stellt eine aktive Elite dar, die ihre Haupttätigkeit im Rahmen einer religiösen Pädagogik sieht, woraus eine individuelle und kollektive islamische Identität hervorgehen solle. 3) Die MB verfügt über ein ausgebreitetes Organisationsnetz, das aber eher pragmatisch geknüpft ist und keinem strategischen Plan folgt. Sie versucht, sich an die nationalstaatlichen Strukturen in Europa anzupassen und zu einem Ansprechpartner zu werden. 4) Die MB hat dazu beigetragen, die Idee eines europäischen Islams zu formulieren. Die konkreten Ausformungen dieser Idee sind aber nicht immer widerspruchsfrei und dienen als Bezugspunkt für unterschiedliche Personengruppen. 5) Organisatorisch ist die MB in der Hand von wenig erneuerungsfähigen Funktionären mit begrenzten Fähigkeiten, Theorien zu entwickeln, die der komplexen aktuellen Lage gerade in Europa gerecht werden. Dies leisten eher Theoretiker, die an der Peripherie der MB stehen und von der Mehrheit nicht unbedingt akzeptiert werden. Es sind eher deren Ideen, die weiterwirken, manchmal auch gegen die Interessen der Organisation. Aber inzwischen haben in Ägypten salafistische Strömungen mehr Einfluss gewonnen.

In Österreich werden einzelne Personen immer wieder als Muslimbrüder bezeichnet und einzelne Vereine wie die „Liga für Kultur" in Graz als Stützpunkte der Muslimbrüder genannt. Es sind vor allem Einladungen von bekannten Mitgliedern der Organisation, die als Indikatoren für deren europaweite Vernetzung gewertet werden (so Wittek in: Schmidinger/Larise 2008: 120). Da sich viele Muslimbrüder nicht offen zur Muslimbruderschaft bekennen, was sich aus der Geschichte einer massiv verfolgten Untergrundorganisation erklärt, ist eine Zuordnung schwer möglich und der Spekulation Tür und Tor geöffnet. Das hat zur Folge, dass die Zuschreibung einer Mitgliedschaft oft zur Polemik gegen Personen benutzt wird.

▶ Nurculuk

Die Nurcu-Bewegung (sprich: Nurdschu) oder auch Nurculuk führt ihren Namen auf Said Nursi (1876–1960), genannt *Bediüzzaman* („Wunder der Epoche") zurück. Nursi war in der Frühphase der kurdischen Nationalbewegung bereits aktiv und wandte sich später, um seine islamischen Bildungsziele zu fördern, der türkischen Nationalbewegung zu. Als deutlich wurde, dass diese einen laizistischen Weg einschlug, zog er sich zurück und widmete sich religiösen Studien, was ihn allerdings nicht vor Verfolgung seitens der kemalistischen Staatsmacht bewahrte.

Inspiriert waren Said Nursis Studien von den Schriften der Sufis Abdalkadir al-Dschilani (gest. 1166) und Ahmad Sirhindi (gest. 1624): „Die zahlreichen Bücher und kürzeren Abhandlungen, die er nach 1925 schrieb (Kollektivbezeichnung *Risale-i Nur*), beabsichtigen eine Interpretation, die dem 20. Jahrhundert angemessen ist. Die Auslegungen beruhen oft auf Said [Nursi]s Träumen und Visionen [...] Said [Nursi] strebt nach einer Synthese der modernen Wissenschaft und der (reformistischen) islamischen Gelehrsamkeit. Das ganze Werk durchzieht eine starke mystische Haltung" (van Bruinessen 1989: 355). Die gut zugängliche Sprache erleichterte die Formierung einer einflussreichen Bewegung. Aus der Nurculuk-Bewegung ist die Strömung um den Prediger Fethullah Gülen entstanden, die als eigene Richtung gilt, auch wenn es weiterhin Berührungspunkte gibt, insbesondere durch die Bedeutung, die den Schriften Said Nursis eingeräumt wird. „Die Nurculuk-Bewegung, die nach eigenen Angaben heute 20 Millionen männliche und weibliche Mitglieder in ca. 100 Ländern umfasst, bezeichnet sich selbst als eine Bewegung mit einer offenen Struktur, die der sunnitischen Tradition verpflichtet ist. Die Leitung liegt in den Händen eines Gremiums gleichberechtigter Brüder und Schwestern" (Wunn 2007: 94).

Die Nurcus wollen im Westen in erster Linie vom Glauben abgefallene Muslime/Musliminnen zurückgewinnen bzw. verhindern, dass im Westen aufgewachsene muslimische Jugendliche ihre islamische Identität verlieren. Sie gehen vom Islam als einer auf Dauer bestehenden Größe im Westen aus. Nicht zulässig ist es wohl, Anklageschriften der türkischen Staatsanwaltschaft als objektive Quelle anzusehen und damit sehr schnell zu einer negativen Bewertung zu kommen (Schmidinger/Larise 2008: 151ff.). Die Nurcus haben in Europa jedenfalls einige interessante Akzente im christlich-islamischen Dialog gesetzt.

Über die Nurcus in Österreich ist recht wenig bekannt. In Wien findet sich die „Viyana Nur Cemaati", die sich in mehreren Gruppen u. a. dem Studium der Schriften Nursis widmet (vgl. ihre Internetseite: http://viyananur.at). Aktiv ist die Nurcu-Bewegung seit 2001 vor allem in Dornbirn und Feldkirch mit den Instituten „Galileo" für Kultur, Bildung und Sport. Sie wendet sich auch in Österreich, ihren Interessen entsprechend, an bildungsorientierte jüngere türkische Muslime/Musliminnen und organisiert Lernhilfe für türkische Kinder, um diese im Umfeld ihrer Religion zu fördern.

▶ Tablighi Dschama'at

In den 1920er Jahren entstand im kolonialen Indien die Tablighi Dschama'at als eine pietistische Bewegung, die eine moralische Reform der Muslime/Musliminnen anstrebt. Sie deklariert sich als unpolitische Gruppe, wenn aber ein weiterer Politikbegriff angewandt wird, kann man durchaus von einer politischen Wirksamkeit sprechen (Sikand 2003). Als größte transnationale muslimische Bewegung[45] ist sie inzwischen weltweit aktiv. Ihre Mitglieder gehen in kleinen Gruppen auf Predigtreisen, um die moralische Reform der Muslime/Musliminnen zu erreichen. Auch in Österreich sind Gruppen der Tablighis zu finden.

▶ Verein Wonder

Zielsetzung des Vereins Wonder ist die Betreuung von muslimischen Studenten/Studentinnen während ihres Studiums und die Förderung u. a. durch Stipendien. Genannt wird eine Zahl von 700 betreuten Studierenden. Die meisten kamen zum

Studium nach Wien, weil sie wegen des Kopftuchverbots an türkischen Universitäten nicht studieren konnten oder wollten, oder auch weil sie als Absolventen/Absolventinnen religiöser Schulen schlechter gestellt waren. Die Webseite des Vereins weist auf Diplomarbeiten aus dem wirtschaftswissenschaftlichen und technischen Bereich hin. Die betreuten Studierenden werden als zukünftige religiöse Eliten in verschiedensten Bereichen in der Türkei beschrieben. Die Wonder-Studentinnen gelten als Vorbilder dafür, dass auch Töchter aus strenggläubigen Familien studieren und sich im Berufsleben behaupten können.[46] Der Verein Wonder ist eine österreichische Zweigstelle der türkischen Organisation *Önder*, von der es heißt, sie werde von der jetzigen Regierungspartei AKP gefördert.

▶ Sonstige Gruppierungen

Über die genannten Gruppierungen hinaus gibt es eine Vielzahl kleinerer muslimischer Vereine, die häufig nicht beachtet werden. Es würde auch zu weit führen, sie hier alle einzeln aufzuführen, aber sie lassen die Vielfalt des islamischen Lebens in Österreich erkennen. Dazu einige Beispiele:

In Linz hat der „Islamische Kulturverein Al-Rahman“ seinen Sitz. Ursprünglich von einer Gruppe von Ägyptern gegründet, ist die Zusammensetzung inzwischen vielfältiger und auch familienfreundlicher geworden, da inzwischen auch die Interessen von Frauen und Kindern ausdrücklich berücksichtigt werden. Der Verein möchte Muslimen/Musliminnen verschiedenster Richtung und Herkunft eine Möglichkeit zum harmonischen Zusammenleben bieten und sieht sich „als eine kleine Institution, die als Bindeglied zwischen Muslimen und Nicht-Muslimen in der österreichischen Gesellschaft agieren will“ (E-Mail 14.10.2009: R. L.).

Auch im türkischsprachigen Spektrum besteht noch eine Vielzahl weiterer Gruppierungen wie „Avusturya Nizam-ı Alem“, die Zweigstelle einer türkischen Partei, die eine türkisch-nationalistisch-islamische Synthese anstrebt; oder die „Union of European Turkish Democrats Austria“, eine europaweite Organisation, von der es heißt, sie stehe der türkischen Regierungspartei AKP nahe; oder muslimische Listen für die Arbeiterkammerwahlen. Die Türkische Kulturgemeinde Österreich, von Birol Kilic geleitet, äußert sich sich immer öfter zu religiösen Fragen.

Es gibt in Österreich auch Ismailiten, eine von den Zwölferschiiten zu unterscheidende schiitische Strömung, die ihrerseits in mehrere Richtungen zerfällt, von denen die bedeutsamste den Aga Khan als ihr geistliches Oberhaupt anerkennt. Weiters finden sich kleinere Moscheegemeinden verschiedener Ausrichtung mit Mitgliedern aus Südasien, Albanien (mit dem Dachverband der Union albanischer Muslime in Österreich) und Westafrika oder Tschetschenien.

Das „Institut für Interkulturelle Islamforschung" im Islamischen Zentrum in Wien, eine Initiative der Muslimischen Weltliga, bemüht sich im konstruktiven, qualitativen Dialog um den Abbau von Vorurteilen. Ein neues „Forum Emanzipatorischer Islam", entstanden an der Universität Wien, möchte Muslime/Musliminnen vorstellen, deren Denken frei von einengenden religiösen Vorstellungen sei.

Von einer großen Zahl von Personen, Institutionen und Organisationen wird auch der christlich-islamische Dialog gepflegt. Noch unsicher ist, welche Form ein von saudischer Seite initiiertes „Interreligiöses Dialogzentrum" in Wien annehmen soll.

6.4 Organisationen mit spezifischer Ausrichtung

▶ Carima

Die Idee zur Gründung von Carima (Caritative Arbeitsgemeinschaft, türk. *Müslüman Arama-Kurtarma Organizasyonu*) entstand 1999 nach dem großen Erdbeben bei Izmir in der Türkei. Weitere Naturkatastrophen in und außerhalb Österreichs verstärkten das Gefühl der Ohnmacht und den Wunsch, professionelle Hilfe zu leisten. Als Hauptproblem wurde der Mangel an Ressourcen und angemessener Ausbildung gesehen. 2005 erfolgte dann die Gründung des Vereins. Damit sollte die große Spendenfreudigkeit österreichischer Muslime/Musliminnen durch die tatkräftige Hilfe einer muslimischen Organisation ergänzt werden. Aus verschiedenen Gründen schien die Mitarbeit in bestehenden Organisationen schwierig; wichtig dürfte die generelle migrantische Unterrepräsentanz im Katastrophenhilfenbereich sein: „Die Zielgruppe sind Jugendliche mit muslimischem Hintergrund ab dem sechzehnten Lebensjahr. Dabei spielt der Hintergedanke, eine sinnvolle Freizeitbeschäftigung anzubieten, eine Rolle."

Durch Schnuppertage bei der Feuerwehr, beim Arbeiter-Samariter-Bund u. a. sowie mit der Aktion „Integration durch Ehrenamt" nach dem Motto „Helfen ist cool!" wird versucht, junge Leute in den Hilfsbereich hineinzuführen und auch Ausbildungen zu ermöglichen. Die Hilfsaktionen von Carima richten sich in erster Linie an muslimische Betroffene, die durch das Netz nationaler und internationaler Hilfsorganisationen fallen wie z. B. Erdbebenopfer in Pakistan oder tschetschenische Flüchtlinge in Österreich. Die Hilfeleistungen werden durch Spenden und Mitgliedsbeiträge finanziert (Tomenendal/Doğan/Heuberger 2010: 151ff.).

Forum Muslimische Frauen in Österreich

Zur Zielsetzung des Forums zählen Antidiskriminierungsarbeit, Partizipation in der österreichischen Gesellschaft, aber auch innermuslimische Bewusstseinsarbeit gegen „frauenfeindliche Traditionen und Sitten, die dem Islam zuwiderlaufen". Das Forum formuliert auch einen Anspruch, aus eigener religiöser Kompetenz zur Lösung von Problemen der islamischen Gemeinschaft beizutragen (Sticker 2008a: 147f.). Dies geschieht u. a. durch ehrenamtliche Beratungsarbeit im Familien- und Sozialbereich, aber auch durch öffentliche Veranstaltungen und Vorträge. Das Forum ist im Rahmen der IGGiÖ tätig und steht auch in Verbindung mit der „Initiative muslimischer ÖsterreicherInnen".

Muslimische Jugend Österreich (MJÖ)

Neben einer Vielzahl von jungen Muslimen/Musliminnen, die keiner Organisation oder Vereinigung angehören, gibt es auch einige Jugendorganisationen. Die bedeutendste Organisation dürfte die 1996 aus einem Freundeskreis in Linz entstandene „Muslimische Jugend Österreich" (MJÖ) sein. Ausgangspunkt war die Unzufriedenheit mit den damals bestehenden Angeboten, welche die Jugendlichen als nicht für sie geeignet ansahen; auch die Aufsplitterung und ethnische Ausrichtung der Moscheen, die sich auf die „Herkunftsländer" hin orientierten, empfanden sie als unzureichend. „Schon in der Aufbauphase kristallisierten sich Deutschsprachigkeit, multiethnische Zusammensetzung und Ausrichtung auf Österreich als tragende Elemente heraus" (Tomenendal/Doğan/Heuberger 2010: 187). Die MJÖ darf nicht mit der IJÖ, der „Islamischen Jugend Österreich" verwechselt werden, die eine sehr kleine, aber nicht mehr aktive extremistische Gruppe darstellt.

Die Muslimische Jugend Österreich versteht sich gemäß ihrer Selbstdarstellung (Muslimische Jugend 2008) als Organisation, die eine „kreative Verbindung der islamischen und österreichischen Identität" anstrebt. Mit dieser Ausrichtung war die multiethnische, deutschsprachige MJÖ lange Zeit singulär. In den letzten Jahren entwickelte sich aber auch in anderen Organisationen ein österreichisch-muslimisches Selbstverständnis. Die MJÖ „sieht sich als Angebot an junge Leute, die nicht (nur) in national oder ethnisch ausgerichteten Vereinen aktiv sein möchten und denen – unabhängig von ihrer Herkunft – Integration, Fortbildung und Dialog wichtig sind. Die MJÖ tritt sehr selbstbewusst dafür ein, nach der islamischen Lehre, ausgehend vom Koran und dem Vorbild des Propheten Muhammad, losgelöst von nicht-islamischen Traditionen, zu leben, ohne sich von der nicht-islamischen Gesellschaft zu ghettoisieren oder zu isolieren. Es ist sozusagen eine ‚neue

Generation' ohne unmittelbare Migrationsgeschichte und ohne Prägung der persönlichen Religiosität durch die Herkunftskultur" (Ornig 2006: 128). Man kann in der MJÖ drei Ebenen von Identität unterscheiden: die muslimische, die jugendliche und die österreichische, die je nach Kontext unterschiedlich wirksam werden (Valicek 2008), aber eine dynamische Gesamtidentität bilden.

Seit Ende 2007 hat die MJÖ mit zwei Frauen als der ersten und zweiten Vorsitzenden ebenfalls ein bisher in der islamischen Geschichte Österreichs einmaliges Signal gesetzt. Zu den Zielen zählen die Gleichbehandlung und Förderung beider Geschlechter im Hinblick auf die persönliche, soziale und religiöse Entwicklung. Die Weiterbildung junger Frauen und Mädchen ist ein wichtiger Schwerpunkt (Kloss 2007), und der Bruch mit stereotypen Rollenmustern wird auch für Männer versucht; ein Beispiel aus einem Interview mit einem Mann: „[...] dass, ah, bestimmte Aufgaben, die normalerweise immer Männeraufgaben waren, Frauen gegeben werden, Schwestern, dass sie auch nach außen hin zeigen, den anderen Mitgliedern, es geht auch anders, und dann anders wiederum, also typische Männeraufgaben, also zum Beispiel ich durfte ein, ah, typische Frauenaufgaben, zum Beispiel ich durfte einen Apfelstrudelkurs machen. [...] das wurde auch am Anfang komisch quittiert, aber [...]" (Kloss 2007: 99).

Gemeinsame Freizeitaktivitäten sind selbstverständlich eingeschlossen, wobei auf die Einhaltung eines angemessenen Umgangs miteinander Wert gelegt wird. Die MJÖ organisiert seit 2004 ein Frauenprojekt FATIMA, das der Qualifikation junger Frauen als Multiplikatorinnen dient, und durch ein Projekt für junge Männer MUSTAFA ergänzt wird, das Inhalte wie Gruppendynamik, Öffentlichkeitsarbeit oder Gender Mainstreaming umfasst.

Die Muslimische Jugend agiert als Jugendorganisation der IGGiÖ und arbeitet mit anderen Jugendorganisationen zusammen. Es gibt Partnerorganisationen wie die „Muslimischen Pfadfinder/innen" (MPÖ) oder die „Jungen Musliminnen Österreich" (JMÖ) als Verband für die weiblichen Mitglieder, um auch junge Musliminnen anzusprechen, die weniger in gemischtgeschlechtlichen Gruppen tätig sein wollen. Die MJÖ sucht Kontakte zu möglichst vielen muslimischen Organisationen, arbeitet aber auch mit nicht-muslimischen zusammen u. a. im Rahmen der Bundesjugendvertretung. Transnational ist die MJÖ mit anderen muslimischen Jugendorganisationen vernetzt.

6.5 Andere Gruppierungen mit islamischem Hintergrund

▶ Die Aleviten

Die Bezeichnung „Aleviten" wird für eine Vielzahl von Gruppierungen mit islamischer Tradition verwendet, die vor allem in der heutigen Türkei zu Hause sind. Unterschiede werden auch zwischen kurdischen und türkischen Aleviten/Alevitinnen gemacht.

Herkunft und Distanz vom Islam

Seinen Ursprung hat der Alevismus erstens im schiitischen Islam, vor allem in dessen heute als sozial-revolutionär gedeuteter Tradition. Der Alevismus ist aber zweitens auch durch meist zentralasiatisch geprägte sufische Richtungen bestimmt. Bis heute sieht sich der anatolische Alevismus in enger Verbindung mit einer Strömung, die auf Haci Bektas Veli (13. Jahrhundert) und seine gegen die sunnitische Orthodoxie gerichtete Mystik zurückgeht und als Bektaschismus bezeichnet wird. Dieser wurde in Albanien in der Zwischenkriegszeit neben dem Islam als eigene Religionsgemeinschaft anerkannt und ist dort derzeit im Wiederaufbau begriffen. Auch gegenwärtig bestehen überall in Europa organisatorische Verbindungen und Kultgemeinschaften von alevitischen und bektaschitischen Gemeinden.

Ein drittes bestimmendes Element der alevitischen Sonderstellung besteht in seiner Verankerung in den unterschiedlichen vorislamischen religiösen Milieus (altmesopotamisch, alttürkisch bzw. iranisch-kurdisch). Auch christlich-gnostische Traditionen, die bis in das 9. Jahrhundert in Anatolien eine wichtige Rolle spielten, stehen mit an der „Wiege" des Alevismus. Die Verknüpfung der drei genannten Faktoren führte seit dem 13. Jahrhundert zur Ausbildung des Alevismus in Anatolien.

Der Alevismus wurzelt daher zwar im Islam, hat sich aber seit dem Mittelalter von den islamischen Hauptrichtungen und deren zentralen Glaubensinhalten und Geboten gelöst. Die „Lehren der Aleviten – und zwar in allen ihren Ausformungen – [stimmen] mit den zentralen Lehren weder des orthodoxen sunnitischen Islam noch des orthodoxen schiitischen Islam [überein] noch [sind] sie damit in Einklang zu bringen" (Spuler-Stegemann 2003: 31). Als Grundzug wird von den Aleviten/Alevitinnen eine gewisse undogmatische Haltung betont, die ihnen auch als Ausweis einer besonderen Liberalität dient. Sie grenzen sich damit von den Sunniten ab, von denen sie lange verfolgt wurden, aber auch von den Zwölferschiiten.

Im Zentrum des Alevismus steht Ali ibn abi Talib, der – wie der Prophet Muhammad – als Manifestation Gottes gilt. Die Rolle Alis wird dadurch gegenüber Muhammad aufgewertet, dass er als Tor zu einem tieferen Verständnis der islamischen Lehre gilt. Auf dieser Auffassung beruht der Vorwurf, die Aleviten/Alevitinnen würden Ali vergöttlichen. Die „fünf Säulen des Islams" (Bekenntnis, Gebot, Abgabe *[zakat]*, Fasten im Ramadan, Pilgerfahrt nach Mekka) werden grundsätzlich nicht als verbindlich angesehen. Die Ethik beruht auf dem Durchschreiten von vier Toren und vierzig Pforten auf dem Weg zur Vervollkommnung. Alevitische Glaubensinhalte und religiöse Handlungsanweisungen wurden aufgrund der Jahrhunderte dauernden Verfolgungssituation in Liedern und Gedichten weitergegeben. Die von einer Art Barden (Dichter und Sänger) vorgetragenen Lieder hatten für die Herausbildung einer geschichtlichen Identität als verfolgter Minderheit eine große Bedeutung.

Die Scharia (*seriat*) gilt ihnen zwar als „Tor" zur Erkenntnis, ist aber nicht zentral. Außerdem wird der Begriff der *seriat* heute deutlich vom allgemein-islamischen Begriff der Scharia abgegrenzt. Das zweite „Tor" ist der mystische Weg (*tarikat*), auf dem der Adept unter Leitung durch einen Wegweiser (*rehber*) lernt, das Ziel des Glaubens zu verstehen. „Das letzte zu durchschreitende Tor ist das der Wahrheit, das letztlich für das Einheitserlebnis des Glaubenden steht, das aber auf einer alltäglicheren Ebene als Wissen über sich selbst, als integratives Verstandes- und emotionales Körperwissen verstanden wird, in dessen Ganzheitlichkeit der Schlüssel zur Wahrheit liege. Das Ritualgebet wird nicht in der formalisierten Form des Sunniten- oder Schiitentums verrichtet; es hat eher individuellen Charakter. Der Gottesdienst wird in einem *Cemevi* (Versammlungshaus) abgehalten und besteht überwiegend aus Rezitationen, religiösen Tänzen und einem gemeinsamen Mahl, das Anklänge ans christliche Abendmahl aufweist." Diese religiösen Versammlungen, die je nach Anlass unterschiedliche Elemente enthalten, entsprechen nicht dem Freitagsgebet der Muslime/Musliminnen. Der Alevismus ist „eine priester- und moscheenlose Religion, und religiöses Wissen sowie religiöse Praxis werden nicht durch Schriftgelehrte vermittelt, sondern in überwiegend mündlicher Tradition durch so genannte *Pirs* (wörtl.: Alte, Weise) und *Dedes* (wörtl.: Großväter) verschiedener Ränge, die aus ‚heiligen Familien' (*ocak* = wörtl.: Herd) stammen" (Greussing 2009). Die „heiligen Familien" führen sich genealogisch in männlicher Linie auf Ali und Muhammad zurück. Das außerordentliche soziale Ansehen (Charisma) der *Dedes* und *Pirs* beruht auf ihrer besonderen Abstammung. Auch die Heiligenverehrung wie z. B. der Brüder Hizir und Ilyas als Nothelfer zu Land und zur See gehört zum alevitischen Glaubensprofil. Besonders betont wird in den Gemeinden die Gleichstellung von Frauen und Männern. Neben dem *Dede* werden auch der *Ana* (Großmutter) rituelle Funktionen übertragen. Allerdings wirken dem immer wieder patriarchale Traditionen entgegen.

Spuler-Stegemann beobachtet, dass in der gegenwärtigen Situation nicht nur eine Wiederbelebung, sondern geradezu eine Rekonstruktion des alevitischen Glaubens stattfindet, die „zu einer Art neuer Religion mit alten Wurzeln“ führt (Spuler-Stegemann 2003: 24). Im Zuge dieses Prozesses haben sich innerhalb des Alevitentums mehrere Traditionsstränge herausgebildet, deren Lehren mitunter weit auseinanderdriften. Derzeit führen vor allem zwei Positionen in den Organisationen eine erbitterte Debatte (Sökefeld 2008): Die einen verstehen das Alevitentum als eigenständige Religion, für andere gehört es definitiv zum Islam. Das Verhältnis des Alevismus zum Islam ist jedenfalls sowohl religionswissenschaftlich als auch religionsrechtlich von einiger Bedeutung.

Der Alevismus in der Türkei

Das Alevitentum musste in der Türkei immer wieder in den Untergrund gehen, blieb dabei aber insbesondere durch die Glaubensältesten der Familien und durch die Dichter und Saz-Spieler (Saz ist eine türkische Laute) mit seinen sozialen Normen und Werten lebendig. Das Vorhandensein der großen alevitischen Minderheit wurde in der Türkei bis vor kurzem offiziell geleugnet. Das am kemalistischen Einheitsideal orientierte politische Konzept war und ist immer noch darauf bedacht, die Türkei sowohl ethnisch als auch religiös als einheitliche Gesellschaft darzustellen. Aleviten/Alevitinnen wurden als islamische Sekte verstanden und fielen damit unter das in der Türkei geltende Verbot für Sekten. Es besteht daher keine offizielle Vertretung der Aleviten in der Türkei. Die einzige vom Staat geduldete Einrichtung mit alevitischem Hintergrund ist die Haci-Bektas-Veli-Gedenkstätte im zentralanatolischen Sulucakarahöyük (heute Hacıbektaş).

Die alevitische Bevölkerungsgruppe war eine der tragenden Kräfte bei der Gründung der türkischen Republik. Es werden allgemein zwei Strömungen unterschieden. Die eine sieht die Aleviten/Alevitinnen als die wahren Türken/Türkinnen, die andere als synkretistische anatolische Religion, in die verschiedene religiöse Elemente eingegangen sind, wobei der ethnische Aspekt nicht bedeutsam sei (Dreßler 2002). Die Aleviten/Alevitinnen unterstützten jedenfalls regelmäßig die demokratischen Reformen in der Türkei und betrachten die laizistische Staatsform als Grundlage ihrer Existenz. Im politischen Spektrum der Türkei unterstützen sie neben dem Kemalismus meist linksgerichtete Parteien.

Im Jahr 1993 kam es in Sivas anlässlich eines alevitischen Kulturfestivals zu einer Auseinandersetzung mit einer großen Zahl von religiös motivierten sunnitischen Demonstranten/Demonstrantinnen, die sich nach dem Freitagsgebet versammelt hatten. Dabei wurde das Hotelgebäude, in dem die alevitischen Gäste wohnten, in Brand gesetzt. Mehr als 30 Menschen, meist Teilnehmer/innen an diesem Festival, fanden den Tod. Polizei, Feuerwehr und Militär seien zwar alarmiert worden, hätten aber erst Stunden später eingegriffen. Offiziell hieß es, die Menschenmenge habe die Rettungsarbeiten behindert, aber die Aleviten/Alevitinnen sahen die Verzögerung als gegen sie gerichtet. Dies führte zu einer alevitischen Mobilisierung in der Türkei, zu einem sprunghaften Anstieg alevitischer Organisationstätigkeit und europaweit zur Gründung von alevitischen Vereinen.

Der Alevismus in Österreich

Die Zahl der Aleviten/Alevitinnen in Österreich wird auf 60.000 geschätzt, davon lebt fast die Hälfte in Wien. Wie praktisch in allen europäischen Staaten haben sich alevitische Gemeinden auch in Österreich außerhalb der islamischen Verbände organisiert. Dabei lassen sich in den alevitischen Gemeinden und Vereinen grundsätzlich drei Strömungen unterscheiden.

In Österreich besteht seit 1998 die „Föderation der Aleviten-Gemeinden in Österreich“ (AABF), der als Dachorganisation acht Vereine angehören, die in unterschiedlicher Weise ausgerichtet sind bzw. die Kultur der jeweiligen türkischen Herkunftsgemeinden pflegen. Innerhalb der AABF betrachtet sich ein Teil gleichzeitig als muslimisch, eine zweite Gruppe betont die prinzipiellen Unterschiede zwischen Aleviten/Alevitinnen und Sunniten/Sunnitinnen, sieht das Alevitentum aber als mit dem Islam verbunden. Als dritte Gruppe, die nicht der AABF angehört, gibt es auch Vereine der kurdischen Aleviten/Alevitinnen, bei denen Übernahmen von vorislamischen iranischen Traditionen besonders auffällig sind; dazu zählt z. B. der Zoroastrismus.

Rechtsstreit um Anerkennung

Von den genannten Gruppen wurden in den Jahren 2009 und 2010 Anträge auf Eintragung gemäß Bekenntnisgemeinschaftengesetz 1998 gestellt, in einem Fall alternativ dazu der Antrag auf gesetzliche Anerkennung. Der Ablauf der darauf folgenden Verfahren war nicht frei von Merkwürdigkeiten. Einen solchen Antrag stellte als Erstes ein Teilverein der AABF, der Kulturverein der Aleviten Wien (VAKB), zusammen mit einem Antrag auf gesetzliche Anerkennung als „Islamische Alevitische Glaubensgemeinschaft“. Der Verfassungsentwurf wurde im Rahmen der AABF noch gemeinsam erarbeitet, dann aber mit der Bezeichnung „islamisch“ versehen, sodass sich der Kulturverein von einem gemeinsamen Vorgehen distanzierte. Eine Begründung für die Ergänzung „islamisch“ gab Birol Kilic, Herausgeber der österreichischen Monatszeitung *Yeni Vatan Gazetesi*: „„Wir sind waschechte Muslime', sagt Birol Kilic [...]. ,Nur wenn die Aleviten den Fundamentalismus im Nahen Osten sehen, dann identifizieren sie sich nicht damit. Aber ich bin überzeugter Muslim.' Auch die Aleviten stützen sich auf den Koran, dabei betrachten sie ihn als Glaubensgrundlage, nicht als Gesetzbuch."[47]

Die Dachorganisation AABF stellte hingegen nur einen Antrag auf Eintragung als religiöse Bekenntnisgemeinschaft und nahm die Bezeichnung „islamisch" nicht auf. „Wir unterstreichen unsere Beziehung zum Islam", betonte Deniz Karabulut, stellvertretender Vorsitzender der Föderation: „Das Alevitentum ist aber eine eigene Religion." Riza Sari, Obmann der Wiener Aleviten/Alevitinnen, sah die Meinungsverschiedenheiten gelassen: „Juristisch wurden zwei verschiedene Strategien eingeschlagen. Da es schon eine Glaubensgemeinschaft gibt, die sich ‚islamisch' nennt, wird unser Antrag vom Kultusamt vermutlich zuerst abgelehnt werden. Der Weg der Föderation könnte allerdings auch noch länger dauern."

Die Behörde legte daraufhin die beiden alevitischen Verfassungsentwürfe der IGGiÖ zur Stellungnahme vor. Diese begrüßte zwar die Eintragung oder Anerkennung des Alevitentums als Religionsgemeinschaft, erklärte aber, dass es sich dabei um eine vom Weltislam unabhängige Glaubensrichtung handle. Das Alevitentum hätte „mit den religiösen Praktiken der weltweiten muslimischen Gemeinschaft (Sunniten und Schiiten) in keiner Weise etwas zu tun", sondern vertrete eine Glaubenstheologie, „die der islamischen Glaubenstheologie diametral entgegensteht".[48]

Das Kultusamt kam aufgrund der Stellungnahmen der IGGiÖ zu folgendem Schluss: Seit dem Erkenntnis des Verfassungsgerichtshofs aus 1987 seien „alle Anhänger des Islam dem Wirkungsbereich des Islamgesetzes 1912 zugeordnet". Daher könne außerhalb der IGGiÖ keine sich als islamisch verstehende Gemeinschaft staatlich anerkannt oder eingetragen werden. Wenn es sich einerseits beim Alevismus nach dessen Selbstverständnis um eine „islamische Glaubensrichtung" handele, dies aber andererseits von der IGGiÖ nicht akzeptiert werde, dann sei die Anerkennung bzw. Eintragung einer islamisch alevitischen Religionsgemeinschaft ein Eingriff in die inneren Angelegenheiten der IGGiÖ.

Aber der Verfassungsgerichtshof teilte diese Ansicht in seiner Entscheidung vom 1. Dezember 2010 nicht. Der Gerichtshof verneinte, dass es nur eine einzige islamische Religionsgesellschaft bzw. Bekenntnisgemeinschaft geben dürfe. Wenn nach dem Selbstverständnis einer Gruppe die Bezugnahme auf den Islam essentiell ist, könne der religiös neutrale Staat einen solchen Namensbestandteil nicht untersagen. Dies wäre nicht nur ein Eingriff in die Religionsfreiheit, sondern würde darüber hinaus eine Diskriminierung darstellen. Daraufhin kam es am 16. Dezember 2010 zur Eintragung der „Islamischen Alevitischen Glaubensgemeinschaft in Österreich" (IAGÖ), während der Antrag der Alevitischen Föderation Österreichs (AABF) auf Eintragung abgewiesen wurde. Da es noch weitere alevitische Gruppen gibt, ist eine endgültige Klärung noch nicht abzusehen.

Die Ahmadija

Die Strömung der Ahmadija (Lohlker 2008: 143f.) ist als eine der vielen Reformbewegungen im 19. Jahrhundert in Indien entstanden, die sich u. a. mit der britischen Kolonialmacht und der christlichen Mission auseinandersetzte. Begründet wurde sie von Mirza Ghulam Ahmad (1835–1908), der zuerst als Erneuerer des Islams auftrat, sich dann aber zum Messias und Propheten erklärte. Die Ahmadija definiert den Islam als friedliche Bewegung und versucht durch ein sozial ausgerichtetes Leben für ihren Glauben zu werben. Sie sehen ihren Gründer als den vom Propheten Muhammad verheißenen Messias an und als einen weiteren Propheten, womit sie verneinen, dass Muhammad der letzte Prophet war. Daher werden sie von vielen Muslimen/Musliminnen als Abtrünnige betrachtet und angegriffen. Die Ahmadija hat sich in mehrere Zweige gespalten. Eine ihrer Lehren besagt, dass Jesus, der nach gesamtmuslimischem Verständnis nicht gekreuzigt worden war, in Kaschmir eines natürlichen Todes gestorben sei.

Die Ahmadija-Gemeinde in Österreich ist nicht sehr groß. Laut eigenen Angaben hat sie sich 1992 in Wien etabliert. Die Zahl der Mitglieder in Österreich wird von ihr selbst mit 78 angegeben; sie stammen aus Österreich, Pakistan und Bangladesch. Ahmadis aus Pakistan haben mehrfach in Österreich um Asyl angesucht, was ihnen in einigen Fällen auch gewährt wurde, da die sanktionsfreie offene Ausübung ihrer Religion in Pakistan nicht möglich ist.

Drusen

Bei den Drusen handelt es sich um eine aus dem (siebener-)schiitischen Islam hervorgegangene Bewegung, die in vielen Bereichen von den islamischen Hauptrichtungen abweicht. Sie geht auf den fatimidischen Kalifen al-Hakim bi-amri llah (985–1021) zurück, der durch seine teilweise exzentrische Religionspolitik (Verfolgung von Christen und Juden, zeitweise Gleichstellung des schiitischen und sunnitischen Islams) in die Überlieferung einging. Als seine Anhänger/innen begannen, ihm göttliche Verehrung zu erweisen, habe er sich den daraus entstehenden Unruhen entzogen, indem er anlässlich eines Ausrittes verschwunden sein soll. Die besondere Lehre, die daraus hervorgegangen ist, wird von der überwiegenden Mehrheit der Muslime/Musliminnen abgelehnt. Die Drusen konnten sich schließlich als spezielle religiöse Gruppe in bergigen Rückzugsgebieten des Libanons, Syriens und Israels halten. Die österreichischen Gerichte mussten sich auch einmal mit der Frage beschäftigen, ob Drusen Muslime seien und auf den Koran schwören dürfen.

▶ Alawiten

Die Alawiten stehen der schiitischen Richtung nahe und verehren Ali ibn Abi Talib als göttliche Manifestation. Sie werden auch Nusairier genannt, weil sie glauben, dass Muhammad ibn Nusair (gest. 864) der Empfänger geheimer Offenbarungen war. Sie sind nicht den Geboten der Scharia unterworfen, es steht ihnen jedoch frei, die kultischen Vorschriften des Islams zu beachten. Es ist daher umstritten, ob sie als muslimisch gelten können. In Syrien nehmen sie derzeit als Minderheit führende Positionen in der Staatspartei und in der Armee ein; auch die Präsidentenfamilie Assad gehört dieser Richtung an. In Wien leben einige hundert Personen. Obwohl sie von den Aleviten/Alevitinnen zu unterscheiden sind, beteiligen sie sich teilweise am alevitischen Vereinsleben (Puchberger 2004: 81ff.; zu den Alawiten: Halm 1989).

6.6 Einige besondere Strömungen

▶ Salafismus

Der Begriff Salafismus bezeichnet eine inhomogene Strömung von Bewegungen und Gruppierungen, die die Gläubigen auffordert, zu der als rein vorgestellten Frühzeit des Islams zurückzukehren (arab. *salaf* steht für „Vorfahren"). Salafistische Theoretiker vertreten die Auffassung, die Texte des Korans und der Überlieferungen vom Propheten Muhammad seien ohne große theoretische Anstrengungen direkt zu lesen und zu verstehen. Dadurch werde es den Gläubigen möglich, absolute Sicherheit in Glaubensdingen zu erlangen. Dies macht die Strömung immer wieder für Menschen attraktiv, die durch die zunehmende Individualisierung von Religion und die Anforderung, selber einen religiösen Weg zu suchen, orientierungslos sind. Auch die Verteufelung der nicht-islamischen Gesellschaft als unmoralisch und dekadent schafft in den salafistischen Gruppen eine Gegenidentität. Die Strömung wurde insbesondere von saudischer Seite gefördert.

Auch in Österreich gibt es Gruppen und Personen, die solchen Ideen nahestehen. Im Dezember 2010 versuchten einige salafistische Prediger in der Wiener Moschee am Hubertusdamm eine mehrtägige Veranstaltung abzuhalten, was man ihnen zuerst aus Unkenntnis der Personen auch zusagte. Als klar wurde, um welche Strömung es sich handelt, wurde diese Zusage zurückgezogen, u. a. auf Initiative der IGGiÖ.[49]

Die salafistische Strömung lässt sich vielleicht am ehesten als lebensreformerische Frömmigkeitsbewegung begreifen, die ein Islamkonzept vertritt, das den Islam von jeglichen kulturellen Beimischungen gereinigt sehen will und ihn damit vereinfacht. Da für diesen simplifizierten Islam vor allem auch die hoch entwickelte islamische gelehrte Tradition abgelehnt wird, greifen die von dieser Tradition ausgehenden Kontrollmöglichkeiten für extremistische Haltungen nicht mehr (im Detail: Meijer 2009). Wenn auch große Teile der islamischen religiösen Tradition keine Beachtung mehr finden, akzeptieren die Salafisten dennoch bestimmte Gelehrte, vor allem führende saudische Gelehrte.

Obwohl viele Salafisten Gewalt ablehnen, hat diese Form des Islams durch ihre Abgrenzungsbestrebungen und Vereinfachungen teilweise den Weg zu einer gewaltsamen Radikalisierung bereitet.

Sufismus

Der Sufismus, die islamische Mystik, ist in ihren vielfältigen Formen seit Jahrhunderten in allen Teilen der muslimischen Welt eine Haupterscheinungsform islamischer Religiosität. Nach eher individualistischen Anfängen haben sich seit dem 12. Jahrhundert organisierte Formen des Sufismus herausgebildet, die „Wege" (*tarika*, Pl. *turuk*). Diese orientieren sich jeweils an einer Gründerfigur und unterscheiden sich durch rituelle Praktiken (Lohlker 2008: 155ff.). Die Grundstruktur bildet ein Meister-Schüler-Verhältnis, in dem der Meister (Scheich, *pir* u. a.) seine Schüler auf dem „Weg" anleitet. Das Ziel der sufischen Strömungen besteht in einer Annäherung an Gott, manche nennen es „Entwerden", was über die übliche Religionsausübung hinausgeht. Dabei spielen Grundhaltungen wie das absolute Gottvertrauen sowie Praktiken der Anrufung Gottes eine wesentliche Rolle wie das Angedenken an Gott (*dhikr*) durch laute Anrufungen oder stilles Versenken in Gott. Neben dieser innerlichen Ausrichtung ist für viele Sufis die Beachtung der Scharia ein wichtiger Teil ihres Weges.

Über die mystische Ausprägung des Islams in Österreich gibt es keine ausführlichen Untersuchungen. Es lässt sich im Moment lediglich sagen, dass einige sufische „Wege" in Österreich präsent sind, so die Nakschbandija, Kadirija, Nimatullahija u. a. Einige wie bestimmte Nakschbandi-*tarikas* gewinnen an Mitgliedern. Auch eine individuelle Zugehörigkeit zu einzelnen internationalen *tarikas* spielt eine Rolle. Dazu kommen noch eher heterodoxe, universalreligiöse Strömungen wie der „Internationale Sufi Orden", der in der Tradition von Hazrat Inayat Khan steht. Für diese Strömung kann jede beliebige Religion Ausgangspunkt für den Weg des Sufi sein: „In religiös-praktischer Hinsicht wendet man sich einer als zeitgemäß empfundenen Spiritualität zu, die über Atemübungen und Übungen mit Licht und Klängen zur künstlerischen Entfaltung führen soll" (Wunn 2007: 146).

Die sufischen „Wege" sind hierzulande in bestimmten Moscheegemeinden vertreten und haben z. T. eigene Andachtsräume. Die Zugehörigkeit zu einer *tarika* bildet „oftmals ein wichtiges soziales Netz und einen spirituell-religiösen ‚Unterbau' für Aktivitäten in islamischen Vereinigungen" (Kroissenbrunner 1996: 46).

▶ Dschihadismus

Als Dschihadismus wird eine transnationale Strömung bezeichnet, die insbesondere seit den 1980er Jahren im und um den Afghanistankonflikt entstanden und über alle Grenzen hinweg aktiv ist. Von Dschihadisten wird die Auffassung vertreten, Dschihad sei nur im militärischen Sinne zu verstehen, während andere Muslime/Musliminnen den Dschihad traditionell hauptsächlich als Kampf gegen die eigene Triebseele, also gegen die egoistischen Begierden, interpretieren. Hauptaktionen in Europa waren nach dem 11. September 2001 die Bombenanschläge in Madrid 2004 oder London 2005. Weitere Aktivitäten betreffen Propaganda (oft im Internet) und die Rekrutierung von Aktivisten, die dann beispielsweise in den Irak nach Pakistan oder Afghanistan gehen.

Damit unterscheidet sich diese Version des Dschihadismus von Organisationen wie der palästinensischen Hamas oder der libanesischen Hisballah, die sich auf die Palästinenserfrage konzentrieren und eher islamisch-nationalistisch zu nennen sind, obwohl auch sie vom Dschihad reden. Diese Bewegungen haben einen anderen Charakter als al-Qa'ida & Co, wenn auch immer wieder – bewusst oder unbewusst – der Unterschied verwischt wird. Hamas und Hisballah haben auch Unterstützer in Österreich.

Die Zahl der muslimischen Opfer dschihadistischer Anschläge ist um vieles höher als die von nicht-muslimischen Opfern. Für Europa gilt außerdem, dass man mit der Fokussierung auf dschihadistische Aktionen nicht die Anschläge mit nationalistischem, rechts- oder linksextremem Hintergrund aus dem öffentlichen Bewusstsein verlieren sollte. Laut Statistik gab es 2010 in Europa „knapp 250 Terrorattentate; drei von ihnen hatten einen islamistischen Hintergrund".[50] Damit soll die Gefährlichkeit dschihadistischer Strömungen nicht heruntergespielt werden, aber sie kann etwas realistischer betrachtet werden.

Dschihadistische Aktionen und Sympathisanten stellen für alle europäischen Gesellschaften ein Problem dar. Während in früheren Jahren eher transnationale Netzwerke von außerhalb in Europa aktiv waren, konnten in jüngerer Zeit Attentäter/innen auch aus jungen Leuten rekrutiert werden, die in Europa aufgewachsen sind; eingebürgert hat sich, von „homegrown terrorists" zu sprechen. Dabei kann es sich um radikalisierte Jugendliche mit Migrationshintergrund, aber auch um Konvertiten/Kovertitinnen zum Islam handeln. Die Gründe für eine solche Radikalisierung sind vielfältig. Oftmals sind es persönliche Krisen, die zum Auslöser dafür werden, sich dem Dschihadismus zuzuwenden. Auch in Gefängnissen finden sich Sympathien für solche extreme Haltungen, besonders unter jungen Insassen/Insassinnen, die dadurch eine sinnstiftende Orientierung suchen, die sie aus ihrem schwierigen Verhältnis zur Gesamtgesellschaft befreit.

Vorfälle in Österreich

In Österreich sind Personen unterschiedlichster Herkunft im dschihadistischen Spektrum aktiv, die zumeist die österreichische Staatsbürgerschaft besitzen. Dschihadistische Tendenzen wurden einer breiteren Öffentlichkeit bekannt, als 2007 zwei Videobotschaften auftauchten, die Drohungen gegen Österreich enthielten und über die „Globale Islamische Medienfront" (GIMF) verbreitet wurden. Die GIMF war zuerst eine quasi-offizielle Internetplattform der al-Qa'ida, wandelte sich dann aber zu einer von Sympathisanten getragenen, vielsprachigen Plattform, auf der man Erklärungen, Videos, Nachrichten u. a. aus dem Umfeld der al-Qa'ida mit ihren diversen Ablegern publizierte. Die dort veröffentlichten Videobotschaften an die österreichische (und deutsche) Bundesregierung wandten sich besonders gegen den Afghanistaneinsatz von Soldaten.

Als Produzent der gegen Österreich gerichteten und auf der Webseite der GIMF veröffentlichen Informationen (inkl. eines der Videos) wurde u. a. Mohamed Mahmoud, der ehemalige Obmann der „Islamischen Jugend Österreich" (IJÖ), verhaftet. Diese kleine extremistische Gruppe grenzte sich scharf von der IGGiÖ und der „Muslimischen Jugend Österreich" (MJÖ) ab und sah es gemäß ihren Statuten als ihre Aufgabe an, den „wahren" Islam und die „Solidarität mit islamischen Völkern" zu propagieren.

Auf der Webseite der IJÖ, die kurz nach der Verhaftung von Mahmoud vom Netz ging, wurde z. B. zur Nichtbeteiligung an Wahlen aufgerufen. Dort fanden sich auch Traktate wichtiger Theoretiker des transnationalen Dschihadismus wie von Abu Muhammad al-Maqdisi als deutlicher Hinweis auf die Absichten der Betreiber, die auch andere Internetplattformen benutzten. So hatte die IJÖ unter dem Namen „islamicyouthaustria" in einen Kanal auf „youtube" Videos des extremistischen saudischen Predigers Chalid Muhammad ar-Raschid gestellt, der den Tsunami 2004 als Strafe Gottes für die Verderbnis der Welt interpretierte; dieser Kanal ist seit 2008 nicht mehr aktiv. Mohamed Mahmoud wurde mit seiner Frau, die sich inzwischen von ihrem extremistischen Islamverständnis abgewandt hat, in einem umstrittenen Verfahren durch mehrere Instanzen angeklagt und verurteilt.

Im Jahr 2009 wurden Ermittlungen gegen eine Zelle aus Österreichern bekannt, deren Mitglieder sich 2005 in Pakistan paramilitärisch ausbilden ließen. Bei dieser Zelle zeigt sich das typische Muster der Rekrutierung jüngerer Terroristen/Terroristinnen insbesondere aus der zweiten Immigrationsgeneration. Anlässlich dieser Ermittlungen äußerte Raphael Perl, der Leiter der „Action against Terrorism Unit" (OSZE), dass man das Problem nicht lösen könne, indem man al-Qa'ida den Kopf abschlage: „Wir müssen uns mit der Wurzel des Problems auseinandersetzen. Junge Menschen, die sich von dieser Ideologie angesprochen fühlen, müssen wir rechtzeitig in unsere Zivilgesellschaft integrieren und sie auf diesem Weg gegen extremistische Propaganda immunisieren." Es ginge hier nicht um ein rein religiöses Problem, sondern „um die Jugend, ihre fehlenden Chancen und ihre Unzufriedenheit".[51]

Mohamed Mahmoud kann als Beispiel für die Rolle gelten, die eine krisenhafte persönliche Entwicklung für die Radikalisierung bis hin zum Dschihadismus spielen kann. In einem Porträt von Mahmoud heißt es: „Es bedarf nur eines kleinen Anstoßes, damit er zu erzählen beginnt, was ihn dorthin brachte, wo er heute steht. Mohamed Mahmoud erzählt von seiner Kindheit und Jugend. Es ist die Geschichte eines Zurückgestoßenen, eines jungen Mannes, der heute seinen eigenen Weg gehen will – weil ihn zu lange niemand begleiten wollte."[52]

Ein Jugendproblem

Analog der Entwicklung in anderen europäischen Ländern kann auch für Österreich von einem Anstieg der Zahl von gewaltbereiten jungen Erwachsenen ausgegangen werden, auch wenn nicht jede Reise nach Südasien terroristischen Zielen dient und die Gesamtzahl eher niedrig ist. Im Frühsommer 2011 kam es in Österreich und Deutschland erneut zu Verhaftungen von Personen mit vermutetem dschihadistischen Hintergrund. In einer Studie wird auf einen aus Österreich stammenden Dschihadi hingewiesen, der innerhalb al-Qa'ida eine gewisse Karriere gemacht hat (Cruickshank 2011: 26). Aus diesem Anlass wurde eine Verschärfung des Strafrechts angedacht. Die „Anleitung zur Begehung einer terroristischen Straftat" sowie die „Aufforderung zur und Gutheißung von terroristischen Straftaten" solle unter Strafe gestellt werden. Auch der neue Präsident der IGGiÖ, Fuat Sanac, begrüßte schärfere Gesetze gegen den Terrorismus, mahnte aber zugleich, nicht nur Muslime ins Visier zu nehmen, da Terrorismus keine bestimmte Religion habe.[53]

Dschihadistische Tendenzen wurden in Österreich auch von der bosnischen „Islamischen Jugend" (*Aktivna Islamska Omaldina,* AIO) vertreten. Diese Gruppe ist hauptsächlich in Wien und in Oberösterreich aktiv und unterhält Beziehungen nach Bosnien und zu anderen europäischen Ländern. Aber auch aus der Steiermark kommen Meldungen von extremistischen Aktivitäten mit Verbindungen nach Bosnien. Im europäischen Kontext ist jedenfalls die zunehmende Bedeutung von

Konvertiten/Konvertitinnen in den dschihadistischen Strömungen auffällig, wovon Österreich auch in Zukunft nicht ausgenommen sein wird.

Die Anschläge auf eine koptische Kirche im ägyptischen Alexandria zum Jahreswechsel 2010/11 haben auch in Österreich zum vorbeugenden Schutz von Kopten geführt, da auch österreichische Kopten auf Listen auftauchten, die auf dschihadistischen Internetseiten kursierten. In diese Anschläge waren wohl auch Stellen der gestürzten ägyptischen Regierung verwickelt.

7 Der Islam in der österreichischen Gesellschaft

7.1 Themen der Diskussion

Im folgenden Kapitel wollen wir uns jenen Themenkreisen widmen, welche in Österreich – wie auch in anderen europäischen Staaten – mit der muslimischen Präsenz in Zusammenhang gebracht werden. Dabei ist es uns wichtig zu betonen, dass die aufgegriffenen Themen keinen Katalog darstellen, der Probleme aufhäuft, sondern Sachverhalte zur Diskussion stellen will, von denen besonders Muslime/Musliminnen betroffen sind oder zu sein scheinen. Es ist uns bewusst, dass diese Themenfelder in der Mehrheitsgesellschaft und ihren Medien immer wieder für Irritationen sorgen. Gerade deshalb greifen wir sie jedoch auf mit dem Ziel, genauer hinzusehen. Denn aus einer oberflächlichen Betrachtung entstehen schnell pauschale stigmatisierende Zuschreibungen, die bewegliche soziale Prozesse als „angeborene" Fehler einer Minderheit auslegen. Es geht also nicht darum, die Assoziation von Problemen mit dem Islam zu unterstützen, sondern darum, die vorhandenen Assoziationen einer kritischen Überprüfung zu unterziehen.

Da wir uns in Österreich in einem Rechtsstaat befinden, seien zwei Bemerkungen vorweggenommen. Zum einen verweisen wir auf einleitende Bemerkungen aus der Studie des Europäischen Parlaments „Islam in der Europäischen Union: Was steht für die Zukunft auf dem Spiel?"; diese Studie befasst sich mit den Fragen der rechtlichen Integration. Darin heißt es: „Einer Reihe heikler Fragen, die die muslimische Präsenz in Europa aufwirft, kann begegnet werden, indem dem Islam in den Ländern der EU ein solider Rechtsstatus eingeräumt wird. Viele von ihnen [den Fragen] werfen keine neuen oder besonders schwierigen Rechtsprobleme auf. [...] Auf einigen anderen Gebieten (rituelles Schlachten, religiöse Feiertage, separate Bereiche auf Friedhöfen, Bereitstellung Religionsgeboten entsprechender Speisen in Schul-, Gefängnis- und anderen Kantinen) ist etwas mehr Vorsicht geboten: Eine Erweiterung des Bereichs der Ausnahmen von den allgemein geltenden Regeln ist stets eine heikle Angelegenheit und erfordert eine sorgfältige Analyse, bei der auf ein ausgewogenes Verhältnis zwischen Allgemeininteresse und besonderen Bedürfnissen zu achten ist. [...] Es gibt andere Bereiche, in denen die volle Gleichstellung der muslimischen Gemeinschaft mit den anderen Religionen, die schon länger in Europa präsent sind, mehr Zeit braucht. Der Islamunterricht an staatlichen Schulen ist ein Beispiel. Fragen des Personenstands- und Familienrechts könnten sich ebenfalls als problematisch erweisen. In diesen Bereichen ist die Phase des Experimentierens und Forschens noch nicht abgeschlossen“ (Dassetto/Ferrari/Maréchal 2007: IV–V). Die im Zitat genannten Fragen treffen nicht alle auf Österreich zu, da aufgrund der Rechtslage und damit der besonderen Rechtsstellung der IGGiÖ einiges bereits umgesetzt werden konnte wie etwa der islamische Religionsunterricht an öffentlichen Schulen. Dennoch gibt diese Auflistung eine gewisse Orientierung über europaweit diskutierte Bereiche.

Zum anderen muss darauf hingewiesen werden, dass der Islam als Religion keine Grundlagen für die Missachtung des österreichischen Rechts durch die Muslime/Musliminnen liefert. Dies entspricht nicht nur dem traditionellen islamischen Verständnis, wie im Folgenden kurz erörtert werden soll, sondern auch den offiziellen Stellungnahmen der IGGiÖ sowie den Erklärungen der bereits erwähnten Imamekonferenzen, nicht zuletzt aber auch der Auffassung der überwiegenden Mehrzahl der Muslime/Musliminnen. Wenn dennoch Konflikte und ideologische Auseinandersetzungen zwischen Gläubigen, die sich in ihrer Lebenspraxis auf ihre Religion berufen, und der Rechtsordnung Österreichs auftreten und die öffentliche Aufmerksamkeit an sich ziehen, dann bedarf es der Klärung in alle Richtungen. Wie immer in solchen Fällen sind unreflektierte Ängste schlechte Ratgeber. Hier geht es auch um die in der europäischen Öffentlichkeit immer wieder pauschal in Frage gestellte Demokratieverträglichkeit des Islams.

7.2 Islam und Demokratie

In der Frage der „Demokratieverträglichkeit“ des Islams kam es in Österreich 2008 aufgrund einer empirischen Studie, die bei einer Minderheit von islamischen Religionslehrer/innen eine Demokratie-Skepsis ergab, nachgerade zu einem Medien-Hype (Khorchide 2008). Denn dieses Ergebnis wurde zu einer Pauschalverdächtigung gegenüber allen Muslimen/Musliminnen ausgeweitet.

Will man Demokratieverträglichkeit überprüfen, gilt es, sich die Kriterien für eine demokratische Rechtsstaatlichkeit vor Augen zu halten. Zu den Kriterien zählen das wechselseitige Anerkennungsverhältnis zwischen den Bürger/innen und deren Vereinigungen und den Institutionen des Staates sowie die Anerkennung geltenden Rechts vor partikulären religiösen oder weltanschaulichen Konzeptionen des „Guten“. Hinzu kommen die Garantie von Grund- und Menschenrechten oder die Gewaltenteilung, sodass sich die Institutionen in ihrer Machtausübung gegenseitig kontrollieren. Solchen Rahmenbedingungen widerspricht es, wenn eine „übergeordnete Instanz“, sei sie säkular (z. B. ein kommunistischer Staatschef), sei sie religiös (z. B. ein islamischer Wächterrat), alle Entscheidungen, die sich auf die Volkssouveränität berufen können, zu kippen in der Lage ist. Das Faktum des gesellschaftlichen Pluralismus erfordert von allen Gesellschaftsmitgliedern einen öffentlichen Vernunftgebrauch, wenn es um die Gestaltung der Gesellschaft und der grundlegenden Institutionen des Staates geht. Dies bedeutet, dass partikulare Interessen oder Überzeugungen, die keinen breiten Konsens in der Gesellschaft finden, nicht in deren Grundstruktur einfließen dürfen, wohl aber Teil der demokratischen Meinungsbildungsprozesse sein können. Diese Kriterien gelten uneingeschränkt für alle Gruppierungen, so auch für Muslime/Musliminnen. Sie heben nicht das Recht von Religionsgemeinschaften auf, die inneren Angelegenheiten selbst zu regeln, solange sich dies im Rahmen der Grund- und Menschenrechte bewegt.

Werden solche Kriterien angelegt, dann zeigt sich, dass eine deutliche Mehrheit der Muslime/Musliminnen in Europa die unverhandelbaren demokratischen Grundregeln vorbehaltlos akzeptiert. Inzwischen gibt es eine Reihe von internationalen empirischen Untersuchungen, die dies belegen. Auch die Erklärungen der österreichischen und europäischen „Imamekonferenzen" bringen dies klar zum Ausdruck. Ebenso sehen muslimische Theoretiker/innen eine positive Haltung gegenüber der Demokratie in der islamischen Tradition begründet und nicht als Anpassung an von außen herangetragene Forderungen nach Demokratisierung. Unter Mitgliedern von islamischen Organisationen findet sich ebenfalls die Auffassung, dass das europäische demokratische und sozialstaatliche System islamische Werte verwirklicht, während man in mehrheitlich muslimischen Staaten weit davon entfernt ist (Schiffauer 2010).

Hingegen ist das Absprechen der Demokratiefähigkeit „Ausdruck eines historisierenden, in Wahrheit aber ungeschichtlichen Denkens, das jede Öffnung des Islam gegenüber Bedingungen der Moderne vorweg für unmöglich erklärt". Umgekehrt stellt der Rechts- und Verfassungsstaat kein „säkularistisches Monster" dar, das die Religionen bekämpft, sondern eine Einrichtung, „die auf der Grundlage der garantierten Glaubens- und Gewissensfreiheit auch den Muslimen adäquaten Raum religiöser Entfaltung bietet" (Luf 2003: 290).

7.3 Islam und Bildung

Alle Statistiken weisen darauf hin, dass Kinder mit islamischem Religionsbekenntnis in Hauptschulen und Sonderschulen überrepräsentiert sind. Das häufig beklagte mangelnde Engagement für eine adäquate Schulbildung der Kinder schien zunächst ein soziales Problem der ersten Einwanderergeneration zu sein, die diesem Aspekt der Integration kaum Aufmerksamkeit schenkte. Das Bildungsniveau in den Folgegenerationen steigt inzwischen zwar stetig an (Statistik Austria 2011: 46), aber in qualifizierten Berufen sind auch die muslimischen Einwanderer, vor allem die muslimischen Einwanderinnen der zweiten und dritten Generation immer noch deutlich unterrepräsentiert. Es gilt weitestgehend als unbestritten, dass es hier zu vielen Versäumnissen gekommen ist, ein Befund, der allerdings durchaus in das Gesamtbild der Entwicklung Österreichs im Bildungsbereich in den letzten zwei Jahrzehnten passt. In praktisch allen Untersuchungen zu Fragen der Integration im Allgemeinen und der Integration von muslimischen Minderheiten im Besonderen wird daher die Bedeutung des Bildungsaspektes hervorgehoben. Es darf bei all dem jedoch erstens nicht übersehen werden, dass dieser Befund einer hohen Wertschätzung von Bildung im Islam gegenübersteht, was eine religiöse Unvereinbarkeit von Bildung und Religion widerlegt. Zweitens ist hier eine soziale Frage mit eingeschlossen, wie jeder Vergleich unter Berücksichtigung der Migrationsursachen (vor allem bei Fluchtmigration und spezifischen Gründen für Elitenmigration) unschwer erkennen lässt.

Aus der Vielfalt der Fragen, die mit den Bildungsaspekten zusammenhängen, sollen vier Bereiche herausgestellt werden, die in ganz Europa im Zusammenhang mit der muslimischen Minderheit und ihrem Sichtbarwerden im Schul- und Ausbildungsbereich diskutiert werden: die Errichtungen von Privatschulen durch islamische Rechtsträger, der islamische Religionsunterricht samt Religionslehrer/innenausbildung, die Imameausbildung und schließlich die mit dem muslimischen Bekenntnis begründeten Anträge auf Befreiungen vom Sport-, Schwimm- und Sexualkundeunterricht und von Klassenfahrten.

Islamischer Religionsunterricht

Eine besondere Rolle spielt der islamische Religionsunterricht, der europaweit eine österreichische Besonderheit darstellt und in den letzten Jahren mehrfach in die Schlagzeilen geraten ist. Zu den wesentlichen Konsequenzen der gesetzlichen Anerkennung von Religionsgemeinschaften in Österreich gehört das Recht zur Erteilung von Religionsunterricht an öffentlichen und mit Öffentlichkeitsrecht ausgestatteten Schulen. Dieser Religionsunterricht findet eine Verankerung in der österreichischen Bundesverfassung (Art. 14, Abs. 5a), wo in den Zielen der österreichischen Schule der religiös-weltanschaulichen Dimension in beachtlicher Weise Rechnung getragen wird. Unter anderem wird die Befähigung herausgestellt, „an den sozialen, religiösen und moralischen Werten orientiert Verantwortung für sich selbst, Mitmenschen, Umwelt und nachfolgende Generationen zu übernehmen. Jeder Jugendliche soll seiner Entwicklung und seinem Bildungsweg entsprechend zu selbständigem Urteil und sozialem Verständnis geführt werden, dem politischen, religiösen und weltanschaulichen Denken anderer aufgeschlossen sein sowie befähigt werden, am Kultur- und Wirtschaftsleben Österreichs, Europas und der Welt teilzunehmen und in Freiheits- und Friedensliebe an den gemeinsamen Aufgaben der Menschheit mitzuwirken."

Durch diese Einbeziehung der religiösen Werte wird einem umfassenden Bildungsauftrag entsprochen. Der in den allgemeinen Bildungszielen der Bundesverfassung enthaltene Wertekanon ist als Ausdruck eines Grundkonsenses in einer – auch in ethisch-sittlicher und religiös-weltanschaulicher Hinsicht – pluralistischen Gesellschaft zu verstehen, an dem sich auch der islamische Religionsunterricht zu orientieren hat (vgl. Dassetto/Ferrari/Maréchal 2007: IV–V).

Die Erteilung des islamischen Religionsunterrichts gehört unbestritten zu den wichtigsten praktischen Aufgaben der IGGiÖ. So verwundert es nicht, dass kaum ein Thema sowohl innerhalb der islamischen Community als auch in der Öffentlichkeit immer schon und in den letzten Jahren verstärkt kontrovers diskutiert wurde. Einerseits war und ist der grundsätzlich gut etablierte islamische Religionsunterricht trotz aller organisatorischen und anderen Probleme ein wichtiger Schritt auf dem Weg zu einer Einbindung von Muslimen/Musliminnen in die österreichische Gesellschaft. Andererseits gab und gibt es etliche praktische Probleme, die hauptsächlich mit einem Mangel an qualifizierten Lehrkräften zusammenhängen und mit der Schwierigkeit, adäquates Lehrmaterial für einen den Bildungszielen angemessenen Unterricht zu erarbeiten. Es hat sich immer wieder gezeigt, dass bei der Bewältigung dieser Aufgaben viel Geduld notwendig ist und daher die Gefahr besteht, dass die oft durchaus berechtigte Kritik einseitig in den Vordergrund gestellt wird und damit die beachtlichen Fortschritte nicht entsprechend wahrgenommen werden.

Islamischen Religionsunterricht in Österreich gibt es seit dem Schuljahr 1982/83. Die rasch steigende Zahl von Schülern/Schülerinnen stellte sowohl die Regierung als auch die IGGiÖ vor die sehr herausfordernde Aufgabe, genug qualifizierte Religionslehrer/innen zu finden. „Verschiedene Varianten wurden ausprobiert, wie die Heranziehung von in Österreich lebenden Muslimen/Musliminnen oder etwas später die Verpflichtung von im Ausland (vornehmlich in der Türkei) ausgebildeten Theologen. Bei der ersten Gruppe mangelte es an der pädagogischen und nicht selten an der theologischen Qualifikation, bei der zweiten an der pädagogischen Qualifikation und an der Kenntnis der deutschen Sprache; diese Lehrer/innen waren auch mit dem österreichischen Schulsystem nicht vertraut" (Khorchide 2009: 22).

Im Jahr 1998, also 15 Jahre später, wurde die „Islamische Religionspädagogische Akademie" errichtet, die für die fachliche und pädagogische Ausbildung der Religionslehrer/innen an den Pflichtschulen sorgt. Seit 2003 sind acht Fachinspektoren für den islamischen Religionsunterricht tätig. In diesem Jahr wurde auch das „Islamische Religionspädagogische Institut" (IRPI) gegründet, das der Fortbildung der Religionslehrer/innen dient und seine Fort- und Weiterbildungsveranstaltungen an sieben Standorten im Bundesgebiet anbietet. Schließlich dauerte es bis zum Wintersemester 2006/07, bis an der Universität Wien die Forschungseinheit „Islamische Religionspädagogik" für Religionslehrer/innen an den höheren Schulen etabliert werden konnte.

Diese historische Skizze macht deutlich, dass die Professionalisierung des islamischen Religionsunterrichts in Österreich, ungeachtet vieler Fortschritte, immer noch weiterverfolgt werden muss. Es wird vor allem auch Sache des Unterrichts selbst sein, sich den Fragen der Schüler/innen zu stellen, die dem Unterricht in Umfragen vorwerfen, nicht mehr als Basiswissen über Religion zu bieten, tiefer gehende Fragen aber nicht zu behandeln: „Wie die Jugendlichen berichten, werden im islamischen Religionsunterricht vor allem die Ge- und Verbote des Islam erklärt, deren Kenntnis dann auch in Form von Tests abgefragt wird. Sie sprechen mit dem/der LehrerIn über die islamischen Propheten und deren Leben, sie behandeln die im Islam geltenden Ess- und Trinkvorschriften im Allgemeinen und lernen jene, die zu besonderen Anlässen zu beachten sind, wie z. B. die Fastenvorschriften während des Ramadan. Es werden im Unterricht die Regeln erläutert, die wichtig sind, um ein Leben als gute/r MuslimIn zu führen" (Potz 2005). Abgesehen von diesen Informationen über die richtige religiöse Praxis spielte der Religionsunterricht lange Zeit keine wesentliche Rolle in der religiösen Biographie der Mehrzahl junger Muslime/Musliminnen (Ornig 2006: 264ff.)

Es sind aber nicht nur die konservativen katechetischen Konzepte, sondern es ist auch die Fluktuation der Teilnehmer/innen, die immer wieder ein neues Ansetzen notwendig macht, was ein kontinuierliches pädagogisches und didaktisches Arbeiten erschwert. Ungeachtet dieser Probleme haben im Schuljahr 2009/10 ca. 54.000 Schüler/innen an ungefähr 2000 Schulen am islamischen Religionsunterricht teilgenommen (Türkmen 2010: 16f.), darunter auch einige alevitische Schüler/innen; aus Unzufriedenheit kommt es aber auch immer wieder zu Abmeldungen. Von schiitischer Seite wird dies häufig mit der sunnitischen Ausrichtung des Unterrichts begründet. Mit der gesetzlichen Anerkennung des Alevismus wird es auch zur Einrichtung eines eigenständigen alevitischen Religionsunterrichts kommen.

Dafür, wie eine Stunde an einer Wiener Volksschule abläuft, kann ein Beispiel aus dem Jahr 2006 dienen: „Am islamischen Religionsunterricht der dritten und vierten Klassen, welcher einmal wöchentlich stattfindet, nehmen 17 Kinder teil. Die Lehrerin, welche den Unterricht hält, unterrichtet an mehreren Schulen (auch Sonderschulen) in unterschiedlichen Bezirken von der ersten bis zur vierten Unterrichtsstufe. Unterrichtsmaterialien sind das Lehrbuch ‚Islam in meinem Leben', Arbeitsblätter und Plakate zu unterschiedlichen Themen. In der Unterrichtsstunde wurden die Pilgerfahrt und das Opferfest näher behandelt. Diese wurden sowohl mit Textpassagen aus dem Lehrbuch, mit mündlich erzählten Geschichten und auch mit Bildern anschaulich dargestellt. Die Kinder konnten über ihre Erfahrungen mit diesen Themen erzählen, z. B. über die Verabschiedung von Verwandten, welche auf Pilgerfahrt gehen oder wie das Opferfest in ihrer Familie gestaltet wird. Ziel dabei war sowohl die Vermittlung theoretischer Grundlagen (wer unternimmt die Pilgerfahrt, wann ist der richtige Zeitpunkt dafür, was geschieht dabei/welche Rituale gibt es, wie ist das Opferfest entstanden, ...) aber auch das Kennenlernen unterschiedlicher Auslegungen/familiärer Traditionen (wird ein Schaf geschlachtet oder Geld gespendet ...). Als Abschluss wurden einige Suren auf Arabisch wiederholt, welche in den letzten Stunden mithilfe von Arbeitsblättern erarbeitet wurden. In dieser Volksschule ist es üblich, dass am Ende des Schuljahres ein gemeinsamer Gottesdienst stattfindet, welcher von allen ReligionslehrerInnen vorbereitet wird" (Wurm/Petsovits 2009: 87f.). Die muslimischen Lehrer/innen verwenden – wie andere Religionslehrer/innen auch – häufig eigene Materialien. Auch diese werden von den Lehrern/Lehrerinnen selbst oft als unzureichend empfunden, so dass sie sich mehr Unterstützung wünschen.

Fragen des Lehrplans

Der Lehrplan für den islamischen Religionsunterricht wurde am 19. August 1983 im Bundesgesetzblatt veröffentlicht. Verfasst hatte ihn eine einzelne Person, nämlich Dr. Ahmad Abdelrahimsai, der damalige Präsident der IGGiÖ. Auf knapp fünf Seiten wurde der Lehrstoff für je zwei Klassenstufen zusammengefasst, darauf folgten die didaktischen Grundsätze. Als didaktisches Mittel waren hauptsächlich das Rezitieren von Koranstellen und das Lernen von Aussagen des Propheten Muhammad vorgesehen. Dieser Unterrichtsplan wurde zunehmend kritisch betrachtet, denn er „ist stärker im Sinne affirmativer Vermittlung normativ-religiöser Vorgaben ausgerichtet, er wird somit nicht der Forderung der modernen Religionspädagogik, einen intensiven Bezug zu der konkreten individuellen Lebensrealität der Kinder, also zu ihrer Lebensrealität in Österreich, herzustellen, gerecht" (Khorchide 2009: 25). Daher nahm die IGGiÖ nach einer Übereinkunft mit der Bildungsministerin Schmied eine gründliche Revision dieses Lehrplans in Angriff. Die neuen Lehrpläne wurden am 25. Juli 2011 im Bundesgesetzblatt kundgemacht.

Unabhängig vom Lehrplan entscheiden Lehrer/innen häufig selbst über Lehrinhalte, um das Ziel der Vermittlung von Lebensinhalten, ethischen und moralischen Werten über materiale Inhalte hinaus zu erreichen. „Darüber hinaus kommt einem guten Religionsunterricht auch die Aufgabe zu, den Kindern zu helfen, Liebe und Mitgefühl zu entwickeln, Verständnis für und Toleranz mit anderen (auch Andersgläubigen) zu entwickeln und soziale Verantwortung durch das eigene Verhalten zu übernehmen. Einige StudentenInnen fügten den aufgezählten noch weitere Werte hinzu, die im Religionsunterricht unbedingt vermittelt werden sollten: der Abbau von Vorurteilen (gegenüber ÖsterreicherInnen), Werte wie Zuverlässigkeit, Hilfsbereitschaft, Höflichkeit und Respekt im gegenseitigen Umgang" (Potz 2005). Probleme wirft sicherlich der Umstand auf, dass ein Teil der Lehrer/innen noch keine pädagogische und/oder theologische Ausbildung hat.

In der österreichischen Öffentlichkeit wurde die Kritik am islamischen Religionsunterricht vor allem seit der – sehr einseitigen – Diskussion um eine Studie laut, die Mouhanad Khorchide (2008), Soziologe, islamischer Theologe und Imam, verfasst hatte.[54] Diese Studie stützt sich auf Befragungen von islamischen Religionslehrern/Religionslehrerinnen. Beantwortet hatten 210 von 330 Lehrern/Lehrerinnen die ausgeteilten Fragebögen. Aufsehen erregten folgende Zahlen: „,Lehnen Sie Demokratie ab, weil sie sich mit dem Islam nicht vereinbaren lässt?' 21,9 Prozent (,trifft sehr zu' und ,trifft eher zu' wird jeweils addiert) sagen Ja. ,Lehnen Sie die Menschenrechtserklärung ab, weil sie sich mit dem Islam nicht vereinbaren lässt?' 27,1 Prozent bejahen. ,Hätten Sie Verständnis dafür, wenn Muslime, die vom Islam abgefallen sind, mit dem Tod bestraft würden?' 18,2 Prozent Zustimmung. ,Sehen Sie einen Widerspruch zwischen Muslim sein und Europäer sein?' 28,4 Prozent sagen Ja."[55] In der öffentlichen Diskussion wurde dies als die Meinung *der* islamischen Religionslehrer/innen dargestellt und damit ignoriert, dass die überwiegende Mehrzahl der Antworten *kein* autoritäres und undemokratisches Weltbild gezeigt hat. Neuere Untersuchungen, die auf Interviews mit Religionslehrern/Religionslehrerinnen beruhen, ergeben ein nuancierteres Bild von deren Vorstellungen (Türkmen 2010). Auch gilt seit 2010 ein neuer Dienstvertrag, der in aller Deutlichkeit ein Bekenntnis zu Demokratie und Menschenrechten verlangt.

Was sich ebenfalls in der Studie von Khorchide zeigt, ist „eine überraschend hohe Unzufriedenheit der islamischen Religionslehrer/innen mit den vorhandenen Lehrplänen und Lehrbüchern. 57,5 % von ihnen sind mit den Lehrplänen und 85,7 % mit den Lehrbüchern unzufrieden. Die meisten Lehrer/innen verwenden daher ihre eigenen Lehrmaterialien, was einen erheblichen Aufwand für sie bedeutet. Daher wundert es nicht, dass sich 71 % von ihnen durch den Vorbereitungsaufwand für den Unterricht stark belastet fühlen. 65,8 % der Religionslehrer/innen fühlen sich durch die Suche nach geeigneten Themen für den Unterricht ebenfalls stark belastet" (Khorchide 2009: 28; vgl. Türkmen 2010: 14). Hier zeigen sich tatsächlich gravierende Probleme, an deren Lösung gearbeitet werden muss. Dies gilt auch für die Klagen der Lehrer/innen über eine mangelnde Einbindung an den Schulen. Interessant ist, dass diese Ergebnisse in den Medien kaum wahrgenommen wurden.

Aber auch die Studie von Khorchide wurde kritisiert, einerseits von Religionslehrern/Religionslehrerinnen, die bemängelten, dass die Befragung in einer ungünstigen Situation und unter Zeitdruck stattgefunden habe, sodass es zu fehlerhaften Antworten gekommen sei, andererseits seitens der IGGiÖ, die auf irreführende

Fragestellungen und methodische Fehler hinwies. Von wissenschaftlicher Seite wurde insbesondere angemerkt, dass die Bedeutung bestimmter vielschichtiger Begriffe wie Demokratie in einer quantitativ statistischen Bearbeitung nicht adäquat erfasst werden könne (Türkmen 2010: 9). Auch hätten fehlerhafte Fragestellungen zu fragwürdigen Ergebnissen geführt. So wird z. B. von einem Kritiker moniert, dass ein fünfmaliges Gebet am Tag nicht als Indikator für „Fanatismus" dienen könne, worauf der Studienautor erwiderte, dass Vertreter der salafistischen Strömung anderen Muslimen die Zugehörigkeit zum Islam absprächen, wenn diese nicht fünfmal am Tage beteten. Um diese Art des Extremismus sei es ihm gegangen. Der Kritik hielten Befürworter/innen der Studie wiederum entgegen, dass diese durchaus korrekt mit den in der Soziologie üblichen Methoden gearbeitet habe.[56] Eine ruhige wissenschaftliche Diskussion wurde aber in dem Moment unmöglich, als einige Ergebnisse der Studie in die mediale Diskussion gerieten.

Wenn hier Schwachpunkte im Zusammenhang mit dem islamischen Religionsunterricht aufgezeigt werden, dann ist zugleich zu betonen, dass der islamische vor deutlich größeren Herausforderungen steht als der katholische oder evangelische. Religionslehrer/innen und Schüler/innen erfahren sich als gläubige Muslime/Musliminnen und als Teil der österreichischen Gesellschaft, zu der das öffentliche Schulwesen gehört. Dabei kann der islamische Religionsunterricht Integration nur unterstützen, aber kein Ersatz sein für einen viel breiter angelegten gesellschaftlichen Integrationsdiskurs; auch kann er – wie jeder Religionsunterricht – nicht allein zur religiösen Sozialisation der Kinder und Jugendlichen beitragen. Elternhaus, Religionsgemeinde und Freundeskreis stellen in aller Regel eine viel stärkere religiöse Formung dar, als dies (maximal) zwei Unterrichtsstunden pro Woche zu leisten vermögen. Darüber hinaus muss sich gerade der islamische Religionsunterricht mit zum Teil kulturell sehr unterschiedlich gefärbten religiösen Sozialisationsmilieus auseinandersetzen. Nicht umsonst melden zahlreiche Eltern ihre Kinder deshalb ab, weil sie ein Zurückdrängen ihrer je eigenen kulturellen Prägung befürchten.

Befreiungen vom Unterricht

Die Schulgesetze erlauben das Fernbleiben von der Schule nicht nur aus gesundheitlichen und familiären Gründen, sondern die Erlaubnis kann auch zum Fernbleiben aus begründetem Anlass für einzelne Stunden bis zu einigen Tagen erteilt werden. Aufgrund eines sich auf diese Bestimmungen stützenden ministeriellen Erlasses ist Schüler/innen des islamischen Religionsbekenntnisses anlässlich des Ramadanendefestes und des Pilger- und Opferfestes auf deren Ansuchen die Erlaubnis zum Fernbleiben vom Unterricht zu gewähren. Zu den europaweit diskutierten Problemen im Zusammenhang mit dem Religionsbekenntnis im Allgemeinen und dem Islam im Besonderen gehört aber auch die Befreiung von einzelnen schulischen Gegenständen. Eine derartige Befreiung aus religiösen Gründen sieht das österreichische Schulrecht jedoch grundsätzlich nicht vor.

Im Wesentlichen sind zwei Bereiche durch die Diskussionen erfasst. Der erste ist der Umgang mit der menschlichen Körperlichkeit insbesondere im Zusammenhang mit Sexualität. Mehr oder weniger alle Religionen kennen oder kannten Einschränkungen im Umgang mit dieser Sphäre. Das bekannteste und auch in einigen europäischen Staaten gerichtsanhängig gewordene Beispiel ist die Ablehnung eines koedukativen Schwimmunterrichts seitens muslimischer Eltern. Für Österreich ist davon auszugehen, dass der Unterricht in „Bewegung und Sport" ab der 5. Schulstufe getrennt nach Geschlechtern zu erteilen ist. Diese Trennung kann mit Genehmigung der Schulbehörde erster Instanz im Falle einer zu geringen Schüler/innenzahl entfallen, da sich ansonsten der lehrplanmäßige Unterricht nicht durchführen ließe. Ebenso kann eine Geschlechtertrennung dann entfallen, wenn der Unterricht gleichzeitig durch mehrere Lehrer/innen erfolgt, und dies aus sachlichen Gründen (Tanzen, Schwimmen, Freizeitsportarten) zweckmäßig ist.

Der positiven Religionsfreiheit einer Schülerin und dem konfessionellen Erziehungsrecht ihrer Eltern kann dadurch entsprochen werden, dass auf die Anwendung der genannten Ausnahmebestimmungen verzichtet wird. „Ist der Schulleitung und der Sportlehrerin daher bekannt, dass sich eine muslimische Schülerin in der Klasse befindet, die einen gemeinsamen Sportunterricht ablehnt, ist die Schulleitung dazu angehalten, den Sportunterricht nach Geschlechtern getrennt abzuhalten – mag auch im Einzelfall ein Zusammenziehen der Schülergruppen zweckmäßiger sein" (Gartner 2010: 37). Da Sportunterricht in erster Linie wohl die Aufgabe hat, die Gesundheit zu fördern, ergibt sich daraus die Zulassung eines separaten Schwimmunterrichts. In diesem Sinn wurde für muslimische Mädchen ein Schwimmunterricht im Wiener „Jörgerbad" organisiert, das in dieser Zeit für männliche Besucher geschlossen ist; dieser Schwimmunterricht wird als schulischer Unterricht angerechnet.

Geschlechtertrennung in der Klasse wird nicht nur für den Sportunterricht, sondern auch für Sexualerziehung als Teil der Biologie verlangt. Hier ist die Situation in den europäischen Ländern recht komplex, weil auch fundamentalistische christliche Gruppen dies fordern. Widerstand richtet sich manchmal auch gegen Schulausflüge, vor allem Sportwochen, wo bei Eltern die Angst vor zu viel „Hüttenzauber" mitspielen mag.

Privatschulen

Das österreichische Privatschulwesen ist dadurch gekennzeichnet, dass es konfessionelle Privatschulen gesetzlich anerkannter Religionsgemeinschaften bei der Errichtung sowie bei der staatlichen Subventionierung begünstigt. Aufgrund der gesetzlichen Anerkennung des Islams fallen daher auch von der IGGiÖ ausdrücklich als islamisch anerkannte Schulen unter diese Begünstigung. Insgesamt gibt es derzeit in Wien 15 islamische Privatschulen mit allen Schulstufen (Türkmen 2010: 17), von denen einige das Öffentlichkeitsrecht besitzen. Bei anderen, die diesen Status nicht haben, wirkt sich dies in deutlichen Unterschieden vor allem hinsichtlich des Lehrplanes aus.

Islamische Schulen mit Öffentlichkeitsrecht sind etwa die „Islamische Volksschule Wien“, getragen vom „Islamischen Bildungs- und Kulturzentrum“, die „Österreichisch-Ägyptische Privatschule“, die „Privatvolksschule al-Andalus“, das seit 1999 bestehende „Islamische Gymnasium Wien“, getragen vom Verein SOLMIT, und die „Vienna International Islamic School al-Azhar“. Der islamische Charakter prägt nur zum Teil die Lehrpläne und Lehrmaterialien dieser Schulen, die sich kaum von denen staatlicher Schulen unterscheiden. Sie stehen daher auch nicht-muslimischen Kindern offen. Das Lehrpersonal ist nicht unbedingt mehrheitlich muslimisch. „Die Frage, was diese Schulen ‚islamisch‘ macht, ist schwer zu beantworten. Die Atmosphäre, der Name der Schule, der Träger der Schule sind erkennbare Merkmale, die diese Schulen ‚islamisch‘ machen“ (Aslan 2009: 345). Für die Eltern scheint insbesondere die kulturelle und religiöse Atmosphäre der Schulen eine Rolle zu spielen; die Ansprüche an die Qualität der Ausbildung steigen seitens der Eltern aber immer mehr.

Eher berufsorientiert ist die „Islamische Fachschule für Soziale Bildung in Wien“. Sie „bietet den SchülerInnen, die keine anderen Abschlüsse machen können, die Chance, sich beruflich weiterzuqualifizieren. Darüber hinaus wird durch den Religionsunterricht und weitere kulturelle und traditionelle Angebote die religiöse Identität der Kinder gefördert. Die Schule definiert sich als eine Berufsbildungsschule“ (Aslan 2009: 346). Das Angebot an Unterrichtsschwerpunkten richtet sich insbesondere auf traditionelle „Frauenberufe“, etwa im Gesundheitswesen. Neben den genannten Schulen gibt es auch Schulen ohne Öffentlichkeitsrecht, an diesen werden überwiegend Schüler/innen des diplomatischen Personals unterrichtet; genannt seien die libysche und die saudische Schule. Sie unterstehen nicht der Kontrolle der IGGiÖ und unterscheiden sich von den österreichischen Schulen in ihren Lehrplänen und Lehrmitteln, die den jeweiligen ausländischen Konzepten folgen. Einige Kindergärten richten sich ebenfalls speziell an muslimische Kinder.

Islamische religionspädagogische Ausbildung für Pflichtschulen (IRPA)

Die IRPA und der dort angesiedelte „Private Studiengang für das Lehramt für Islamische Religion an Pflichtschulen“[57] ist ein wichtiges Experiment, denn durch die Etablierung einer eigenständigen Ausbildung für islamische Religionslehrer/innen wird die Grundlage für einen in der österreichischen Gesellschaft verankerten Islam geschaffen: „Das Bestehen dieser Einrichtung war – trotz vieler Anfangsschwierigkeiten – ein Signal für die Normalität der Präsenz der islamischen Glaubensgemeinschaft in Österreich und für die, dem demokratischen Rechtsstaat entsprechende gegenseitige Akzeptanz von Staat und Glaubensgemeinschaft“ (Potz 2003: 365). Gegenüber den Anfangsjahren haben die Anteile des Unterrichts in deutscher Sprache und die deutsche Sprachkompetenz der Studenten/Studentinnen deutlich zugenommen, auch die Professionalisierung und Hebung des Niveaus wird engagiert betrieben. Im Studienjahr 2007/2008 begann man mit dem ordentlichen Studienbetrieb gemäß den neuen gesetzlichen Bedingungen, die auf eine Ausbildung auf dem Niveau der Pädagogischen Hochschulen zielen. Ein berufsbegleitender Bachelor-Studiengang wird auch die Qualifikation bereits tätiger Lehrer/innen verbessern helfen.

Angesichts dessen, dass die Akademie erst auf eine relativ kurze Geschichte zurückblicken kann, bleibt die Zukunft abzuwarten; das Engagement des Lehrpersonals macht aber zuversichtlich. Dass diese zukunftsorientierte Aufgabe nicht leicht ist, zeigt der in den letzten Jahren häufige Wechsel in der Leitung, und erst durch die derzeitige Leiterin Amena Shakir dürfte eine gewisse Ruhe und Stabilisierung eingetreten sein. Wichtig ist ohne Zweifel die Rolle der Medien, die ungeachtet der notwendigen kritischen Beobachtung die positiven Tendenzen durch realistische Berichterstattung verstärken könnten. Die IRPA dient auch als Stelle, die die Qualifikationsnachweise von im Ausland ausgebildeten Seelsorgern/Seelsorgerinnen bestätigt. „Somit fungiert die IRPA in dieser Kontrollfunktion als ‚Organ der Qualitätssicherung‘ im Bereich der islamischen Seelsorge“ (Potz 2003: 366). Durch die Übersiedlung in ein großzügigeres Gebäude ist auch ein Umfeld geschaffen, in dem neue Initiativen möglich sind.

Islam an der Universität

An österreichischen Universitäten entstehen immer mehr Diplom- und Doktorarbeiten, die sich islamischen Themen widmen und von Muslimen/Musliminnen verfasst werden, sodass die Bedingungen für eine von akademischen Maßstäben bestimmte islamische Diskussion immer besser werden. In diesem Zusammenhang spielt die Etablierung universitärer Studiengänge eine wichtige Rolle wie die Islamische Religionspädagogik an der Universität Wien, die jetzt auch an der Universität Innsbruck eingerichtet wurde. Dieser Studiengang soll die Ausbildung von Religionslehrern/Religionslehrerinnen für höhere Schulen gewährleisten. Das Studium ist interdisziplinär ausgerichtet und wird in Zusammenarbeit mit verschiedenen Fakultäten der Universität organisiert. Die bisher eher kleine Zahl der Studierenden, die häufig berufsbegleitend studieren, hatte mit den vielfältigen Anfangsschwierigkeiten eines neu etablierten Studiums zu kämpfen. Die Entwicklung und Adaptierung des Curriculums hat aber große Fortschritte gemacht und internationale Anerkennung gewonnen. Eine Verbreitung des Lehrangebots auch für Imame und Seelsorger/innen wird angestrebt. Damit ist die Errichtung weiterer Professuren dringend erforderlich, was dem Bericht der EU-Kommission zum Islam in der Europäischen Union entsprechen würde, in dem herausgestellt wird, dass „die Einrichtung von Hochschuleinrichtungen [für den Islam] eine der wichtigsten Prioritäten für die Zukunft [ist]" (Dassetto/Ferrari/Maréchal 2007: VI).

Ein besonderes Problem war die Abgrenzung der Pädagogik als einer eigenständigen Disziplin von Vorstellungen, die eher die Theologie allein als Grundlage des Religionsunterrichtes sehen (Aslan 2009: 348f.), was eine Parallele in der Entwicklung des christlichen Religionsunterrichts aufweist. Ein Religionsunterricht, der den Herausforderungen, die an den Islam in europäischen Gesellschaften gestellt werden, gerecht werden möchte, braucht in Zukunft „institutionelle Integration bzw. Infrastruktur, um ein eigenes, authentisches Profil entwickeln zu können. Ohne unter allgemeinem Verdacht zu stehen, brauchen die MuslimInnen Zeit und Ruhe, um ihre Gegenwart kritisch zu reflektieren und in einer pluralistischen Gesellschaft Grundlagen für die eigene Zukunft bereiten zu können" (Aslan 2009: 348).

7.4 Islamische Seelsorge

Die Institution der Seelsorge ist ohne Zweifel eine Neuheit im islamischen Kontext. Sie existiert traditionell nicht und ist nicht-islamischen Vorbildern nachgebildet, ein Prozess, den Olivier Roy als Formatierung von Religion in der Neuzeit beschreibt, durch die ehemals durchaus christliche Konzepte aus ihrem Ursprung gelöst und auch im nicht-christlichen Kontext vielfach verwendbar werden (Roy 2010). Dementsprechend finden sich zunehmend muslimische Einrichtungen für die kategoriale Seelsorge nach christlichem Vorbild als Innovationen insbesondere in Europa. Die betreuten Handlungsfelder für islamische Pastoral unterscheiden sich auch kaum von den kirchlichen Formen, angefangen von der Gründung karitativer Einrichtungen, der Übernahme von Aufgaben in der Anstaltsseelsorge bis hin zu einer deutschsprachigen Muslimischen Telefonseelsorge (www.mutes.de).

Muslimische Seelsorger/innen

„Imam" ist ein vieldeutiger Begriff, der sich im Rahmen einer Moscheegemeinde auf den Leiter des Gebetes bezieht. In einer muslimischen Minderheitssituation fällt diese Funktion häufig mit der des Predigers (*chatib*) zusammen, der u. a. beim gemeinsamen Freitagsgebet die Ansprache hält. Dazu kommen administrative und technische Aufgaben für die Moschee selber und die Betreuung der Gemeinde, die von Aufgaben im Todesfall bis hin zu einer allgemeinen sozialen Beratungstätigkeit reichen kann. Durch ein solches umfassendes religiöses Gemeindemanagement unterscheidet sich die Rolle von Imamen in Österreich von der in mehrheitlich muslimischen Gesellschaften. Weibliche Religionsbeauftragte und Seelsorgerinnen beschäftigen sich zumeist mit Koranunterricht (eine Aufgabe, die auch von Imamen wahrgenommen wird) und mit Angelegenheiten von Frauen in der Gemeinde. Auch wenn es in den letzten Jahren international Beispiele für Frauen gegeben hat, die als Vorbeterinnen bei gemischten Gruppen gewirkt haben, ist die gängige Meinung, dass Frauen nur innerhalb von Frauengruppen diese Funktion übernehmen sollten.

Statt um reale Probleme von Imamen und Religionsdiener/innen und deren Lösung hat sich die öffentliche Debatte in Österreich lange Zeit hauptsächlich um so genannte Hassprediger gedreht. Verstanden werden darunter zumeist muslimische Prediger, die extremistische Ansichten äußern. Eine erste breitere öffentliche Diskussion entstand 2005, nachdem in London am 7. Juli vier Bomben in öffentlichen Verkehrsmitteln von dschihadistischen Attentätern gezündet worden waren. Dutzende Menschen starben und noch mehr wurden verletzt. Im Anschluss an diese Attentate wurde die Frage erörtert, ob es in Österreich „radikale Prediger" gebe (Sticker 2008a: 103ff.). Es wurde und wird immer wieder von einer sehr kleinen Anzahl extremistischer Imame geredet, eine genaue Zahl kann aber aus den Berichten (auch des BVT) nicht abgelesen werden. In dieser Debatte nahm die IGGiÖ eine aktive Rolle ein und positionierte sich in den Medien eindeutig gegen extremistische Haltungen und Aktionen. Ein führender Wiener Imam äußerte sich in einer Fatwa entschieden gegen Terrorakte und forderte zu Handlungen dagegen auf.

Generell bleibt festzuhalten, dass es zwar immer wieder zu problematischen Aussagen von Imamen kommt, die Vielzahl anderer, positiver Äußerungen aber zum Teil gezielt überhört wird.

Herkunft und Ausbildung

Eine Kontrolle über die österreichischen Imame seitens der IGGiÖ ist schwierig, da es mehrere Kategorien von Imamen gibt (vgl. Sticker 2008a: 108ff.). Die offiziellen türkischen Religionsbeauftragten sind von der türkischen Religionsbehörde über ATIB entsandt und werden von der türkischen Botschaft kontrolliert; sie haben häufig großes Interesse an einer Weiterbildung, die den österreichischen Verhältnissen angemessen ist. Diesen gegenüber aber hat die IGGiÖ keine Einflussmöglichkeiten. Es bleibt abzuwarten, in welcher Form sich die Zusammenarbeit nach den Wahlen in der IGGiÖ 2011 gestaltet. Auch die zweite Gruppe der selbständigen ausländischen Religionsbeauftragten, die vertraglich an einen Arbeitgeber, einen Moscheeverein, gebunden sind, erhält über eine Genehmigung der IGGiÖ eine Einreisegenehmigung und ein Visum. Damit besteht eine indirekte Einflussmöglichkeit. Die dritte Gruppe sind selbständige österreichische Religionsbeauftragte mit österreichischer Staatsbürgerschaft, die damit ebenfalls nicht von der IGGiÖ kontrolliert werden.

Man kann von einer Gesamtzahl von mehreren hundert Imamen, Religionsbeauftragten und Seelsorgern/Seelsorgerinnen in Österreich ausgehen; ungefähr 260 Personen kommen aus dem Ausland. Für die Imame und Religionsbeauftragten der ATIB, die aus der Türkei entsandt werden, gibt es seit 2008 Lehrgänge zur Vorbereitung auf ihre Tätigkeit in Österreich, die das Außenministerium veranstaltet; am Unterricht sind u. a. auch Personen aus der IGGiÖ beteiligt.[58] An der Universität Wien begann im Wintersemester 2009 ein Universitätslehrgang, der sich an Imame, Seelsorger/innen und Religionsbeauftragte richtet und die Absolventen/Absolventinnen befähigen soll, „schließlich gegenwartsbezogen und gesellschaftlich-integrativ auf die Bedürfnisse ihrer Gemeindemitglieder" eingehen zu können (aus der Lehrgangsbroschüre). Ziel ist es auch, der teilweisen Isolierung der Imame von der Mehrheitsgesellschaft zu begegnen. Die Abschlussarbeiten des Universitätslehrgangs und die Übernahme von Absolventen/Absolventinnen in verschiedenen Bereichen zeugen davon, dass solche Initiativen fruchtbar sind. Im neuen Duchgang des Lehrgangs sind auch erstmalig islamische Aleviten/Alevitinnen beteiligt.

Dabei muss auch die fremdenrechtliche Situation der Imame bedacht werden, die z. Z. einen Aufenthaltsstatus haben, der von ihrer Tätigkeit als Prediger abhängt. Gerät ein Imam in Streit mit seiner Gemeinde und wird entlassen, verliert er damit seine Existenzsicherung und die seiner Familie.[59] Belastend ist auch, dass die meisten Imame ihre Tätigkeit nur nebenberuflich und meistens ehrenamtlich ausüben, da viele Moscheevereine einen hauptberuflichen Imam nicht bezahlen können. Hier bedarf es weiterer Bemühungen, wobei die Etablierung einer Ausbildung (auch auf universitärer Ebene) in Österreich und in deutscher Sprache eine wichtige Rolle spielen wird, damit die Imame und Seelsorger/innen sowohl sozial wie theologisch ausreichend auf ihre Aufgaben vorbereitet sind. Imame nehmen für die Entwicklung der muslimischen Gemeinschaften in Österreich eine Schlüsselposition ein, für die ebenfalls gilt, was Rauf Ceylan für die deutsche Situation schreibt: „Leider werden die Rolle und die Funktion der Imame hierzulande weit unterschätzt. In einem alten türkischen Sprichwort heißt es: ‚Der halb ausgebildete

Imam nimmt den Menschen den Glauben, wie der halb ausgebildete Arzt den Menschen die Gesundheit raubt'" (Ceylan 2010).

7.5 Muslime beim Bundesheer

Das Bundesheer sieht sich mit einem demographischen Wandel konfrontiert, der an die Zeiten erinnert, in denen bosniakisch-muslimische Einheiten in der k. u. k. Armee dienten. 2009 versahen rund 1000 muslimische Soldaten ihren Grundwehrdienst im Heer.[60] Im Allgemeinen wird der Dienst der muslimischen Grundwehrdiener von Bundesheerverantwortlichen durchaus positiv bewertet. Berichte über Vorfälle wie die Abwendung einiger muslimischer Präsenzdiener von der Fahne scheinen singulär zu sein. Generell ist das Bundesheer ein Bereich der österreichischen Verwaltung, der den Muslimen die meiste Aufmerksamkeit schenkt. Es werden regelmäßig Kaderschulungen zum Thema Islam durchgeführt.

Vor allem die traditionelle Bedeutung des Wehrdienstes in der Türkei macht sich auch bei Rekruten bemerkbar, die aus aus türkischen Migrantenfamilien stammen. Die in einem Bericht des „Kurier" wiedergegebene Aussage ist dafür repräsentativ: „Wenn ein Sohn zum Heer geht, ist das für die Familie so, als ob er heiraten würde. Zur Angelobung kommen dann alle – bis hin zu den Freunden und Geschwistern."[61] Daher verwundert es nicht, wenn junge Muslime viel seltener Zivildienst leisten.

Im Jahr 2009 hatten 660 muslimische Grundwehrdiener ein so genanntes Strenggläubigkeits-Zertifikat. Dieses Zertifikat[62] ermöglicht ihnen die Einhaltung der religiösen Ritus-Pflichten. Die strenggläubige Zugehörigkeit zur IGGiÖ ist bereits im Zuge des Stellungsverfahrens durch Beibringung einer Bescheinigung des „Obersten Rates der Islamischen Glaubensgemeinschaft in Österreich" nachzuweisen.[63] Zur Sicherung der Erfordernisse für das religiöse Umfeld (Versorgung mit besonderer Kost, Zeit für die Gebete, Freistellung an den zu berücksichtigenden Feiertagen) werden diese Soldaten speziell einberufen. Es ist ihnen auch (ebenso wie den Sikh) erlaubt, aufgrund ihrer Religion einen Bart zu tragen.

Eine organisierte islamische Militärseelsorge hat in der Monarchie für muslimische Soldaten bei bosnischen Einheiten seit 1881 bestanden, das provisorische Wehrgesetz für Bosnien und Herzegowina enthielt detaillierte Regelungen für muslimische Soldaten (Neumayer 1995: 81f.). 1913 wurde sogar ein Militärmufti bestellt, vergleichbar einem katholischen Militärbischof. Dass das Islamgesetz keine Regelung für Militärseelsorge enthält, lässt sich aus der mangelnden Verfasstheit der Glaubensgemeinschaft im Jahre 1912 erklären. Die IGGiÖ trat 2004 unter Hinweis auf diese österreichische Tradition erstmals an das BMLV mit dem Wunsch nach einer Einrichtung seelsorgerlichen Betreuung für die Angehörigen der Glaubensgemeinschaft heran. Da das Islamgesetz keine entsprechende Regelung kennt, erklärte man sich bereit, im Rahmen einer Vereinbarung ein Pilotprojekt einzurichten. Man kam zwar der Forderung der IGGiÖ nach der Installierung von 18 Militärseelsorgern nicht nach, vielmehr sollte lediglich mit zwei Seelsorgern begonnen werden, einem im Osten und einem im Westen Österreichs. Laut Information der IGGiÖ hätte nach einer geglückten zweijährigen Probezeit eine Verbeamtung der Stellen durchgeführt werden sollen. Es wurde aber in der Öffentlichkeit Kritik an der Auswahl der für das „Militärimamat" ins Auge gefassten Personen geübt, sodass man seitens des BMLV das Pilotprojekt „Islamische Militärseelsorge" bis auf weiteres aussetzte.

Unabhängig von diesen Verhandlungen wurde im Februar 2004 in der Maria-Theresien-Kaserne in Wien ein islamischer Gebetsraum eingerichtet. Die Initiative ging von Atila Külcü aus, einem Zivilangestellten beim Bundesheer (Miljković 2008). Es war also eine engagierte Einzelperson, welche die „Institutionalisierung" muslimischer Glaubensbetätigung in einer Kaserne erreicht hat, ein Beispiel für eine gelungene Integration, denn die Soldaten können während der Gebetszeiten ihren Dienst unterbrechen.[64] In anderen Bundesländern gibt es bislang keine derartigen Einrichtungen, obwohl Präsenzdiener mit islamischem Bekenntnis inzwischen auf mehrere Einheiten verteilt und nicht mehr zentral in der Wiener Maria-Theresien-Kaserne zusammengelegt werden.[65]

Eine weitere Frage stellt sich im Militärdienst in Bezug auf die Beachtung der muslimischen Feiertage. Hier bestehen häufig informelle Abmachungen. Grundsätzlich liegt es in den Händen der Kommandierenden, diese zu gewähren oder nicht. Die solcherart informell ausverhandelten Abmachungen zwischen der IGGiÖ und dem BMLV erlauben die Gewährleistung von Religionsausübung ohne institutionelle Verankerung. Anfangs waren es persönliche Interventionen der IGGiÖ, die Beschwerden seitens der Rekruten weiterleiteten, dass diese das Freitagsgebet nicht einhalten könnten oder keine *halal* zubereitete Verpflegung erhielten. Über die Jahre sei jedoch eine „Sensibilität aufgebaut worden", so der zuständige IGGiÖ-Funktionär.

7.6 Muslime/Musliminnen in Sonderbereichen

Im Krankenhaus

Die muslimische Minderheit bewirkt auch Veränderungen im Bereich des Gesundheitswesens. Besonders sprachliche Verständigungsschwierigkeiten werfen bei Patienten/Patientinnen, die nicht in Österreich aufgewachsen sind, Probleme auf.

Grundsätzlich kann aber Religiosität zu einem besseren Heilungsverlauf beitragen und sollte deshalb nicht unberücksichtigt bleiben (Elsabagh/Elgendy 2009).

Ein charakteristisches Beispiel für Schwierigkeiten in diesem Bereich ist das Fasten im Monat Ramadan. Zwar sind Kranke grundsätzlich vom Fasten befreit, aber die unterschiedliche Einschätzung von Patienten/Patientinnen und Arzt oder Ärztin, die vielleicht grundsätzlich an der Sinnhaftigkeit des Fastens während einer Krankheit zweifeln, kann zu Problemen führen. Die notwendige regelmäßige Einnahme von Medikamenten auch im Ramadan ist manchmal schwer zu vermitteln. Solche Schwierigkeiten lassen sich nur im persönlichen Gespräch mit den Seelsorgern/Seelsorgerinnen klären.

Häufige Krankenbesuche in Familiengruppen, die unter Umständen im täglichen Krankenhausbetrieb als störend empfunden werden, sind zum Teil kulturell bedingt, werden manchmal auch als religiös verdienstvolle Tat angesehen. Die Wahrung der Intimsphäre ist generell eine Schwierigkeit in Krankenhäusern, bei Musliminnen ist die Verletzung der Schamgrenzen noch gravierender. Die Behandlung und Pflege durch medizinisches Personal des anderen Geschlechts wirft immer wieder Probleme auf. Allgemein ergibt sich daraus ein erhöhter Verständigungsbedarf zwischen Patienten/Patientinnen und medizinischem Personal, was im Sinne einer ganzheitlichen Medizin wohl für alle Patienten/Patientinnen wünschenswert wäre.

Eine solche Verbesserung der Kommunikation zwischen muslimischen Patienten/Patientinnen (auch sozial Bedürftigen), Angehörigen, medizinischem Personal und Seelsorger/innen hat sich der 2001 gegründete ehrenamtliche „Islamische Besuchs- und Sozialdienst" (IBS) zur Aufgabe gemacht (http://derislam.at). Das Krankenanstalten- und Kuranstaltengesetz des Bundes, die Krankenanstaltengesetze der Länder und die Patientencharta sehen vor, dass die religiöse Betreuung stationär aufgenommener Patienten/Patientinnen auf deren Wunsch zu ermöglichen ist. Zurzeit ist der IBS in zwei Wiener Spitälern ständig eingerichtet: im Kaiser-Franz-Josef-Spital (Wien-Favoriten) und im Allgemeinen Krankenhaus Wien, wo sich eigene Büroräume für den IBS und ein islamischer Gebetsraum befinden.

In Strafanstalten

Vor allem in Gefängnissen bedarf es der seelsorgerlichen und psychologischen Betreuung von Muslimen/Musliminnen. Denn nirgendwo ist die Gefahr der Missachtung von elementaren Menschenrechten so groß wie in der Ausnahmesituation der Haft. Nicht zufällig führt daher der Strafvollzug europaweit zu Beschwerden über die Verletzung von Grundrechten und zu Einschränkungen der Religionsfreiheit, was bei muslimischen Häftlingen auch die Gebetsvorschriften und die islamische Verpflegung betrifft. Die Gefängnisverwaltungen sind im Allgemeinen bemüht, muslimische Strafgefangene wegen der Gebetsvorschriften zusammenzulegen. Darüber hinaus bestimmt § 38 Abs. 2 Strafvollzugsgesetz hinsichtlich der Verpflegung der Gefangenen, dass [...] „auf Abweichungen von der allgemeinen Kost, die der Anstaltsarzt für einzelne Strafgefangene wegen ihres Gesundheitszustandes verordnet, sowie auf die dem Glaubensbekenntnis der Strafgefangenen entsprechenden Speisegebote Rücksicht zu nehmen" ist. Generell lässt sich sagen, dass sich eine diesem Gesetz entsprechende Versorgung in den letzten Jahren zufriedenstellend entwickelt hat.

Die Zahl der Strafgefangenen mit muslimischem Bekenntnis lag Anfang 2010 in Österreich bei ca. 1300 (Kreisky 2010: 5), was eine seelsorgerliche Betreuung dringend notwendig macht. Das österreichische Strafvollzugsgesetz (§ 85) sieht vor – und entspricht damit einer Reihe von internationalen und europäischen Dokumenten[66] –, dass jeder Strafgefangene das Recht hat, in der Anstalt am gemeinschaftlichen Gottesdienst und anderen religiösen Veranstaltungen teilzunehmen und Heilsmittel sowie den Zuspruch eines an der Anstalt bestellten oder zugelassenen Seelsorgers zu empfangen. Wenn an einer Anstalt für ein Bekenntnis kein Seelsorger bestellt oder zugelassen ist, so ist dem Strafgefangenen auf sein Verlangen nach Möglichkeit ein Seelsorger namhaft zu machen, an den er sich wenden kann. Diesem ist der Besuch des Strafgefangenen zu dessen seelsorgerlicher Betreuung zu gestatten. Der Strafgefangene darf auch außerhalb der Besuchszeiten den Besuch eines Seelsorgers empfangen. Der Inhalt der zwischen dem Strafgefangenen und dem Seelsorger geführten Gespräche ist nicht zu überwachen.

Beginnend mit 1996 hat die IGGiÖ daher eine islamische Gefangenenseelsorge aufgebaut. Den Anfang machten Frauen in der Justizanstalt Schwarzau, die um muslimische Betreuung ersuchten, die in der Folge zwei Frauen auf ehrenamtlicher Basis übernahmen. 1998 wurde dann eine muslimische Gefangenenseelsorge für Männer ins Leben gerufen und durch verschiedene Religionsgemeinden – allerdings nicht flächendeckend – ausgebaut. Mit der Zeit konnten regelmäßige Besuche von muslimischen Seelsorgern in zehn Gefängnissen angeboten werden, und zwar ausschließlich auf ehrenamtlicher Basis (Unterberger 2008: 74f.).

Wie im Falle der Militärseelsorge suchte die IGGiÖ das Gespräch mit dem zuständigen Ministerium und wiederum bestand das Hindernis darin, dass es für die Einrichtung der islamischen Gefangenenseelsorge im Islamgesetz von 1912 keine gesetzliche Grundlage gab. Es zeigt sich also auch in diesem Zusammenhang die Notwendigkeit, das Islamgesetz nach dem Vorbild der anderen speziellen religionsrechtlichen Regelungen zu novellieren.

Am 26. Jänner 2010 unterzeichneten die Justizministerin und der Präsident der IGGiÖ schließlich eine Vereinbarung über die Zusammenarbeit im Bereich der Gefangenenseelsorge. In dem Vertrag wurden die Voraussetzungen für die Gefangenenbetreuung und Mindeststandards für die Seelsorger (Maturareife, gute Deutschkenntnisse, Einschulungen über die Grundsätze des Strafvollzugs) festgelegt. Die Gefangenenseelsorger müssen von der IGGiÖ schriftlich ermächtigt werden, wobei der Strafvollzugsverwaltung ein Mitspracherecht bei der Auswahl der entsprechenden Personen zukommt. Damit konnte nach den Jahren der ehrenamtlichen Betreuung ein wichtiger Schritt zur weiteren Institutionalisierung erreicht werden. In den Justizanstalten Stein und Josefstadt gibt es eigene Räume für das gemeinschaftliche Gebet. Auch aus den Reihen des oben genannten Universitätslehrgangs für Imame und Seelsorgerinnen sind über erfolgreiche Praktika einige Mitarbeiter/innen für die ehrenamtliche Tätigkeit in Gefängnissen gewonnen worden. Die IGGiÖ arbeitet generell an einer Ausweitung der seelsorgerlichen Tätigkeit in den hier behandelten Bereichen.

7.7 Muslime/Musliminnen am Arbeitsplatz

Durch zuwanderungs- und aufenthaltsrechtliche Bestimmungen kam es zu Restriktionen, die auch Muslime/Musliminnen betreffen. Zu den dynamischen arbeitsrechtlichen Materien der letzten Jahre gehört das Antidiskriminierungsrecht, das für Muslime/Musliminnen am Arbeitsplatz besondere Bedeutung hat. In Umsetzung der entsprechenden EU-Richtlinien wurde auch in Österreich ein neues Gleichbehandlungsrecht geschaffen, was jedenfalls zu einer deutlichen Schärfung des Bewusstseins geführt hat. Es treten nunmehr arbeitsrechtliche Fragen an die Oberfläche, die in einem religiös-kulturellen Kontext stehen. Dabei sind einerseits meist Angehörige des Islams betroffen, da es um das Tragen religiöser Gewänder bzw. islamische Formen religiöser Betätigung am Arbeitsplatz und während der Arbeitszeit und um islamische Fastenvorschriften geht. Das Diskriminierungsverbot aus religiösen Gründen betrifft aber andererseits nicht nur die religiöse Praxis der Arbeitnehmer/innen, sondern auch deren Loyalitätsobliegenheiten gegenüber religiös gebundenen Arbeitgebern/Arbeitgeberinnen. Bei religionsrechtlichen Fragen im Bereich des Arbeitsrechts sind daher sowohl die wechselseitigen Beziehungen zwischen religiös gebundenen Arbeitnehmern/Arbeitnehmerinnen und „neutralen" Arbeitgebern/Arbeitgeberinnen als auch zwischen Arbeitnehmern/Arbeitnehmerinnen und religiös gebundenen Arbeitgebern/Arbeitgeberinnen in den Blick zu nehmen, und zwar immer dann, wenn auf einer der beiden Seiten die religiöse Dimension in ihrer positiven oder negativen Ausprägung zum Tragen kommt (vgl. insbesondere Schinkele 2008).

Was den ersten Themenbereich betrifft, so kann es zu Kollisionen zwischen der Freiheit der Religonsausübung auf Arbeitnehmer/innenseite und der Privatautonomie „neutraler" Arbeitgeber/innen kommen. Es stellt sich insbesondere die Frage, wie weit eine Verpflichtung besteht, die verschiedenen Formen der Religionsausübung auch während der Arbeitszeit zu respektieren. In vielen Fällen spitzt sich die Beurteilung letztlich auf die Frage zu, inwieweit ökonomische Gründe eine Ungleichbehandlung von Muslimen/Musliminnen am Arbeitsplatz rechtfertigen können. Ohne Zweifel nimmt das Grundrecht der Religionsfreiheit eine Sonderstellung ein, sodass demgegenüber „wirtschaftliche Nachteile" nur mit besonderer Vorsicht in die Waagschale geworfen werden können: „Die Ermittlung der Zumutbarkeitsgrenze für wirtschaftliche Einbußen, die Ermittlung eines wirklichen Bedürfnisses eines Betriebes sowie die Kausalität eines allfälligen Umsatzrückganges, so schwierig dies auch sein mag, wird jeweils einer einzelfallorientierten Abwägung vorzubehalten sein. [...] An einen (allenfalls um das Überleben kämpfenden) Kleinbetrieb werden wohl ganz andere Kriterien anzulegen sein als an Großunternehmen, insbesondere staatsnahe Betriebe" (Schinkele 2008: 209).

Ein Beispiel für eine gelungene Abwägung ist der Erlass des Wiener Krankenanstaltenverbundes vom Oktober 2006 in Bezug auf das „Tragen einer Kopfbedeckung aus religiösen Gründen". Diese sei als Ausdruck gelebter Religiosität zu ermöglichen, sofern Patientenrechte, der Arbeitnehmerschutz, hygienische Vorschriften oder die Dienstbekleidungsvorschriften nicht verletzt werden.

Bei den Wiener Linien wurde nicht nur aus gegebenem Anlass eine Lösung für Angehörige der Sikh-Religion hinsichtlich des Tragens eines Turbans gefunden, sondern auch betont, dass Bekleidungsvorschriften für muslimische Frauen kein Hindernis darstellen, da über dem Kopftuch im Notfall auch eine Kappe getragen werden könne.[67]

Ein anderes arbeitsrechtliches Konfliktfeld hat bislang noch keine Auswirkungen für Muslime/Musliminnen gezeitigt, wird aber wohl in dem Maße Konsequenzen haben, in dem der Islam in der Gesellschaft angekommen ist. Es geht dabei um die Frage, für welche Tätigkeiten die IGGiÖ das muslimische Bekenntnis bzw. ein religiösen Vorschriften entsprechendes Verhalten zur Voraussetzung machen darf, und ob für konfessionslose Personen jene Maßstäbe anzulegen sein werden, wie sie durch die Rechtsprechung für die christlichen Kirchen entwickelt wurden, derzeit jedoch einer Modifizierung durch das Gleichbehandlungsrecht unterliegen. Es könnte sich die noch heiklere Frage stellen, ob ein Wechsel der Konfession bzw. der Austritt aus der Glaubensgemeinschaft zu einer Kündigung seitens eines religionsgemeinschaftlichen Arbeitergebers berechtigt. Es wird auch im Falle des Islams auf die Art der in Rede stehenden Tätigkeit oder die Umstände deren Ausübung ankommen (§ 20, Abs. 2 Gleichbehandlungsgesetz).

8 Moscheen, Gebetsstätten, Friedhöfe

8.1 Moscheen

Moschee (arab. *masdschid*, türk. *mescid*, *camii*) ist grundsätzlich der Ort, an dem sich Gläubige niederwerfen, um ihr Gebet zu verrichten; aus dieser Grundfunktion heraus hat sich eine Vielzahl von architektonischen Formen entwickelt. Bauten aus gestampftem Lehm finden sich in Mali, Moscheen mit pagodenartigen Dächern in China, in der Türkei osmanische Moscheen mit Kuppel und schlankem Minarett (oder deren mehrere); es gibt auch futuristische Entwürfe für moderne Moscheen. Allerdings zeichnen sich Moscheen in Europa häufig dadurch aus, dass sie eher „Heimweharchitektur" demonstrieren, das Bild, das sich Migranten/Migrantinnen von einer „richtigen" Moschee machen: Kuppel und Minarett in Anlehnung an osmanische Vorbilder für türkische Muslime. Ein solches Bild Wirklichkeit werden zu lassen, gilt häufig als Symbol der Anerkennung. Mediationsverfahren können hier durchaus architektonisch passendere Lösungen hervorbringen, was allerdings sowohl von der Bereitschaft aller Beteiligten, der Moscheegemeinde und dem Erbauer als auch der Umgebung abhängig ist.

Die Moschee oder der Gebetsraum ist aber nicht nur Gebetsort. Sie sind auch ein sozialer Treffpunkt, an dem viele Aktivitäten und auch Feiern der Gemeindemitglieder stattfinden. Somit sind Moscheen bzw. Gebetsräume Teil eines größeren islamischen Kulturzentrums, das Veranstaltungsräume, Verwaltungsbüros u. a. m. umfasst. Schließlich gibt es Moscheen und Gebetsräume, die einen großen Einzugsbereich haben, aber auch „Grätzelmoscheen", in Wien sogar eine in einem Gemeindebau.

Moscheen in Österreich

Islamische Gebetsräume existierten in Wien vor dem Ersten Weltkrieg in den Kasernen für das dort stationierte 1. Bosnische Infanterieregiment, zuerst in der Alser-Kaserne und dann in der Erzherzog-Albrechts-Kaserne. Im ersten Antrag auf die gesetzliche Anerkennung des Islams in Österreich aus dem Jahre 1909 findet sich, wie bereits erwähnt, auch erstmals der Hinweis auf den Bau einer Moschee in Wien aufgrund eines Vorschlags von Bürgermeister Karl Lueger. Während des Ersten Weltkrieges wurde dieser Gedanke wieder aufgenommen, ein Grundstück am Laaerberg ins Auge gefasst, und Kaiser Franz Joseph stellte aus seiner Privatschatulle die Grundfinanzierung zur Verfügung. Doch das Projekt ließ sich während des Krieges nicht mehr realisieren.

Tatsächlich wurde die erste Moschee in Österreich im Jahre 1979 am Hubertusdamm im 21. Wiener Gemeindebezirk (Floridsdorf) unter Anwesenheit von Bundespräsident Rudolf Kirchschläger, Bundeskanzler Bruno Kreisky, Bürgermeister Leopold Gratz und des saudi-arabischen Unterrichtsministers eröffnet. Der Moscheekomplex mit dem 32 Meter hohen Minarett und dem großen grünen Kuppeldach mit 20 Meter Durchmesser umfasst zudem eine Koranschule, eine Bibliothek und einen Festsaal.

Damit war die Moschee am Hubertusdamm für lange Zeit die einzige in Österreich mit einem nach außen sichtbaren Minarett. Später verlief der Bau von Moscheen mit Minaretten nicht mehr so konfliktlos. Das Minarett der 2006 in Telfs errichteten Moschee musste aufgrund von Bürger/innenprotesten von den geplanten 20 Metern Höhe auf 15 Meter reduziert werden (Tomenendal/Doğan/Heuberger 2010: 142ff.). Das 2009 gebaute islamische ATIB-Kulturzentrum in Bad Vöslau verfügt über zwei von außen kaum sichtbare Mini-Minarette aus grünem Glas. Auch in diesem Fall hatte es Widerstand gegeben, der in einem Mediationsprozess zu diesem Kompromiss geführt hatte. Wenig bekannt ist schließlich das kleine Minarett der Gemeindemoschee von Saalfelden im Pinzgau, die auch arabische Touristen zu ihren Besuchern zählen kann; um diese Errichtung hatte es keinerlei Streit gegeben (Fürlinger 2010: 190f.). Damit ist die Zahl der von außen architektonisch als solche erkennbaren Moscheen in Österreich im Vergleich zu anderen europäischen Staaten auffällig gering.

Eine sozialgeographische Untersuchung zu Muslimen/Musliminnen in Wien kam bereits 1994 zum Schluss, dass die Zahl der Moscheen nicht ausreiche (Schuster 1994: 102). Die Situation hat sich seither nicht wesentlich geändert. Weiterhin ist der Bestand an Gebetsräumen und Moscheen nicht den religiösen Bedürfnissen angemessen. Zur Zahl von Gebetsräumen gab die IGGiÖ 2009 auf ihrer Internetseite Folgendes an: Wien: 100 / Niederösterreich: 43 / Oberösterreich: ca. 25 / Salzburg: 15 / Tirol: 20 / Vorarlberg: 15 / Steiermark: 30 / Kärnten: 11 / Burgenland: 2.

Inzwischen wird bereits von über 300 „Moscheen" gesprochen. Die Schwierigkeit besteht darin, dass die IGGiÖ keine Stelle ist, an der Moscheen angemeldet werden müssten, so dass es keinen wirklichen Überblick über die vorhandenen Moscheen und Gebetsräume gibt. Obwohl deren Zahl nicht stark zugenommen hat, ist die öffentliche Aufmerksamkeit für Bauvorhaben von Moscheen oder Islamischen Zentren nicht zuletzt aufgrund der bisherigen Konflikte und der medialen Aufmerksamkeit deutlich gestiegen.

Moscheen sind in Österreich häufig ethnisch orientiert, je nach der Herkunft der Menschen, die sich dort treffen. So gibt es türkische Moscheen, bosnische, arabische, albanische, auch solche mit südasiatischem und afrikanischem Hintergrund. 2002 wurde vom „Nigerian Islamic Forum" die ar-Rasheed-Moschee errichtet, in der aufgrund der Zusammensetzung der Gemeinde hauptsächlich in Englisch gepredigt wird, sodass nicht nur Nigerianer/Nigerianerinnen sie besuchen. Moscheen gliedern sich häufig auch nach Organisationsverbundenheit. So haben vor allem die großen Verbände wie ATIB und die UIKZ eigene Moscheen.

Ungenügende Gebetsräume

In vielen Fällen sollte nicht von Moscheen, sondern eher von Gebetsräumen gesprochen werden, vor allem dann, wenn ehemalige Gaststätten, Kellerräume und Hinterhöfe als Gebetsstätten genützt werden müssen. In diesen Fällen spricht man von „Laden- und Hinterhofmoscheen" (Schmitt: 2003; Kraft: 2002).

Jede Moschee besitzt einen *mihrab*, die Gebetsnische, die die Gebetsrichtung nach Mekka signalisiert (in Österreich Süd-Südost). Außerdem gibt es eine Kanzel, *minbar*, von der am Freitag durch einen Imam beim Mittagsgebet eine Ansprache (*chutba*) gehalten wird. Das Freitagsgebet ist das Gemeinschaftsgebet.

Minarette wurden im europäischen Diskurs meist zum Symbol einer unerwünschten islamischen Präsenz gestempelt. Das Verbot von Minaretten kann daher als Versuch verstanden werden, unsichtbar zu machen, dass es Muslime/Musliminnen in Österreich und anderen europäischen Gesellschaften gibt. Eine Moschee muss aber nicht unbedingt ein Minarett haben, denn der Gebetsruf, der die Gläubigen zum fünfmaligen Gebet (in der Morgendämmerung, zu Mittag, am Nachmittag, bei Sonnenuntergang und bei Einbruch der Nacht) rufen soll, gehört nicht unabdingbar zum Gebet. Die Orientierungsfunktion, die der Gebetsruf in Ländern mit muslimischer Mehrheit hat, entfällt in Österreich. Wer sich hier zum Gebet begibt, hat meistens schon einen längeren Weg hinter sich und orientiert sich an den bekannten Gebetszeiten, nicht am Ruf des Muezzins. In Ländern mit muslimischer Mehrheit können Muslime/Musliminnen sich u. a. dem Rhythmus der täglichen Gebete und dem Ruf des Muezzins in der Gliederung des Tages anpassen. Muslime/Musliminnen in Europa müssen dagegen ihre eigene Disziplin mobilisieren, um ihren religiösen Tagesrhythmus einzuhalten.

Dass oft keine adäquaten Gebetsmöglichkeiten vorhanden sind, schließt insbesondere Frauen von der gemeinsamen Religionsausübung aus. Mit den Worten einer Muslimin in Wien lässt sich dies illustrieren, denn die Moscheen entsprechen nicht „ihren ästhetischen und architektonischen Vorstellungen: ‚Na ich benütze sie eigentlich fast alle nicht, weil das sind so Kellerlöcher, die nach Schimmel stinken, und es ist, man kann nicht so locker rein und raus gehen wie in den Moscheen in der Türkei. Die sind das dort gewöhnt, dass ständig wer kommt, betet und wieder geht, auch Frauen. Aber hier ist es immer so eine Extrawurscht, wenn eine Frau kommt, dann muss der Frauenraum aufgesperrt werden, der ist meist noch unterhalb im Keller. Und die Männer dort, die kriegen irgendwie so Panik, wenn eine Frau, ha, was sollen wir jetzt machen oder, halt schauen, dass man es ihr besonders gemütlich macht', also sie empfindet das nicht als natürlich oder *normal.* Frauen gehen zu besonderen Anlässen, aber nicht im Alltag in die Moschee. Dieser Zustand reflektiert für sie das MigrantInnendasein: fehlende Räume, nicht heimisch sein, nicht etabliert sein und Armut. ‚Das heißt nicht, dass ich etwas gegen Armut habe, aber es gibt nicht gerade Selbstbewusstsein, wenn man in diesen Moscheen ein- und ausgeht.' Auch die Architektur der Moscheen ist für sie ein wichtiges Anliegen, um den Islam nicht immer mit *Tradition* und *Konservativismus* zu verbinden. ‚[…] weil das gibt dann den Jugendlichen keinen Platz mit neuen, kreativen Ideen, Fortschritt, wenn man immer wieder sagt: Nein, bei uns ist es so, bei uns muss eine Moschee eine Kuppel und ein Minarett haben und so muss es aussehen. So befriedigt mich das nicht, weil ich ja in anderen Communities oder anderen Gesellschaften *andere* Ästhetiken sehe, die mich vielleicht eher ansprechen als das traditionell islamische Bild. Und das will ich in meiner Religion auch leben können. Also, z. B. auch für muslimische Jugendliche, die gehen ja in Moscheen, wo sie auch Musikgruppen haben, aber die müssen immer Ilahis singen. Und, diese Musik gefällt mir nicht, ich meine, sie könnten mit guten Texten Rap machen oder sonst, weiß ich nicht, welche Art von Musik sie auch immer wollen. Aber ich meine, dass der Islam nicht unbedingt mit Formen eingeengt werden muss'" (Strasser 2009: 214f.).

Um einen Eindruck einer Moscheegemeinde zu geben, sei als Beispiel ein Bericht über die Schura-Moschee im 2. Wiener Gemeindebezirk und den sie tragenden Verein zitiert: „Die Schura-Moschee gehört dem registrierten Trägerverein ‚Gesellschaft für Zusammenkunft der Kulturen' an. Der Verein hat an die tausend Mitglieder, diese machen ungefähr die Hälfte der betenden Gemeinde in der Moschee aus. Der Verein setzt sich aus circa sechzig Prozent Männern und vierzig Prozent Frauen zusammen. Ungefähr zwei Drittel besitzen die österreichische Staatsbürgerschaft. Die Arbeit erfolgt ehrenamtlich, die Mitgliedsbeiträge werden zur Deckung von Betriebskosten und Ähnlichem verwendet. Insgesamt ist die Schura-Moschee europaweit die spendabelste Moschee – so sei an einem Freitag die Summe von 21.000 Euro für Kinder im Libanon gesammelt worden. Man wird aber zudem tätig, wenn beispielsweise ein Familienerhalter verstorben ist, dann wird für die Beisetzung und in der ersten Zeit für die Familie gesorgt. Die Teilnahme am Freitagsgebet ist nur für Männer verpflichtend, aber auch Frauen zeigen sich an den Predigten interessiert. Scheich Adnan Ibrahim kommt diesem Interesse nach und bietet spezielle Frauenrunden an, die Damen nehmen außerdem ganz hinten sitzend an der Predigt teil. Zwei Damen sind in den Vorstand gewählt, Aktivitäten zusammen mit den Herren werden durchgeführt, der Unterricht erfolgt gemeinsam. Männer nehmen an Frauenveranstaltungen teil, wenn Übersetzung vom/ins Arabische benötigt wird, [...] sind auch männliche Referenten zugelassen" (Tomenendal/Doğan/Heuberger 2010: 183).

8.2 Konflikte um den Moscheen- und Minarettbau

Die Diskussion um den Bau von Moscheen insbesondere mit Minaretten hat sich inzwischen europaweit zu einem Klassiker der antimuslimischen Diskurse entwickelt. Besonders angeheizt wurde die Frage Ende 2009 durch die Schweizer Volksabstimmung über ein Minarettverbot, was auch in Österreich zu einer entsprechenden Diskussion führte. Im Sommer 2010 erhitzten sich schließlich die Gemüter an einer Bemerkung des Präsidenten der IGGiÖ, Anas Schakfeh, dass es in Zukunft eine zentrale Moschee in jeder Landeshauptstadt geben sollte. Er ging offenbar davon aus, dass jede der mit den Bundeslandgrenzen identischen Islamischen Gemeinden ein derartiges Zentrum haben solle. Die öffentliche Reaktion auf diese Bemerkung, die als kurzfristige Forderung nach ungehemmtem Moscheenbau uminterpretiert wurde, war entsprechend negativ und wurde sofort im gerade laufenden Wahlkampf für die Wiener Landes- und Gemeinderatswahlen instrumentalisiert.

Bis vor wenigen Jahren war es noch ohne Probleme möglich, Modelle für Moscheen zu entwickeln. So entstanden seit 2001 an der TU Graz Diplomarbeiten, die z. B. eine städtebaulich gut integrierte Lösung für Graz vorschlagen (Bauer 2001), 2005 eine andere erweiterte Studie (Ellmer 2005) und eine in 2009, die sowohl von einer Moschee als auch einem islamischen Kulturforum als Gebets- und Begegnungsstätte spricht. Diese sachlichen, fundierten Studien spielen in der öffentlichen Diskussion aber keine Rolle: Seit 2007 wird auch in der Steiermark gegen Moscheen polemisiert, da sich bestimmte Kräfte politischen Machtgewinn versprechen, wenn sie von einer „Groß-Moschee" fantasieren[68] und die von ihnen beschworene Störung des öffentlichen Friedens erst selber herbeiführen.

Das Beispiel Vöslau

„Als im Frühjahr 2006 zwei Mitglieder des Vöslauer ATIB (Union der Türkisch-Islamischen Kulturvereine) mit Entwürfen für eine Moschee an das ortsansässige Zivilingenieurbüro kosaplan herantraten, war relativ bald klar, dass die Umsetzung nicht so einfach vonstattengehen würde. Die Ausgangsvorstellung war eine Moschee mit zwei 30 Meter hohen Minaretten und Kuppeln mit der Anmutung eines stilistischen Direktimports aus der türkischen Heimat. 30 Planvarianten später ist daraus ein deutlich schlichteres Kulturzentrum geworden. Eine zur Straße hin offene U-Form beherbergt ein Café und diverse Veranstaltungsräume, die sich mittels großzügiger Fensterflächen zum Innenhof öffnen. Erst dahinter kommt man in den eigentlichen Gebetsraum, einen einfachen Kubus mit einer silbernen Zinnkuppel, der durch Fliesen aus der Türkei zumindest im Inneren sein orientalisches Aussehen erhält. Wenn der Bau auch keineswegs als Meilenstein neuer Moscheenarchitektur bezeichnet werden kann, so ist ihm jedenfalls das Bemühen um eine moderne Formensprache anzusehen. Die jetzige Form ist das Ergebnis eines von der Gemeinde initiierten, mehrmonatigen Mediationsverfahrens, das die Wogen glätten musste, die vor allem durch Unterschriften- und Flugzettelaktionen der FPÖ hochgepeitscht worden waren. Schlussendlich fanden Kompromissvorschläge beider Seiten Eingang in die Planungen, sodass sich die von der Gemeinde gewünschte Transparenz und Offenheit nun im Gebäude widerspiegeln. Diese sind auch in Bezug auf Integration gefordert. Bürgermeister Christoph Prinz möchte aus dem jahrzehntelangen Nebeneinander ein ‚Miteinander' machen. Nach der Eröffnung des Zentrums kann selbst die örtliche FPÖ keine konkreten Probleme belegen, behauptet sie aber unverdrossen weiter."[69]

Am Fall Bad Vöslau lässt sich das typische Streitmuster rund um ein Moscheenprojekt nachzeichnen: Zuerst wird über die Höhe von Kuppeln und Minaretten debattiert, dann landet die Diskussion ganz schnell bei wilden Verschwörungstheorien. Plötzlich ist von Terrorismus die Rede, von Dschihad, von Hasspredigern und von der allgemeinen „Gefahr der Islamisierung". Ignoriert wird eine auf der Hand liegende, deutlich weniger dramatische Interpretationsmöglichkeit: Auch Muslime/Musliminnen bevorzugen für ihre Gottesdienste würdige Versammlungshäuser anstelle von Hinterhöfen oder aufgelassenen Fabrikshallen. Schließlich stellen sie sich durch solche Bauten auch der Öffentlichkeit, was im besten Fall auch in einer transparenteren Architektur Ausdruck findet (Pisarik 2009: 129).

Das Vorgehen beim Moscheenprojekt in Bad Vöslau scheint deshalb schließlich erfolgreich gewesen zu sein, weil es letztlich gelungen war, die Diskussion innerhalb der Gemeinde zu halten und zu vermeiden, dass sie politisch zu sehr ausgebeutet wurde (vgl. Fürlinger 2010: 200ff.).

Bürgerinitiative gegen Kulturzentrum

Im 20. Bezirk in Wien hat 2007 eine Auseinandersetzung um den Ausbau eines bereits bestehenden islamischen Kulturzentrums von ATIB begonnen. Dieser Ausbau war bereits 1996 geplant, wurde aber auf Anraten der Bezirksvertretung zurückgezogen, da negative Reaktionen der Öffentlichkeit befürchtet wurden. Im Konflikt seit 2007 lassen sich drei Phasen unterscheiden (Kübel 2009). In der ersten Phase gab es seitens der Anwohner/innen Argumentationen wegen möglicher infrastruktureller Probleme: Lärm- und Verkehrssituation, Parkplatznot u. Ä. In dieser Phase war eine weitere Öffentlichkeit kaum eingebunden, auch Parteien waren nicht aktiv. In der zweiten Phase wurde im Juli 2007 eine Bürgerinitiative gegründet, deren Anliegen von ÖVP und FPÖ des Bezirks zu einer Diskussion über allgemeine Integrationsfragen benutzt wurden. Die dritte Phase begann mit einer Demonstration im September 2007 mit Überreichung einer Petition an die Bezirksvertretung. Unter den Teilnehmenden befanden sich der Bundesobmann der FPÖ und auch Rechtsextreme. Die Parolen zeigten neben xenophoben auch deutlich islamfeindliche Züge. In der Folge kam es zu Schmierereien am ATIB-Vereinshaus. Auch das mediale Interesse stieg in dieser dritten Phase deutlich an. Vielen Demonstrierenden wurde erst während der Demonstration am ATIB-Informationsstand deutlich, dass es gar nicht um einen Moscheebau ging.

Ein Blick auf die Rechtslage

Gemäß Art. 6 lit. a der Erklärung der Vereinten Nationen von 1981 über die Beseitigung aller Formen von Intoleranz und Diskriminierung aufgrund der Religion oder der Überzeugung schließt das Recht auf Gedanken-, Gewissens-, Religions- und Überzeugungsfreiheit unter anderem die Freiheit ein, „im Zusammenhang mit einer Religion oder Überzeugung Gottesdienste abzuhalten oder sich zu versammeln sowie hierfür Versammlungsorte einzurichten und zu unterhalten“. Diese Formulierung stand auch dem abschließenden Dokument der KSZE-Konferenz von Wien 1989 Pate, wo sich die Teilnehmerstaaten dazu verpflichtet haben, „das Recht der religiösen Gemeinschaften [zu] achten, frei zugängliche Andachts- und Versammlungsorte einzurichten und zu erhalten“.

Im europäischen Kontext hat der Straßburger Menschenrechts-Gerichtshof herausgestellt, dass staatliche Behörden gerade beim Bau von Gebetsstätten eine besondere Zurückhaltung zu üben haben. Die Errichtung und Erhaltung von Gebetsstätten gehört also zum Grundrecht auf Religionsfreiheit, wie es in Art. 9 der Europäischen Menschenrechtskonvention garantiert ist und daher allen in Europa ansässigen Menschen zusteht. Es kann daher nicht mehr um „das Ob, sondern nur noch um das Wie und Wo einer Moschee [gehen], also darum, wie die Religionsfreiheit im einfachen Baurecht verwirklicht wird“ (Leggewie/Joost/Rech 2002: 13).

Im Fall eines als Störung empfundenen Glockengeläutes bzw. des Muezzinrufes bedarf es einer Abwägung und eines „schonenden Ausgleichs“ zwischen der Religionsfreiheit bzw. dem Selbstbestimmungsrecht der Religionsgemeinschaften und dem öffentlichen Interesse an einer Unterlassung der Lärmbelästigung. In Verbindung mit der Baugenehmigung kommt es daher häufig zur Beschränkung oder

Untersagung des Muezzinrufs (Zemke 2009: 50ff). Konflikte haben öfters auch damit zu tun, dass durch besonders frühe bzw. besonders späte Gebetszeiten eine Störung der Ruhestunden durch den Lärm der zu- und abfahrenden Autos eintreten kann. Hier ist analog zu anderen Beschränkungen für Lärmerzeugung in Wohngebieten vorzugehen und ein entsprechender Interessensausgleich zu finden. In der Praxis bedeutet dies, dass in den Sommermonaten, in denen das erste Gebet vor 6 Uhr und das letzte Gebet nach 22 Uhr stattfindet, unter Umständen besondere Lösungen gefunden werden müssen, wie etwa die Zusammenlegung von Gebetszeiten.

Politisch werden der Bau von hohen Minaretten und der Muezzinruf oft als Kampfansage gegenüber Kirchturm und Glockengeläut empfunden; dies wurde auch zum Hauptgegenstand der Schweizer Abstimmung von 2009 gemacht. Es darf in diesem Zusammenhang sicher nicht verschwiegen werden, dass es durchaus islamische Gruppen gibt, die eine derartige Präsenz im öffentlichen Raum auch als religiös-politischen Raumgewinn ansehen, was aber in einem Rechtsstaat kein Kriterium für ein Verbot sein darf.

In den letzten Jahren wurden bei manchen muslimischen Gebetsstätten auch sicherheitspolizeiliche Bedenken laut. Pauschalverdächtigungen sind jedoch in einem demokratischen Rechtsstaat unzulässig. Wenn im Einzelfall konkrete Verdachtsmomente gegeben sind, müssen die geltenden gesetzlichen Bestimmungen unverzüglich zum Tragen kommen. Die Tatsache, dass eine Moschee von einer Minderheit der Muslime missbräuchlich verwendet wird, ist jedenfalls kein hinreichender Grund, der breiten Mehrheit eine Stätte zur Verrichtung ihrer Gebete zu verweigern.

Das Argument Gegenseitigkeit

Schließlich wird von manchen Stimmen sowohl von kirchlicher als auch politischer Seite gerne auch das Gegenseitigkeitsargument bemüht, da einige – aber bei weitem nicht alle – „islamische" Staaten den Bau von Kirchen untersagen. Man kann allerdings mit dem „Retorsions-Argument" in Europa nicht ein Verbot durchsetzen, das – völlig zu Recht – Gegenstand der Kritik an anderen Ländern ist. Der Grundsatz der Gegenseitigkeit kann vor allem deshalb nicht geltend gemacht werden, da es sich um die Gewährleistung von Menschenrechten handelt, die nicht Gegenstand strategischer Vorgangsweisen sein kann. Es wäre ein bedenkliches Zeichen für unseren Rechtsstaat, wenn Bürger/innen Österreichs unter Hinweis auf die Praxis in Staaten mit schweren rechtsstaatlichen Defiziten das Recht verweigert wird, ihre Religion bei uns in angemessener Weise auszuüben. Die Freiheit der Religionsausübung z. B. einer gebürtigen Salzburgerin kann nicht davon abhängig gemacht werden, was etwa in Pakistan geschieht. Natürlich bedeutet diese Verneinung des Gegenseitigkeitsprinzips nicht, dass Verstöße gegen die Religionsfreiheit in Ländern, in denen der Bau von Gebetsstätten (welcher Religion auch immer) verboten ist, stillschweigend hingenommen werden müssen, diese sind vielmehr aufzuzeigen und zu kritisieren.

Man sollte bei all dem nicht übersehen, dass die „Moscheenlandschaft" in Österreich mehr noch als in anderen europäischen Immigrationsstaaten von unsichtbaren umgenutzten Einrichtungen im innerstädtischen Bereich geprägt ist. „Laden- und Hinterhofmoscheen" können wohl kaum als Zeichen gelungener Integration gelten. Dem steht ein unmittelbares gesellschaftliches Interesse gegenüber, die Errichtung von Moscheen als Symbole für das Angekommensein in der Gesellschaft zu fördern.[70]

Diesem gesellschaftspolitischen Ziel dient man aber gerade nicht damit, dass man durch scheinbar allgemein gehaltene Bestimmungen Beschränkungen für den Moscheebau beschließt, wie dies die Bundesländer Kärnten und Vorarlberg vor kurzem vorexerziert haben.[71]

Das Kärntner Modell

Am 26. August 2007 erging erstmals in Österreich ein Ruf nach einem Bauverbot von Moscheen und Minaretten in Kärnten durch den damaligen Landeshauptmann Jörg Haider. Ein Auslöser war der Versuch des lokalen Ablegers von ATIB, in Spittal an der Drau die Innenräume eines kleinen Gebäudes für einen Gebetsraum und eine Wohnung für den Imam zu adaptieren (zu dieser Vorgeschichte vgl. Fürlinger 2010: 194ff.). Dieser Antrag wurde dann im folgenden Wahlkampf massiv von BZÖ und FPÖ benützt. Haider versprach dabei, Kärnten werde „das erste Land mit einem Bauverbot für Minarette und Moscheen sein. [...] Moscheen und Minarette sollen als Störung des Ortsbildes deklariert und deren Bau mittels Sonderwidmungen verhindert werden. [...] Wir wollen keinen Krieg der Kulturen und keine radikalislamistischen Tendenzen, sondern die Leitkultur in Kärnten schützen und erhalten", heißt es in einer Pressemitteilung. „Kärnten wird damit zum europäischen Vorreiter im Kampf gegen den radikalen Islamismus und für den Schutz unserer westlich geprägten Leitkultur", betonte der Landeshauptmann.[72] In Kärnten liegt gemäß Volkszählung 2001 der Prozentanteil von Muslimen/Musliminnen übrigens mit 1,8 % weit unter dem Bundesdurchschnitt.

Der mit 31. Jänner 2008 datierte Gesetzesentwurf in Bezug auf die Bauordnung[73] erwähnte zwar das Wort Moschee nicht ausdrücklich, in den erläuternden Bemerkungen werden jedoch konkret Moscheen als Beispiel für die Einsetzung der „Ortsbildpflege-Sonderkommission" genannt (Zl. 2V-1211/8-2008).[74] Die Ankündigung des Gesetzes führte zu einigen Reaktionen in der Öffentlichkeit. In einem Kommentar in der „Presse“ vom 17. Februar 2008 ortete der Verfassungsrechtler Bernd Christian Funk eine „nur schlecht verschleierte Diskriminierung der islamischen Religionsgemeinschaft“, wobei er in gleich sechs Punkten eine Verfassungswidrigkeit im Kärntner Entwurf gegeben sah. Funk wies auch auf praktische Konsequenzen hin, da sich das Gesetz, auch wenn es verfassungswidrig wäre, als „vermutlich hochwirksam“ herausstellen könnte, „denn man brauche einen langen Atem“, um es vor dem Verfassungsgerichtshof zu kippen.

Am 18. Dezember 2008 wurden schließlich die Kärntner Bauordnung und das Kärntner Ortsbildpflegegesetz novelliert. Die Kernbestimmung der Novelle ist die Einrichtung einer Ortsbildpflege-Sonderkommission. Stellt diese fest, dass das Vorhaben im Falle seiner Verwirklichung den von den Gemeinden im Sinne des Gesetzes wahrzunehmenden Interessen zuwiderlaufen würde, hat die zuständige Gemeindebehörde zu entscheiden. Teilt sie die Feststellung der Ortsbildpflege-Sonderkommission, so hat sie den Antrag abzuweisen. Findet die Gemeindebehörde, dass das Vorhaben den Interessen des Kärntner Ortsbildpflegegesetzes 1990 nicht zuwiderläuft, hat sie dies mit Bescheid festzustellen. Gegen einen bewilligenden Bescheid der Gemeinde kann die Landesregierung Beschwerde an den Verwaltungsgerichtshof erheben.

Das Vorarlberger Modell

Vorarlberg weist mit einem Anteil von 8,4 % an der Gesamtbevölkerung die größte Zahl von Muslimen/Musliminnen in Österreich auf. Das Vorarlberger Baugesetz wurde am 20. Juni 2008 novelliert, und ein besonderes Verfahren zum Schutz des Orts- und Landschaftsbildes eingeführt (§ 50a). Wie in Kärnten gab es auch hier einen Anlassfall, der politisch hochgespielt wurde, und zwar den Bau einer Moschee mit Minarett in Bludenz (Fürlinger 2010: 207ff.). Gemäß dem novellierten Baugesetz kann nun die Landesregierung durch Verordnung bestimmen, welche Bauvorhaben aufgrund von Art, Größe oder Form die Interessen des Schutzes des Orts- und Landschaftsbildes besonders berühren können. Bei solchen Bauvorhaben ist ein Gutachten des einschlägigen Amtssachverständigen beim Amt der Landesregierung einzuholen. Der Bescheid der Gemeinde betreffend ein derartiges Bauvorhaben ist der Landesregierung vorzulegen, die dagegen Beschwerde an den Verwaltungsgerichtshof erheben kann.

Weiters wurde in das Vorarlberger Raumplanungsgesetz der Begriff der publikumsintensiven Veranstaltungsstätte eingeführt (§ 16a).[75] Gemäß dieser Bestimmung kann die Gemeindevertretung, wenn dies nach den für die Raumplanung maßgeblichen Verhältnissen zur Erreichung der Raumplanungsziele nach § 2 erforderlich ist, durch Verordnung bestimmen, dass publikumsintensive Veranstaltungsstätten in Kern-, Wohn- und Mischgebieten nur bei Vorliegen einer besonderen Widmung errichtet werden dürfen. Als publikumsintensiv gelten Veranstaltungsstätten, wenn sie für mindestens 150 Besucher ausgelegt sind. Beispielsweise werden im Gesetz angeführt: Kinocenter, Diskotheken, Sportanlagen, Anlagen für Kultuszwecke u. dgl. Auch im Vorarlberger Fall war die Intention – die Verhinderung bzw. Beschränkung der Errichtung von Moscheen – offensichtlich. Im Vorfeld war eine Unterschriftenkampagne des BZÖ zur Verhinderung des Baues von Minaretten in Vorarlberg gestartet worden. Vielfältige Meinungsäußerungen von Politikern ließen über die mit dem Gesetz verbundene Absicht keine Zweifel offen.[76]

Sowohl die Kärntner als auch die Vorarlberger Regelungen versuchen ganz offenkundig der Gefahr zu entkommen, direkt und unmittelbar im Sinne der von Funk angeführten Kritikpunkte verfassungswidrig zu sein. Die Spannung zwischen den um „Neutralität" bemühten gesetzlichen Formulierungen und der im Vorfeld geäußerten, mit den Vorhaben verbundenen Intention ist allerdings eklatant. Die verantwortlichen Politiker wollen einerseits der Wahlbürgerin und dem Wahlbürger ihre islamkritische Haltung und damit die Intention einer Verhinderung von Moscheen und besonders Minaretten nicht verheimlichen, müssen andererseits aber darauf bedacht sein, vor allem die Verletzung der Religionsfreiheit nicht vordergründig greifbar zu machen. Solche Versuche sind in ihrer augenzwinkernden Banalität alles andere als ein neues Phänomen, sondern gehören in die unterste Lade der legistischen Trickkiste.

8.3 Bestattung und Friedhöfe

Der Tod und die damit verbundenen Riten spielen eine wichtige Rolle in allen Religionen. Gerade die Bestattung verwurzelt einen Menschen stark in einem Land; für Migranten/Migrantinnen bedeutet dies einen grundlegenden Bruch mit dem Herkunftsland. Muslimische Grabstätten gibt es schon lange auf österreichischem Gebiet. Sieht man von den osmanischen Gefallenen in den österreichisch-osmanischen Kriegen ab, wurde der erste muslimische Friedhof 1893 von der osmanischen Botschaft beantragt. Mit Beginn der Rekrutierung bosnischer muslimischer Soldaten wurden mehrere Gräberfelder u. a. in Wien, der Steiermark und in Innsbruck eingerichtet. In Wien besteht seit den 1930er Jahren auf dem Zentralfriedhof eine muslimische Abteilung, weitere Abteilungen kamen im Laufe der Zeit hinzu. 2008 wurde von einer durchschnittlichen Anzahl von dreißig Bestattungen im Jahr in Wien ausgegangen, in Graz von sieben bis zwölf (Eigner 2008: 42ff.).

Für Wien werden zurzeit etwa 70 % der Toten in die ehemalige Heimat überführt. „Der Tod ist für viele Migranten auch ein Anlass, ihre eigene Familiengeschichte wieder zu entdecken. Das soziale Band zwischen dem Herkunftsland und dem Zuwanderungsland ist nicht nur religiöser Art, sondern die Verknüpfung besteht auch mit der Erde der Vorfahren. Im Falle einer Überführung des Toten geht ein Riss durch die Familien; Vorfahren und der Tote liegen im Herkunftsland begraben und die restlichen Familienmitglieder müssen im Zuwandererland um den Verstorbenen trauern" (Brandstetter 2009: 71). Diesen Riss zu schließen, wird mehr und mehr zum Anliegen österreichischer Muslime/Musliminnen, die die Errichtung islamischer Friedhöfe anstreben, um größere Besuchsmöglichkeiten an den Gräbern zu haben. Seit längerem gibt es muslimische Abteilungen auf Friedhöfen in Graz, Innsbruck, Klagenfurt, Linz, Salzburg, Telfs. Einzelne Gräberreihen sind auch andernorts vorhanden.

In Wien führte die steigende Anzahl von Bestattungen schließlich zur Einrichtung eines islamischen Friedhofs (IFH) in Liesing, der am 3. Oktober 2008 eröffnet wurde (vgl. Brandstetter 2009). Noch während der Bauphase kam es zu Devastierungen in Form von Beschmierungen und einem Brandanschlag. In Altach ist die Eröffnung eines islamischen Friedhofs für 2011 geplant.[77]

Welche Regeln sind nun grundsätzlich für die Beerdigungen und die Begräbnisstätten zu beachten? Als Beispiel sei auf die „Bestattungsanlagenordnung des Islamischen Friedhofs in Wien 23" (BO-IFH) verwiesen, die auf Grundlage des Wiener Leichen- und Bestattungsgesetzes verfasst wurde, dessen Bestimmungen daher auch für den IFH zu beachten sind:

- Der Verlauf der Gräber ist immer von Südwest nach Nordost. Das bedeutet, dass der Verstorbene im Grab auf seiner rechten Seite mit dem Gesicht nach Mekka liegt.
- Obwohl die Grabgestaltung grundsätzlich schlicht sein soll und dies daher in muslimischen Mehrheitsgesellschaften nicht üblich ist, „werden hierzulande viele islamische Grabstätten mit großen Grabmalen und reichem Blumenschmuck versehen" (Eigner 2008: 64).
- Während des Totengebets wird der Tote in einem Verabschiedungsraum aufgebahrt, um ihn von dort mit dem Leichenzug zum Grab zu führen. Bestimmte Arbeiten dürfen Angehörige, Freunde des Verstorbenen oder sonstige Personen unter der Anleitung des Friedhofspersonals bzw. der geschulten Wäscher mitverrichten.
- Die rituelle Waschung liegt im Aufgabenbereich des islamischen Friedhofs und wird ausschließlich im Leichenwaschraum der Friedhofsanlage durchgeführt. Der IFH schult und ernennt mindestens einen Mann und eine Frau als Wäscher/Wäscherin. An jeder Waschung nimmt mindestens eine dieser geschulten

Personen teil. Frauen dürfen nur von Frauen und Männer dürfen nur von Männern gewaschen werden.

- Für die Bestattung ist ein einfacher Holzsarg zu verwenden, der ein bestimmtes Ausmaß nicht überschreiten darf. Das Tragen oder Führen von Leichen zur Grabstelle sowie das Versenken der Leichen ist auf der Bestattungsanlage des IFH Wien durch die Angehörigen, Mitglieder der Islamischen Glaubensgemeinschaft oder durch dazu beauftragte Kooperationspartner zu besorgen.
- Der Verstorbene muss nachweislich Mitglied der Islamischen Glaubensgemeinschaft gewesen sein.

Nach islamischem Recht ist die Bestattung innerhalb von 24 Stunden vorzunehmen, doch sah sich die IGGiÖ veranlasst, hierzulande von dieser Vorschrift zu dispensieren. Im Normalfall ist keine Auflösung des Grabes möglich, da der Tote in diesem bis zum Jüngsten Tag auf die Auferstehung wartet. Deshalb sollten Friedhöfe auch nicht verlegt werden. Wegen des Mangels an Friedhofsplätzen vor allem in Ballungsgebieten gibt es jedoch für die Türkei ein islamisches Rechtsgutachten, das in Notfällen erlaubt, eine neuerliche muslimische Bestattung in einem islamischen Grab vorzunehmen, wenn zu erwarten ist, dass keine Überreste des zuvor Bestatteten mehr zu finden sind und der neu zu Bestattende auch Muslim ist. Damit hängt die Liegezeit von den klimatischen und geologischen Bedingungen ab. Auch auf dem IFH ist jeder beigesetzten Leiche ein zwanzigjähriges Ruherecht ab dem Bestattungstag zu gewähren. Eine Enterdigung kann daher frühestens 20 Jahre nach der Bestattung erfolgen. Der Besteller einer Enterdigung hat einen Nachweis über die Zustimmung zur Enterdigung von der IGGiÖ beizubringen. Die Benützungsrechte können grundsätzlich auf die Dauer von weiteren 20 Jahren verlängert werden.

Veränderungen des Verhaltens im Todesfall ergeben sich in Österreich auf verschiedenen Ebenen. Der Tod im Krankenhaus reduziert die Möglichkeiten für muslimische Verwandte, von dem oder der Sterbenden Abschied zu nehmen. Auf dem Islamischen Friedhof in Wien, 23. Bezirk, führt die „Bestattung Wien" die Begräbnisse in Kooperation mit der IGGiÖ durch. Es wird ein Paket angeboten, das die komplette Organisation und Abwicklung nach islamischem Ritus enthält: Es werden die notwendigen Dokumente besorgt, der Termin für die rituelle Waschung festgelegt, die Verabschiedung in der Gebetshalle sowie die Beerdigung auf dem Islamischen Friedhof organisiert. Für die Aleviten/Alevitinnen hat die „Islamische Alevitische Glaubensgemeinschaft" 2011 ebenfalls auch die Einrichtung eines Friedhofs in Wien erreicht.

9 Ehe und Familie

9.1 Geschlechterrollen und -bilder

In der nicht-muslimischen Wahrnehmung sind die muslimischen Geschlechterverhältnisse eindeutig: herrschende Patriarchen und unterdrückte Frauen. Ein genauerer Blick zeigt aber auch andere Entwicklungen. Eine neuere Studie zu Vorstellungen junger Muslime/Musliminnen kommt zu einem anderen Bild als das mediale Zerrbild (Kloss 2007). Häufig in empirischen Untersuchungen verwendete Kategorien wie ‚angepasst' oder ‚integrationsunwillig' und ‚modern' oder ‚traditionell' passen nicht auf die Befragten.

Gleichberechtigung der Geschlechter

Der Islam hat die traditionelle Geschlechterhierarchie nicht aufgehoben, aber anknüpfend an vorislamische Praktiken den Frauen einige wesentliche Rechte zugeteilt. Denn keine Religion hat die in ihrem Entstehungszusammenhang jeweils geltenden sozialen Bedingungen völlig außer Kraft gesetzt, bestenfalls modifiziert, sonst wäre sie von den Menschen nicht verstanden und akzeptiert worden. Deshalb wäre es anachronistisch, heutige Prinzipien der Geschlechtergerechtigkeit zum Maßstab des Urteils über die Geschichte zu nehmen. Zudem muss festgehalten werden, dass die Gleichheit der Geschlechter auch nach dem Koran in der Schöpfung grundgelegt ist und dort hinsichtlich der religiösen und moralischen Pflichten kein Unterschied gemacht wird. Beide Geschlechter sind angehalten, gläubig, fromm, geduldig, wohltätig, demütig zu sein, wie die parallelen Formulierungen in Sure 33,35 zeigen; das wird besonders von Musliminnen – aber auch von Muslimen – zunehmend betont. Inzwischen haben muslimische Frauen die Auslegung des Korans selbst in die Hand genommen und arbeiten dabei mit Argumenten, die auch von christlichen Frauen gegenüber der Bibel in Anspruch genommen werden. Die Quellen, aus denen sich Einstellungen und soziale Praxis der jungen Menschen speisen, sind höchst komplex: „Hierbei spielt der Islam ebenso eine Rolle wie die Beheimatung in Österreich, wird ein Bekenntnis zum Feminismus problemlos mit einem Plädoyer für Ehe und Familie kombiniert und bleibt weder die österreichische Mehrheitsgesellschaft noch die muslimische Gemeinde vor Kritik verschont" (Kloss 2007: 137).

Was den Umgang mit Homosexualität, insbesondere seine Einbeziehung in das europäische Antidiskriminierungsrecht betrifft, wird meist die katholische Kirche in den Blick genommen. Die Haltung zu praktizierter Homosexualität ist beim

Islam (und anderen Religionsgemeinschaften wie der Orthodoxie und dem Judentum) durchaus vergleichbar, sodass in Zukunft auch hier derartige Problemstellungen aufbrechen können. Freilich gibt es auch homosexuelle Muslime/Musliminnen, die in manchen europäischen Staaten anfangen, selbstbewusst aufzutreten.

Was ist angemessen?

Aber auch auf anderer Ebene können sich die Vorstellungen von angemessenem Verhalten verschieben. So hat Senna Gemmour, Sängerin einer Casting-Band, die 2006 eine entsprechende Show gewann, sicherlich bis dahin keinen „ordentlichen" Bildungs- und Lebensweg gehabt, aber trotzdem: „So kurz die Röcke auch sein mögen, die Senna Gemmour auf der Bühne trägt, ihre Mama klatscht erleichtert und stolz mit, wenn sie die Tochter live erleben kann. Trotzdem verheimlicht Senna auch nicht die Ambivalenz dieses nicht immer harmonischen Mutter-Tochter-Verhältnisses: ‚Weißt du, meine Mama hat auch immer gedacht, dass aus mir nichts wird.' […]! Beim Finale von *Popstars* stürmte die kleine Mama mit ihrem weißen Kopftuch auf die Bühne, um ihre Tochter zu umarmen. Muslim Girls-Realität – alles andere als schleierhaft"! Und: „Auch Senna Gemmour trägt ihre Wurzeln mit Stolz und gehört obendrein zu den gläubigen Muslim Girls: ‚Ich danke Allah für meine Stimme', sagte sie in einem BILD-Interview direkt heraus" (El Masrar 2010: 88).

Die vertretenen Männlichkeitsvorstellungen sind ebenfalls höchst komplex und nicht in einfache Schemata zu pressen. So „kann beispielsweise die von allen […] jungen Männern geteilte Auffassung, in den ersten Lebensjahren des Kindes solle die Mutter zu Hause bleiben, als ‚traditionell' eingestuft werden, während man ihr entschiedenes Ablehnen des ‚Machos' als Idealtyp von Männlichkeit ‚modern' nennen könnte. In einigen Punkten grenzen sich die jungen Muslime aber bewusst von Männlichkeitsvorstellungen ab, die sie in Österreich ausmachen. So distanzieren sie sich entschieden sowohl vom Bild des ‚Frauenhelden' als auch von dem aktuellen Trend des ‚metrosexuellen Mannes'" (Kloss 2007: 137).

Das Bekenntnis zum Islam beeinflusst eindeutig Männlichkeits- und Weiblichkeitsvorstellungen. So wird das Prinzip der Gleichwertigkeit der Geschlechter bei gleichzeitiger Verschiedenheit der Aufgaben hervorgehoben. Was die Erwerbstätigenquote betrifft, so kann auf eine bemerkenswerte Entwicklung bei den Migranten/Migrantinnen mit türkischer Herkunft verwiesen werden. Während die Quote bei türkischen Frauen der ersten Generation generell deutlich geringer ist als bei der Bevölkerung ohne Migrationshintergrund (41 % gegen 68 %), sind in der zweiten Generation fast keine Unterschiede mehr erkennbar (Statistik Austria 2011: 11).

Zugleich ist aber die praktische Gestaltung des Lebens unter den Befragten umstritten, wie z. B. die Arbeitsteilung in Ehe und Familie gestaltet werden soll. Generell gehen die jungen Frauen eher von einer notwendigen Beteiligung der Männer in diesen Bereichen aus. Der Islam wird von den befragten jungen Leuten nicht als starres Regelwerk begriffen, das insbesondere das Verhältnis zwischen den Geschlechtern reglementiert. Er ist vielmehr eine Quelle für Werte, Motivation und Kraft, durch die die Herausforderungen des Lebens von den Einzelnen gemeistert werden können. Diese Entwicklung einer individuellen islamischen Ethik ist auch in anderen europäischen Ländern in empirischen Untersuchungen nachgewiesen (Tietze 2001).

Dabei kann das Verhältnis zum Islam höchst instrumentell sein: „In einem Forum schrieb eine Userin, dass sich ihr Verlobter von ihr getrennt hätte, nachdem seine Mutter eine Heirat zwischen ihnen beiden abgelehnt hatte. Da das Mädchen bereits intim mit ihm geworden war, bat sie nun verzweifelt darum, dass ihr jemand im Forum den Hadith nennen solle, der ihre Rechte in dieser Angelegenheit benennt, damit sie ihm diesen Hadith vorlegen könnte. Nach dem Motto: Wenn wir nicht heiraten, verstößt du gegen Gottes Gesetze! Leider musste man sie enttäuschen. Der gesuchte Hadith existiert nicht" (El Masrar 2010).

Einfluss der Mütter

„Oberflächlich betrachtet gelten meist die Männer in muslimischen Familien als die strengen Hüter der Moral. Doch allen Vorurteilen zum Trotz sind es eher die Frauen, die uns das Leben schwer machen: Es sind Mütter, Tanten oder Großmütter, die junge Mädchen einer alten, vorislamischen Tradition opfern [...]. Sie fordern den Beweis der Jungfräulichkeit auf Gedeih und Verderb ein – wenn nicht vor der Hochzeit durch ein ärztliches Attest, dann durch das berühmt-berüchtigte blutbefleckte Bettlaken in der Hochzeitsnacht. Dann gieren sie und ihre weiblichen Verwandten nach dem Laken mit lauten Ju-Ju-Rufen, um es der versammelten Sippe zu präsentieren, als hätte das Brautpaar soeben ein Genmittel gegen Parkinson entwickelt. Was hier praktiziert wird, ist keine islamische Pflicht oder Empfehlung, sondern eine archaische Tradition, von der manche nicht lassen können. Diese Tradition hat auch zur Folge, dass diese Frauen Söhne ohne Grenzen ‚erziehen', ihnen keinen Respekt gegenüber Frauen beibringen und sie auf die Idee bringen, eine Braut aus der ‚Heimat' zu heiraten – natürlich erst, nachdem sich der kleine Pascha mit Mamas Segen ausgelebt hat, versteht sich" (El Masrar 2010: 195f.).

Die gesellschaftliche Aufgabe bleibt bestehen, die Krise der Männlichkeit und die weiterhin bestehende Diskriminierung von Frauen zu bewältigen. Sie betrifft allerdings nicht nur Muslime/Musliminnen, sondern alle in Österreich lebenden Menschen.

Partnersuche

Gerade im Bereich von Ehe und Familie zeigt sich auch eine bemerkenswerte Bereitschaft, neue Wege zu gehen. So gibt es nicht nur christliche bzw. katholische und evangelische Partnersuche im Internet, sondern es wurde im Oktober 2007 analog zu anderen vorhandenen muslimischen Angeboten auch eine muslimische Internet-Partnervermittlung ins Leben gerufen (http://www.muslimlife.eu/). In kurzer Zeit konnte auf Deutsch, Türkisch und Englisch eine umfangreiche Singledatenbank aufgebaut werden, auf der sich auch zahlreiche Eintragungen aus Österreich finden. „Muslimlife" bietet sich für eine „seriöse, transparente und sich auf islamische Werte und Grundsätze besinnende islamische Partnersuche" für eine „Muslim Heirat" an. Ausdrücklich wird betont, dass „Muslimlife" daher keine „Dating- oder Flirtseite im gewohnten Stil" sei. „Egal wo man sich befindet, ob in München, Hamburg, Düsseldorf, Berlin, Dortmund, Istanbul, Paris oder anderen europäischen Städten, kann man über Muslimlife die ebenbürtige Muslima oder den ebenbürtigen Muslim finden, die die Muslim Heirat anstreben."

Auf der Homepage von „Muslimlife" wird recht intensiv vor den mit dieser Partnersuche verbundenen Gefahren gewarnt, denn „nur eine hauchdünne Linie trennt im Internet das Erlaubte (*halal*) vom Verwehrten (*haram*)". Die Heiratsbörse verpflichtet sich zu fünf Grundsätzen, insbesondere zur „Einhaltung vom islamischen Verhaltenskodex", d. h. einem sittlichen Verhalten im Sinne islamischer Wertvorstellungen mit dem ausschließlichen Ziel der Familiengründung. Man garantiert technische Sicherheit, Datenschutz und Wahrung der Privatsphäre. Es wird allerdings nicht vergessen, auf die göttliche Kontrolle zu verweisen, denn „egal, was man macht oder tut, Allah (swt) sieht alles und weiß alles am besten [...]. Wenn Mitglieder sich in und außerhalb von Muslimlife begegnen, dann sollen sie wissen, dass Allah (swt) von allem kundig ist. Muslimlife kann die Unterhaltung zwischen Mitgliedern sporadisch kontrollieren, aber nicht alle mitverfolgen. Am besten kann sich jedes Mitglied selbst kontrollieren, wenn es weiß, dass Allah (swt) alles sieht und weiß". Für einen „sicheren Schritt zur Partnerfindung" wird die Möglichkeit der Einschaltung eines Vertreters (*wali*) gemäß der muslimischen Tradition angesprochen. Entsprechend diesen Vorgaben wirken die Eintragungen meist recht konservativ, so suchen etwa Männer im Regelfall familienzentrierte Partnerinnen.

9.2 Familienrecht

Das Familienrecht befasst sich mit den durch Ehe und Verwandtschaft begründeten Rechtsbeziehungen. Dazu gehören daher Ehe- und Kindschaftsrecht. Hier handelt es sich – nicht nur in islamischen Gesellschaften – um ein besonders zählebig im Bewusstsein der Menschen verankertes Recht, das oft auch stark religiös geprägt ist. In solchen Fällen werden überdies häufig religiös gar nicht begründbare kulturelle Traditionen als zwingende religiöse Normen reklamiert; das gilt gerade auch für traditionelle islamische Gesellschaften. Vor diesem Hintergrund ist die Bedeutung islamisch geprägter Rollenbilder im familiären Kontext in der Emigration zu untersuchen.

Grenzen für das islamische Recht

Mit den Besonderheiten des islamischen Ehe- und Kindschaftsrechts sind österreichische Gerichte bereits mehrfach befasst gewesen. Konkrete Schwierigkeiten zeigen sich im Eheschließungsrecht, bei den persönlichen Rechtswirkungen der Ehe für die Frau, vor allem aber im Scheidungsrecht, hinsichtlich des unterschiedlichen Erbrechts der Frau, oder beim Adoptionsrecht und bei der Obsorge für Kinder. In diesen Fällen sind der Anerkennung des islamischen Rechts Grenzen gesetzt.

Gemäß dem so genannten Internationalen Privatrecht ist eine Bestimmung des fremden Rechts nicht anzuwenden, wenn dessen Anwendung zu einem Ergebnis führen würde, das mit den Grundwertungen der österreichischen Rechtsordnung unvereinbar ist. Dieser Grundsatz wird als *ordre public* bezeichnet. Nach einer grundsätzlichen Entscheidung des Obersten Gerichtshofs aus 1986 gehören außerhalb der verfassungsrechtlich geschützten Grundwertungen die Einehe, das Verbot des Ehezwanges, der Schutz des Kindeswohles und das Verbot der Ausbeutung der wirtschaftlich und sozial schwächeren Partei zum Schutzbereich des *ordre public*.

Als *ordre public*-widrig wird die Scheidung einer Ehe durch eine dem Ehemann vorbehaltene einseitige Verstoßung der Frau nach islamischem Recht (*talaq*) angesehen und daher in Österreich nicht anerkannt. Auch eine nachträgliche Zustimmung der Frau ändert an diesem Mangel im Scheidungsverfahren grundsätzlich nichts. Auch der Ehenichtigkeitsgrund der Religionsverschiedenheit widerspricht den Grundwertungen der österreichischen Rechtsordnung.

Weiters verstößt eine Vorschrift, wonach ein minderjähriges Kind bestimmten Alters ohne Rücksicht auf sein Wohl dem Vater zuzusprechen ist (islamisches Recht in Jordanien) dem *ordre public*, so eine Entscheidung aus 1974. In solchen Fällen ist durchaus differenziert vorzugehen; so hat der Oberste Gerichtshof 1988 das Erziehungsrecht für eine damals 7-jährige Tochter dem muslimischen Vater übertragen. Dieser hat sich aufgrund eines Sachverständigengutachtens als grundsätzlich ebenso geeignet erwiesen wie die von ihm getrennt lebende christliche Mutter. Darüber hinaus war jedoch im Sinne der Beachtung des Kindeswohles zu berücksichtigen, dass die Minderjährige durch ihre bisherige Erziehung im Islam eine stärkere Bindung an den Vater hatte. Andererseits konnte der Vater einen Auftrag an die Mutter nicht gerichtlich durchsetzen, die bei ihr gebliebene 2-jährige Tochter auf eine Erziehung im Islam vorzubereiten bzw. der Mutter zu verbieten, dieses Kind taufen zu lassen.

Die Berufung auf zwingendes islamisches Recht kann daher im Familien- und Erbrecht für den demokratischen, konfessionell-neutralen Rechtsstaat, der einerseits Religionsfreiheit gewährt, andererseits aber auch in diesen Bereichen Standards entwickelt hat, die nicht in Frage gestellt werden können, zu Problemen führen. Dies bedeutet selbstverständlich jedoch nicht, dass alle Bestimmungen der Scharia unanwendbar sind. Es kommt daher auch in den vom westlichen Recht geprägten demokratischen Rechtsstaaten aufgrund der Regeln des jeweiligen Internationalen Privatrechts zur Anwendung von Bestimmungen der Scharia, wenn dies im heranzuziehenden ausländischen Recht vorgesehen ist und diese Regeln im Einzelfall nicht dem *ordre public* widersprechen. Reißerische Meldungen, die suggerieren, es sei eine besondere Neuigkeit, dass die „Scharia in Österreich angewandt werden darf“[78], sind daher bedauerlich und haben mit Qualitätsjournalismus nur wenig zu tun.

Ein weiteres Beispiel für eine Anwendung islamischen Rechts im Rahmen etwa auch der österreichischen Rechtsordnung ergibt sich daraus, dass den Einzelnen ein entsprechender Gestaltungsspielraum in ihren Rechtsbeziehungen eingeräumt wird. Es ist ja geradezu das Charakteristikum der westlichen Gesellschafts- und Rechtsordnung, dass die Menschen die Möglichkeit haben sollen, ihre Angelegenheiten und Interessen nach ihren eigenen Vorstellungen auf rechtswirksame Weise untereinander zu regeln. So kann es vorkommen, dass muslimische Paare die Gestaltungsfreiheit für die einvernehmliche Ehescheidung im Sinne des islamischen Rechts wahrnehmen.

Es darf nicht übersehen werden, dass wir uns hier auf ein Feld begeben, das gegenwärtig unter dem Schlagwort „Rechtspluralismus“ international und nicht nur im Kontext des islamischen Rechts heftig diskutiert wird. Einerseits besteht in Europa, aber auch weltweit, in vielen Bereichen ein starker Trend zur Vereinheitlichung des Rechts. Regional ist diese Globalisierung andererseits mit einer zunehmenden Vielfalt der Gesellschaft verbunden. Dieses damit auch das Recht erfassende, als „Glokalisierung“ bezeichnete Phänomen bringt es mit sich, dass Schiedsgerichtsbarkeit bzw. Mediation sowohl international als auch lokal an Bedeutung gewinnen. Wenn den Bürgern in Zukunft in gewissem Maße die Möglichkeit eingeräumt werden soll, im Rahmen allgemeiner Prinzipien die Rechtsordnung selbst zu wählen, die für sie angemessen ist, dann wird dies auch für innerreligiöse Schlichtungsinstanzen Konsequenzen haben müssen.

Muslimische/nicht-muslimische Ehen

„Dass muslimisch/nichtmuslimische Ehen eine wesentliche Bedeutung in der österreichischen Realität haben, zeigt sich auch daran, dass 2004 jeder zweite Muslim, der in Österreich eine Ehe neu einging, dies mit einer nichtmuslimischen Partnerin tat, und dass dies immerhin auch für etwa jede sechste Ehe der Musliminnen gilt, obwohl dies aus religiösen Gründen [...] ja mit größeren Widerständen verbunden ist" (Parsian 2008: 9). „Wenn man von den aktuellen Anteilen bei den jährlichen Eheschließungen ausgeht und annimmt, dass zumindest in den letzten 10 bis 15 Jahren etwa 2–3 Prozent aller Eheschließungen zwischen MuslimInnen und NichtmuslimInnen vorgenommen wurden, und weiters berücksichtigt, dass laut Statistik Austria rund 410.000 Ehen in den letzten 9 Jahren bzw. rund 620.000 Ehen in den letzten 14 Jahren geschlossen wurden [jeweils bezogen auf das Jahr 2001; hier wird jedoch angenommen, dass man von einer nahezu gleich bleibenden Zahl der Eheschließungen auch bezogen auf das Jahr 2007 bzw. 2006 ausgehen kann], ergibt sich eine vorsichtig geschätzte Zahl für alle Ehen zwischen MuslimInnen und NichtmuslimInnen von etwa 15.000 bis 18.000 Paaren. Bezogen auf die Anzahl aller ehelichen Gemeinschaften in Österreich entspricht dies rund 1 Prozent" (Parsian 2008: 12). Man kann also sagen, dass es hier um ein durchaus bedeutsames gesellschaftliches Phänomen geht. Daher liegt es in der Natur der Sache, dass sich die Gerichte nun häufiger mit dieser Materie beschäftigen werden.

Welchen Rahmenbedingungen sind nun solche „gemischten Ehen" mit muslimischen Partnern/Partnerinnen ausgesetzt? Diese sind erstens im österreichischen Recht, insbesondere dem Fremdenrecht, zu verorten, dessen meist verschärfende Veränderungen durch „Fremdenrechtsänderungsgesetze" in immer kürzeren Abständen zu einer kaum mehr durchschaubaren Rechtslage führen und hier nicht genauer behandelt werden können.[79] Zweitens gibt es aus islamrechtlicher Sicht bestimmte Voraussetzungen, die in der Praxis eine wichtige Rolle spielen. Grundsätzlich sind nur Ehen zwischen muslimischen Männern und christlichen oder jüdischen Frauen erlaubt. Konservative Meinungen sehen auch solche Ehen nicht gerne. Die rechtliche Bedenklichkeit von Ehen von Muslimen mit Christinnen oder Jüdinnen wird z. B. auch damit begründet, dass in diesen Fällen nicht gesichert sei, dass alle Speisen immer ritualrechtlich *halal* sind (wobei die traditionelle Verteilung der Haushaltsarbeit vorausgesetzt ist). Verboten sind aber im Grundsatz Ehen zwischen Musliminnen und nicht-muslimischen Männern. Ehen mit Atheistinnen und Angehörigen anderer Religionen sind ebenfalls prinzipiell verboten. Kinder aus gemischt-konfessionellen Ehen gelten aus islamrechtlicher Sicht als Muslime. Somit sind auch in ihrer Erziehung islamische Vorstellungen zu beachten. Allerdings folgt die gelebte Praxis nicht unbedingt diesen Regeln: Muslime heiraten Atheistinnen, Musliminnen heiraten Christen und Atheisten.

In der Praxis ist es dennoch so, dass viele nicht-muslimische Ehepartner/innen zumindest formal zum Islam übertreten, damit ihre Ehe im (ehemaligen) muslimischen Heimatland ihrer Gattin/ihres Gatten oder in der Schwiegerfamilie anerkannt wird. Je weniger stark die Verbindung zum islamischen Ausland ist und je weniger religiös das familiäre und soziale Umfeld des muslimischen Ehepartners ist, desto eher kommt es nicht zu einem Übertritt. Häufig wird der Übertritt im Übrigen auch nur vor einer ausländischen Vertretung erklärt, nicht jedoch nach österreichischen Vorschriften vollzogen bzw. nicht gegenüber der Behörde bekannt gegeben.

Auch im Hinblick auf die Religionszugehörigkeit der Kinder aus muslimischen/nicht-muslimischen Familien ist in der Praxis, entgegen der islamischen Rechtsauffassung, alles möglich. Viele Eltern lassen die Frage der Religionszugehörigkeit vorerst offen, um ihren Kindern später die Möglichkeit einer freien Wahl zu eröffnen (Parsian 2008: 33). Fasst man die Ergebnisse der wenigen Studien zu diesem Thema zusammen, dann ergibt sich, dass gemischt-konfessionelle Ehen zu höchst individuellen Lebensentwürfen und häufig zu einer individuellen, privat geprägten religiösen Praxis führen können.

9.3 Konversionen

Stefano Allievi (2002) unterscheidet drei Arten von Konversionen zum Islam. Der erste Typus ist die Konversion aufgrund von Heirat. In diesem Falle konvertieren Menschen, deren Partnerin bzw. Partner Muslimin oder Muslim ist. Häufig ist der Einschnitt durch diese Konversion nicht sehr stark, da es sich um einen pragmatischen Akt handelt, der nur nominell Gläubige hervorbringt. Es kann diese Art von Konversion aber auch zu intensiver Beschäftigung mit dem Islam führen. Der zweite Typus ist die relationale Konversion, die dadurch erfolgt, dass jemand Muslime/Musliminnen kennenlernt, die dann den Betreffenden den Islam näherbringen. Der dritte Typus ist die rationale Konversion, die dadurch erfolgt, dass die betreffende Person den Islam durch den Koran oder andere Bücher kennenlernt.

Zum Islam konvertierte Frauen nehmen oft eine besondere Stellung ein. Dies betonen sie auch selber. „Erstsozialisiert in europäischem Umfeld machen sie im Laufe der Konversion – die meistens als ein Prozess empfunden wird – eine zweite Sozialisation durch, während der sie lernen, nach einem islamischen Wertesystem zu leben. Sie sind also mit beidem vertraut – dem Islam und dem nicht-muslimischen Umfeld –, was sie in vielen Fällen zu Vermittlerinnen macht. Oft äußern die Frauen sogar explizit den Wunsch ‚Brücken zu bauen'. Aber auch innerhalb der muslimischen Gemeinschaft kommt ihnen besondere Bedeutung zu. KonvertitInnen haben oft größeres und genaueres Wissen über den Islam als andere in die Religion hineingeborene Muslime, da sie sich nicht auf ihre Eltern verlassen können, sondern sich selbständig ihr Wissen aneignen müssen und dazu verschiedenste Quellen verwenden.“ Für die weitere Entwicklung des Islams in Österreich können Konvertiten/Konvertitinnen eine wichtige Rolle spielen und tun dies auch. Sie wirken nicht nur als Mediatoren/Mediatorinnen zwischen Muslimen und Nicht-Muslimen, sondern bringen auch „Aspekte nicht-muslimischer Wissenssysteme in islamische Diskurse“ ein (Richter 2004: 59). In Europa lässt sich aber auch eine steigende Rolle von Konvertiten/Konvertitinnen in extremistischen islamischen Kreisen beobachten, die für Österreich noch zu untersuchen bleibt.

Die durchaus vorkommenden Konversionen vom Islam zu einer anderen Religion werden in den Medien meist wenig thematisiert. Sie wurden traditionell als Verrat angesehen und mit schweren Sanktionen belegt. Es zeichnet sich aber auf offizieller Ebene ein vorsichtiges Abrücken von überkommenen radikalen Positionen zum Glaubensabfall ab. So hat die türkische Religionsbehörde 2008 erklärt, dass für Übertritte vom Islam keine „weltlichen“ Strafen zulässig seien, denn der Prophet hätte niemandem seinen Glauben aufgezwungen. Auch von islamischen religiösen Gelehrten wird die Problematik dieser Regel inzwischen weltweit diskutiert.

10 Ehre und Schuld

10.1 „Kulturdelikte"

In größerem Maßstab fand in Österreich erstmals 2005 eine politische Auseinandersetzung mit „traditionsbedingter Gewalt gegen Frauen" („harmful traditional practices") auf Einladung des damaligen Bundesministeriums für Gesundheit und Frauen statt. In mehreren Fachgesprächen wurden Zwangsverheiratung und Genitalverstümmelung thematisiert.[80] Drei Jahre später wurde im Nationalrats-Wahlkampf 2008 die Forderung nach Einführung von so genannten „Kulturdelikten" im Strafgesetzbuch erhoben. Damit sollten „jene Taten bezeichnet werden, die nach österreichischen Gesetzen illegal seien, im Verständnis von Menschen aus dem Ausland aber zu ihren Traditionen gehören würden". Es würden ‚extreme Kulturdelikte' wie Ehrenmorde, Genitalverstümmelung und Zwangsverheiratung passieren, bei denen meist Mädchen die Opfer seien. Für diese Delikte sei oft das Unrechtsbewusstsein nicht vorhanden, da die Täter der Meinung seien, dass sie dafür eine Rechtfertigung hätten. Die österreichische Innenministerin Maria Fekter betonte: „Und ich glaube, dass es notwendig ist, dass man das beim Namen nennt. Damit alle wissen, die bei uns hier leben: Wie ist unsere Wertordnung und woran müssen sie sich halten."[81] Im Regierungsprogramm 2008–2013 wurde der kritisierte Begriff zwar nicht übernommen, aber im Kapitel Strafrecht wurde unter der Überschrift „Traditionsbedingte Gewalt" (E. 17) klargestellt: „Wer eine Gewalttat begangen hat, kann sich zu deren Rechtfertigung, Entschuldigung oder zur Milderung der Strafe nicht auf Tradition, Weltanschauung oder Religion berufen."[82] Zu Beginn des Jahres 2010 wurden schließlich konkrete Überlegungen des Justizministeriums bekannt, die Auflistung der Erschwerungsgründe im Strafgesetzbuch durch „religiös motivierte Gewalt" zu ergänzen. Der Wiener Strafrechtler Helmut Fuchs kritisierte zu Recht diesen unausgegorenen Vorschlag und wies darauf hin, dass „Richter bei der individuellen Strafbemessung schon jetzt ausreichend Instrumentarien zur Verfügung haben, um die individuelle Schuld und Verantwortlichkeit eines Täters zu bewerten. Eine neue Gesetzesklausel ist absolut unnötig. Richter haben genügend Möglichkeiten, religiöse Motive bei der Strafbemessung je nach Gegebenheit mildernd oder erschwerend zu beurteilen. Das soll so bleiben."[83]

10.2 „Zwangsheiraten"

„Die Behauptung, 80 Prozent der in Österreich lebenden Migrantinnen würden zwangsverheiratet, ist nicht haltbar. Weder in der von der Stadt in Auftrag gegebenen Studie zu *Zwangsverheiratung und arrangierte Ehen in Wien* aus 2006 noch in dem von der Bundesministerin für Frauen veröffentlichten Migrantinnenbericht 2007 werden diese medienwirksam lancierten Zahlen zur Häufigkeit der Zwangsverheiratung bestätigt" (Ongan 2008: 161). Die in einigen österreichischen Medien verbreitete Vermutung, dass jedes vierte türkische Mädchen in Österreich zwangsverheiratet wird, kann durch diese Untersuchungen ebenfalls nicht bestätigt werden (Preller 2008: 71). Eine Umfrage unter 150 türkischen Migrantinnen in Berlin brachte allerdings das Ergebnis, dass 17 % das Gefühl hatten, zur Ehe gezwungen worden zu sein (Böhmecke 2005: 20).

Zwang oder Arrangement

Grundsätzlich muss eine Unterscheidung zwischen Zwangsehen und arrangierten Ehen getroffen werden. Meistens gilt als Unterscheidungsmerkmal, dass bei arrangierten Ehen der freie Wille der Beteiligten das letzte Wort hat. Allerdings ist gerade dies der Punkt, wo Abgrenzungen nur schwer möglich sind. Denn: Wann schlägt z. B. der wohlwollende Rat der Eltern in einen moralischen Zwang um, dem man sich nicht entziehen kann? Auch in der europäischen Rechtsgeschichte wurde in diesem Kontext die Frage der Rechtsfolgen diskutiert, ab welcher Intensität der Beeinflussung der Respekt vor dem Rat der Eltern den freien Willen unzulässig einschränkt.

Arrangierte Ehen mögen angesichts der in Europa vorherrschenden Idee der Liebesheirat als Abweichung erscheinen, waren und sind aber ein Charakteristikum vieler Gesellschaften und in vielen Teilen der Welt (nicht nur den muslimischen) auch heute noch üblich, wobei auch die Interessen der Ehekandidaten und -kandidatinnen zumindest theoretisch zu berücksichtigen sind. Vergessen werden sollte ebenfalls nicht, dass auch die Ehemänner als Opfer einer Zwangsehe anzusehen sind, ungeachtet dessen, dass sie nicht selten durch Ausübung von Gewalt zu Tätern werden können.

Hilfe durch Beratung

Um einen Eindruck vom Umfang des Problems zu geben, seien die Fallzahlen (Kontakte) in Beratung und Unterbringung in Bezug auf Zwangsverheiratung bei verschiedenen Institutionen aufgeführt, die der Wiener Bericht nennt: Der Verein Orient Express, dessen Arbeit sich auf Fälle von Zwangsverheiratungen konzentriert, gibt an, dass im „Jahr 2004 26, im Jahr 2005 46 und im Jahr 2009 72 von Zwangsheirat bedrohte beziehungsweise betroffene Personen" betreut wurden. „Zum Thema gab es 2004 139 persönliche und 45 telefonische Beratungen; 2005 fanden 171 persönliche (+23 %) und 172 (+282 %) telefonische Beratungen statt. Der Anteil zwangsverheirateter Frauen unter allen Klientinnen des Vereins wird mit 80 %[84] benannt" (MA 57 2006: 123). Diese Zahl hat sich bis 2008 geändert: Jetzt sind 80 % der Klientinnen von einer Zwangsehe bedroht und 20 % sind bereits zwangsverheiratet. Die Gesamtzahl der Beratungsfälle ist auf 61 gesunken. Orient Express wertet es als Erfolg der Aufklärungsarbeit, dass jetzt ein Bewusstsein vorhanden sei, „dass man schon im Vorhinein etwas unternehmen kann und sich nicht seinem Schicksal fügen muss"[85].

Eine Mitarbeiterin einer Wiener Frauenberatungsstelle wird so zitiert: „In Wahrheit seien weder die Männer noch die Frauen an diesen Ehen wirklich interessiert. Es ist ein pragmatisches Arrangement. Es werden über diese Ehen sowohl Exportbraut als auch Exportbräutigam ins Ausland gebracht. Meistens lassen sich die Paare dann im Nachhinein scheiden."[86]

Auf der Ebene der Vereinten Nationen wurde dem Problem schon seit Jahrzehnten vielfach Beachtung geschenkt. Die einschlägigen Dokumente reichen vom Internationalen Pakt über bürgerliche und politische Rechte aus 1966 bis zur Konvention über die Beseitigung von allen Formen der Diskriminierung von Frauen aus 1979 sowie zur Konvention über die Kinderrechte aus 1989 mit dem Verbot von Kinderehen und zu ganz spezifischen Dokumenten wie der „Konvention über die Erklärung des Ehewillens, über das Heiratsmindestalter und die Registrierung von Eheschließungen" aus 1962. Alle diese UN-Dokumente machen deutlich, dass es sich hier um ein globales Phänomen handelt und eine Fokussierung auf einen islamischen Hintergrund eine unzulässige Verkürzung darstellen würde.

Ungeachtet dessen, dass Befragungen betroffener Frauen, wie sie der Wiener Bericht enthält, für die letzten Jahre auf eine Abnahme der Zahl der arrangierten Ehen und Zwangsheiraten hindeuten, bleibt die Tatsache bestehen, dass die Dunkelziffer vor allem der jung verheirateten Mädchen, die damit oft auch zum Abbruch ihrer Ausbildung gezwungen werden, wohl hoch ist. Hier ist entsprechender politischer Handlungsbedarf zweifellos dringend gegeben, verlangt aber seriöse Analysen und die Bereitschaft, unter Beiziehung aller Betroffenen adäquate Lösungen zu erarbeiten. Nicht zu Unrecht kritisiert die grüne Abgeordnete Alev Korun: „Die Politik hat die Probleme von Migranten eifrig aufgezeigt, doch sie hat kein Interesse, sie auch zu lösen."[87]

Gesetzliche Reformen

2005 hat die Bundesregierung eine Broschüre über Maßnahmen gegen traditionsbedingte Gewalt publiziert, in der Zwangsheiraten eine prominente Rolle spielen. Diese öffentliche Aufmerksamkeit fand ihren Niederschlag im Strafrechtsänderungsgesetz 2006, das den Tatbestand der Ehenötigung in § 193 Abs 2 beseitigte und die Zwangsverheiratung als Fall einer schweren Nötigung in § 106 Abs 1 Z 3 aufgenommen hat. Wer eine Nötigung begeht, indem er die genötigte Person u. a. zur Eheschließung veranlasst, ist nunmehr mit einer Freiheitsstrafe von sechs Monaten bis zu fünf Jahren zu bestrafen. Dadurch wird Zwangsverheiratung zu einem von Amts wegen verfolgbaren Delikt („Offizialdelikt"). Eine weitere Maßnahme gegen Zwangsverheiratung von Mädchen stellt die Anhebung des Alters von Ehegatten für die Familienzusammenführung aus Drittstaaten dar (Verbot des „Imports minderjähriger Bräute"). In Umsetzung der Richtlinie 2003/86/EG des Rates der Europäischen Union wurde diese Altersgrenze mit Wirkung vom 1. Jänner 2010 auf 21 Jahre hinaufgesetzt.

Kein Zusammenhang mit dem Islam

Was bleibt von der von Sensationen geprägten Debatte bei Licht besehen? Es lässt sich ein gewisses Auseinanderklaffen von Realität und öffentlicher Wahrnehmung feststellen, ohne dass damit die dramatische und entwürdigende Situation für die Betroffenen heruntergespielt werden soll. Wie so oft liegt auch hier die Frage nahe, ob vielleicht andere Probleme die Ursache für die losbrechende Diskussion sind. Zwangsverheiratungen waren lange Zeit eher ein Problem vor allem für Fachleute der sozialen Praxis, wo es weitgehend als unbestritten galt, dass Zwangsheiraten charakteristisch für traditionelle patriarchalische Familien und den in diesen vorherrschenden Ehrbegriff sind. Man muss zweifellos sehr vorsichtig sein, die Debatte nur auf die patriarchalische Geschlechterehre und autoritäre Familienstrukturen zu konzentrieren, die insbesondere in migrantischen Milieus zu finden sind. Seit Zwangsheiraten zum Gegenstand der öffentlichen Debatte geworden sind, wird ein Zusammenhang mit dem Islam hergestellt. Dies passt in das bekannte Klischee, dass patriarchale und autoritäre Strukturen als genuin islamisch deklariert werden. Nun sieht der überwiegende Teil der seriösen Forschung zu Zwangsheiraten kaum Verbindungen zwischen religiösen Vorstellungen und der Organisierung von zwangsweisen Verehelichungen. Auch das wohl wichtigste Ergebnis einer deutschen Untersuchung war, dass die Ursachen im familiären und sozialen Umfeld zu finden sind (Armut, Suchtproblematik, innerfamiliäre Gewalt), während religiöse Motive in den Lebensgeschichten der Betroffenen kaum eine Rolle spielten (BMFSFJ 2007: 124f.).

Durch die Fixierung auf den religiösen Zusammenhang werden aber auch die Bemühungen von Männern und Frauen unterlaufen, die sich in islamischen Kontexten darum bemühen, dass sich die Praktiken und das Verständnis in Richtung einer gleichberechtigten Selbstbestimmung verändern. Damit fällt man jenen Muslimen/Musliminnen in den Rücken, die dem „patriarchalischen Ehrenkodex oft mit demselben Befremden gegenüberstehen, wie dies für die meisten Angehörigen der nicht-muslimischen Mehrheitsgesellschaft gilt. Bedenklich ist eine solche Zuschreibung schließlich auch deshalb, weil sie vor allem muslimische Frauen von außen her vor die Alternative stellt, sich entweder ständig von ihrer Religion distanzieren zu müssen oder das Risiko einzugehen, dass sie mit dem Bekenntnis zum Islam für die Beibehaltung eines autoritären Ehrenkodex symbolisch in Haft genommen werden. In der Praxis läuft eine solche symbolische Inhaftnahme vor allem auf die Stigmatisierung Kopftuch tragender Frauen hinaus, denen vielfach unbesehen unterstellt wird, entweder Opfer oder Komplizinnen autoritärer familiärer Praktiken zu sein" (Bielefeldt 2005: 17).

Die Möglichkeiten, aus Zwangsheiraten auszusteigen, sind bisher viel zu wenig erforscht, sodass es schwierig ist, praktische und zielführende Maßnahmen zu entwickeln (Markom/Rössl 2008). Es geht wie so oft um die Berücksichtigung der Bedingungen, die bestimmte Gewaltformen hervorbringen, die dann wiederum missbräuchlich kulturell legitimiert werden.

Bis vor kurzem bekamen Frauen, die im Rahmen der Familienzusammenführung nach Österreich kamen, keinen eigenen Aufenthaltstitel. Ihr Aufenthaltsstatus war an den ihrer Ehemänner gebunden. Diese Gruppe von Frauen konnte bei Trennung oder Scheidung ihre Niederlassungsbewilligung verlieren und war daher in besonderer Weise gefährdet. Durch das Fremdenrechtsänderungsgesetz 2009 kam es zur lange eingemahnten Reform im Bereich des Aufenthaltsrechts. Es wurde klargestellt, dass Familienangehörige mit einer Niederlassungsbewilligung über ein eigenständiges Niederlassungsrecht verfügen und diese auch bei Nichtvorliegen der gesetzlichen Voraussetzungen aufrecht bleibt, wenn der oder die Familienangehörige Opfer einer Zwangsehe oder familiärer Gewalt ist.

Allerdings bleiben noch weitere Hürden durch das Ausländerbeschäftigungsrecht und das Sozialrecht bestehen, welche zu einer ökonomischen Abhängigkeit von den Ehemännern führen, denn: „Zahlreiche sozialrechtliche Bestimmungen schließen die MigrantenInnen aufgrund ihrer Staatsbürgerschaft von grundlegenden sozialstaatlichen Leistungen aus" (Ongan 2008: 169f.).

10.3 „Ehrenmorde"

Die extremste Sanktion in einem System, in dem die Ehre einer Familie als ein zentraler Faktor gesellschaftlicher Ordnung gilt, und das insbesondere durch das „Wohlverhalten" der Frauen bestimmt wird, ist der „Ehrenmord".

Frauen als Trägerinnen der Familienehre

Der Begriff „Ehrenmord" hat sich durchgesetzt, ungeachtet der Widersprüchlichkeit, die darin besteht, dass ein schweres Verbrechen mit einem positiv besetzten Wort wie „Ehre" verbunden wird (Böhmecke u. a. 2007: 7). Da in traditionalistischen und patriarchalisch organisierten Gesellschaften meist Frauen und Mädchen als Trägerinnen der Familienehre gesehen werden, fallen sie überwiegend Ehrenmorden zum Opfer, während die Täter fast ausnahmslos Männer bzw. männliche Jugendliche sind. Die geringeren staatlichen Strafdrohungen für Minderjährige führen oftmals zu einem strategischen Verhalten.

„Ehrenmorde" sind ein globales Phänomen. In einer Studie des UN-Weltbevölkerungsberichts aus dem Jahr 2000 wird von Morden an rund 5000 Mädchen und Frauen in 14 untersuchten Ländern im Namen der „Ehre" berichtet. Ehrenmorde werden nach dieser Studie vor allem in Ländern mit islamischer Tradition verübt, ein weiterer Schwerpunkt ist jedoch in Südamerika zu finden. Die Dunkelziffer liegt allerdings in allen Fällen sehr viel höher, weil die wenigsten Fälle vor Gericht gebracht werden. Häufig wird der Mord als Unfall oder Selbstmord getarnt, oder die Frauen werden gezwungen, Selbstmord zu begehen.

In Österreich bestehen keine Statistiken bezüglich „Ehrenmorden", die Zahl dürfte vergleichsweise gering sein, es werden aber immer wieder auch nicht weiter belegte hohe Zahlen kolportiert. So kritisierte 2007 die Wiener VP-Landtagsabgeordnete Sirvan Ekici eine Verschleierung der Dramatik im muslimischen Milieu Wiens mit den Worten: „Es geht unter, dass wir in den letzten 18 Monaten fünf bis sechs Ehrenmorde nur in der türkisch-stämmigen Bevölkerung gehabt haben."[88] In Deutschland gab es von 1996 bis Mitte 2009 laut einer Fallsammlung der Berliner Familienberatungsstelle Papatya 88 Fälle von Morden, versuchten Morden und daraus resultierenden Körperverletzungsdelikten, bei denen Täter oder Opfer einen Hinweis auf Familienehre als Tatmotiv angaben (Papatya 2009).

Die Ursache der eher geringen Zahl in Österreich wird von Tamar Citak von der Interventionsstelle Wien darin vermutet, dass die Abschreckung hierzulande besser funktioniere, sodass es aus der Sicht potenzieller Täter weniger häufig zum Äußersten komme: „Die Kontrolle über Frauen in Österreich ist stärker […]. Österreich ist kleiner, deswegen ist es schwierig, anonym zu bleiben" (Günes

Koc).[89] Es ist notwendig, die Gründe für Delikte dieser Art zu untersuchen, um solchen Taten entgegenzuwirken. Zu diesem Zweck hilft nur eine nüchterne Betrachtung. Mit den Worten der Sozialanthropologin Sabine Strasser: „Zu sagen, dass da nur etwas hochgespielt wird, ist genauso wenig hilfreich, wie die Gewalt an Frauen und Kindern auf Zugewanderte abzuschieben. Die Gefahr des Übertreibens ist genauso groß wie die Gefahr des Wegschauens“ (Strasser 2009). Es lässt sich nicht bestreiten, dass hier eine gewisse Doppelmoral wirkt. Der Mord an der Frau eines Türken wird fast automatisch als „Ehrenmord“ klassifiziert, während man einem deutschen Ehemann das Motiv „Eifersucht“ zugesteht. Und schließlich muss an dieser Stelle auch auf die allgemeine Statistik über weibliche Mordopfer verwiesen werden, denn „90 Prozent der Frauen und Mädchen in Österreich werden von engsten Verwandten oder Bekannten ermordet“ (Kellermann 2007).

„Ehrenmorde“ und Strafrecht

Nach dem österreichischen Strafgesetzbuch (§ 76) wird ein Tötungsdelikt aufgrund einer allgemein begreiflichen heftigen Gemütsbewegung als Totschlag bezeichnet und gegenüber dem Mord gleichsam „privilegiert“. Es stellt sich daher zunächst die Frage, „wie die Wertvorstellungen von Personen, die ein vorsätzliches Tötungsdelikt mit dem Motiv einer ‚Ehrenrettung‘ begangen haben, im Rahmen einer ‚allgemeinen Begreiflichkeit‘ in Österreich beurteilt werden“. […] Grundsätzlich wird es in der Rechtsprechung verneint, „dass ein anderer kultureller Hintergrund für die Feststellung ‚der allgemeinen Begreiflichkeit‘ eines Affektes zu berücksichtigen ist.“ Aufgrund dessen wird „die Einordnung eines Ehrenmordes als Totschlag in Österreich für unzulässig angesehen“ (Zehetgruber 2007: 30ff.).

Neben der „allgemeinen Begreiflichkeit“ des Affektes wird für die Qualifikation eines Verbrechens als „Totschlag“ überdies Spontaneität verlangt, das heißt, dass die Tötungsabsicht nicht bereits vor dem Affektausbruch vorhanden gewesen sein darf. Da aber in „klassischen“ Fällen von „Ehrenmorden“ meist ein Familienrat die Ermordung beschließt und deren Durchführung plant, kann der Totschlag-Paragraph keine Anwendung finden, auch wenn das Umfeld der Tat eine extreme Affektbeladung aufgewiesen haben sollte.

Keine Rücksicht auf einen „Ehrenkodex“

Einige wenige einschlägige Fälle sind auch in Österreich bekannt geworden und haben teilweise zu bemerkenswerten Entscheidungen geführt. So im Fall eines türkischen Angeklagten in Vorarlberg, der seine ihm untreu gewordene Frau in Tötungsabsicht mit dem PKW zu überfahren versucht hatte; er wurde wegen versuchten Totschlages zu vier Jahren Freiheitsstrafe verurteilt, was der Oberste Gerichtshof 1982 bestätigte. Der Antrag der Verteidigung auf Befragung eines Sachverständigen, „ob es im türkisch-moslemischen Kulturkreis zum Ehrenkodex gehöre, dass eine Ehefrau, die sich mit einem anderen Mann eingelassen hatte, rigiden Sanktionen unterzogen werde, bzw. der Mann zumindest verbal erklären müsse, er werde seine Frau umbringen", wurde in diesem Verfahren zurückgewiesen. Der Gerichtshof stellte fest, dass „soziologische Aussagen allgemeiner Art ihrer Natur nach grundsätzlich nichts Entscheidendes zur Beurteilung des tatsächlichen Verhaltens einer Einzelperson und des diesem zugrundeliegenden Willens beizutragen" vermögen, „zumal dem zurechnungsfähigen Menschen erfahrungsgemäß die Fähigkeit innewohnt, vom üblichen Verhaltensschema abzuweichen" (OGH: Gz 9Os95/82).

Das meiste mediale Aufsehen hatte der Fall einer aus dem Libanon stammenden Frau im Zillertal erregt, die von ihrem 17-jährigen Bruder ermordet wurde. Hier handelte es sich um einen „klassischen" familiär geplanten „Ehrenmord" durch einen Jugendlichen. Als Tatmotiv gab der Bruder an, dass die junge Frau durch „Männerbekanntschaften" Schande über die Familie gebracht habe. Er sagte aus, sie in der Wohnung der Familie in Innsbruck bewusstlos geschlagen zu haben, ohne dass die Eltern und ein weiterer in der Wohnung anwesender Bruder dies mitbekommen hätten. Die Bewusstlose habe er im geliehenen Auto weggebracht und auf einem Waldweg ermordet.[90] Der Fall macht die Schwierigkeiten deutlich, mit dem Instrumentarium des europäischen Strafrechts die möglicherweise beteiligten Familienmitglieder zur Rechenschaft zu ziehen. Das österreichische Strafrecht tut sich bei der Einbeziehung von Bestimmungstätern („Anstiftern") und Beitragstätern (Beihilfe Leistenden) im Vergleich zum Strafrecht anderer europäischer Staaten etwas leichter, da es die Straftat in ihrer Gesamtheit in den Blick nimmt.

Trotz der Dramatik des Geschehens in den einzelnen Fällen und der dabei entwickelten kriminellen Energie dürfen diejenigen empirischen Untersuchungen nicht übersehen werden, die zeigen, dass so genannte „Ehrenmorde" in Europa im Vergleich zur Gesamtzahl im Bereich von Tötungsdelikten einen geringen Prozentsatz ausmachen. Das heißt nicht, dass es kein Gewaltproblem in europäischen Einwandererviertteln gibt. Dieses lässt sich aber nicht primär auf religiöse Faktoren zurückführen. Alle vorliegenden Untersuchungen deuten vielmehr auf eine Sozialisation in die Männlichkeitsnorm einer Macho-Kultur und einer damit verbundenen Rhetorik der Ehre als Ursache.

Ein interessantes Beispiel mag das Thema abschließen: Der muslimische Rapper Ammar 114, auch in Österreich von manchen gern gehört, veröffentlichte ein Album „Aus dem Schatten ans Licht". Auf diesem Album findet sich der Titel „[Fünf 32]", der im Internet kostenlos zum Herunterladen bereitgestellt wird.

„[Fünf 32]“ steht für einen Vers im Koran, worin man Folgendes lesen kann: „[...] Wenn jemand einen Menschen tötet [...], so ist es, als hätte er die ganze Menschheit getötet; und wenn jemand einem Menschen das Leben erhält, so ist es, als hätte er der ganzen Menschheit das Leben erhalten“ (Sure 5 [Al Maida'a], 32). „Mit diesem Song will Ammar klarstellen, dass es nicht der Islam ist, der Menschen zu grausamen Taten wie z. B. Jugendkriminalität, Ehrenmorde und Terror aufruft. Im Gegenteil: Der Islam verneint und verbietet ausdrücklich derartig Abscheuliches. Dieses Lied soll dazu beitragen, Vorurteile abzubauen und falschen Vorstellungen entgegenzutreten.“[91]

10.4 Genitalverstümmelung

Als Genitalverstümmelung, auch nach dem englischen Ausdruck FGM (Female Genital Mutilation) genannt, werden in internationalen Dokumenten alle Prozeduren bezeichnet, während derer es zur teilweisen oder völligen Entfernung der externen weiblichen Genitalien bzw. zu deren Verletzung kommt, ohne dass therapeutische Gründe vorliegen.[92]

Grundsätzlich gilt: „Genitalverstümmelung von Frauen ist nicht religiös begründet, macht vor keiner gesellschaftlichen Schicht halt und ist nicht nur im fernen Afrika zu finden. FGM passiert auch in Asien und Europa – auch in Österreich. Eltern glauben, ihren Töchtern nur durch die sexuelle Verstümmelung ein gutes Leben an der Seite eines Ehemannes garantieren zu können; Mädchen glauben, sie seien ohne den Eingriff nicht rein, nicht schön. Mit einer 5000 Jahre alten Tradition zu brechen, ist nicht einfach und trotzdem notwendig. Viele Familien, Clans und Dörfer haben dies erkannt, und es setzt ein Umdenken ein: Familien ersparen ihren Töchtern den unvorstellbar grausamen Eingriff in ihre Integrität, immer mehr Männer bzw. deren Familien verzichten darauf, dass ihre zukünftigen Ehefrauen sich dem Ritual unterzogen haben.“[93]

Am Beispiel der weiblichen Genitalverstümmelung lässt sich der heikle Umgang des Islams mit seinen traditionellen Rechtsquellen verdeutlichen. Es gibt hinsichtlich der „Frauenbeschneidung“ eine Tradition, gemäß der der Prophet diese als „wünschenswerte, empfohlene Handlung“ bezeichnet bzw. eine Beschneiderin, auf die Frage, ob sie ihre Tätigkeit fortsetzen dürfe, lediglich zur möglichst sanften Ausführung aufgefordert habe. In jüngster Zeit wenden sich islamische Gelehrte jedoch immer häufiger gegen diese Tradition, indem sie einerseits diese Quellen als nicht authentisch zurückweisen und andererseits eine Verbindung zwischen westlichen psychologischen bzw. sexualwissenschaftlichen Diskursen und einer Hermeneutik der islamischen Anthropologie herstellen.

Keine islamische Rechtfertigung

So wurde auf Bestreben von Tarafa Baghajati von der „Initiative Muslimischer ÖsterreicherInnen" am 24. Juni 2005 in Wien eine international beachtete Veranstaltung zu diesem Thema abgehalten, in der von Adnan Ibrahim, Imam der Schura-Moschee im 2. Bezirk, aus islamischer gelehrter Perspektive nachgewiesen wurde, dass FGM nicht akzeptierbar sei (Baghajati 2005). In der Folge wurde im November 2006 auf einer von der deutschen Menschenrechtsorganisation Target initiierten Konferenz von islamischen Gelehrten in Kairo, zu der auch Baghajati eingeladen war, eine Fatwa gegen FGM beschlossen, in welcher die weibliche Genitalbeschneidung als ererbte Unsitte bezeichnet wurde, die keine islamische Rechtfertigung besitze.[94] 2009 hat während eines Besuches von Rüdiger Nehberg von der Organisation Target und Tarafa Baghajati bei dem international vielleicht z. Z. prominentesten sunnitischen Religionsgelehrten Yusuf al-Qaradawi dieser die weibliche Genitalverstümmelung als ein „Werk des Teufels" bezeichnet (Target 2009).

Auch in Österreich sind bei Migrantinnen solche Verstümmelungen festgestellt worden. Das Strafrechtsänderungsgesetz 2001 reagierte darauf. In § 90 Strafgesetzbuch wurde ein Absatz 3 eingefügt, wonach in eine Verstümmelung oder sonstige Verletzung der Genitalien, die geeignet ist, eine nachhaltige Beeinträchtigung des sexuellen Empfindens herbeizuführen, nicht wie sonst bei ärztlichen Behandlungen eingewilligt werden kann.

10.5 Der Gesichtsschleier im Gerichtssaal

Aus Anlass eines Strafverfahrens wegen des Verbrechens der terroristischen Vereinigung hat sich die Mitangeklagte Mona S. in der Hauptverhandlung geweigert, ihren Gesichtsschleier abzulegen. Das Gericht wertete diese Weigerung als ein die Ordnung der Verhandlung störendes, „ungeziemendes Benehmen" und schloss die Angeklagte gemäß Strafprozessordnung von der Teilnahme an dem Verfahren aus.

Dies wurde allerdings in der Literatur kritisiert, da dem Verhältnismäßigkeitsprinzip, einem elementaren Grundsatz der Gerechtigkeit damit nicht Rechnung getragen worden sei. Man hätte ohne die öffentliche Ordnung oder Sicherheit zu gefährden, die Anwesenheit der Angeklagten im Gerichtssaal akzeptieren können, sodass es ihr möglich gewesen wäre, den Verfahrensabläufen zu folgen und gegebenenfalls über ihren Anwalt darauf zu reagieren. Eine darüber hinaus gehende Mitwirkung der Angeklagten, insbesondere ihre Vernehmung, hätte allerdings dem Grundsatz der Unmittelbarkeit als einem fundamentalen Verfahrensprinzip im Interesse der Wahrheitsfindung widersprochen (Schinkele 2009).

11 Vom Jahreslauf zum Kopftuch

Einige weitere Themen sind immer wieder Gegenstand der Diskussion. Der Bogen, der hier zu behandeln ist, erstreckt sich von der Einteilung des Jahres nach islamischen Gesichtspunkten über Speisegebote, Fragen der Bekleidung bis hin zum islamischen Finanzwesen. Gemeinsam ist den Themen, dass sie direkt das Leben der Gläubigen betreffen.

11.1 Der islamische Kalender

Der islamische Kalender ist ein reiner Mondkalender mit 354 Tagen. Da das Mondjahr kürzer ist als das Sonnenjahr, verschiebt sich das Mondjahr gegenüber dem Sonnenjahr. In einem dreißigjährigen Zyklus wird der letzte Monat des Jahres um einen Tag verlängert.

Die islamische Zeitrechnung beginnt mit dem 16. Juni 622, dem Jahr der Auswanderung des Propheten Muhammad von Mekka nach Medina. Das Jahr besteht aus zwölf Monaten mit abwechselnd dreißig und neunundzwanzig Tagen. Der Monat beginnt, wenn die Mondsichel nach dem Neumond wieder sichtbar wird. Für religiöse Zwecke ist in einigen Ländern ausschließlich die tatsächliche Beobachtung des Mondes bedeutsam, in anderen werden astronomische Berechnungen verschiedener Art verwendet, um den Kalender im Voraus festzulegen. Dadurch kann sich der islamische Kalender in den verschiedenen Ländern um ein bis zwei Tage unterscheiden. Dies führt auch in Österreich zu unterschiedlichen Zeiten für den Fastenmonat Ramadan. Aleviten haben mehrere Festtage.

Die Monate des islamischen Jahres sind:
1) *Muharram,* 2) *Safar,* 3) *Rabi' al-auwal,* 4) *Rabi' ath-thani,* 5) *Dschumada' l-ula,* 6) *Dschumada th-thaniyya,* 7) *Radschab,* 8) *Scha'ban,* 9) *Ramadan,* 10) *Schawwal,* 11) *Dhu 'l-qa'da,* 12) *Dhu 'l-hidschdscha.*

Islamische Festtage

Mit dem Monat Muharram beginnt der Jahreszyklus. Am 10. Muharram finden die Prozessionen und Riten zum Aschura, dem zehnten Tag, statt, mit denen die Schiiten des Todes von al-Husain gedenken. Dieser Tag bildet den Höhepunkt der über mehrere Tage gehenden Gedenkfeierlichkeiten. Auch Aleviten/Alevitinnen und manche Sunniten/Sunnitinnen fasten in diesen Tagen.

Der Geburtstag des Propheten (*maulid, mevlid, mevlit, mevlüd, mevlüt;* auch *mevlid kandili*) wird am 12. *Rabi' al-auwal* von den Sunniten bzw. am 17. *Rabi' al-auwal* von den Schiiten gefeiert. Dieser Tag bzw. diese Nacht wird u. a. mit religiösen Erzählungen, Gesängen und Gedichten begangen. Berühmt ist der *Mevlid-i şerif,* ein längeres Gedicht in Doppelversen. Die Nacht gilt als eine der gesegneten Nächte, was allerdings unter Gelehrten umstritten ist.

In der Nacht der Schuldvergebung (*lailat al-bara'a, berat kandili*) in der Mitte des Monats Scha'ban (*lailat nisf asch-scha'ban*) wird im Gebet um Vergebung nachgesucht. Die Nacht der Berufung des Propheten und der Bestimmung des Schicksals für das kommende Jahr wird im festen Glauben gefeiert, dass Gott gütig ist und die Sünden vergibt.

Der *Dhu 'l-hidschdscha* ist der Pilgermonat, in dem die Pilgerfahrt (*hadschdesch*) nach Mekka stattfindet, die zu den grundlegenden Glaubenspflichten gehört, sofern Muslime/Musliminnen aufgrund ihrer gesundheitlichen oder finanziellen Lage dazu imstande sind. Daneben können jederzeit Wallfahrten nach Mekka unternommen werden, denen jedoch nicht dasselbe Gewicht zukommt wie der Pilgerfahrt.

Das Opferfest (*id al-adha, kurban bayramı, Kurban[-Hadži] Bajram*) ist das wichtigste islamische Fest. Es beginnt am zehnten Tag des *Dhu 'l-hidschdscha* und dauert insgesamt vier Tage. Auch hier können die genannten Probleme bei der Festsetzung des Termins aufgrund der Mondsichtung auftreten. Das Fest erinnert an die Bereitschaft Abrahams (Ibrahims), seinen Sohn im Gehorsam gegenüber Gott zu opfern, wie es auch das Alte Testament berichtet (Gen 22). Gott habe dann den Sohn durch einen Hammel austauschen lassen. Es gilt damit als ein Fest des Gottvertrauens. Auch dieses Fest hat eine spirituelle und eine gemeinschaftliche Komponente: Treffen von Familie und Freunden, Geschenke, Ausräumen von Missverständnissen; ein Teil des Opferfleisches soll an Bedürftige verschenkt werden.

Der Fastenmonat

Der Fastenmonat Ramadan trägt seinen besonderen Charakter nicht nur wegen des Fastens, das die Enthaltung von Essen und Trinken sowie Geschlechtsverkehr von der Morgendämmerung bis zum Sonnenuntergang bedeutet. Das in der zweiten Sure, Vers 183 bis 187, erwähnte Fasten zählt zu den fünf grundlegenden Pflichten des Islams. Der Ramadan hat auch andere Aspekte: das persönliche spirituelle Erlebnis, das intensive Studium des Korans und den gemeinschaftlichen Charakter, der im gemeinsamen Mahl, bei Besuchen, bei Gebeten oder in Spenden und Geschenken zum Ausdruck kommt: Ramadan ist der Monat des Gebens und der Vergebung.

Das Fasten ist verbindlich für alle Muslime/Musliminnen, die religiös mündig sind, im Regelfall ab der Pubertät, Aleviten/Alevitinnen meist nicht. Es gibt Ausnahmen für diejenigen, die gesundheitlich nicht zum Fasten in der Lage sind, für Kinder, Reisende, auch für Gläubige in körperlich anstrengenden Berufen. Generell gilt die Regel, dass übermäßige Kasteiungen zu meiden sind. Letztlich ist das Fasten eine persönliche Gewissensentscheidung, die eine feste Absicht voraussetzt. Wenn Kinder fasten, geschieht dies zuerst einmal aus dem Eifer, die Erwachsenen nachzuahmen und an der Atmosphäre des Ramadan teilzuhaben. Umgekehrt verbergen Schüler/innen manchmal ihre Fastenpraxis, weil sie Unverständnis oder Ablehnung befürchten. Entfallene Fastentage können nachgeholt werden.

Es gibt spezielle Gebete, *tarawih*, die in den Moscheen oder daheim nach Sonnenuntergang verrichtet werden. Eine besondere Rolle spielt das gemeinsame Mahl zum abendlichen Fastenbrechen (*iftar*), öffentlich oder im Familienkreis, aber auch unter Verwandten und Freunden. Üblicherweise wird nach der Einnahme eines kleinen Häppchens (z. B. einer Dattel) und eines Schlucks Wasser das Abendgebet verrichtet, danach das eigentliche Mahl eingenommen.

Der österreichische Bundespräsident, der Bundeskanzler oder auch der Bürgermeister von Wien laden regelmäßig Vertreter/innen der muslimischen Gemeinschaft während des Ramadan an einem Abend zum Mahl des Fastenbrechens ein, was als eine bedeutsame Geste verstanden wird.

Die Nacht der Bestimmung (*lailat al-kadr, kadir gecesi*) ist vielleicht die wichtigste der heiligen Nächte, die gegen Ende des Ramadan gefeiert wird. Sie erinnert an die Offenbarung der ersten fünf Verse des Korans. Nach der Tradition öffnet sich in dieser Nacht die Pforte des Himmels und die Engel steigen hinab, sodass Bittgebete in dieser Nacht besondere Erfüllung erlangen. Vor dem Ende des Fastenmonats wird die *zakat al-fitr* als Spende gegeben, ohne die das Fasten nicht vollständig wäre. Diese Spende wird zu karitativen Zwecken verwendet, wobei dies nicht zu auffällig geschehen sollte.

In Ländern mit muslimischer Mehrheitsbevölkerung wird inzwischen beklagt, dass der Ramadan immer mehr zu einem Fest des Konsums gerät – mit geschmückten Geschäften, Ramadan-Sonderangeboten, günstigen *Iftar*-Menüs zum Fastenbrechen am Abend und eigens produzierten Soap Operas. Die Sorge mancher ist, dass der Fastenmonat zum Shopping-Monat wird; Ähnlichkeiten mit der Weihnachtszeit liegen auf der Hand.

Auch am Handymarkt geht der Ramadan nicht unbemerkt vorbei. Hersteller bieten kleine Zusatzprogramme an, über die Koranverse oder Überlieferungen vom Propheten heruntergeladen oder mit denen e-cards versandt werden können. Diese e-cards sind meist grafisch aufwendig gestaltet, grenzen aber – wie populäre religiöse Darstellungen überhaupt – häufig an reinen Kitsch.

Das Fest des Fastenbrechens (*id al-fitr, Bayram, Ramazanski Bajram*) wird zum Abschluss des Fastenmonats gefeiert. Es ist ein Freudenfest, nicht in erster Linie wegen der Geschenke, die es u. a. für die Kinder gibt (obwohl diese daran natürlich sehr interessiert sind), sondern wegen der Zuversicht, dass das Fasten von Gott angenommen wird; zuweilen spielt auch ein wenig Wehmut eine Rolle, da diese besondere Zeit vorbei ist. Das Fest wird auch als „Zuckerfest" bezeichnet wegen der Süßigkeiten, mit denen die Kinder beschenkt werden.

11.2 Muslimische Speisegebote

Was erlaubt ist

Grundsätzlich bezeichnet der Begriff *halal* islamrechtlich erlaubte Handlungen. Der Begriff wird heute insbesondere für Lebensmittel verwendet, die in islamrechtlich erlaubter Weise hergestellt sind, darüber hinaus aber auch für andere islamisch unbedenkliche Produkte verschiedener Art. Es geht also um „reines" Fleisch, aber nicht nur darum. Manchmal wird auch von *halal*-Industrie gesprochen, die dann islamische Finanzprodukte oder Wellness-Hotels beinhalten kann.

Der weltweite *halal*-Markt ist äußerst vielversprechend; seit Jahren werden ständig steigende Umsätze in Milliardenhöhe erzielt. „Konzerne wie Nestlé und Kentucky Fried Chicken haben bereits das MarktPotenzial entdeckt: von 456 Nestlé-Fabriken wurden 75 auf *halal*-Produkte umgestellt. Auch die französische Fast-Food-Kette ‚Quick' bietet in acht ihrer 350 Filialen nur noch *halal*-Produkte an. Bedenkt man, dass heute bis zu 500.000 Muslime in Österreich leben, […] lässt sich die Wichtigkeit für die österreichische Wirtschaft erahnen."[95] Seit dem 1. März 2009 liegt das europaweit erste Dokument eines Normierungsinstituts für Lebensmittel vor, die nach islamischem Recht als erlaubt gelten.

Die Halal-Schlachtung und das Tierschutzrecht

Besonders bekannt (und umstritten) ist die *halal*-Schlachtung von Tieren (Andelshauser 1996), analog dem jüdischen Verständnis auch als Schächten bezeichnet. Schächten stellt als eine entsprechend den jüdischen und islamischen Geboten rituell vorgeschriebene Schlachtungsweise eine Form der Religionsausübung dar und fällt daher in den Schutzbereich der Religionsfreiheit (vgl. Potz/Schinkele/Wieshaider 2000). Das Hauptcharakteristikum ist das Durchtrennen der Halsschlagader des Tieres durch einen fachmännisch ausgeführten schnellen Schächtschnitt ohne vorhergehende Betäubung. Die Tiere bluten dann aus.

Die Zulässigkeit dieser Schlachtform wurde und wird auf europäischer Ebene intensiv diskutiert. Nach einer Richtlinie aus dem Jahr 1993 sind die Mitgliedstaaten der EU derzeit berechtigt, in ihrem Hoheitsgebiet auch religiöse Schlachtriten zu genehmigen, die kein vorheriges Betäuben der Tiere gestatten. Die Verantwortung für die ordnungsgemäße Anwendung der rituellen Schlachtmethoden liegt bei der jeweiligen Religionsgemeinschaft, während die amtliche Veterinärbehörde für die Durchsetzung der allgemeinen Rahmenvorschriften zuständig ist. Durch den Vertrag von Lissabon (Art. 13 AEUV) ist das Thema „Tierschutz" als Querschnittsmaterie auf die Ebene des europäischen Primärrechts gehoben worden, wobei die Rechtsvorschriften und Gepflogenheiten der Mitgliedstaaten insbesondere auch unter Bezug auf religiöse Riten zu berücksichtigen sind. Einige wenige Staaten (so die Niederlande, Schweiz und Schweden) verbieten das Schächten überhaupt, in den meisten Staaten wird jedoch versucht, durch Bestimmungen hinsichtlich der Verfahren und der Zuständigkeit für die Zertifizierung der zur Schlachtung befugten Personen zur Sicherung höherer Professionalität dem Tierschutzgedanken Rechnung zu tragen.

In Österreich besteht seit über 100 Jahren eine im Ergebnis übereinstimmende höchstgerichtliche Rechtsprechung, die sich zunächst mit dem jüdischen Schächten zu befassen hatte. Am Ende des 19. Jahrhunderts hat der VwGH der religiösen Satzung eines anerkannten Bekenntnisses den Vorrang gegeben, und in jüngerer Zeit wurde von OGH und VfGH (zuletzt 1998) die Meinung vertreten, dass unter Berücksichtigung aller Umstände dem Tierschutz gegenüber dem Recht auf Freiheit der Religionsausübung kein durchschlagendes Gewicht zukomme. Werden rituelle Schlachtungen *lege artis* durchgeführt, stellen sie weder einen Verstoß gegen die „guten Sitten" noch gegen die „öffentliche Ordnung" dar. Ein Verbot des (fachgerechten) Schächtens wäre daher in einer demokratischen Gesellschaft nicht notwendig und verstieße gegen die entsprechenden grundrechtlichen Gewährleistungen.

Unter den Experten ist es durchaus umstritten, ob *lege artis* durchgeführte Schächtungen tatsächlich mit größeren Schmerzen verbunden sind als andere Schlachtmethoden. Ein strafrechtliches Verbot des Schächtens wäre aber verfassungswidrig. Die Rechtsprechung geht allerdings davon aus, dass der seine Religionsfreiheit ausübende Schächter Tieren weder „unnötige Qualen" zufügt, noch sie „roh misshandelt" oder „mutwillig tötet", wie das in § 222 Strafgesetzbuch für Tierquälerei vorausgesetzt wird.

Bis vor kurzem war Tierschutz in Österreich Ländersache, die verwaltungsrechtlichen Tierschutzbestimmungen der einzelnen Länder enthielten sehr unterschiedliche, teilweise verfassungswidrige Regelungen. Mit 1. 1. 2005 trat ein bundeseinheitliches Tierschutzgesetz in Kraft. Danach ist das Schlachten von Tieren ohne Betäubung grundsätzlich verboten, „stehen dieser aber zwingende religiöse Gebote oder Verbote einer gesetzlich anerkannten Religionsgemeinschaft (rituelle Schlachtung)" entgegen, so „ist die Schlachtung so vorzunehmen, dass dem Tier nicht unnötig Schmerzen, Leiden, Schäden oder schwere Angst zugefügt werden" (§ 32 Abs. 3). Das Erfordernis einer behördlichen Bewilligung und weitere detaillierte Regelungen hinsichtlich des konkreten Schlachtvorganges (Abs. 5, Ziffer 1 bis 7) dienen dazu, die Einhaltung möglichst hoher Standards zu gewährleisten. Beim rituellen Schlachten ohne Betäubung darf aufgrund der Tierschutz-Schlachtverordnung 2004 der Schächtschnitt nur von einer Person durchgeführt werden, die durch das Zertifikat einer gesetzlich anerkannten Religionsgemeinschaft eine Berechtigung nachweisen kann. Für rituelles islamisches Schlachten ist daher ein Zertifikat der IGGiÖ notwendig.

Der Streit um die Halal-Zertifizierung

Diese Bestimmungen haben zu einer merkwürdigen Situation geführt. Es wurde nämlich das Islamische Informations- und Dokumentationszentrum (IIDZ) hinsichtlich *halal*-Zertifizierungen aktiv und erreichte 2009 die Herausgabe der ON-Regel 142000 für Lebensmittel, die nach islamischem Recht als erlaubt (*halal*) gelten, durch das „Austrian Standards Institute". So genannte ON-Regeln werden von diesem Institut neben den gesetzlichen vorgesehen ÖNORMEN entwickelt, um rasch verfügbare normative Dokumente zur Verfügung zu haben, die in ihrem Entwicklungsprozess nicht alle Anforderungen an eine „klassische" Norm erfüllen müssen und daher keine offizielle Standardisierung darstellen. Die ON-Regel 142000 soll, so das IIDZ, der österreichischen Wirtschaft helfen, den islamischen Lebensmittelmarkt zu erschließen. 2009 erhielten erste einheimische Unternehmen eine *halal*-Zertifizierung des IIDZ. Das IIDZ hat international gute Kontakte aufgebaut und ist in den Vereinigten Arabischen Emiraten, Singapur, Malaysia und der Türkei akkreditiert. Auch im „World Halal Forum" ist es Mitglied.[96] Auf zwölferschiitischer Seite hat inzwischen eine Person die Berechtigung zur *halal*-Zertifizierung.

Diese Vorgangsweise ist insofern bemerkenswert, als damit ein Verein, der nicht der IGGiÖ angehört, offenbar recht erfolgreich als Zertifizierungsstelle für *halal*-Lebensmittel fungiert. Diese Zertifizierung stellt eine wichtige und für Muslime/Musliminnen essenzielle Aussage dar. Während die IGGiÖ unter Berufung auf ihren religionsrechtlichen Status die Zertifizierung im Rahmen der gewährleisteten Religionsausübung vornimmt und in der Zertifizierung ein religiöses Gutachten sieht, zertifiziert das IIDZ aufgrund eines Gewerbescheines. Das IIDZ beruft sich darauf, dass die Zulässigkeit der Betäubung unter Muslimen/Musliminnen umstritten ist und die gemäß der ON-Regel 142000 zertifizierten Schlachtungen nicht unter den Begriff der „religiösen Schlachtung" fallen, da der Schächtschnitt nach der (elektrischen) Betäubung erfolgt. Die für religiöse Schlachtungen bestehenden Sonderbestimmungen inklusive des Zertifizierungsrechts der IGGiÖ seien daher nicht relevant. Aus verfassungsrechtlicher Sicht erscheint es nicht unbedenklich, eine theologisch begründete religiöse Praxis nicht in Zusammenarbeit mit der betreffenden – noch dazu gesetzlich anerkannten – Religionsgemeinschaft und offensichtlich sogar gegen deren Willen zum Gegenstand einer staatlichen Normierung zu machen.

Über die Herausgabe der ON-Regel zur Zertifizierung von *halal*-Fleisch gibt es daher Konflikte zwischen der IGGiÖ und dem IIDZ; eine Vielzahl von Gerüchten ist im Umlauf (Say/Niżnik/Bigus 2010: 73f.). Ende 2010 hat die IGGiÖ schließlich in einer öffentlichen Erklärung darauf hingewiesen, dass der Leiter des IIDZ nicht berechtigt sei, *halal*-Zertifikate auszustellen. Manche Auskünfte zu dieser Vorgangsweise muten allerdings recht seltsam an. So wird in den Medien ein Rechtsexperte der Wirtschaftskammer zitiert, der meint, dass die *halal*-Zertifizierung schlicht eine vertragliche Vereinbarung sei: „Man einigt sich, dass etwas ‚halal' ist. Und solange die Vertragsparteien – Hersteller und Kunde – die Norm akzeptieren, gibt es keine weiteren Fragen." Daher, so jedenfalls lautet die Argumentation, müsse der Zertifizierer auch kein religiöser Vertreter sein. Es genüge derzeit, so der Rechtsexperte weiter, „eine Gewerbeberechtigung als Unternehmensberater als einzige Voraussetzung dafür, ‚Halal'-Zertifikate ausstellen zu dürfen." Dieser Unternehmensberater müsste nicht einmal Muslim sein. Denn „man könnte zwar zivilrechtlich vereinbaren, dass der Aussteller ein bestimmtes Glaubensbekenntnis haben muss, allerdings müsste man prüfen, ob das nicht Diskriminierung ist"[97].

Jedenfalls ist die Zuständigkeit für *halal*-Zertifikate z. B. für den Export in die Staaten des Golfkooperationsrates am Arabischen/Persischen Golf wirtschaftlich interessant. Dort wird als *halal* nur die Art der Schlachtung von Tieren angesehen. „Die Idee, etwa eine Schokolade als *halal* zu bezeichnen, weil sie keinen Alkohol oder irgendwelche Bestandteile vom Schwein enthält, stößt hier auf Unverständnis und Ablehnung" (Mauer 2009).

11.3 Muslimische Bekleidungsvorschriften

Über den Ursprung der islamischen Bekleidungsvorschriften ist schon viel geschrieben worden. Die dafür herangezogenen Koranstellen sind wie so oft nicht eindeutig. Eine Auslegung dieser Stellen ist aber nicht unsere Aufgabe.

Bekleidungsvorschriften für Frauen lassen sich im Allgemeinen darauf zurückzuführen, dass Frauen in einer patriarchalen Gesellschaft als „Objekte" angesehen wurden bzw. werden, die vor sexueller Belästigung zu schützen sind, weil eine solche primär als Eingriff in die Rechte eines anderen Mannes gedeutet wird. Ungeachtet dieses Ursprungs können Bekleidungsvorschriften mit der Zeit aber auch selbstbewusste Identität signalisieren. Dies vor allem dann, wenn die gesellschaftlichen und rechtlichen Bedingungen für den ursprünglichen Zweck, den Schutz vor Belästigung, weggefallen sind.

Kopftuch und Frauenbild

Grundsätzlich muss man heute davon ausgehen, dass es sich beim Kopftuch um eine aus der islamischen Tradition begründbare Form der Religionsausübung handelt, die nicht auf eine Funktion reduziert werden darf. Jedenfalls würde in einer pluralistischen Gesellschaft das Verbot von Bekleidung, die als religiös wahrgenommen wird, eine elementare Grundlage des Rechtsstaates in Frage stellen. „Das Konzept der Geschlechtergleichheit wie auch das der Geschlechterdifferenz" birgt „spezifische *Gefahren* in sich – allerdings auch spezifische *Chancen*. So besteht die Gefahr bei der Betonung der Geschlechterdifferenz darin, traditionelle patriarchale Vorstellungsmuster zu stärken, während die Chance darin liegt, Weiblichkeitsvorstellungen und ihre Symbole durch neue Praxen zu verändern. Die Überwindung der Geschlechterdifferenz birgt hingegen die Gefahr, dass sich die Frauen patriarchalen Normen unterwerfen müssen, während die Chance besteht, sich möglichst reibungslos Zugang zu Ressourcen und Machtpositionen zu verschaffen" (Rommelspacher 2009: 405).

Denkt man unvoreingenommen über diese Schwierigkeit nach, dann erscheint die einfache Lösung der Forderung nach Assimilation der Musliminnen an das westliche Frauenbild nicht mehr ganz so einfach. So schreiben Christina von Braun/Bettina Mathes (2007) auch vom „inneren Schleier", den so genannte westliche Frauen anlegen, um diesem Bild zu entsprechen (angefangen mit dem alljährlichen Kampf um die Bikinifigur). Hier sollen nun österreichische Musliminnen, die Kopftuch tragen, zu Wort kommen, um diejenigen sprechen zu lassen, um die es eigentlich geht und *mit* denen selten geredet wird: „Man hat ein ästhetisches Bild eingeprägt, dass eben enge Kleidung schön ist oder nackte Haut schön ist oder eben offene Haare. Und am Anfang kommt man sich ziemlich hässlich vor in weiten Kleidern, und die Haare sieht man nicht, und manche denken, ich habe Leukämie oder sowas. Aber mit der Zeit lernt man, dass auch Stoff, den man sich irgendwie um den Körper [hüllt], dass das auch sehr schön ist. Und [...] das ästhetische Bild im Kopf ändert sich. Und da habe ich gesehen, wie viel eintrainiert ist." „Wir tragen unsere Kopftücher [...], weil Gott es von uns will und nicht unsere Männer! Drunter sind wir genauso normal wie alle anderen Frauen." „Also, ich bin mit dem Kopftuch noch freier geworden mit der Zeit und noch dazu schöner geworden. Ich besitze für mich was, das gehört nur mir, meine Schönheit, meinen Charakter." „Aber ganz konkret finde ich keinen Arbeitsplatz, wenn ich das anziehe und deswegen [...] betrachte ich den Arbeitsplatz als eine Ausnahme, wo ich das nicht tragen kann und so handhabe ich das auch." „Wieso trage ich es nicht? Wieso möchte ich es nicht? Und zum Schluss bin ich [zu dem] [...] Entschluss gekommen: Ja, religiös ist es wirklich vorgeschrieben, aber ich kann im Moment nicht" (Höglinger 2003: 75, 79f., 121, 84, 55).

Dass es neben Frauen, die das Kopftuch aus eigenem Entschluss tragen, auch solche gibt, die dazu gezwungen werden, ist anzunehmen, es fehlt aber eine aussagekräftige Untersuchung zu den Motiven. Betrachtet man noch einmal die eingangs zitierte empirische Studie zum muslimischen Leben in Deutschland, lässt sich feststellen, dass das Problem mit dem Kopftuch vermutlich doch nicht so groß ist. Dort heißt es: „Um mehr über die Hintergründe zu erfahren, etwa wie viele Musliminnen überhaupt ein Kopftuch tragen oder ob die Trägerinnen bestimmte Charakteristika aufweisen, wurde in der Studie ‚Muslimisches Leben in Deutschland' bei muslimischen Interviewpartnerinnen nachgefragt, ob und wie häufig sie ‚in der Öffentlichkeit' ein Kopftuch tragen. [...] 28 Prozent der in den erfassten Haushalten lebenden Musliminnen tragen ein Kopftuch [...] 72 Prozent und damit die deutliche Mehrheit der Musliminnen trägt kein Kopftuch. Zwischen regionaler Herkunft und dem Anteil der Frauen, die ein Kopftuch tragen, besteht ein signifikanter Zusammenhang. Von den muslimischen Frauen, die aus Südosteuropa, Zentralasien/GUS oder Iran stammen, trägt kaum eine ein Kopftuch. Mit Anteilswerten von jeweils über 30 Prozent tragen muslimische Türkinnen und Nordafrikanerinnen überproportional häufig ein Kopftuch" (Haug/Müssig/Stichs 2009: 193ff.).

Ulram hat die Einstellung zum Kopftuchtragen in der „türkischen Bevölkerung" Österreichs untersucht. Darin wurde zunächst die moralische Dimension des Kopftuches abgefragt, indem um die Zustimmung oder Ablehnung folgender Feststellung ersucht wurde: „Frauen, die ein Kopftuch oder eine andere Art von Kopfbedeckung tragen, sind ehrbarer als Frauen, die ihren Kopf nicht bedecken." Während 10 % voll und 14 % nur Alevitinnen eher zugestimmt haben, lehnten fast drei Viertel diese Feststellung ab. Dem Satz zugestimmt haben untere Bildungsschichten ein wenig häufiger und religiös orientierte Muslime deutlich stärker (36 %), Aleviten/Alevitinnen haben ihn zu 100 % abgelehnt. 88 % meinen, dass die Entscheidung darüber, ob Frauen in der Öffentlichkeit ein Kopftuch tragen sollen, den Frauen zu überlassen sei, 8 %, dass sie auf alle Fälle eines tragen und 4 %, dass sie keines tragen sollten. Eine Mehrheit (76 %) spricht sich für die Zulässigkeit des Kopftuches für öffentlich Bedienstete aus. Auch hierin unterscheiden sich die Aleviten/Alevitinnen wieder deutlich, sie sprechen sich überwiegend ausdrücklich für ein Kopftuchverbot für öffentlich Bedienstete aus (56 %).

Bei all den Debatten um das Kopftuch mag auch ein Gedanke eines renommierten deutschen Juristen helfen: „Die Antwort auf Probleme, die sich aus der politischen Wahrnehmung des Kopftuchs ergeben, ist nicht ein generelles Verbot des Kopftuchs, um es sich einfach zu machen [...] Ein generelles Verbot gerade und allein des Kopftuchs [...] bedeutet die Ungleichbehandlung und Diskriminierung eines bestimmten religiösen Bekenntnisses. Es macht den Vorabverzicht auf ein religiöses Bekenntnis, das anderen Religionen gestattet bleibt, zur Eignungsvoraussetzung für den Schuldienst. Kann das angehen? Es kann, wenn überhaupt [...] nur dann angehen, wenn das generelle Verbot als Verbot gleichermaßen auf *alle* Bekenntnisbekundungen erstreckt wird, muslimische wie christliche; dies ist die unabdingbare Konsequenz der gebotenen strikten Gleichbehandlung aller Religionsgemeinschaften und Bekenntnisse" (Böckenförde 2009: 188f.).

Das Kopftuch bei Behörden und im öffentlichen Dienst

Die Frage der rechtlichen Zulässigkeit des Kopftuches vor Behörden und im öffentlichen Dienst stellt sich auf verschiedenen Ebenen. Aufgrund der Österreichischen Pass-Gesetz-Durchführungs-Verordnung zum Beispiel, welche das Passbild genau beschreibt, ist das Tragen von Kopfbedeckungen auf diesem nur aus religiösen und medizinischen Gründen zulässig.

Im öffentlichen Bereich wird das Kopftuch-Tragen von Lehrererinnen und Polizistinnen europaweit diskutiert. Die Debatte begann 1988 in Deutschland mit der Bewerbung einer muslimischen Lehrerin, die während des Unterrichts das Kopftuch tragen wollte, was aber abgelehnt wurde. Die Begründung, dieses „demonstrative Religionsbekenntnis" verstoße gegen Dienstpflichten, wurde von den angerufenen Verwaltungsgerichten in allen Instanzen akzeptiert, was schließlich zu einer Beschwerde beim Bundesverfassungsgericht führte. Das Höchstgericht hat zwar 2003 das Pro und Contra ausführlich erörtert, dann aber die Entscheidung über die Zulässigkeit des Lehrerinnen-Kopftuchs der Ländergesetzgebung zugewiesen. Die daraufhin erlassenen „Kopftuchgesetze" der einzelnen deutschen Länder sind recht unterschiedlich ausgefallen. So hat etwa das prohibitive Nordrhein-Westfälische Schulgesetz zu einem medial besonders beachteten Fall geführt. Einer 1994 zum Islam konvertierten Lehrerin, die inzwischen stellvertretende Vorsitzende und Frauenbeauftragte des Zentralrats der Muslime in Deutschland ist, wurde 2007 das Tragen eines Kopftuchs in der „Grace-Kelly-Variante" (mit einem Knoten im Nacken und über die Schultern fallenden Enden) untersagt, da sie es nicht als modisches Accessoire, sondern ständig als ein Erkennungsmerkmal ihrer religiösen Gesinnung trage, was gegen das Neutralitätsgebot der staatlichen Schule verstoße.[98] Das Problem gibt es grundsätzlich auch in Österreich, aber es besteht derzeit keine explizite Rechtsgrundlage für ein derartiges Verbot, und es hat bislang keinen gerichtsanhängigen Streitfall wegen einer Kopftuch tragenden Lehrerin gegeben.

Was die Schülerinnen betrifft, so hat das Bildungsministerium aus gegebenem Anlass 2004 in einem Erlass klargestellt, dass das Tragen von Kopftüchern durch muslimische Mädchen (bzw. Frauen) als religiös begründete Bekleidungsvorschrift unter den Schutz der Religionsfreiheit fällt. Es wird darauf hingewiesen, dass das Schulunterrichtsgesetz keine einschränkende Bekleidungsvorschrift kenne. Eine Einschränkung religiöser Gebote stünde außerreligionsgemeinschaftlichen Stellen nicht zu. Daher wäre auch ein allfälliger Beschluss des Schulgemeinschaftsausschusses bzw. des Schulforums, welcher das Tragen von Kopftüchern durch muslimische Mädchen im Unterricht per Hausordnung bzw. durch eine Verhaltensvereinbarung verbietet, rechtswidrig.

Als Episode erwies sich im März 1995 der Versuch des damaligen Präsidenten der IGGiÖ, Ahmed Abdelrahimsai, durch einen Erlass muslimische Schülerinnen im Religionsunterricht zum Tragen eines Kopftuches zu verpflichten. Er forderte die islamischen Religionslehrer/innen auf: „Entweder Sie überzeugen Ihre Schülerinnen, dass sie das Kopftuch zu tragen haben, oder Sie bringen Kopftücher in den Unterricht mit und verlangen, dass die Mädchen diese während der Religionsstunde aufsetzen." Dieser Versuch hatte erstmals eine mediale Debatte über das Tragen des Kopftuchs in der Schule zur Folge, Abdelrahimsai verzichtete schließlich auf die Durchführung des Erlasses. Islamischen Mädchen ist es seither freigestellt, im Religionsunterricht ein Kopftuch zu tragen (Strobl 1997: 211–212).

Das Tragen eines islamischen Kopftuches durch Polizistinnen, wie es in England und Norwegen inzwischen ermöglicht wurde, ist in Österreich bislang nicht zulässig. Die Polizeiuniformtragevorschrift (PUTV) sieht die Möglichkeit des Tragens eines islamischen Kopftuches nicht vor.

Kopftuch und Frauenbewegung

Die Debatte um das Kopftuch und damit um Musliminnen im Allgemeinen ist jedenfalls von einer fundamentalen Asymmetrie geprägt: „Sie wird auf feministischer Seite nicht von den ‚bedeckten' Frauen selbst, sondern von säkularen Feministinnen geführt. […] Hier werden durch Repräsentationsprozesse eindeutig Minorisierte, in diesem Fall Musliminnen, unsichtbar gemacht und ihre Lebensrealitäten falsch oder gar nicht dargestellt. Ein wichtiges Instrument der öffentlichen Meinungsbildung stellt zweifellos die Presse dar, und es lässt sich belegen, dass das verzerrte Bild von muslimischen Frauen-Diskursen auch durch unzureichend recherchierte oder absichtlich tendenziöse Erzeugnisse verursacht wird" (Schiffer 2005). Diese verzerrte Darstellung verhindert eine Diskussion auf Augenhöhe, „festigt den vermeintlichen ‚Opferstatus' der Akteurinnen und wirkt sich somit negativ auf die Bemühungen der Musliminnen aus, im Diskurs gehört zu werden. Ein wichtiges Instrument hierbei ist das regelmäßige Interviewen bestimmter Aktivistinnen der dominanzkulturellen Frauenbewegung [...]" (Monjezi-Brown 2009: 457).

Es geht also eher um die Dominanz über Musliminnen und um die Bestimmung über sie; weniger um ihre Befreiung, mehr um das Preisen des hohen Standes westlicher Gesellschaften, letztlich um Distinktionsgewinne „westlicher" Frauen auf Kosten von Musliminnen – sekundiert von Männern und als „Kronzeuginnen" dienenden Frauen häufig laizistisch türkischen Hintergrunds. Es erscheint so nicht mehr verblüffend, dass weniger über die vielfältigen Probleme, die jüngere oder ältere Musliminnen, Migrantinnen und Nicht-Migrantinnen haben mögen, diskutiert wird, sondern über ein Stück Stoff.

Burka und Burkini

Nicht nur das Kopftuch wird debattiert. Manche Ungereimtheiten werden im Falle der Burqa (auch Burka geschrieben), des Niqab und anderer Formen der Ganzkörperverschleierung mit Bedeckung des Gesichts, die aus verschiedenen Regionen des Nahen und Mittleren Ostens stammen, noch deutlicher. In Europa gibt es bereits – trotz der geringen Zahl der Trägerinnen – einige Verbote und Verbotsinitiativen. In Österreich ist die Zahl der Trägerinnen extrem klein, genießt aber trotzdem auch hier eine gewisse übersteigerte Aufmerksamkeit. Es handelt sich hier um eine rein symbolische Politik, die an realen Problemen merkwürdig uninteressiert ist.

Das zeigt sich, wenn eine Nationalratsabgeordnete sich darüber erregt, am Wiener Brunnenmarkt gebe es genügend Geschäfte, in denen eine Burka erworben werden könne. Im Magazin *profil* heißt es dazu: „Anatolischer als in diesen Ottakringer Gassen ist Wien tatsächlich nirgendwo, wenngleich mancher Vermerk an türkischen Fleischerständen (‚Echt bio von Waldviertler Bauern') auf gewisse Integrationserfolge hindeutet. Und es gibt sie hier tatsächlich, diese kleinen Läden, die Frau Belakowitsch-Jennewein gemeint haben muss. In den Schaufenstern hängen mit Strass besetzte Festtagskleider, knöchellange Mäntel und Kopftücher in den gängigsten Farben. Im ‚Ibrahimoglu Asil Textil' trägt auch die Verkäuferin Kopftuch. ‚Bitte, was wünschen Sie?' – ‚Hätten Sie eine Burka?' – ‚Nein, gibt's nicht.' – ‚Gibt es in anderen Geschäften Burkas?' – ‚Gibt's nicht hier.' Kopftuch tragen auch die beiden Verkäuferinnen im namenlosen Textilgeschäft neben dem ‚Ankara-Market'. ‚Guten Tag. Ich hätte gern eine Burka.' – ‚Eine Burka? Brauchen Sie die für Ihre Frau?'– ‚Nein, äh, eigentlich [...]' – ‚Burkas gibt's bei uns nicht. Wenn Sie so etwas wollen, müssen Sie das irgendwo nähen lassen.' Wo hat Frau Belakowitsch-Jennewein die vielen Burka-Geschäfte gesehen? Vielleicht am Hannovermarkt in der Brigittenau, dem zweiten großen Türkendistrikt Wiens (5,2 Prozent der Gesamtbevölkerung). Der Besitzer des Kleiderhauses an der Ecke, ein Herr mit mächtigem Schnurrbart und gewaltigem Bauch, steht stolz vor der Tür seines Ladens. ‚Guten Tag. Haben Sie auch Burkas?' – ‚Nein, nix Burkas', dröhnt der dicke Türke. – ‚Warum nix Burkas?' – ‚Weil niemand kauft Burkas.' Aha."[99]

Der viel Aufmerksamkeit erregende Burkini ist ein für australische Strände entwickeltes Gewand, das den Trägerinnen erlauben soll, muslimischer Schicklichkeit zu genügen und sich trotzdem im Wasser zu vergnügen. Der Burkini ist keine Straßenkleidung und deswegen nicht weniger unhygienisch als beliebige bermudashortartige Hosen oder Bikinis, die bereits lange vor dem Badbesuch angezogen wurden, damit es schneller ins Wasser geht. Gewiss ungewöhnlich, finden sich bereits erste Trägerinnen auch in Österreich und werden vielleicht als absolute Minderheit in Zukunft zum Badebild gehören. Im Laufe des letzten Jahres scheint der Burkini eher ein Gespenst zu sein, das durch die Medien zieht.

Jugendmode

Neben diesen auf Frauen bezogenen Aspekten ist noch auf die Entstehung einer islamischen Streetwear für Jugendliche hinzuweisen, die in Zukunft an Bedeutung gewinnen wird und Teil der Herausbildung einer islamischen Jugendkultur ist. Außerdem sind die Vorstellungen junger Muslime/Musliminnen nicht unbedingt so sehr entfernt von denen ihrer nicht-muslimischen Altersgenossen und -genossinnen. So schreibt Sineb El Masrar in ihrem Buch *Muslim Girls*: „Gerade Mode sucht und findet immer wieder neue Impulse, um sich zu verändern und durch die Verbindung von bereits Vorhandenem und Abgewandeltem Neues zu erschaffen. [...] Bei alledem werden wir von ‚Sex in the City' genauso inspiriert wie von türkischen oder arabischen Seifenopern. Wir blättern in Modezeitschriften und suchen nach den neuesten Neuigkeiten auf dem Modemarkt. Aufmerksam verfolgen wir, wenn Heidi Klum ihre Sprösslinge durch die absurdesten Aufgaben jagt, und noch aufmerksamer, wenn sich darunter ein Muslim Girl tummelt. Dabei achten wir mit Akribie darauf, was sie trägt, und was sie bereit ist, nicht zu tragen."

In Österreich gewann im Februar 2010 sogar ein *Muslim Girl* den Model-Wettbewerb: Aylin Kösetürk, Tochter eines türkischen Schneiders und einer Dolmetscherin. „Ich bin nicht das erste türkischstämmige Model, das sich im Bikini fotografieren lässt", antwortet sie selbstbewusst auf die üblichen Fragen nach muslimischem Kodex und westlicher Model-Kleiderordnung.

Eine weitere Österreicherin gewann im Juni 2010 in Deutschland den Wettbewerb: „Alisar Ailabouni, 21 Jahre alt, syrische Wurzeln, mit fast klassischer Muslim-Girl-Biografie: als sieben Monate alte Tochter mit den Eltern aus Syrien geflüchtet, illegal nach Österreich eingereist, auf die Hauptschule gegangen und als Verkäuferin gejobbt. [...] Wir Muslim Girls kaufen bei *H&M*, oder *bonprix* eben nicht nur Kopftücher oder Pashmina-Schals, die wir uns um den Kopf und den Hals wickeln, sondern gelegentlich auch Spaghettiträgerkleidchen und Bikinis. Die religiöse Tuchträgerin zieht unter dem schulter- und rückenfreien Kleid eben ein eng anliegendes und langärmeliges Shirt an. Langweilig ist etwas anderes" (El Masrar 2010: 120).

11.4 Medien und Musik

Islamisches Wissen wird auf verschiedene Art vermittelt: durch persönliche Kontakte mit Gläubigen, mit dem Imam einer Moschee oder im sufischen Falle mit einem Scheich (Richter 2004: 67ff.). Ein weiteres Medium ist der Koran selbst, der mittels individueller Lektüre oder gemeinsam mit anderen studiert wird. Andere islamische religiöse Literatur kann dann hinzukommen, die allerdings in deutscher Sprache nicht sehr umfangreich ist. Dies kann für Muslime/Musliminnen, die nicht mehr so sehr in den Sprachen ihrer Eltern bewandert sind, ein Problem darstellen.

Fernsehen

Satellitenfernsehsender haben in der muslimischen Diaspora zunehmend an Bedeutung gewonnen (Richter 2004: 83ff.). Genannt werden *Iqra'*, ein eher konservativ orientierter Sender, und Sendungen wie die des ägyptischen TV-Predigers Amr Chalid[100], der einen modernisierten, sozial aktiven, eher konservativ geprägten Islam vertritt. Weitere Satellitensender aus der Türkei, aber auch aus dem arabischen Raum werden in Österreich genutzt. Eine telefonische Befragung von 508 Personen in zweisprachigen Interviews ergab, dass im Jänner 2009 76 % der in Österreich lebenden türkischstämmigen Migranten/Migrantinnen täglich türkischsprachiges Fernsehen konsumieren (Ulram 2009).

Manche Kritiker erkennen im Konsum ausländischer TV-Programme durch Migranten/Migrantinnen und ihre Kinder mangelnde Integrationswilligkeit und eine Ablehnung der neuen Heimat. El Masrar, eine junge deutsche Muslimin, deren Beobachtungen sich auch auf die österreichische Situation übertragen lassen, schreibt dazu: „Für uns Muslim Girls ist Fernsehen – egal in welcher Sprache – Horizonterweiterung oder einfach nur schlichte Unterhaltung. Die Heimatsender bilden aufgrund der amerikanischen, französischen, arabischen oder asiatischen Produktionen vielfältigere Lebenswelten ab als die Sender hierzulande. Fernsehen ist für uns eben wirklich ein Fenster in die alte Heimat unserer Eltern, aber in die gesamte restliche Welt. [...] Davon abgesehen haben [...] Fernsehsender Sorge vor einer wachsenden Zuschauerabwanderung, wenn die Zuschauer mangels Sprachkenntnissen ihren hoch spannenden Sendungen wie *Super Nanny*, *taff* oder [...] nicht folgen könnten. [...] Gerne würde ich nun schreiben, dass [...] insbesondere Muslime einfach einen sehr viel höheren Anspruch an Fernsehunterhaltung haben und deswegen auf andere Kanäle abwandern. Doch dann würde ich lügen. Allzu eifrig schalten auch wir bei Sendungen wie *Talk, Talk, Talk* oder *Das Supertalent* ein oder schauen uns auf unseren so genannten Heimatkanälen nicht weniger anspruchslose Sendungen an. Nicht wenige Muslim Girls fiebern jeden Donnerstag bei *German's next Topmodel* Heidi Klums fachkundigem Urteil entgegen [...]. Auf den fremdsprachigen Sendern beglücken uns bunte türkische Heirats- und marokkanische Einrichtungsshows, afghanische Castingshows oder mexikanische und türkische Daily Soaps. Neuerdings schauen wir mit Begeisterung auch arabisch synchronisierte Seifenopern aus China und Japan. Unsere Mütter schälen gerne Möhren und Kartoffeln, während sie Chaifa Choumischa bei der Arbeit zugucken: Die marokkanische Fernsehköchin zaubert in ihrer Studioküche neuartige, manchmal sehr kuriose Gerichte oder bereist die unterschiedlichen Regionen Marokkos, um ihre Zuschauerinnen beim Kochen zu filmen. [...] Beliebt ist auch die Zuschauersprechstunde des ägyptischen Scheichs Al-Qaradawi auf *Al-Jazeera*. Und am Nachmittag gönnt man sich gern eine Familienserie aus Katar oder eine Reportage über Serbiens Touristenerblühen. Wir sind oft bereits während der Arbeit hoch gespannt auf neue Folgen von *Desperate Housewives*, *Grey's Anatomy* oder *Two and a Half Men*. Und wenn der Muezzin – der Ausrufer zum Gebet – zwischen Comedy-Sketchen und Olivenöl-Werbung zum Gebet im TV ruft, dann erheben sich die Muslim Girls und Eltern zum Gebet und schauen später einfach weiter" (El Masrar 2010: 163f.).

Internet

Ungeachtet dessen, dass von manchen Muslimen/Musliminnen die Verlässlichkeit des Internet als problematisch gesehen wird, bilden sich neben den diversen Webseiten von Organisationen, Gruppen und Einzelpersonen langsam auch soziale Netzwerke, die ein spezifisch muslimisches Publikum ansprechen. Ein neueres Beispiel ist *muslimspace.com*, das ähnlich wie *Facebook* dem Austausch persönlicher Informationen dient, Verbindungen und „Freundschaften" herstellt. Letztlich zeigen sich bei der Nutzung keine Besonderheiten gegenüber anderen Netzwerken. Es tritt lediglich ein islamischer Bereich zu den sonstigen Interessen hinzu. Die Grundintention dieser Internetplattform ist auch nicht religiös; es handelt sich um ein kommerzielles Unternehmen. Im deutschsprachigen Raum steigt die Zahl der von Muslimen/Musliminnen in deutscher Sprache unterhaltenen Blogs, Foren etc. neben den türkischen, arabischen u. a. Internetpräsenzen, die sich besonders islamischen Themen oder dem Leben von Muslimen/Musliminnen widmen und teilweise auch in Österreich wahrgenommen werden.[101]

Gemäß einer Untersuchung für den Österreichischen Integrationsfonds vom Dezember 2010 über die „Internetnutzung Jugendlicher und junger Erwachsener mit türkischem Migrationshintergrund in Wien“ haben 94 % der Befragten (Sample: 100 Personen, 12 bis 26 Jahre alt) zu Hause Internetzugang und 57 % gaben an, davon täglich Gebrauch zu machen. Bemerkenswert ist, dass entsprechend dieser Untersuchung etwa *facebook* weit überwiegend auf Deutsch genutzt wird (Potkanski/Yildiran 2010: 3).

Zeitungen und Zeitschriften

Eine steigende Zahl von Druckmedien mit zum Teil migrantischem Hintergrund liefert zusätzlich Informationen auch zu islamischen Themen. Es gibt deutschsprachige Beilagen wie *Dolmeç* bei *Yeni Hareket*, einer islamisch orientierten Monatszeitschrift, die als der türkischen Regierungspartei AKP nahestehend beschrieben werden kann.[102] Recht aktiv ist die Zeitung *Zaman*, die eine sehr vielfältige deutschsprachige Ausgabe hat und auch österreichischen Themen breiten Raum gibt.

Musik

Es gab und gibt etliche islamische Gelehrte, die das Hören und Spielen von Musik ablehnen. Nichtsdestoweniger gab es in der Geschichte immer Gesang und Instrumentalmusik unter Muslimen/Musliminnen und es gibt sie immer noch. Heute finden wir in Österreich islamisch inspirierte Rapper, Gruppen, die *ilahi*s singen, religiöse Lieder, die u. a. mit der sufischen Tradition verbunden sind, u. Ä. Es gibt Ensembles wie „Bard.Allah“ mit dem Musiker Gernot Galib Stanfel, der auch am Privaten Studiengang für Islamische Religion an Pflichtschulen Musik unterrichtet. Bard.Allah spielt u. a. deutsche islamische Texte zu verschiedenen Musikstilen, auch „islamisch-abendländische Volxmusik“ (http://www.bard.allah.gnx.at/). Sufisch inspiriert ist auch die Musik von Ensembles und Vereinen wie „makamhane“. In diesen Zusammenhang gehört auch die altorientalische Musiktherapie, die zeigt, dass ältere Traditionen aus islamischen Gesellschaften für die Gegenwart aktivierbar sind. Sehr aktiv auf diesem Gebiet ist das Institut für Ethno-Musik-Therapie von Gerhard Tucek.[103]

Gespielt haben in Österreich mit großem Erfolg auch schon Musiker wie der Hip Hop-Sänger Ammar 114 oder Sami Yusuf, welcher der Mainstream-Popmusik nähersteht. Die verschiedenen Formen der populären Musik werden weltweit von muslimischen Musiker/innen islamisch interpretiert (Rap wie auch traditionelle Musik) und von jungen Muslimen und Musliminnen auch in Österreich in ihren Lebensstil integriert. Im Mai 2011 hat der früher als Popsänger unter dem Namen Cat Stevens bekannte Musiker, der als Muslim den Namen Yusuf Islam angenommen hatte, in Wien gespielt.

11.5 Islamic Finance

Neben Nahrungsmitteln werden auch *halal*-Finanzprodukte von Banken und Versicherungen angeboten. Wichtige Elemente der islamrechtlichen Unbedenklichkeit von Finanzprodukten sind das Verbot von ungerechtfertigten Zuschlägen, worunter insbesondere Zinsen fallen, und von Risikogeschäften, das heißt von Spekulation (*Gharar*) und Glücksspiel (*Maysir*).

Islamic Banking hat sich lange Zeit auf muslimische Länder beschränkt, seit den 1990er Jahren haben aber auch westliche Banken „islamische Fenster" in ihr Portfolio übernommen, zunächst insbesondere in den USA und in Großbritannien, wo durch gesetzliche Regelungen Hindernisse für die Wettbewerbsfähigkeit von islamischen Finanzierungsmodellen beseitigt wurden. Vor allem die britische Regierung forciert Islamic Finance am Börseplatz London. So veröffentlichte die britische Financial Service Authority (FSA) 2007 ein Dokument, in dem diese öffentlichen Dienstbemühungen dargestellt werden und ausdrücklich zu weiteren Aktivitäten im Bereich islamischer Finanzprodukte und -dienste ermutigt wird.[104]

Im ersten Jahrzehnt des 21. Jahrhunderts wird das jährliche Wachstum des Umfangs der „islamisch" gehandelten Wertpapiere auf 10 bis 15 % geschätzt. Es gibt inzwischen eine „Dow Jones Islamic Market Index"-Familie, welche von einem Sharia-Board von islamischen Rechtsgelehrten überwacht wird. Sie enthält eine große Zahl von globalen, regionalen und einzelstaatsbezogenen Indices, die einen Check auf Einhaltung der islamischen Regeln bestanden haben. Ein derartiger Islamic Market-Index besteht auch für Österreich.[105] Europäische Banken besorgen sich von islamischen Banken Lizenzen für islamische Finanzprodukte, so die Deutsche Bank von der malaysischen Zentralbank. Auch in Österreich haben einzelne Banken mit islamischen Bankprodukten experimentiert. Dennoch und trotz der Anwesenheit von Banken aus Ländern mit islamischer Tradition ist Islamic Banking für Österreich noch nicht von allzu großer Bedeutung, aber ein möglicher Wachstumsmarkt.

Auf Initiative des IIDZ wurde vom „Austrian Standards Institute" eine ON-Regel 142001-1 für islamische Finanzdienstleistungen entwickelt und am 1. Mai 2010 publiziert. Sie umfasst sowohl Bankgeschäfte als auch den Versicherungsbereich (*takaful*). Auch diese Regel wurde – ebenso wie die *halal*-Richtlinie für Lebensmittel – nicht in Zusammenarbeit mit der IGGiÖ verfasst, sondern in diesem Fall mit einem Finanzinstitut in Qatar.

12 Religion: Entstehung und Wachstum

Wenn es auch in diesem Buch um Muslime in Österreich geht, soll wenigstens ein kurzer Blick in islamische Überlieferungen zur Geschichte jenen Bezugsrahmen umreißen, aus dem muslimische Migranten/Migrantinnen kommen; angesichts der oft verkürzten Medienberichte versucht dieser Blick einige Hintergründe zur Darstellung zu bringen. Die koranischen Offenbarungen und damit die Gründung der frühen islamischen Gemeinde fanden in einem Umfeld statt, das Teil eines weitgespannten kulturellen, wirtschaftlichen und religiösen Raumes war. Sie lassen sich auch als arabische Auseinandersetzung mit einem vielfältigen religiösen Ambiente verstehen, das sich von der Situation unterscheidet, in der das Christentum entstanden ist. Diese Differenz hat sich in den jeweiligen Schriften niedergeschlagen, aus denen sich zugleich das jeweilige Potenzial entnehmen lässt, sich gegenüber gegebenen Lebensbedingungen auch kritisch zu verhalten und zu deren Verbesserung beizutragen.

Die ursprünglich auf die Arabische Halbinsel beschränkte Religion des Islams breitete sich in den ersten hundert Jahren nach dem Tod des Propheten Muhammad in einer Region aus, die sich von der Iberischen Halbinsel bis zum Indischen Subkontinent erstreckte. Im Laufe dieses Prozesses nahm der Islam eine Vielzahl von Färbungen an, die sich in Südostasien von solchen im Gebiet des heutigen Indien, in China von solchen in Westafrika, in Südarabien von solchen im islamischen Teil der Iberischen Halbinsel unterschieden. Jede dieser Großregionen wies und weist eine Vielzahl von unterschiedlichen Verständnissen dessen auf, was „Islam" bedeutet.

Geschichte ist immer auch eine Geschichte von Kämpfen und Kriegen, von Expansion durch Übergriffe auf Nachbarländer, von Verteidigung, Machtstreben und Unterdrückung. Doch darf man sich die damaligen militärischen und politischen Auseinandersetzungen nicht wie solche zwischen heutigen Nationalstaaten vorstellen. Es waren Stämme und Familienclans, kleinere oder größere Fürstenhäuser, die zu Eroberungszügen aufbrachen, sich mit anderen Stämmen auch durch Heiratspolitik verbanden und zu einer Dynastie mit einem großen Herrschaftsgebiet aufsteigen konnten; dabei wurden religiöse Motive als Legitimation eingesetzt. Darin unterscheidet sich die Geschichte islamischer Völker nicht von der Geschichte christlicher Völker.

Chronologisch betrachtet, ist der Islam die dritte große monotheistische Religion nach Judentum und Christentum. Weltweit gesehen und ohne die verschiedenen Ausrichtungen innerhalb der Religionen zu berücksichtigen, stellt der Islam mit etwa 1,3 Milliarden nominellen Anhänger/innen nach dem Christentum mit etwa 2 Milliarden die zweitstärkste Religion dar. Sie ist Mehrheitsreligion, teils Staatsreligion, in vielen Ländern: auf der Arabischen Halbinsel, in Zentral- und

Südasien, in Staaten der Inselregion zwischen Indischem und Pazifischem Ozean, in der nördlichen Hälfte Afrikas, in Vorderasien, in der Türkei an der Grenze zwischen Asien und Europa sowie in der Balkanregion.

12.1 Das vorislamische Arabien

Die Arabische Halbinsel besteht aus unterschiedlichen Landschaftsformen: fruchtbare und bebaubare Böden in den Küstengebieten des tropischen Südens im Bereich des heutigen Jemen und Oman sowie im Norden, wo sich der „fruchtbare Halbmond" sichelförmig von Jordanien über das Zweistromland bis zum Persischen Golf zieht; aber auch in den Oasen, die die ausgedehnten Steppen- und Wüstengebiete im Nordwesten unterbrechen. Diese Geographie prägte auch die Sozialstruktur als eine patrilinear organisierte Stammesgesellschaft.

Das trockene Binnenhochland bevölkerten die Hirtennomaden mit ihren Schafen und Ziegen, aber vor allem mit ihren Kamelen und Pferden. Rivalitätskämpfe zwischen Stämmen oder auch zwischen Großfamilien innerhalb eines Stammes gehörten ebenso zum nomadischen Leben wie Überfälle auf die sesshaften Bauern und Handwerker. Unterworfene Stämme wurden zu Tributzahlungen verpflichtet (Schutzgeld), eine Praxis, die später von Muslimen gegenüber den „Schriftbesitzern" geübt wurde; sie wird auch in der Bibel von David überliefert (1 Sam 25).

Neben Landwirtschaft und Viehzucht stand der Handel als dritte wichtige Einnahmequelle. Eine zentrale Rolle spielte die Weihrauchstraße, auf der Luxusgüter wie Gold, Gewürze, Stoffe, Edelsteine und Weihrauch transportiert wurden; darauf spielt die biblische Erzählung von den „drei Königen [Weisen, Sterndeutern] aus dem Morgenland" (Mt 2) an. Ebenfalls aus der Bibel bekannt ist die Begegnung zwischen König Salomo und der Königin von Saba (1 Kön 10). Denn im reichen Südarabien waren monarchische Staaten entstanden, darunter im 1. Jahrtausend v. Chr. das Königreich von Saba. Die Bewohner von Mekka, wo der Stamm der Quraisch herrschte, lebten hauptsächlich vom Karawanenhandel. Die Stadt war ein großer Umschlagplatz für verschiedene Waren und zugleich mit der Kaaba (vgl. Sure 29,67) ein kultisches Zentrum, zu dem man anlässlich der Marktzeiten pilgerte, die auch dem kulturellen Austausch dienten: Lieder, Volkserzählungen und Dichtungen wurden öffentlich vorgetragen und stellen wichtige Quellen für das vorislamische Arabien dar.

Neben der Kaaba wurden an verschiedenen Stammesheiligtümern mehrere Götter verehrt in Verbindung mit Naturphänomenen wie Steinen, Quellen, Bäumen und Sternen. Zu diesem Religionsprofil, das auch im Koran seinen Niederschlag gefunden hat, gehören die Dschinne, Wesen aus Feuer, die den Menschen helfen, ihnen aber auch schaden können. Allerdings werden sie im Islam wie auch im Juden- und Christentum ebenso wie die Himmelskörper als von Gott erschaffen und seinem Willen unterworfen betrachtet (Sure 6,100; vgl. die „unreinen Geister" in Mk 5,9 oder Röm 8,38).

12.2 Die Geschichte des Propheten

Der Tradition zufolge wurde Muhammad im Jahre 570 geboren; er starb 632. Eine kleine, aber publizistisch recht rege Gruppe versucht seit einigen Jahren zu widerlegen, dass es sich bei Muhammad um eine reale geschichtliche Person handelt. Muhammad sei nur ein Beiname Jesu, der Urkoran ein christliches Buch in syrisch-aramäischer Sprache und der Islam eine antitrinitarische christliche Gruppe. Die sprachlichen Voraussetzungen, von denen diese Gruppe ausgeht, sind bereits von Fachwissenschaftlern als unzureichend kritisiert worden. Auch die historischen Vorannahmen haben sich in vielfacher Hinsicht als falsch erwiesen. Bei dieser Position handelt es sich um eine modernisierte Neuauflage alter Vorstellungen, die den Islam als „christliche Sekte" sahen (z. B. Ohlig 2007).

Muhammads Berufung

Nach der Überlieferung gehörte Muhammad, übersetzt der „Gepriesene", zum Clan der Haschim, einer weniger bedeutenden Sippe innerhalb des Stammes der Quraisch. Sein Vater Abdallah war bereits vor seiner Geburt gestorben, seine Mutter Amina starb, als Muhammad sechs Jahre alt war; sein Onkel Abu Talib hat ihn unter seine Obhut genommen. Nach seiner Eheschließung mit Chadidscha, einer wohlhabenden Kaufmannswitwe, war Muhammad im Karawanenhandel tätig. Ein Cousin Chadidschas mit Namen Waraqa ibn Naufal sei, so die Tradition, ein schriftkundiger Christ gewesen und habe Muhammad nach dessen erstem Offenbarungserlebnis als Verkünder bestätigt, ihm aber auch die Verfolgung durch die Mekkaner vorausgesagt.

Die Überlieferung erzählt von Muhammad als einem „Hanifen", wie damals die Verehrer des einen Gottes genannt wurden, die sich aber keiner bestimmten Religion anschlossen. Diesen Glaubenstypus gab es bereits viele Jahrhunderte davor, und im Neuen Testament werden sie „Gottesfürchtige" genannt. Manche von ihnen bekehrten sich dann zum Christentum wie die Purpurhändlerin Lydia (Apg 16,13) oder der römische Hauptmann Kornelius (Apg 10,1). Von Muhammad wird berichtet, er habe sich regelmäßig in eine Höhle des Berges Hira zurückgezogen, um dort zu beten und zu meditieren, bis er im Alter von etwa 40 Jahren seine Berufung erlebte.

Als Schilderung der Transzendenzerfahrung gilt die frühmekkanische kurze Sure 97, die eine Vision darstellt: „Wir sandten ihn [den Koran] herab in der Nacht der Bestimmung. […] Die Engel kommen in ihr [der Nacht] herab und der Geist mit der Erlaubnis ihres Herrn in jedem Auftrag“ (Neuwirth 2010: 755; auch Übers.) Hinter dieser Sure steht die Vorstellung eines offenen Himmels, aus dem eine Manifestation des Gotteswortes herabkommt. Darin lässt sich eine strukturelle, wenn auch keinerlei inhaltliche Parallele sehen zur Herabkunft Christi aus dem Himmel (Neuwirth 2010: 124f.).

Visionen sind im Koran selten, denn in der Regel spricht Gott Worte, und zwar durch den Engel Gabriel, der als Vermittler die Transzendenz Gottes wahrt. Es findet sich aber noch eine andere eindrückliche Vision in Sure 53, die an die Thronvision des Propheten Jesaja erinnert (Jes 6,1): „Hoch aufgerichtet thronte er am höchsten Horizont, dann näherte er sich und senkte sich herab […]; da gab er seinem Diener ein, was er ihm eingab“ (Neuwirth 2010; auch Übers.). Mit Eingebung (*wahy*) sind Zeichen gemeint, die ohne Worte auf etwas hinweisen. Solche Eingebungen kannten im vorislamischen Arabien auch die Dichter und Seher, von denen sich die Botschaft an Muhammad jedoch deutlich abgrenzt, indem sie als das von Gott Herabgesandte (*tanzil*) bezeichnet wird: „Siehe, es ist wahrhaftig das Wort eines edlen Gesandten, es ist nicht das Wort eines Dichters – wie wenig glaubt ihr doch! […] Herabsendung ist es vom Herrn der Weltenbewohner“ (Sure 69,40f.). Das Herabgesandte wird in mündlicher Form übermittelt, weshalb „Koran“ das „zu Rezitierende“ bedeutet und nicht ein Buch.

Die Prophetenbiographie von Ibn Ishaq in der Bearbeitung durch Ibn Hischam bietet eine ausführliche Erzählung darüber, dass der Engel Gabriel zu Muhammad gekommen sei und ihn aufgefordert habe, „trag vor“! In der Ich-Form geschrieben, wendet Muhammad ein, er wisse nicht, was er vortragen solle. Diese Erzählung nimmt auf Sure 96 Bezug, die als erste Offenbarung angesehen wird: „Trag vor im Namen deines Herrn, der schuf […].“ Diese Beauftragung in direkter Anrede sowie das erschrockene Zögern Muhammads wollen beglaubigen, dass die Berufung nicht eigener Anmaßung, sondern dem Willen Gottes entstammt. Einer solchen Beglaubigung dient auch die im Alten Testament von Moses (Ex 4,10) oder den Propheten Jesaja (6,5) und Jeremia (1,6) überlieferte anfängliche Zurückhaltung gegenüber dem Auftrag Gottes.

Wie schon die erste Botschaft in der „Nacht der Bestimmung“ herabgesandt wurde, ist es die Nacht, die für weitere Botschaften empfänglich macht: „[…] steh auf (zum Gebet) die (ganze) Nacht, bis auf einen kleinen Teil, die halbe Nacht, oder verringere sie um einen kleinen Teil […]. Und so gedenke des Namens deines Herrn und widme dich Ihm allein“ (Sure 73,2–9). In solchen Texten finden sich viele Anspielungen an die Psalmen.

Nach etwa drei Jahren, so die Überlieferung, empfing Muhammad dann 613 den Auftrag zur öffentlichen Verkündigung, der auf Sure 74 (1–7) bezogen wird: „Der du dich zugedeckt hast, steh auf und warne, und preise die Größe deines Herrn, [...] und sei geduldig, bis der Herr sein Urteil fällt." Die Bedeckung Muhammads führt die Tradition auf einen besonderen Erregungszustand zurück, der den Offenbarungsempfang begleitete. In der christlichen Polemik wurde dies bereits im 8. Jahrhundert als Epilepsie ausgelegt.

Die Verkündigung in Mekka

In der Anfangszeit trat Muhammad als endzeitlicher Prophet auf mit Schilderungen des Weltuntergangs und der Auferstehung der Toten, die vor dem Gericht Gottes erscheinen und für ihre Taten einstehen müssen; die Stunde kenne niemand. Viele Elemente solcher kosmischer Katastrophenszenen, wie sie im Koran gezeichnet werden, finden sich auch in der Bibel, andere stammen aus dem arabischen Kontext: „Wenn die Sonne wird zusammengerollt, wenn das Gestirn herniederfällt, wenn die Berge werden bewegt, [...] wenn die Seelen werden zusammengeführt, wenn die Vergrabene wird angehört, um welcher Schuld sie wurde umgebracht [...]. Dann weiß die Seele, was sie vollbracht" (Sure 81,1–14; Übers. Bobzin). Die „Vergrabene" spielt auf die damalige heidnische Praxis an, ungewollte, vor allem weibliche Kinder lebendig zu begraben, was für Muslime verboten war (vgl. Sure 16,58f.; 42,49).

Mit solchen eindrücklichen Szenarien sollten die Mekkaner gewarnt und ermahnt werden, Gerechtigkeit zu üben, keine Reichtümer aufzuhäufen, für die Armen, Witwen und Waisen zu sorgen, den steilen und nicht den bequemen Weg zu gehen (vgl. z. B. die Suren 69; 90; 51). Unter Berufung auf den einen Gott, den Schöpfer, Auferwecker und Richter wird Umkehr gefordert, was darauf schließen lässt, dass den Mekkanern ihr zunehmender Wohlstand zu Kopf gestiegen war und sie ihre sozialen Verpflichtungen vernachlässigten; der Koran nennt sie undankbar, weil sie glauben, ihr Reichtum mache sie unsterblich (Sure 104,3).

Diese Botschaft stieß bei den führenden Clans der Mekkaner auf Unglauben, was vor allem die Auferstehung von den Toten betraf, aber auch auf realen Widerstand, weil Muhammads Reden die damals in Mekka geltende soziale und wirtschaftliche Ordnung gefährdeten. Sie sahen Muhammad als Dichterling, Zauberer oder Lügner an (z. B. Sure 11), verspotteten ihn, weil er ihrer Forderung nach Zeichen und Wundern für seine Sendung nicht nachkam. Die Überlieferung schildert, dass die Muslime wie Aussätzige behandelt, aus der Stadt verbannt und verfolgt wurden. Als dann 619 seine Frau Chadidscha und auch sein Onkel Abu Talib starben, verlor Muhammad die Unterstützung seines Clans. Durch die Angriffe, denen sich die Muslime in Mekka ausgesetzt sahen, suchten sie nach Auswegen; der erfolgreiche Ausweg war die Übersiedlung nach Medina.

12.3 Die islamische Gemeinschaft in Medina

In Medina nahm die frühe islamische Gemeinde ihre erste Form an. Es wird häufig argumentiert, es habe sich um eine theokratische Herrschaft Muhammads gehandelt, was allerdings dem geschichtlichen Befund nicht standhält. In die frühe Zeit fällt nach der Überlieferung eine vertraglich festgelegte Vereinbarung, wie sie damals zwischen Stämmen und Sippen üblich war, die einander Schutz und gemeinsame Verteidigung nach außen zusicherten. Dieses Sicherheitsabkommen, meist „Vertrag von Medina" genannt, war eine Konföderation von eingewanderten muslimischen Quraisch und Muslimen in Medina sowie deren Gefolgsleuten; erwähnt werden auch jüdische Clans. Die Stammesstruktur blieb bestehen, jede Sippe behielt ihren eigenen Besitz und ihr jeweiliges Oberhaupt. Zwar wird als einigendes Band der Islam erwähnt, aber die jüdischen Sippen waren nicht gezwungen, zum Islam überzutreten. Muhammad kam die Rolle als oberstem Schiedsrichter im Streitfall zu (vgl. Sure 109).

Die neue religiöse Gemeinschaft in Medina war in militärische Auseinandersetzungen mit den Mekkanern verstrickt, die nicht aufhörten, die Muslime zu verfolgen. Wechselnde Siege und Niederlagen stellten die Medinenser und ihre Bündnispartner zunehmend vor die Frage, wieweit sie sich in Kämpfe gegen das mächtige Mekka hineinziehen lassen wollten. Es entstand der Verdacht, dass es in Medina Verräter gebe, die den Mekkanern hinterrücks in die Hände spielten. Ob auch die Juden in Medina zu diesen „Heuchlern" zählten, lässt sich historisch nicht mehr festmachen, aber sie scheinen, so die Tradition, hinsichtlich ihrer Loyalität besonders dadurch ein Unsicherheitsfaktor gewesen zu sein, dass sie der Botschaft Muhammads aus religiösen Gründen skeptisch bis ablehnend gegenüberstanden. Im Zuge der daraus resultierenden inneren Kämpfe wurden zwei jüdische Clans vertrieben, ein dritter wurde wegen Hochverrates hingerichtet, Frauen und Kinder in die Sklaverei verkauft.

Im Jahr 630 konnten die Muslime schließlich siegreich in Mekka einziehen und das Heiligtum der Kaaba von allen Spuren der vorislamischen Religion reinigen. 632 vollzog Muhammad die Pilgerfahrt nach Mekka, Anlass dafür, dass die Riten, die auf vorislamische Zeit zurückgehen, ihre islamische Form gewannen. Nach seiner Rückkehr starb Muhammad in Medina, wo er auch bestattet wurde.

Muhammad und die Frauen

Da in den Kämpfen auch viele Muslime umkamen, stellte sich die Frage der Versorgung der Witwen und Waisenmädchen. Die Lösung bestand in der Vielehe, die Muhammad nicht eingeführt hatte, da sie im vorislamischen Arabien ohne Beschränkung der Zahl der Ehefrauen üblich war. Der Koran reduziert die Zahl der Frauen auf vier und betont die Verpflichtung, alle gleich zu behandeln (Sure 4,3). Das Versorgungsargument wird auch für Muhammad in Anspruch genommen, der mit mehr als vier Frauen verheiratet war, darunter mit einigen Witwen; manche seiner Eheschließungen standen auch im Dienste einer Heiratspolitik (Sure 33,50ff.). Über das Versogungsargument hinaus verteidigen manche muslimische Kommentatoren die Vielehe freilich auch generell, weil sie angesichts bestehender Promiskuität den Frauen den Status der Ehe verschaffe, sodass sie und ihre Kinder nicht rechtlos bleiben wie in außerehelichen Beziehungen.

Aischa, die jüngste Frau Muhammads, sorgte 2008 in Österreich für politische Debatten, da sie bereits als Kind mit Muhammad verheiratet worden sei und das als Kinderschändung gelte. Abgesehen davon, dass Mädchen zur damaligen Zeit und noch lange darüber hinaus auch in Europa bereits mit der ersten Menstruation als heiratsfähig galten, gibt es über das Heiratsalter Aischas keine gesicherten Quellen und daher darüber auch eine innermuslimische kontroverse Diskussion. Im Übrigen gehen viele Hadithe in der Sunna auf Aischa zurück, die nach dem Tod ihres Mannes, so die Tradition, als Lehrerin des Islams auftrat und Rechtsgutachten erstellte, weshalb sie „Mutter der Gläubigen“ genannt wird (Knieps 1999).

Nachfolge und die Abspaltung der Schiiten

Die Nachfolge Muhammads trat Abu Bakr an, ein enger Gefährte des Propheten und dessen Schwiegervater, der als erster Kalif mit der Leitung betraut wurde. Dem Kreis der Prophetengefährten (*sahaba*), zu denen auch die beiden folgenden Kalifen Umar und Uthman gehörten, kam auch noch aus einem anderen Grund große Bedeutung zu. Da sie Muhammad selber noch persönlich gekannt hatten, konnten sie von seinen Worten und Handlungen berichten. Die von ihnen überlieferten Berichte bilden die Grundlage der sunnitischen Vorstellungen über die Zeit des Propheten und sind eine wichtige Quelle für die Lebensgestaltung.

Allerdings zeichneten sich in der muslimischen Gemeinschaft bald interne Spaltungen ab, die schließlich 661 in Kufa mit der Ermordung von Ali ibn abi Talib, des vierten Nachfolgers des Propheten, endeten. Alis Anhänger bildeten daraufhin die „Partei Alis“ (*schiat*), daher der Name Schiiten. Ali war der Ehemann der Prophetentochter Fatima und damit der Schwiegersohn Muhammads. Mit der direkten Abstammung aus der Prophetenfamilie begründen die Schiiten die besondere Rolle ihrer geistigen Führer, der Imame. Je nach schiitischer Richtung wird eine unterschiedliche Anzahl von Imamen anerkannt: zwischen fünf und zwölf. Die Zwölferschiiten pflegen eigene Überlieferungssammlungen, die auf die Imame zurückgeführt werden.

Unter der folgenden Herrschaft der Umaiyaden ging der Kampf mit den Schiiten weiter. Im Jahr 680 wurde al-Hussain, ein Enkel Muhammads, in der Schlacht bei Kerbela geschlagen und getötet, eines der zentralen Ereignisse in der schiitischen Geschichte. Aus schiitischer Sicht erlitten Hussain und seine Gefolgsleute den Märtyrertod, woraus sich ein Märtyrer- und Passionskult entwickelte. Zum Jahrestag finden in Kerbela (Irak) bis heute Passionsspiele und Trauerprozessionen statt, bei denen die Gläubigen mit verschiedenen Riten ihre Nachfolge im Martyrium ausdrücken. Durch die politischen Unruhen im Irak kam es zum Jahrestag seit 2003 immer wieder zu Anschlägen auf die Pilger.

12.4 Einige Stationen der weiteren Geschichte

Ein Bruch in der frühen islamischen Geschichte trat ein, als nach Alis Tod die Umaiyaden, ein führender mekkanischer Clan, die Herrschaft im noch jungen arabisch-islamischen Reich übernahmen und eine Erbdynastie einführten (bis 750); sie verlegten ihren Sitz von Mekka nach Damaskus. Von da an lässt sich die Geschichte auch als eine Geschichte von Dynastien beschreiben. Bekannt ist der letzte Kalif Abd al-Malik, der in Jerusalem den „Felsendom" über dem Ort errichtete, wo man das Allerheiligste des jüdischen Tempels vermutete. Dieses Gebäude ist keine Moschee, sondern eine Verehrungsstätte für den Propheten, den Gott der Überlieferung nach für eine Nacht von Mekka nach Jerusalem reisen ließ. Die Inschriftenbänder bestehen aus kombinierten Koranzitaten, um die muslimische Identität öffentlich zum Ausdruck zu bringen; zum Teil dokumentieren sie auch das koranische Verständnis von Jesus (Nagel 2000).

In einem blutigen Umsturz folgte den Umaiyaden die Dynastie der Abbasiden, die Bagdad als ihr Regierungszentrum wählten, das sich zu einem kulturellen Zentrum entwickelte. Ein einziger umaiyadischer Prinz überlebte den Machtwechsel und konnte nach Spanien flüchten, wo er 756 als Abd ur-Rachman I. das Emirat von Cordoba gründete. Auch unter den Schiiten entstanden Dynastien wie z. B. die Fatimiden, die u. a. in Ägypten herrschten. Sie förderten Wissenschaft und Kunst und richteten die Palastmoschee al-Azhar (972) als geistiges Zentrum ein, heute die Universität Kairo.

Kulturtransfer

Wie die Geschichte zeigt, folgt militärischen Aktionen immer auch ein kultureller Austausch. So führten die Ausbreitung des arabisch-islamischen Reiches und die Eroberung von ethnisch und religiös vielgestaltigen Gebieten zur Herausbildung einer islamisch geprägten Hochkultur. Während des 10. bis 12. Jahrhunderts entstand die „klassische" Gestalt der muslimischen Kulturen, sunnitisch wie schiitisch, mit vielen Institutionen im Bereich der Bildung, des Stiftungswesens, der mystischen Orden oder der Gesundheitspflege. Daran hatte auch eine Vielzahl von Minderheiten teil: Christen/Christinnen verschiedener Richtungen, Juden und Jüdinnen, in Süd- und Südostasien auch Hindus oder Angehörige anderer Religionsgemeinschaften. Dass diese Vielfältigkeit auch immer wieder zu Spannungen führte, die in die Diskriminierung von Minderheiten mündeten, ist bedauerlicherweise Wirklichkeit in vielen Weltgegenden. Allerdings entspricht das gegenwärtig in Europa, den USA oder auch in Indien gepflegte Bild einer muslimischen Terrorherrschaft über nicht-muslimische Minderheiten nicht der historischen Realität.

Im Zuge des Prozesses der Ausbreitung, die immer wieder auch friedlich vor sich ging, wandelte sich der Islam zu einer Universalreligion, die Elemente der unterschiedlichsten Kulturen in sich aufnahm, sie islamisierte, aber auch transformierte. In solchen Prozessen werden nicht nur positive Elemente aufgenommen, und auch nicht nur negative übermittelt. Die europäische Kulturgeschichte ist ohne diesen Transfer von Wissen nicht denkbar, der aus dem griechisch-hellenistischen Raum über den islamischen wieder zurück nach Europa erfolgte. Ein anderer Überlieferungsstrang lief später über Byzanz. Nachdem die Osmanen mit der Eroberung Konstantinopels 1453 dem Oströmischen Reich ein Ende gesetzt hatten, wanderten viele kostbare Manuskripte nach Westeuropa.

Dieser Kulturtransfer geht auch darauf zurück, dass Teile Europas lange Jahrhunderte muslimisch waren: Sizilien und auch Teile Süditaliens seit dem 9. Jahrhundert, Sizilien für ca. 250 Jahre, dazu große Teile des Balkans unter den Osmanen. Die Iberische Halbinsel war vom 8. Jahrhundert an bis 1492 großteils ein muslimisches Gebiet. Von dort wurden im 15. Jahrhundert dann unter christlicher Herrschaft zuerst die Juden, dann die Muslime vertrieben, zuletzt Anfang des 17. Jahrhunderts ca. 275.000 Morisken, bei denen es sich um zwangsweise zum Christentum konvertierte Muslime handelte.

Einbruch und Kontinuität

Im 2. Jahrtausend veränderten Völkerwanderungen aus Asien das Bild des muslimischen Nahen Ostens. Die Seldschuken eroberten Kleinasien, Damaskus und Jerusalem; die europäische Antwort darauf waren die Kreuzzüge. Eine große Katastrophe brach mit dem Mongoleneinfall unter Dschingis Khan und seinen Nachfolgern herein, die nach Zentralasien und China und bis in den Nahen Osten und nach Mitteleuropa vordrangen. Dies zog große Verwüstungen nach sich und die Zerstörung von Bagdad im Jahr 1258. Allerdings entfaltete sich unter verschiedenen mongolischen Herrschern auch eine große religiöse und kulturelle Vielfalt, und es kam im mongolischen Großraum zu einer wirtschaftlichen Blütezeit.

Ab dem 16. Jahrhundert entstanden verschiedene Großreiche: das Osmanische Reich (aus kleinen Anfängen ca. 1299–1923), das für die österreichische Geschichte besondere Bedeutung hat, das Safawidenreich (1501–1722), unter dem der Iran erst zu einem in der Mehrheit zwölferschiitischen Land wurde, das Moghulreich (1526–1858), das sich vom Norden des heutigen Indiens immer weiter ausbreitete.

Verbindend wirkten in muslimisch geprägten Kulturen die islamischen Gelehrten, die sich in vielen Bereichen durch eine bemerkenswerte Pluralität der Meinungen und Haltungen auszeichneten, die in Vergessenheit geraten zu sein scheint, auch unter Muslimen/Musliminnen (Bauer 2011). Heute werden zumeist nur ältere Positionen rezipiert, die gegen einen solchen Pluralismus stehen, in der Vergangenheit aber eine Minderheit bildeten. Die Entwicklung und Dynamik dieser zu einem guten Teil auch arabischsprachigen Gelehrtenkultur widerlegt die verbreitete Rede von der mangelnder Fortschrittsfähigkeit des Islams.

Folgen des Kolonialismus

Seit dem 17. Jahrhundert entstand in der gesamten muslimisch geprägten Welt eine Art von Reformbewegung, die eine Rückkehr zu einem als rein vorgestellten Islam der frühen medinischen Gemeinschaft anstrebt. Das hat wesentlich mit dem Kolonialismus zu tun, der zeitgleich begann und sich über Jahrhunderte hinzog, begleitet von christlicher Missionstätigkeit, die sich in negativen Pauschalurteilen gegenüber dem Christentum festschrieb. In dieser europäischen Expansion und Vormachtstellung haben viele der gegenwärtigen Spannungen zwischen der „islamischen" und der „westlichen" Welt ihre Wurzeln.

Im Juli 1798 marschierte Napoleon in Ägypten ein, aber schon im Jahr darauf vertrieben ihn die Engländer, die neben Indien ab 1801 auch Ägypten praktisch als Kolonie behandelten.

Zu den Kolonialmächten zählten auch die Niederlande und Portugal, Frankreich, Russland und Deutschland und verspätet noch nach dem Ersten Weltkrieg das faschistische Italien. Zunehmend erstarkte die antikolonialistische Gegenbewegung, bis die Vereinten Nationen 1946 mit der Charta zum Selbstbestimmungsrecht der Völker den Kolonien den zähen Weg zur Unabhängigkeit bahnten. Nicht aufgrund einer – angeblich – rückschrittlichen Religion sind viele Länder mit muslimischer Tradition heute Entwicklungsländer, sondern aufgrund der Ausbeutungspolitik der Kolonialmächte.

Auch die vielen diktatorischen Regime, mit denen Europa und die USA über Jahrzehnte bestens ausgekommen sind, haben mit der kolonialen und nachkolonialen Geschichte zu tun und wenig mit dem Islam als Religion. Dass etliche dieser Diktaturen in Krisenzeiten den Islam als Legitimation mobilisierten, lässt sich an der Indienstnahme anderer Religionen ebenso nachverfolgen. Und dass der Islam nicht automatisch zur Diktatur führt, zeigen Entwicklungen der letzten Jahrzehnte wie die Reformen in Indonesien nach dem Ende der Diktatur 1998 oder auch der „Arabische Frühling" des Jahres 2011.

12.5 Identität und Radikalisierung

Die explosive politische Lage, die bis heute die Schlagzeilen der Zeitungen bestreitet, ist also nicht die Folge des Islams als einer – angeblich – gewalttätigen Religion. In nachkolonialen Zeiten begann der Islam dann freilich im Zusammenhang mit der Suche nach Selbstbestimmung und Identität in mehrfacher Weise auch eine aggressive Rolle zu spielen. Religionen können der Identitätsbildung besonders dienen, denn sie beziehen sich nicht nur auf einen Ausschnitt des Lebens, sondern stellen eine Lebensführung dar mit ganzheitlichen kognitiven, moralisch-praktischen und symbolisch-expressiven Bezügen zur Welt (Hartmann 1995); damit sind sie imstande, starke soziale Bindungen zu schaffen. Das hat sich die Staatsräson immer wieder zunutze gemacht wie schon das römische Imperium im 4. Jahrhundert, indem es das Christentum zur Staatsreligion erhob.

Religionen sind allerdings auch unabhängige Systeme (Luhmann 2000), die unterschiedliche Bündnisse eingehen oder sich auch gegenüber politischen, wirtschaftlichen oder kulturellen Systemen kritisch verhalten können, wenn eine Gesellschaft Sichtweisen und Werte verkörpert, die in deutlichem Widerspruch zu den eigenen gesehen werden. Die daraus entstehende Einteilung der Welt in „bei uns drinnen" als gut und „die da draußen" als böse bewirkt die Loslösung aus dem kulturellen Ambiente und eine Radikalisierung, die eine Quelle von Gewalt sein kann (Roy 2010). In allen Religionen besteht die Gefahr, dass Gruppen in ein solches Schwarz-Weiß-Schema verfallen. Muslimische Gruppen dieser Art setzen dann die Maximen ihrer Religion „dem Westen“ als einer degenerierten Kultur entgegen. Das gilt ebenso für evangelikale christliche Gruppen in den USA und zunehmend auch in Europa, die die Kultur, in der sie leben, als heruntergekommen betrachten.

Demütigungen im kollektiven Gedächtnis

Als weiteres Moment kommt noch ein psychologisches hinzu. Kultur und Religion in islamisch geprägten Ländern wurden von den Kolonialmächten und ihren religiösen Theoretikern als der eigenen Kultur und dem Christentum unterlegen angesehen, um daraus die Berechtigung zur Eroberung abzuleiten. Den Menschen dieser Länder sollte das „Licht der Vernunft“ und die „wahre Religion der Liebe“ gebracht werden, was freilich den Mitteln, mit denen man das durchzusetzen versuchte, radikal widerspricht. Zur politischen Abhängigkeit kam die Herabsetzung dessen, was Menschen wichtig und heilig ist.

Ein solcher Angriff auf die Identität und das damit verbundene Selbstwertgefühl ist dazu geeignet, ein Gefühl der Demütigung auszulösen. Demütigungen müssen nicht selbst erlebt sein, das Gefühl kann sich auch durch Identifikation z. B. mit gedemütigten muslimischen Gefangenen in Guantánamo auf Kuba oder mit Palästinensern in besetzten Gebieten einstellen (Volkan 2004 und 2006). Das trifft auch für Juden und Israelis zu, weshalb der Nahostkonflikt so unlösbar erscheint. Denn besonders Demütigungen werden lange nicht vergessen; sie setzen sich in der Familiengeschichte fest, auch im kollektiven Gedächtnis einer Gruppe oder eines Volkes. Aus Demütigungen können dauerhafte „Ressentiments“ entstehen, ein tief sitzender nachtragender Groll, der zu einer Art Schubumkehr führt: Aus dem Groll wächst das Gefühl der eigenen Grandiosität und Überlegenheit; der sich von allen erniedrigt fühlt, wird zu einem, der sich über alle erhaben sieht und dazu berechtigt, nun seinerseits alle anderen zu demütigen. Die Großmacht USA zu demütigen, war die Absicht des Anschlags vom 11. September 2001.

Terrorismus – religiös motiviert

Aber nicht nur das; die muslimischen Kämpfer verstanden sich als eine Gruppe von Gerechten und als Vollstrecker des Gerichts Gottes an einer gottlosen Welt, was sie symbolisch durch die Zerstörung von Machtzentralen demonstrierten: des World Trade Centres (Finanzmacht) und des Pentagons (Militärmacht); der Anschlag auf das Kapitol (politische Macht) war geplant, aber misslang. Wie aus den Texten hervorgeht, die man später gefunden hat, handelte es sich nicht um eine politische Aktion oder reine Zerstörungswut, die sekundär religiös legitimiert wurde, sondern im Verständnis der Attentäter um einen religiösen Akt. Diese sahen sich als Gottsucher, die die Vorbereitung und Durchführung der Aktion mit Gebeten begleiteten. Gott unerschütterlich ergeben, wollten sie durch das Selbstopfer die Welt und sich selbst von allem Bösen reinigen, und sie verstanden ihren Tod als Hochzeit, als Vereinigung mit ihrem Gott zum ewigen Leben (Kippenberg/Seidensticker 2004).

Diese Sichtweise ergibt sich aus der Religion des Islams nicht notwendig, denn dazu ist auch diese religiöse Überlieferung viel zu vielgestaltig, als dass sich eine eindeutige Handlungsanweisung herausdestillieren ließe. Religiöse Traditionen werden erst dann zu solchen Handlungsmustern, wenn Einzelne oder Gruppen aus einer umfangreichen Überlieferung Sektoren herausschneiden und für sich in Anspruch nehmen (Jones 2008). Damit erübrigt sich dann auch, die Handlungen vor einer religiösen Gesamtgemeinschaft zu verantworten, für die religiös motivierte Selbstmordattentate nicht als koran- und traditionsgemäß gelten.

Islamistische Terrorakte haben eine lange Vorgeschichte in einer Mischung aus politischer Ohnmacht, die einen Hunger nach Würde schafft (Weber 1922), der Suche nach – auch religiöser – Identität und einem sozialen Band in Ländern, in denen sehr unterschiedliche Kräfte miteinander ringen. Diese Mischung ist hochexplosiv und geht Hand in Hand damit, Zeiten früherer Macht zu beschwören, woraus rückwärts gewandte Utopien einer anfänglichen machtvollen „Heilszeit" entstehen, einer muslimischen Gesellschaft nach dem Vorbild von Medina: Was einmal war, soll wieder werden. Denn wie jemand eine Situation wahrnimmt bzw. definiert, dementsprechend handelt er auch (Thomas 1970: 571).[106]

Versuchung der Religion

Hält man sich den ganzheitlichen Sinnrahmen der Religionen vor Augen und vergleicht diesen mit der Wirklichkeit, wie sie Menschen in ihrer zerbrechlichen und unsicheren Existenz erfahren, dann kann sich ein riesiger Graben auftun. Und darin liegt nun die Versuchung aller Religionen aufgrund ihrer Heilsversprechungen diesen Graben zu überspringen und diese Spannung zu beseitigen durch Aufbau einer Gegenwelt und einen Aktionismus, der versucht, das Ganze und Heile um jeden Preis in der Welt zu etablieren. Was religiös motivierte Menschen für Gewalt besonders anfällig macht, sind die Verheißungen der Religionen. Aus dem Versuch, ungeduldig selbst zu realisieren, was versprochen ist, folgt ein Verlust des Bezugs zur Wirklichkeit; sie wird abgewertet und dehumanisiert als Voraussetzung dafür, sie verachten und bekämpfen zu können.

Nun entsprach die Wirklichkeit nie und wird nie dem entsprechen, was der Sinnrahmen der Religionen vor Augen stellt. Aber die Spannung zwischen beiden kann unterschiedlich groß sein und durch soziale und politische Umstände für Menschen unerträglich werden. Eine solche zu große Spannung kann weiters entweder real sein oder durch Theorien über die Wirklichkeit verstärkt werden, die oft viel nachhaltiger auf die Wahrnehmung wirken als die unmittelbaren Erfahrungen.

Religionen, auch der Islam, haben in ihrer spirituellen Dimension nichts mit Gewalt zu tun und sind auch keine „Gefahr“, solange sie nicht mit Allmachtsfantasien eine totalitäre Politik legitimieren oder durch Vorstellungen der Vereinigung mit Gott gegen den Rest der Welt kämpfen. In diesem Sinne ist durchaus höchste Aufmerksamkeit geboten, und es steht außer Frage, dass Verbrechen mit rechtsstaatlichen Mitteln sanktioniert werden müssen. Aber der Islam als Religion ist ebenso wenig mit Krieg und Verbrechen identisch wie das Christentum, in dessen Geschichte Religionskriege geführt wurden und Scheiterhaufen brannten.

Assimilation, Akkomodation, Integration

Die Frage, welche Identität eingewanderte Muslime/Musliminnen in Ländern mit nicht-muslimischer Mehrheit haben, stellt vor das Problem von Anpassung oder Widerstand. Man kann dieses Problem mit dem Gegensatzpaar von Assimilation und Akkomodation benennen. Dabei handelt es sich aber um zwei aufeinander bezogene Bewegungen im Umgang von Individuen und Gruppen mit ihrer Umwelt. Wer sich assimiliert, *passt sich der Umwelt* an; wer sich akkomodiert, verändert die Umwelt zu seinen Gunsten, indem er *sie sich anpasst*; das darf aber keine Alternative sein. Sofern diese Bewegungen nicht zum Stillstand kommen oder in ein Entweder-oder zurückfallen, folgt daraus Integration, was z. B. für den bosnischen Islam der Fall war. Beide Religionen können dafür als Beispiel gelten, da sie vieles aus ihrer kulturellen Umwelt übernommen und diese zugleich auch in ihrem Sinne entscheidend verändert haben. Deshalb zeigen das Christentum wie der Islam etwa in afrikanischen Ländern, in Indien oder in Europa eine je andere Gestalt, was sich dann auch in der theologischen Reflexion niederschlägt.

Zum Konflikt kommt es dann, wenn das Wechselspiel von Akkomodation und Assimilation unterbrochen wird, wenn die Majoritätskultur nur die Assimilation anderer religiöser und kultureller Gruppen verlangt, diese Gruppen aber umgekehrt nur die Akkomodation suchen und fordern. Es ist das Wechselspiel der beiden Momente, auf dem das heute propagierte Modell der Integration fußt. Jedenfalls führen solche Prozesse nie nur zu Akkomodation oder nur zur Assimilation, weshalb letztlich kein Anlass für Szenarien der Angst besteht, solange diese Prozesse nicht gewaltsam unterbrochen werden, was auch durch die Gewalt einer herabsetzenden Rhetorik geschehen kann.

Der Islam in Europa hat eine lange Geschichte, die sich fortsetzen wird. Dabei geht es auch um geschichtliche Zeitverschiebungen, denen mit Ungeduld und Geschichtsvergessenheit nicht beizukommen ist. Denn geistige und damit politische und soziale Bewegungen vollziehen sich nicht in einer linearen Abfolge, sondern nach dem Modus der „Gleichzeitigkeit des Ungleichzeitigen", wie es der Soziologe Karl Mannheim bereits in den 1920er Jahren für Europa diagnostiziert hatte. Kulturen und Religionen aus aller Welt, Traditionen und Denkweisen aus allen Jahrhunderten, auch innerhalb der verschiedenen Religionen sind zugleich präsent. Das fordert dazu heraus, mit einer immensen Vielfalt von sozialen Schichten, von Bildungsstufen, von Mentalitäten und Religionen umzugehen, und zwar in einer Weise, die zweierlei vermeidet: einerseits romantische Vorstellungen von Multikulturalität, andererseits die Angst vor Überfremdung der Gesellschaft oder des Zerfalls in soziale und religiöse Ghettos. Ohne sich auf Terroristen fixieren zu lassen, sollten Geschichtskenntnisse und eine nüchterne Sicht auf die Realität dazu befähigen, die Vielfalt und die Ungleichzeitigkeit wahrzunehmen – auch im Islam und in islamisch geprägten Ländern.

Zu den weit verbreiteten Schablonen gehört auch die bereits oben angesprochene Meinung, dass der Islam mit Demokratie grundsätzlich unvereinbar sei. Diese Meinung geht von der Entwicklung demokratischer Staaten in Europa aus, ohne verschiedene Demokratieformen zu unterscheiden, und nimmt ein pauschales Verständnis in kolonialistischer Attitüde zum Maßstab für islamisch geprägte Länder, die dem „aufgeklärten" Europa zu folgen hätten. Dabei wurde und wird Demokratie oft an ein Verständnis von „säkular" geknüpft, das gegen Religion bzw. Religionen im öffentlichen Raum Front macht. Hingegen hat der religionsneutrale demokratische Rechtsstaat die Aufgabe, den Religionsgemeinschaften die öffentliche freie Entfaltung ihres Glaubenslebens im Rahmen der Verfassung möglich zu machen und sie nicht an den Rand der Gesellschaft zu drängen. In solchen Diskursen wird übersehen, dass staatliche Religionsneutralität als Ergebnis der jahrhundertelangen Geschichte der europäischen Religions- bzw. Konfessionskriege und der wechselseitigen Verfolgungen und Vertreibungen das politische Ziel hat, ein Zusammenleben in Frieden zu gewährleisten und nicht Religion zu bekämpfen.

Diesem Selbstverständnis widerspricht die Forderung, Demokratisierungsprozesse hätten mit der Preisgabe der religiösen Identität einherzugehen, eine Forderung, die heute vor allem an die Muslime/Musliminnen gerichtet ist und letztlich Extremisten und Traditionalisten in die Hand arbeitet. Abgesehen davon kann es nicht darum gehen, dass islamisch geprägte Länder demokratische Konzepte (welche?) aus dem „Westen" importieren, vielmehr ist es möglich, dass die verschiedenen Länder eigene Konzepte entwickeln, und zwar auf der Basis ihrer eigenen Geschichte, die solche Entwicklungen durchaus zulässt; das sieht auch eine Reihe von muslimischen Denkern so. Europa kann solche Entwicklungen fördern, freilich nicht dadurch, dass Muslimen/Musliminnen etwas vorgeschrieben wird, sondern durch Achtung vor dem Islam als einer eigenständigen Religion und das Ernstnehmen der vielfältigen Facetten in der islamischen Tradition.

13 Zwei Religionen – Gemeinsamkeiten und Unterschiede

Miteinander sprechen, einen Dialog führen – das setzt voraus, auch in Bezug auf die Religion mehr voneinander zu wissen, aber ebenso, hinsichtlich der je eigenen Religion auskunftsfähig zu sein. Das führt unweigerlich zu Vergleichen, die im Folgenden gewagt werden, sich freilich in diesem Rahmen exemplarisch auf einige wesentliche Themen beschränken müssen. Vergleiche anzustellen ist aber nicht unwichtig, weil Unterschiede oft dort gesehen werden, wo keine bestehen, und umgekehrt manches als Gemeinsamkeit erscheint, das sich bei genauerem Hinsehen als Unterschied entpuppt. Ausgehend davon, dass Christentum und Islam zwei verschiedene Religionen darstellen, werden Wertungen unterlassen wie: besser oder schlechter, richtig oder falsch, sinnvoll oder unsinnig. Vielmehr geht es um den Respekt vor dem Anderssein der anderen, der auch im Zentrum der Bildungsaufgabe steht.

13.1 Die Anfänge der christlichen Geschichte

Ähnlichkeiten der Botschaft

Christentum und Islam haben zu unterschiedlichen Zeiten und unter sehr verschiedenen sozialpolitischen Umständen die Bühne der Geschichte betreten. Das Christentum geht auf Jesus zurück, einen jüdischen Wanderprediger, der zu Beginn des 1. Jahrhunderts im nördlichen Raum Palästinas auftrat und sich dann nach Jerusalem wagte, ins regionale Zentrum der politischen Macht. Seine Botschaft war einfach und doch provokativ: Das Reich Gottes ist im Kommen begriffen, und Gott wird alle Mächtigen dieser Welt vom Thron stürzen, um selbst seine gerechte Herrschaft anzutreten, in der es keine Korruption, keine Ausbeutung und kein Blutvergießen mehr gibt. Er rief alle dazu auf, von ihrem schlechten Lebenswandel umzukehren und einen neuen Weg einzuschlagen, um vor Gott und seinem Gericht bestehen zu können. Der Anbruch der Gottesherrschaft bedeutet zugleich das Ende dieser Weltzeit, was mit dem griechischen Wort „Eschaton“ bezeichnet wird und das Letzte bzw. die „letzten Dinge“ meint, die geschehen. Deshalb handelt es sich bei der Verkündigung Jesu um eine eschatologische Botschaft, womit er an die Propheten Israels anknüpfte.

Endzeitlich ausgerichtet waren auch die frühen mekkanischen Botschaften des Korans. Es findet sich aber noch eine weitere Parallele. Von den Kalifen, den Nachfolgern Muhammads, wurde Frömmigkeit und gerechte Herrschaft auf der Basis des Korans erwartet. Aber je mehr die muslimischen Herrscher an Macht gewannen, desto mehr orientierten sie sich an absolutistischen Herrschaftsformen, die sie in Persien und Byzanz kennengelernt hatten. Das Ideal der gerechten Herrschaft blieb freilich trotz des Widerspruchs der Praxis aufrecht, hat sich teilweise spiritualisiert und in die Erwartung eines gerechten, von Gott geleiteten Herrschers (*mahdi*) verwandelt, der ein dauerndes Friedensreich aufrichten werde. Diese der jüdischen und christlichen Messiaserwartung vergleichbare Vorstellung spielt im schiitischen Islam eine zentrale Rolle, findet sich aber auch bei den Sunniten/Sunnitinnen, manchmal auch auf den wiederkommenden Jesus bezogen.

Rom und die Tora

Als frommer Jude glaubte Jesus wie seine jüdischen ersten Anhänger an den einen Gott. Anders zeigte sich die Lage im vorislamischen Mekka, das vom Glauben an viele Götter geprägt war, gegen den sich die Botschaft Muhammads richtete. Noch deutlicher treten die Unterschiede in Bezug auf die sozial-politischen Verhältnisse zutage. Die Araber lebten in einer staatenlosen Stammes- und Sippengesellschaft mit Gewohnheitsrechten, die sich auf Vertragsregelungen, Schutzbündnisse, religiöse Praktiken und Strafmaßnahmen wie Blutrache bezogen. Im Zuge der Entstehung der stammesübergreifenden muslimischen Gemeinschaft war es daher notwendig, dass diese eine für alle verbindliche Ordnung erhielt, die das neue religiöse Leben, aber auch Familien- und Erbrecht, Steuer- und Vertragsrecht, Prozess- und Strafrecht regelte, wobei alte Gewohnheitsrechte integriert bzw. modifiziert wurden. Eine solche neue Ordnung konnte nur durch eine anerkannte Autorität wie Muhammad in die Wege geleitet werden, der diese Befugnis als Offenbarungsempfänger von Gott als die über allem stehende Autorität bezog.

Für die Juden, somit auch für Jesus, galten die jüdischen Gesetze, wie sie innerhalb der fünf Bücher Mose niedergelegt sind. Darüber stand die Staatsmacht des römischen Imperiums. Während sich die arabische Stammesgesellschaft am Rande und außerhalb imperialer Ansprüche befand, standen Palästina und damit die Juden, somit Jesus und seine Anhänger, später dann auch die Christen unter römischer Fremdherrschaft. Judäa mit dem Zentrum Jerusalem war eine römische Provinz und einem römischen Statthalter unterstellt. In anderen Teilen Palästinas regierten jüdische Könige, Söhne und Enkel Herodes' des Großen, die zwar keine Statthalter über sich hatten, aber von Roms Gnaden eingesetzt und dem jeweiligen Kaiser botmäßig waren; dort blieb es einigermaßen ruhig.

Judäa und Jerusalem kann man jedoch als einen politischen Hexenkessel bezeichnen. Denn die Stadt wurde zusätzlich von der jüdischen Priesteraristokratie der Sadduzäer beherrscht, den Hütern des Tempels und des Tempelschatzes mit Einnahmen aus dem Wallfahrtstourismus und der Tempelsteuer, die für die Juden zur Steuer an die Besatzungsmacht noch hinzukam. Um ihre Stellung zu sichern, bedienten sich die Sadduzäer einer Doppelstrategie: Sie waren den Römern zu Diensten und machten zugleich gegenüber dem Volk die Besatzungsmacht für alle Übel im Land verantwortlich. Zwar war die jüdische Religion geduldet, aber das Leben unter den römischen Besatzern mit steigenden Steuerlasten, Konfiszierungen von Eigentum, Verkauf der Zahlungsunfähigen in die Schuldsklaverei, ließ radikale Gruppen entstehen, die unter dem Slogan der Alleinherrschaft Gottes den Aufstand probten. Die Truppen des römischen Staates, der wie alle Staaten das Gewaltmonopol innehatte, schlugen die Aufstände immer wieder blutig nieder. Durch seine Predigt vom kommenden Gottesreich, das alle Mächtigen vom Thron stürzen werde, hatte sich auch Jesus des Widerstands gegen die Staatsgewalt verdächtig gemacht, sodass sein Weg nach Jerusalem tödlich endete. Die Unruhen kulminierten schließlich im Jüdischen Krieg, der im Jahr 70 zur Zerstörung Jerusalems und des Tempels führte. Die Juden und mit ihnen die Christen flüchteten in alle Teile des Römischen Reiches.

Jesus war also mehrfach in eine rechtliche und politische Ordnung eingebunden. Er anerkannte zwar die Gültigkeit der Tora, richtete seine Botschaft aber gegen eine äußerliche Gesetzesbefolgung ohne innere Beteiligung des Herzens. Er kritisierte die ausgefeilte Kasuistik, die auch zur Umgehung des Rechts benutzt wurde. Demgegenüber betonte er die lebens- und gemeinschaftsfördernde, allen Einzelbestimmungen zugrunde liegende Absicht des Gesetzes durch radikale Beispiele: Nicht nur ein Mord bedeutet einen Verstoß gegen das Gesetz, sondern bereits der Hass auf den Nächsten, nicht nur Ehebruch, sondern bereits der begehrliche Blick (Mt 5,21ff.). Ihm ging es um eine Verinnerlichung des Gesetzes, damit der Sinn der Gebote die innere Haltung so bestimmt, dass es gar keine detaillierten Vorschriften mehr braucht. Jesus kannte daher die Folgen einer unbarmherzigen buchstabengetreuen Gesetzlichkeit, die den Menschen aus dem Blick verliert.

Verfolgung auf dem Weg zur Macht

Bereits vor dem katastrophalen Ende im Jüdischen Krieg hatten sich christliche Gemeinden in Italien, Spanien, Kleinasien oder Nordafrika gebildet. Aber auch da standen sie mit dem römischen Imperium einem Staat gegenüber, der sie immer wieder verfolgte, weil sie sich dem verpflichtenden Staatskult nicht unterwarfen und daran sogar Kritik übten. Das änderte sich erst, als das Christentum zur

Staatreligion wurde; damit verwandelte sich die Kirche von einem widerständigen Netzwerk in eine triumphierende Größe.

Beide Religionen sind einen Weg von Verfolgung zur Macht gegangen, aber innerhalb eines unterschiedlichen Zeitrahmens und auf verschiedene Weise. Das Christentum begann mit der Ohnmacht gegenüber einem mächtigen Staat, und die Christen mussten fast 400 Jahre lang immer wieder mit Verfolgung und Leid umgehen; sie fanden sich geborgen in einem mitleidenden Gott. Für die Muslime war die Zeit der Ohnmacht wesentlich kürzer, und sie bildeten selbst eine neue Gemeinschaft, die ihnen Schutz und Sicherheit gab. Die unterschiedliche Ausgangslage hat sich in den Themen und Sichtweisen der beiden Religionen niedergeschlagen, wenngleich beide sich nicht aus der Geschichte, sondern aus einer Offenbarung Gottes herleiten.

13.2 Voraussetzungen und Quellen

Der arabische Begriff „Islam" lässt sich am besten wiedergeben mit dem, was aus christlicher Perspektive „Gottergebenheit" genannt wird. Davon leitet sich auch der Begriff „Muslime" ab: die dem einen Gott Ergebenen (Sure 22,34). In älteren Büchern und Lexika, aber auch noch heute z. B. im Internet findet sich die Bezeichnung „Mohammedaner" mit der Erklärung, es handle sich um die Anhänger/innen des Propheten Muhammad. Diese Bezeichnung ist aus muslimischer Sicht unpassend, da sich Muslime/Musliminnen als „Anhänger Gottes" verstehen und nicht als Anhänger eines Menschen, der lediglich als Empfänger und Verkünder der Offenbarung Gottes gilt. Daher sollte auf das Wort Mohammedaner zugunsten des Wortes „Muslime" verzichtet werden. Ähnlich verhält es sich mit dem Begriff „Christen" (vgl. Apg 11,26), der freilich nicht aufgegeben werden kann, auch wenn damit nicht die Anhänger eines Wanderpredigers namens Jesus gemeint sind, sondern Menschen, die an den einen Gott glauben, der sich in dem Menschen Jesus zu erkennen gegeben bzw. offenbart hat und daher Christus genannt wird.

„Sarazenen" ist eine sehr alte Bezeichnung für Muslime. Möglicherweise stammt das Wort aus der Schrift „Geographie" des ägyptischen Gelehrten Ptolemäus aus dem 2. Jahrhundert; er nennt die Nomaden im Nordwesten Arabiens Zeltbewohner, griechisch *sarakenoi*. Etymologisch findet sich auch ein Bezug auf das arabische Wort *sharq*, das „Osten" bedeutet. Auch wenn die Ableitung dieses Begriffs nicht klar ist, lässt sich dieser jedenfalls in der christlichen mittelalterlichen Literatur nachweisen, die das Wort Sarazenen gleichbedeutend mit „Heiden" verwendet, unabhängig davon, ob es sich um Muslime oder vorislamische, aber auch vorchristliche Anhänger heidnischer Kulte handelt. Durch diese Vermischung wurden auch die Muslime fälschlich zu „Götzendienern" abgestempelt (Tolan 2002: 126f.).

Beide Religionen sind keine monolithischen Blöcke, vielmehr bestimmt von unterschiedlichen Richtungen und Auslegungstraditionen, sodass von „dem Christentum“ und von „dem Islam“ nicht die Rede sein kann. Dennoch wird hier versucht, Grundlinien, die für beide Religionen charakteristisch sind, in ihren gemeinsamen Zügen, aber auch in ihren Unterschieden herauszuarbeiten. Dabei steht der sunnitische Islam im Mittelpunkt, dem die Mehrheit der Muslime in Österreich, aber auch weltweit angehört. Das Christentum wird aus ökumenischer Perspektive betrachtet; dort, wo deutliche konfessionelle Differenzen vorliegen, werden diese kurz benannt.

Um die spirituelle Dimension der beiden Religionen zur Geltung zu bringen, enthält die folgende Darstellung eine Reihe von Zitaten aus der Bibel sowie aus dem Koran in deutscher Übersetzung bzw. Verweise auf Bibel- und Koranstellen. Übersetzungen stellen eine besondere Herausforderung dar, da Worte und Wendungen immer Bedeutungsvarianten aufweisen, die erst aus dem Kontext ihren spezifischen Sinn erhalten. Wir folgen der Übersetzung von Khoury (2007), denn diese enthält auch einen Kommentar, der sich an christliche Leser/innen richtet und Beziehungen zu biblischen Texten aufzeigt. Zum Vergleich wird die Übersetzung von Bobzin (2010) empfohlen; von der Tradition des Orientalisten Friedrich Rückert (1788–1866) herkommend, ist diese Übersetzung auch darauf bedacht, die dem Koran eigene poetische Sprachgestalt wiederzugeben. Den Übersetzungen aus der Bibel liegt die neue, 2007 im TVZ-Verlag erschienene Zürcher Bibel zugrunde, da sie einerseits genauer ist als manche anderen Übersetzungen und zugleich bestrebt, eine zeitgemäße Sprachgestalt zu finden. Auf jeden Fall empfiehlt sich sowohl für die Bibel als auch den Koran ein Vergleich zwischen verschiedenen Übersetzungen.

Die Bibel

Für das Christentum stellt die Bibel die grundlegende Quelle dar, bestehend aus den Schriften des Alten und Neuen Testaments, nach den Originalsprachen auch hebräische und griechische Bibel genannt. Das Wort Bibel kommt vom griechischen biblos und heißt übersetzt „Buch“. Die biblischen Bücher wurden aus einer Fülle vieler kursierender Schriften zuerst von der jüdischen (um 100), dann von der christlichen Glaubensgemeinschaft (um 400) in einem längeren Prozess der Urteilsfindung ausgewählt und zum Kanon erklärt, d. h. zur Richtschnur des Glaubens. Die nicht aufgenommenen Schriften werden Apokryphen genannt; viele davon sind bekannt. Die christlichen Konfessionen haben keinen ganz identischen Kanon; die römisch-katholische Kirche und die orthodoxen Kirchen beziehen sich auf die als „Septuaginta“ bekannte griechische Übersetzung der hebräischen Bibel (ca. 2. Jahrhundert v. Chr.). Darin sind Schriften enthalten, die in den späteren jüdischen Kanon nicht aufgenommen wurden, während die Kirchen aus der Reformation den jüdischen Kanon übernommen haben. Hinzu kommt die Tradition, also die Auslegung der Schriften, die in den orthodoxen Kirchen und in der römisch-katholischen Kirche große Bedeutung hat und in dieser auch lehramtlich festgelegt wird. Das gilt nicht für die evangelischen Kirchen, für die die Bibel allein im Zentrum steht; bei einigen großen Kirchen wie der lutherischen oder der reformierten kommen die Bekenntnisschriften hinzu, die sich als eine konfessionelle Leseanleitung verstehen lassen.

In Bezug auf Bibel und Koran gibt es wechselseitige Missverständnisse. Da der Koran für Muslime/Musliminnen das von Gott offenbarte Wort darstellt, sehen sie in der Regel auch die Bibel in dieser Perspektive. Von daher irritieren dann die „Widersprüche" etwa in den vier Evangelien und lassen den Verdacht einer Verfälschung durch die Verfasser aufkommen. Bibel und Koran unterscheiden sich jedoch maßgeblich dadurch, dass es sich beim Koran um die Niederschrift offenbarter Worte an eine Person, nämlich an Muhammad handelt, während die Bibel aus Altem und Neuem Testament und daher aus einer Vielzahl von Schriften besteht. Diese stammen aus mündlichen Überlieferungen, die innerhalb eines Zeitraums von etwa 1000 Jahren verschriftlicht und sukzessive gesammelt wurden. Die Bibel gilt daher nicht unmittelbar als Wort Gottes, sondern als Zeugnis der Verfasser bzw. Überlieferer von Gottes Handeln, die ihr Zeugnis innerhalb ihres jeweiligen geschichtlichen Kontextes und ihres individuellen sprachlichen Ausdrucks artikulieren. Die hebräische Bibel ist das Zeugnis der Geschichte Gottes mit dem Volk Israel und der Offenbarungen an die Propheten. Die griechische Bibel bezeugt dazu Jesus Christus, der in seinen Worten und Taten, in seinem Tod und seiner Auferstehung selbst als Offenbarung und als das Wort Gottes gesehen wird.

Der Koran

Im Islam gilt der Koran als die entscheidende Quelle. Das arabische Wort bedeutet Lesung bzw. Rezitation, was in erster Linie die enge Verbindung mit dem „liturgischen" Gebrauch als einem lebendigen Vollzug signalisiert, erst in zweiter Linie hat er als Buch Bedeutung, das der Erinnerung an die vielfältigen Zeichen Gottes dient (Takim 2007a: 136f.; Takim 2007b, 45f.; Zirker 1999: 43; Kermani 2000, 438). Dass der Koran eben nicht nur Schrift ist, sondern vor allem vorgetragenes Wort, verleiht der Koranrezitation in der muslimischen Praxis eine besondere Bedeutung. Der Koran ist in Suren, d. h. Abschnitte gegliedert, und in Verse, die Zeichen (*ayat*) genannt werden und auf Gott verweisen, wie auch die Schöpfung voller Zeichen ist und daher mit einem Buch verglichen werden kann. Die Suren haben alle einen eigenen Namen; sie gehen auf Worte zurück, die in den jeweiligen Texten vorkommen. Alle Suren, mit Ausnahme der Sure 9, beginnen mit der Formel *basmala*: „Im

Namen Gottes, des Erbarmers, des Barmherzigen [Gütigen]." Die Suren sind nach ihrer Länge geordnet, sodass die Sure 2 als längste am Anfang steht. Dieser ist die kurze Sure 1 als Eröffnungssure mit dem muslimischen Glaubensbekenntnis vorangestellt; den Abschluss bildet die kürzeste Sure 114.

Der Koran enthält die Worte, die nach muslimischem Verständnis dem Propheten Muhammad von Gott, vermittelt über den Engel Gabriel, Stück für Stück mündlich zugekommen sind, und zwar über einen Zeitraum von 23 Jahren bis zum Tod Muhammads 632, zuerst in seiner Geburtsstadt Mekka, dann in Medina. Der Prophet hat diese Worte getreu weitergegeben, seine Gefährten haben sie teils auswendig gelernt, teils schriftlich festgehalten. Auf der Basis der Rezitationspraxis entstanden sehr bald unterschiedliche Aufzeichnungen, denen das Bemühen um die Zusammenstellung eines authentischen Textes folgte. Der heute vorliegende Text basiert auf der 1925 in Kairo veröffentlichten Fassung und geht auf eine frühe Redaktion unter der Regierung des dritten Kalifen Uthman (644–656) zurück. Der Koran wird als letztes Glied einer Kette von Offenbarungen an vorausgehende Propheten verstanden, bringt den Gläubigen „Heilung und Barmherzigkeit" und denen, die Unrecht tun, „nur noch mehr Verlust", denn: „Die Wahrheit ist gekommen, und das Falsche schwindet dahin" (Sure 17,81f.).

Die Auslegung des Korans (*tafsir*) erfolgt durch die vielfältige Disziplin der Koraninterpretation und zahlreiche andere koranbezogene Disziplinen, wozu das Studium der Anlässe der Offenbarung (*asbab an-nuzul*) gehört. Denn der Koran stellt kein in sich geschlossenes dogmatisches Lehrbuch dar, sondern besteht aus Offenbarungen, die in konkrete Situationen hinein ergangen sind, sodass die Suren „eher mit diesem geschichtlichen Kontext in Verbindung stehen als miteinander" (Özsoy 2007: 107). Eine islamische Theologie entwickelte sich in der Auseinandersetzung mit anderen religiösen Überzeugungen und wird deshalb auch *kalam* genannt, d. h. Disput, Rede. Alles zusammengefasst, spricht man von Kalam-Wissenschaft; daneben gibt es eine „Dogmatik" (*aqida*), die sich mit den Grundsätzen der Glaubenslehre befasst. Auch wenn die Auslegungen schriftlich erfolgen, geht es darin wie auch in der christlichen Theologie um die Diskussion verschiedener Auslegungen und Lehrmeinungen sowie um Verteidigung eigener Überzeugungen (Apologetik) und Widerlegung anderer (Polemik). Ähnlich wie im Christentum war die Kalam-Wissenschaft zu Beginn von der griechischen Philosophie beeinflusst.

Die Hadithe

Neben dem Koran steht die Sunna als zweite wichtige Quelle; das sind Sammlungen von Nachrichten (*hadith*) über das Leben des Propheten, sein Handeln, seine Aussprüche, seine Anweisungen in Bezug auf aktuelle Herausforderungen als Beispiel und Vorbild für die praktische Umsetzung der Worte Gottes im Koran. So fordert z. B. der Koran die Menschen unentwegt dazu auf, das Gebet zu verrichten (Sure 2, 43.110.238; 11,114) zu verschiedenen Tageszeiten (Sure 4,103), aber die konkrete Durchführung wurde vom Propheten vorgelebt und dadurch eingeführt; daher kommt auch der Name Sunna, was „Weg" bzw. „gewohnter Brauch" bedeutet. Die Mitteilungen, Berichte, Erzählungen wurden von den Gefährten Muhammads schriftlich, meist aber mündlich durch Auswendiglernen festgehalten in einer Zeit, in der nicht alle Menschen lesen und schreiben konnten. Die weitere Überlieferung in den folgenden Generationen führte zu einer Vielzahl kursierender Hadithe, die dann etwa 200 Jahre nach dem Tod Muhammads zu schriftlichen Sammlungen verbunden wurden. Der lange Zeitraum und die große Zahl machten es notwendig, zwischen authentischen und fehlerhaften Hadithen zu unterscheiden anhand von vor allem drei Kriterien: Widerspruchsfreiheit gegenüber dem Koran, Glaubwürdigkeit der Tradenten und Lückenlosigkeit der Überlieferung. Entsprechend werden die Hadithe dann nach starker bis schwacher Bezeugung gewichtet, was zur Etablierung eigener Hadithwissenschaften führte. Sechs von diesen Sammlungen gelten im sunnitischen Islam als kanonisch und bilden die Sunna. Unter Beachtung aller inhaltlicher Differenzen lässt sich das Zustandekommen der Sunna mit der christlichen Kanonbildung vergleichen.

Die Scharia und der Fiqh

Zugleich mit der Kalam- und Hadithwissenschaft wurde die Rechtswissenschaft mit ihren verschiedenen Schulen entwickelt. Die von Gelehrten geschaffene Literatur des islamischen Rechts (*fiqh*) nimmt ständig Bezug auf die anderen religiösen Disziplinen (koranbezogene Wissenschaften, Hadith etc.) und versucht, die göttlichen Beurteilungen menschlicher Handlungen zu ergründen, die freilich in letzter Instanz dem Urteil Gottes unterliegen; der *fiqh* ist eine der wichtigsten religiösen Disziplinen. Diese göttlichen Beurteilungen werden von den Gelehrten „Scharia" genannt, die als Gesamtheit der Regeln der islamischen Religion gilt. Das Wort Scharia bedeutet „Weg zur Wasserstelle / Tränke" und meint eine Methode, einen Weg zu einem Gott ergebenen sozialen Leben. Bei der Scharia handelt es sich also nicht um ein normiertes und fixes Gesetzbuch.

Die Beweglichkeit des *fiqh* ist auch durch die vielfältigen Formen der Auslegungspraxis gegeben. Auch die jeweiligen Meinungen der Rechtsgelehrten (*ulama*) spielen eine Rolle, wobei dem Konsens der Gelehrten eine große Bedeutung zukommt. Denn im Unterschied zu den christlichen Kirchen kennt der sunnitische Islam keine zentrale Autorität, die sich mit dem Papst, den Synoden oder Kirchenleitungen vergleichen ließe. Den Gelehrten kommt die Aufgabe zu, Entscheidungen in religiösen Angelegenheiten zu treffen, auf Anfrage Rechtsrat (*fatwa*) zu erteilen, der sich auf alltägliche Fragen, auf den Umgang mit modernen Technologien wie z. B. Organtransplantation und Gentechnik, aber auch auf politische Fragen wie das Verhalten von Muslimen/Musliminnen in religionsneutralen Staaten beziehen kann.

Der zum größten Teil kasuistisch aufgebaute *fiqh* enthält Regelungen, die sowohl das Individuum als auch die Gemeinschaft betreffen. Dazu gehören kultische Pflichten und Bekleidungs- und Ernährungsgebote, vertragsrechtliche Regelungen sowie zu einem wesentlich kleineren Teil strafrechtliche Bestimmungen. Das islamische Recht ist also nicht nur Recht; es reicht weit über rechtlich bedeutsame Fragen hinaus. Aus diesem Grunde wird es auch eher als Ethik verstanden. Da sich das islamische Recht über viele Jahrhunderte entwickelt hat, behandelt es eine Vielzahl von Einzelproblemen, deren Lösungen aus heutiger Sicht zweifelhaft erscheinen mögen. Es gibt aber auch in der Gegenwart eine rege muslimische Diskussion über die Art und Weise, in der das islamische Recht verstanden werden müsse. Muslime/Musliminnen sprechen heute oft von „Scharia", wenn eigentlich der *fiqh* gemeint ist. Besonders problematisch ist es, wenn „Scharia" zum Symbol im politischen Machtkampf wird.

Von den Quellen zum Dogma

Weder die Bibel noch der Koran und die Sunna sind dogmatische Schriften, aber um der Einmütigkeit innerhalb der Glaubensgemeinschaft willen wurden in beiden Religionen Bemühungen unternommen, daraus eine konsistente Lehre zu entwickeln. In den ersten Jahrhunderten gab es eine Vielzahl von unterschiedlichen Auslegungen der biblischen Schriften, da die Gemeinden innerhalb des großen multikulturellen römischen Imperiums darauf bedacht waren, ihren Glauben innerhalb des jeweiligen kulturellen Ambientes verständlich zu machen. Um zu einer Einheit auf der Basis eines gemeinsamen Bekenntnisses zu gelangen, wurden Konzilien einberufen, deren Beschlüsse bis heute als verbindliche Lehre gelten; die Festlegungen erfolgten vor allem bei den zwei großen ökumenischen Konzilien von Nicaä (325) und Chalcedon (451) und wurden von der Großkirche anerkannt. Sie fanden aber keinen generellen Konsens, was in Verbindung mit politischen und kulturellen Faktoren zur Entstehung der so genannten altorientalischen Kirchen (Kopten, Syrer, Armenier) führte.

Auch im Islam kam es zu verschiedenen Traditionsbildungen, sodass sich sehr früh neben den Sunniten z. B. die Richtung der Schiiten herausbildete. Die Autorisierung der schriftlichen Fassung des Korans erfolgte in relativ kurzer Zeit, während die Tradition (Sunna) bis zu ihrer Kanonisierung einen längeren Zeitraum durchlief. Dazu kommt in beiden Religionen die aktuelle Auslegung durch geschulte Experten, muslimische Gelehrte bzw. christliche Theologen/Theologinnen. Eine Auslegung gilt dann als anerkannt, wenn sie von einer deutlichen Mehrheit der Experten vertreten wird. Da die Quellen aufgrund der zeitlichen Distanz auf gegenwärtige Fragen und Herausforderungen nicht immer unmittelbar Auskunft geben, ist die Interpretation in beiden Religionen eine laufende Aufgabe, wobei Bibel und Koran sowie die altkirchlichen Bekenntnisse und die Sunna wesentliche Bezugsgrößen bleiben.

Wechselseitige Missverständnisse

Die muslimische Praxis der Rezitation, die erfordert, die Suren des Korans auswendig zu lernen, führte zu dem nicht nur christlichen Missverständnis, der Koran sei wörtlich zu nehmen und stehe außerhalb jedes geschichtlichen Bezugs. Hingegen wurden die koranischen Worte, wie bereits erwähnt, immer anlassbezogen offenbart, und sie begleiten die Entstehungsgeschichte des Islams. Der Koran spiegelt die jeweils aktuellen Dispute und Auseinandersetzungen der Muslime untereinander und mit ihrem damaligen Umfeld, mit den Mekkanern und den Stämmen in Medina, den Polytheisten und den jüdischen und christlichen „Schriftbesitzern", den Nachbarländern und den Verrätern in den eigenen Reihen. Die konkrete Situation nicht zu kennen, in die die Worte des Korans hineingesprochen wurden, birgt die Gefahr von Missverständnissen; das gilt ebenso für das Verstehen der Bibel.

Die Bibel spielt eine zentrale Rolle im Gottesdienst, wo sie abschnittweise vorgelesen und gehört wird, denn der Glaube kommt aus dem Hören der Verkündigung (Röm 10,17; Gal 3,5). Wenn nun die Bibel in den gottesdienstlichen Lesungen „Wort Gottes" genannt wird, ist damit doch nicht dasselbe gemeint, wie wenn der Koran als Wort Gottes bezeichnet wird. Denn die christliche Bibel ist nicht unvermitteltes Wort Gottes, sondern enthält das Zeugnis von Jesus Christus als dem im Medium menschlicher Erfahrung begegnenden Wort Gottes. Nach christlichem Verständnis offenbart sich Gott in Jesus Christus, nach muslimischem im Koran, aber auch in den Offenbarungen an vorausgegangene Propheten, vor allem aber in den Zeichen der Schöpfung. Hier liegt ein entscheidender Unterschied zwischen den beiden Religionen, auch wenn orthodoxes und katholisches Christentum dem Islam näher stehen als das evangelische.

Der Koran enthält Segenssprüche, Gebete oder Lobpreisungen, aber auch Erzählungen (Zirker 1993: 153ff.), von denen sich viele auf die Bibel beziehen wie z. B. auf die Josephserzählung (Gen 37–50; Sure 12). Diese Überlieferungsstoffe, auch solche, die nicht zum christlichen Kanon gehören, waren zur Entstehungszeit des Islams im damaligen multireligiösen Arabien durchaus bekannt. Daher reichte es aus, darauf oft nur in kurzen Versen anzuspielen. Das passt in das Gesamtkonzept des Korans, in dem der „Ermahnungs- und Erinnerungsstil" vorherrscht (Takim 2007a: 162ff., 33; Takim 2010).

Gotteswort und Menschenwort

Dass in jeder Offenbarung Gott und menschliche Lebenswelt einander berühren, war und ist immer Anlass für theologische Debatten, da diese beiden Dimensionen einander diametral gegenüberstehen. So kam es auf muslimischer Seite bereits im 8. Jahrhundert, nicht zuletzt aufgrund der Auseinandersetzung mit den Christen, zum Disput zwischen zwei Schulen über die Frage, ob der Koran ewig oder erschaffen sei. Für die eine Schule musste der Koran geschaffen sein, da ansonsten etwas zweites Ewiges und Göttliches dem einen Gott an die Seite gestellt würde. Daraus, dass es sich im Koran um von Gott offenbarte Worte handelt, folgerte die andere Schule die Ewigkeit des Korans, was sich im sunnitischen Islam als Lehrmeinung durchsetzte.

Eine weitere Position unterscheidet zwischen dem „Wort selbst", dem ewigen lebendigen Wort Gottes, und dem „gesprochenen Wort", das der Engel Gabriel als Bote dem Propheten zwar in identischem Sinn, aber nicht unbedingt mit identischen Worten mitteilte: Das ewige Gotteswort begegnet im gesprochenen Wort des Korans (Takim 2007a: 144f., Özsoy 2006: 83ff.). Diese Dispute weisen mit den christlichen eine strukturelle Parallele auf, da die christliche Theologie mit der Offenbarung in Jesus Christus vor einem vergleichbaren Problem steht. Denn einerseits ist auch für das Christentum zentral, dass nichts Gott gleich oder ähnlich ist, andererseits gilt Christus als die Vergegenwärtigung bzw. Manifestation Gottes in der menschlichen Welt. Das Konzil von Chalcedon hat dieses Problem zu lösen versucht durch die Wendung von der zugleich göttlichen und menschlichen Natur Christi („Natur" wird nicht biologisch, sondern im Sinne von „Wesen" verstanden), was freilich als Halbgöttermythologie missverstanden werden kann, wovon sich das Christentum jedoch immer dezidiert abgrenzte. Ohne die deutlichen inhaltlichen Unterschiede nivellieren zu wollen, ließe sich parallelisierend sagen: Das ewige Gotteswort begegnet in der Gestalt Jesu Christi. Im christlich-muslimischen Gespräch ist heute jedenfalls Konsens, dass sich das muslimische Verständnis vom Koran mit dem christlichen Verständnis von Jesus Christus vergleichen lässt, aber nicht mit der Bibel.

Wenn der Koran auch von sich selbst als Wort Gottes spricht, dann ist damit nicht gemeint, dass sich das Gotteswort auf den Koran beschränkt, denn dieses ist unerschöpflich. Demgegenüber hat der Koran einen begrenzten Umfang, weshalb manche muslimischen Ausleger ihn eine arabische Manifestation des Wortes Gottes nennen (Takim 2007a: 143; vgl. Sure 42,7). Zudem ist für den Islam der Koran nicht die erste Offenbarung des Gotteswortes, vielmehr anerkennt er die Offenbarungen an vorausgehende Propheten, zu denen auch Jesus und „das Evangelium"[107] zählen. Nach muslimischem Verständnis stammen alle Offenbarungen aus einem himmlischen „Urbuch", aus dem Gottesworte in verschiedene geschichtliche und sprachliche Kontexte herabgesandt wurden, sodass Menschen das verstehen können. Der Koran gilt als die Vergegenwärtigung Gottes in der arabischen Welt und in arabischer Sprache und beansprucht, die letztgültige Botschaft zu sein.

13.3 Anrede und Namen Gottes

Judentum, Christentum und Islam haben das Bekenntnis zu dem einen Gott gemeinsam, für den sich in der hebräischen Bibel verschiedene Bezeichnungen finden. Der nach dem Buch Exodus von Gott selbst mitgeteilte Name ist „Jahwe". Darin steckt der Wortstamm *jwh*, was mit „sein" übersetzt werden kann, sodass der Name, den Gott Moses bekannt gibt, gedeutet werden kann: „Ich werde sein, der ich sein werde" (Ex 3,14). Diese Wendung signalisiert die unwandelbare, ewige Identität Gottes, der freilich die Geschichte begleitet, indem er zum Volk Israel in Beziehung tritt: „Ich bin der Herr, dein Gott, der dich aus Ägyptenland, aus der Knechtschaft, geführt hat. Du sollst keine anderen Götter haben neben mir" (Ex 20,2). Aus Scheu, den Gottesnamen auszusprechen, wurde der Name Jahwe durch „Adonai" ersetzt, in der griechischen Übersetzung durch „Kyrios", also „Herr" bzw. „Herrscher". Die jüngeren Schriften der hebräischen Bibel kennen auch die metaphorische Anrede „Vater", wenn Gott z. B. durch den Propheten Jeremia spricht: „Ich bin Israels Vater" (Jer 31,9). Der Begriff Vater ist nicht im biologischen Sinne gemeint, sondern verweist auf Gott als den Ursprung der Schöpfung: „Ist er [der Herr] nicht dein Vater, der dich geschaffen hat" (Dtn 32,6)? In einem Bittgebet um Gnade bei Jesaja heißt es: „Du, Herr, bist unser Vater" (Jes 63,16); hier werden Treue, Erbarmen, Fürsorge und Hilfe Gottes angesprochen (Strotmann 2002; Böckler 2000).

Das in Griechisch verfasste Neue Testament verwendet neben dem Begriff *theos* (das griechische Wort für Gott) und dem Begriff *kyrios* (Herr) häufig die Bezeichnung Gottes als Vater, die auch das zentrale christliche Gebet einleitet: „Vater unser im Himmel." Diese Anrede findet sich bereits im jüdischen Lobpreis Gottes (*Kaddisch*), hängt aber mehr noch damit zusammen, dass Jesus Christus in einem übertragenen Sinne „Sohn Gottes" genannt wird. Um an der Transzendenz Gottes festzuhalten, lehnt der Islam die Vateranrede ab. Diese Zurückweisung von anthropomorphen (d. h. nach menschlicher Gestalt) Aussagen über Gott führt dann dazu, dass z. B. Wendungen im Koran wie „Hand Gottes" aus traditioneller Sicht nicht als Sprachbilder genommen werden und zwischen wörtlicher und übertragener Bedeutung nicht unterschieden wird (anders z. B. Özsoy 2006: 90, der zwischen wörtlicher und übertragener Bedeutung unterscheidet). Unter dieser

Voraussetzung wird dann auch die Bezeichnung Jesu als „Sohn Gottes“ in einem unmittelbaren und d. h. biologischen Sinne verstanden. Freilich gibt es auch in muslimischen Diskussionen Beispiele eines Verständnisses im übertragenen Sinne. So können etwa die Begriffe Vater und Sohn (Gottes) metaphorisch aufgefasst werden als Ausdruck der Beziehung zwischen Herr und Diener, also zwischen Gott und Mensch (Takim 2007a: 106, 280). Dennoch bleibt ein wesentlicher Unterschied aufrecht, da der Koran das biblische Verständnis von Jesus als „Sohn Gottes“, in dem sich Gott offenbart hat, auch dann nicht nachvollziehen kann, wenn man den Begriff „Sohn“ nicht biologisch versteht.

Die 99 Namen Gottes

Im Islam gibt die Sure 112 über Gott Auskunft: „Sag: ‚Er ist Gott [Allah], ein Einziger, Gott der Undurchdringliche. Er hat nicht gezeugt, und Er ist nicht gezeugt worden, und niemand ist Ihm ebenbürtig.‘“ Während der arabische Begriff „Ilah“ im Sinne eines Gattungsbegriffs „Gottheit“ bedeutet und sowohl die Pluralform „Götter“ wie auch eine weibliche Form „Göttin“ aufweist, stellt das „al“ in Al-(i)lah den Artikel dar: *der* eine Gott. Daher beten auch arabisch sprechende Juden/Jüdinnen und Christen/Christinnen zu Allah. Orthodoxe Gruppierungen im Islam verstehen den Begriff Allah auch als Eigennamen, den sie ausschließlich für ihre Religion in Anspruch nehmen, was in Arabisch sprechenden Ländern zu Konflikten führen kann. Umgekehrt sollte der „Gott der Bibel“ nicht im polemischen Sinne dem „Allah des Korans“ entgegengesetzt werden, wie es viele Jahrhunderte lang geschehen ist und auch bis heute vorkommt, denn: „Unser Gott und euer Gott ist einer“ (Sure 29,46); die Übertragungen der Bibel ins Arabische übersetzen das Wort Gott mit Allah. Im Koran wird Gott auch mit „Rabb“, also „Herr“, angesprochen, und Gott spricht zu Muhammad als „dein Herr“.

Der Islam kennt weiters die Tradition der neunundneunzig Namen Gottes, die auf den Koran zurückgeht: „Gott gehören die schönsten Namen. So ruft ihn damit an [...]“ (Sure 7,180; 20,8). Die Namen werden Attribute genannt und bezeichnen wie schon im jüdischen und christlichen Kontext Eigenschaften, die Gott zukommen wie erschaffend, barmherzig, verzeihend, gerecht, vergeltend, bestrafend, und drücken die möglichen Weisen der Beziehung aus, in der Gott zu seiner Schöpfung steht: „Er ist Gott, außer dem es keinen Gott gibt, der über das Unsichtbare und das Offenbare Bescheid weiß. Er ist der Erbarmer, der Barmherzige. [...] der König, der Heilige, der Inbegriff des Friedens, der Stifter der Sicherheit, der alles fest in der Hand hat, der Mächtige, der Gewaltige, der Stolze“ (Sure 59, 22f.). Die Sunna übernimmt die meisten Namen aus dem Koran, fügt aber noch einige andere hinzu. Der eine Name, der auf die Zahl 100 fehlt, steht dafür, dass sich die Namen Gottes nicht erschöpfen; sie sind unendlich wie das Wesen Gottes selbst. Manche muslimische Stimmen lehnen die Rede von den Attributen Gottes ab, weil sie darin eine Gefährdung für den Monotheismus sehen. Andere wiederum gehen davon aus, dass die menschliche Sprache erschaffen und nicht ewig ist, daher das Wesen Gottes nur mittelbar aussagen kann, will sie vor Gott nicht verstummen.

In diesem Sinn spricht die christliche Tradition von analoger Rede, nach der „die Reflexion von einem Gegenstand der Anschauung auf einen anderen Begriff übertragen [wird], dem keine Anschauung direkt korrespondiert" (Gehrke 1981: 237). Diese Form der Rede besteht einerseits in der Verneinung, „Gott ist nicht wie", andererseits in der Erhöhung, „Gott ist immer größer als, ist der Inbegriff von". Nach Immanuel Kant handelt es sich um einen „symbolischen Anthropomorphismus, der in der Tat nur die Sprache und nicht das Objekt selbst angeht" (Kant 1783: 233) und so die grundlegende Unterscheidung zwischen Schöpfer und Geschöpf wahrt.

13.4 Schöpfung und Vernunft

Eine der wichtigsten Gemeinsamkeiten besteht darin, dass beide Religionen, vom Judentum ausgehend, Gott als den Schöpfer von allem sehen. Dass damit auch alle Menschen von Gott geschaffen sind, bildet die Voraussetzung ihrer Gleichheit vor Gott sowie untereinander, die Grundlage für gegenseitige Achtung und für die Aufforderung zu einem friedlichen Miteinander. Entsprechend heißt es im Koran: „O ihr Menschen, wir haben euch von einem männlichen und einem weiblichen Wesen erschaffen, und wir haben euch zu Verbänden und Stämmen gemacht, damit ihr einander kennenlernt" (Sure 49,13). Mit dieser geschöpflichen Bestimmung des Menschen hat die Europäische Imamekonferenz, die 2003 in Graz stattfand, die Geltung der Menschenrechte begründet: „Die Würde des Menschen als eines von Gott aus der gleichen Substanz geschaffenen Wesens zu bewahren und aktiv für Menschenrechte einzutreten, ist ein selbstverständlicher Auftrag jedes Muslims und jeder Muslima" (Imamekonferenzen: Internet). Dazu gehört in beiden Religionen auch der den Schutz der Umwelt mitumfassende Auftrag zur Bewahrung der Schöpfung.

Die Welt als Schöpfung

Wie das Judentum geht auch das Christentum davon aus, dass die Schöpfung allein aus dem voraussetzungslosen Willen Gottes durch sein Wort hervorgeht: „Und Gott sprach [...], und so geschah es" (Gen 1,6f.). Im Römerbrief spricht Paulus von Gott als demjenigen, der „was nicht ist, ins Dasein ruft" (Röm 4,17). Entsprechend heißt es im Koran: „Gott schafft, was er will. Wenn er eine Sache beschlossen hat, sagt er zu ihr nur: Sei!, und sie ist"; und in Bezug auf Adam: „Er schuf ihn aus Erde, dann sagte er zu ihm: Sei!, und er war" (Sure 3,47.59). Wie in der Bibel sind Naturgewalten, die Gestirne oder das Meer ihres göttlichen Charakters entkleidet und dürfen nicht wie im Polytheismus als Gottheiten angebetet werden: „Und er hat euch die Nacht und den Tag, die Sonne und den Mond dienstbar gemacht" (Sure 16,12). Wie die Bibel nennt auch der Koran den Menschen Adam (hebräisch: *ha-adam*), was auf die rotbraune Erde anspielt, aus der er gebildet wurde. „Der Mensch" bezeichnet sowohl die Gattung als auch die einzelnen männlichen und weiblichen Individuen.

Im Unterschied zur Bibel gibt es im Koran keinen geschlossenen, nach Tagen geordneten Schöpfungsbericht, auch wenn die sechs Tage erwähnt werden (Sure 25,59), vielmehr sind die vielen Verse, die sich auf Gott als Schöpfer beziehen, innerhalb verschiedener Suren verstreut. Ein größerer Abschnitt findet sich in Sure 16 (3–17), wo zuerst die Erschaffung des Menschen erwähnt wird, dann der Herdentiere, weiter des Wassers vom Himmel, das die Pflanzen sprießen lässt, des Meeres, der Gestirne, der Berge und Wege, und das alles wohlgeordnet und zum Nutzen der Menschen. Dem christlichen Verständnis vergleichbar, wird z. B. in Sure 35,41 betont, dass Gott seine Schöpfung, Himmel und Erde, auch erhält, „so dass sie nicht vergehen". Immer ist mit den Schilderungen des Schöpfungswerkes das Lob des einen Gottes verbunden. Denn wie in Judentum und Christentum besteht auch im Islam der Sinn der Schöpfung in der Beziehung der Geschöpfe zu ihrem Schöpfer. Ausdrücklich heißt es im Koran wie auch in der Bibel, dass das, was Gott erschaffen hat, gut ist (Sure 32,7; Gen 1,31).

Niemand ist wie Gott

In allen drei Religionen kommt dabei dem Menschen eine besondere Rolle zu, die in der Bibel mit dem Wort „Gottebenbildlichkeit" ausgedrückt wird, ein Begriff, der sich im Koran nicht findet: „Und Gott schuf den Menschen als sein Bild" (Gen 1,26–27; 9,6). In der Regel weisen Muslime/Musliminnen diese biblische Wendung zurück, denn nach dem Koran heißt es zwar auch, dass Gott dem Menschen von seinem Geist einhauchte (Sure 15,28), aber zugleich wird betont, dass nichts Gott gleicht (Sure 112,4). Gerade hier zeigt sich, wie wichtig es ist, Begriffe, die zu „Schlagwörtern" geworden sind, genauer unter die Lupe zu nehmen, um Missverständnisse zu bereinigen. Denn Ebenbild Gottes zu sein, bedeutet im jüdisch-christlichen Kontext nicht, dass der grundlegende Unterschied zwischen Gott als Schöpfer und dem Menschen als Geschöpf aufgehoben wäre. Damit ist vielmehr gemeint, dass der Mensch auf Gott hin ausgerichtet ist, und dass auch Gott versprochen hat, ihn nicht im Stich zu lassen. Hinzu kommt, dass der Mensch reflektierend auf Distanz zu seinem Leben in der Welt gehen kann und daher zum Sachwalter der Erde eingesetzt ist, um mit dieser sowie mit seinen Mitgeschöpfen verantwortlich umzugehen.

Nun gilt auch im muslimischen Kontext der Mensch als „Stellvertreter" Gottes auf Erden (Sure 2,30; 27,62; 31,20; der hier verwendete Begriff „Kalif" erhielt erst später seine politische Bedeutung: Zirker 1993: 81), denn einerseits wurden ihm die Güter der Erde zur Nutzung und Pflege anvertraut, andererseits ist er Gott gegenüber verantwortlich. Nach dem Koran war der Mensch das einzige Geschöpf, das sich bereit erklärte, diese Rolle als Sachwalter Gottes anzunehmen: „Wir haben das anvertraute Gut den Himmeln und der Erde und den Bergen angeboten, sie aber weigerten sich, es zu tragen, sie waren erschrocken davor. Der Mensch trug es [...]" (Sure 33,72). Nicht dem Begriff, aber der Sache nach entsprechen einander Gottebenbildlichkeit und Sachwalterschaft (Takim 2009: 46ff.).

Bibel und Koran haben ein ganzheitliches Menschenbild gemeinsam. Durch die Vernunft ist dem Menschen eine besondere Freiheit gegeben, allerdings keine absolute, wie sie allein Gott zukommt, sondern eine eingeschränkte; Gott hat ihm „sein Maß gesetzt" (Sure 80,19). Deshalb bedarf er einer Orientierung, die ihm von Gott gegeben wird, gemäß der Bibel vor allem in der Tora (Ex 20,2–17; Dtn 5,6–21), zu deren Weisungen sich im Koran deutliche Parallelen finden (Sure 17,22–38); hinzu kommt das Vorbild Jesu. Hier wie dort wird geboten, keinen Gott an die Stelle des einen Gottes zu setzen, die Eltern in Ehren zu halten, die Bedürftigen zu unterstützen, die Waisen nicht auszubeuten, Maß zu halten, den Menschen, den Gott für unantastbar erklärt hat, nicht zu töten, sich von Unzucht fernzuhalten und eingegangene Verpflichtungen einzuhalten. Bis hierher unterscheidet sich das muslimische Menschenbild nicht vom christlichen. Deshalb bedarf es der Korrektur des Missverständnisses, dass der Mensch gemäß dem Islam keine eigenständige Würde und keine personale Verantwortung besitze, sondern wie ein unterworfener Sklave den Gesetzen Gottes und einem unbedingten Schicksal ausgeliefert sei. Hingegen wird die Verantwortung der Menschen dadurch betont, dass sie „am Tag der Auferstehung alleine [als einzelne Personen] kommen" und sich auch alleine verantworten müssen (Sure 19,95).

Die Schöpfung als Offenbarung

In den koranischen Schilderungen der Schöpfung (z. B. Sure 16,3–17) findet sich sehr häufig der Hinweis, dass die Schöpfung mit ihrer Ordnung ein Zeichen ist „für Leute, die nachdenken". Denn nach muslimischem Verständnis kann die menschliche Vernunft Gott aus seinen Werken erkennen. Die gesamte Schöpfung weist auf Gott hin und fordert dazu auf, ihn als „Herrn der Welten" (Sure 1,2) anzuerkennen, sich ihm vertrauensvoll hinzugeben und ihm zu dienen. Daher sind Aussagen über die Vernunft im Koran immer mit den Zeichen der Schöpfung und auch mit ethischen Ermahnungen verbunden (z. B. Sure 2,164f.; 6,95–99; 36,33f. 10,5f.; 31,31f.; 41,37f.). Denn der Mensch ist so erschaffen worden, dass er von seiner Natur aus auf Gott hin ausgerichtet ist. Daher wird die Sure 7,172 als Uroffenbarung verstanden in dem Sinne, dass die zentrale Aussage der Offenbarungen den Menschen bereits bei ihrer Erschaffung eingegeben wurde: Der eine Gott ist ihr Herr (Zirker 1993: 85f.). Nur unter dieser Voraussetzung lässt sich verstehen, wenn es in Bezug auf den „Sündenfall" Adams heißt, er habe auf die Verpflichtung Gott gegenüber „vergessen" (Sure 20,115).

Dass der Mensch Gott aus den Zeichen der Schöpfung erkennen kann, erschließt der Koran aus der Geschichte Abrahams als dem Ersten, der den Glauben an den einen Gott bezeugte. Aber sein Glaube verdankt sich keiner besonderen Gottesoffenbarung, sondern einer Erkenntnis aus Vernunft, die in der Schöpfung den Hinweis auf den Schöpfer erkennt. Abraham war in einer Kultur aufgewachsen, die die Gestirne als göttliche Wesen verehrte, aber seine Beobachtung der natürlichen Vorgänge belehrte ihn eines anderen: „Als nun die Nacht ihn umhüllte, sah er einen Stern. Er sagte: ‚Das ist mein Herr.' Als der aber verschwand, sagte er: ‚Ich liebe die nicht, die verschwinden'". Das wiederholt sich mit dem Mond und der Sonne, sodass sich Abraham von der Verehrung der Gestirne ab- und dem zuwendet, „der die Himmel und die Erde erschaffen hat" (Sure 6,76–79). Aus muslimischer Sicht bezeugt somit die Schöpfung die Religion des „reinen Glaubens" (Sure 30,30). Die Menschheit und damit jeder Mensch besitzen aufgrund des Ausgerichtetseins auf Gott die Fähigkeit, Gott aus der Schöpfung zu erkennen, und dafür gilt Abraham, der weder Jude noch Christ war, ebenso als Beispiel wie Adam. Daraus folgt für den Islam die universale Sicht, die Religion für alle Menschen zu sein.

Vernunft und Gotteserkenntnis

Auch das Christentum kennt die Vorstellung, dass sich Gott aus den Werken seiner Schöpfung erkennen lasse, der göttliche Werkmeister aus seinen Werken (Weisheit 13,1–9). Dass die Vernunft imstande ist, Gottes unvergängliche Kraft an dem wahrzunehmen, was er hervorgebracht hat, um ihm die Ehre zu geben und ihm zu danken, betont auch der Apostel Paulus. Aber er schränkt ein: Da die Menschen nicht verständig seien, neigen sie dazu, ihr Herz an Nichtiges zu hängen, und verfehlen damit ihre Bestimmung (Röm 1,20f.). Die Vernunft führt nicht notwendig dazu, Gott als Schöpfer anzuerkennen, aber beide Religionen halten mit unterschiedlicher Gewichtung an dieser Möglichkeit fest, damit der Mensch für seine Gottlosigkeit keine Ausrede habe. Während im Islam die Schöpfung als die entscheidende Offenbarung Gottes gilt, an die durch die Offenbarungen an die Propheten erinnert wird, unterscheidet das Christentum deutlicher zwischen Schöpfung und Offenbarung, wobei das evangelische Christentum eine „natürliche" Offenbarung durch die Schöpfung radikaler ausschließt als andere Konfessionen. Das hängt auch mit dem unterschiedlichen Verständnis von Sünde und Schuld zusammen.

13.5 Vergebung und Erlösung

Sündenfall im Koran

Die Frage, warum Menschen notorisch verantwortungslos handeln, wird im Koran mit einem ersten „Sündenfall" beantwortet, der sich schon im Paradies ereignet habe. Gott verlangt von den Engeln, dass sie sich vor Adam niederwerfen, da er ihn zu seinem Verwalter auf Erden bestimmt hat. Alle leisten der Aufforderung Folge, nur einer nicht, nämlich Iblis (Sure 2,30f.), der gegen Gott argumentiert: „Ich bin besser als er. Du hast mich aus Feuer erschaffen, ihn aber hast du aus Lehm erschaffen" (Sure 7,12). Der Koran wertet das als Hochmut, als Auflehnung gegen Gottes Willen, als Ursünde, die im Unglauben besteht (Sure 2,34), und Gott wirft Iblis aus dem Paradies. Seitdem tritt Iblis als Satan und Versucher der Menschen auf.

Dieses Motiv findet sich nicht in der Bibel, wohl aber in „Das Leben Adams und Evas", einer kleinen apokryphen Schrift aus dem 1. Jahrhundert, die auf jüdische Quellen zurückgeht und christlich überarbeitet wurde; es gibt auch eine arabische Übersetzung. In dieser Schrift antwortet Satan auf die Frage Adams, warum er die Menschen verfolge, der Engel Michael habe ihm im Auftrag Gottes geboten: „Verehre Gottes Ebenbild [Adam]" (Riessler 1984: 671). Auch hier weigert sich Satan mit dem Argument, dass er vor Adam geschaffen wurde, verlangt, dass Adam ihn verehre, und kündigt an, sich Gott gleich machen zu wollen. Daraufhin verbannt Gott Satan aus dem Paradies, der nun die Menschen verführt, damit auch sie vertrieben werden. Die Verführung gelingt ihm, aber Adam und Eva tun Buße und erlangen Vergebung. Bevor sie sterben, kündigt ihnen Michael das Kommen des Christus an, der ihre Leiber auferwecken wird (Riessler 1984: 678f.).

Nach dem Koran prüft Satan mit dem Einverständnis Gottes die Standhaftigkeit der Menschen, z. B. des Hiob (Sure 38,41.82), wie auch im entsprechenden Buch der Bibel. Da die Menschen aber schwach sind, erliegen sie den Versuchungen leicht. Im Koran verbietet Gott Adam und seiner Gattin, von einem bestimmten Baum zu essen, aber sie lassen sich vom Satan verführen und übertreten das Gebot. Im Unterschied zur Bibel (Gen 3) bereuen die beiden jedoch sofort, als Gott sie zur Rechenschaft zieht: „Sie sagten: ‚Unser Herr, wir haben uns selbst Unrecht getan. Und wenn du uns nicht vergibst und dich unser (nicht) erbarmst, werden wir bestimmt zu den Verlierern gehören“ (Sure 7,19–26). Die Antwort Gottes lautet: „Da nahm Adam von seinem Herrn Worte (der Umkehr) entgegen, so wandte Er sich ihm gnädig zu. Er ist der, der sich gnädig zuwendet, der Barmherzige“ (Sure 2,37; vgl. Sure 20,117–123).

Die Sünde und die Sünden

Hinter den Sündenfallerzählungen sowohl in der Bibel als auch im Koran steht die Erfahrung, dass die Menschen nicht ewig leben und immer wieder schuldig werden. Obwohl der Mensch zum Verwalter der Erde eingesetzt wurde, tut er Unrecht und ist sehr töricht (Sure 33,72). Beide Religionen verbindet auch die Aufforderung, zu einer Schuld zu stehen und zu bereuen, umzukehren und im Glauben darauf zu vertrauen, dass Gott barmherzig und vergebend ist; und in beiden Religionen spielt der Begriff „Sünde“ eine zentrale Rolle.

Nach dem Koran sind mit „Sünde“ konkrete Verfehlungen im Handeln gegenüber Gott und den Menschen gemeint, die absichtlich begangen werden, während leichte Verfehlungen nicht so sehr ins Gewicht fallen (Sure 53,32). Begründet wird dies damit, dass der Mensch „schwach erschaffen“ wurde (Sure 4,28; 30,54; 70,19), sich daher leicht vom rechten Weg abbringen lässt (Sure 39,6). Dennoch ist es ihm möglich, schwere Sünden und schändliche Taten zu vermeiden (Sure 42,37). Zu den schweren Verfehlungen zählen die Verleugnung der Zeichen Gottes oder das Unrecht gegenüber den Mitmenschen wie etwa Mord oder Vertragsbruch. Bei aufrichtiger Reue kann aber wie beim ersten Menschenpaar die Schuld vergeben werden (z. B. Sure 7,153). In der koranischen Erzählung vom Sündenfall steht daher genau genommen nicht die Sünde im Zentrum, sondern die Vergebung, und entsprechend sind die Folgen nicht so gravierend.

Ein Unterschied besteht nun darin, dass im christlichen Kontext, wie der biblische Befund zeigt, zwischen der Sünde, meist missverständlich „Erbsünde“ genannt, und den Sünden bzw. der Schuld differenziert wird. Sünde (in der Einzahl) bezeichnet einen Zustand des Menschen, bei Sünden (in der Mehrzahl) handelt es sich um konkrete Vergehen im moralischen Sinne, ob wissentlich oder unwissentlich begangen; dabei folgt freilich das eine aus dem anderen. Was Sünde als Zustand bedeutet, lässt sich aus der biblischen Sündenfallgeschichte entnehmen, die in Form einer Ursprungserzählung die schlechte Verfassung beschreibt, in der sich der Mensch tatsächlich befindet: Er fügt sich nicht in seine begrenzte Geschöpflichkeit, sondern setzt sich absolut und maßt sich damit etwas an, das Gott allein zukommt. Das bringt die Wendung „sein wollen wie Gott" zum Ausdruck.

Eine nachhaltige Störung

In der Folge zerbricht die Beziehung zu Gott und zugleich zwischen dem ersten Menschenpaar: Sie streiten, beschuldigen sich gegenseitig und schämen sich voreinander. Indem der Mensch seinen Status als Geschöpf nicht wahrhaben will, kann er auch seine geschöpfliche Ausrichtung auf Gott und die Beziehung Gottes zu ihm nicht erkennen, wird er beziehungslos, verfolgt nur die eigenen Interessen ohne Rücksicht auf andere und erlebt umgekehrt die Mitmenschen als Feinde. Dazu gehört auch die Neigung, das Herz an alles Mögliche zu hängen und zu einem „Götzen" zu machen. Da Gott der Lebendige ist, folgt aus dem Sündenfall auch der Tod, der von Gott als der Quelle des Lebens abschneidet.

Dabei beruft sich die Bibel auch auf die Erfahrung, dass Gebote und Verbote wenig ausrichten. Im Brief an die Römer schildert Paulus das Dilemma des Menschseins unter der Sünde: „Was ich bewirke, begreife ich nicht; denn nicht, was ich will, treibe ich voran, sondern, was ich hasse, das tue ich. […] Denn das Wollen liegt in meiner Hand, das Vollbringen des Rechten und Guten aber nicht" (Röm 7,15ff.). Immer wieder also tut der Mensch etwas, das er eigentlich nicht tun wollte, und er begreift nicht, was er bewirkt. Bei der Sünde geht es aus christlicher Sicht also nicht nur um die Übertretung von Geboten.

Diese Sicht wird von muslimischer Seite oft dahingehend missverstanden, dass durch die Gebotsübertretung Adams das gesamte Menschengeschlecht moralisch verkommen sei und dies zur Natur, zum Wesen des Menschen gehöre; deshalb könne der Mensch für seine Verfehlungen auch nicht zur Verantwortung gezogen werden. Dieses Missverständnis geht wesentlich auf den Begriff „Erbsünde" zurück, die deutsche Übersetzung der lateinischen Wendung *peccatum originale*, was Ursünde bzw. Grundsünde im Sinne des beschriebenen Zustands bedeutet. Dabei handelt es sich aber nicht um eine Vererbung, wie etwa eine Erkrankung oder eine Begabung vererbt werden kann, sondern um eine nachhaltige Beziehungsstörung, die christlicherseits grundlegender gesehen wird als muslimischerseits; sie kann allein durch die Vergebung einzelner Verfehlungen durch Gott auch nicht aufgehoben werden, es muss noch etwas anderes hinzukommen.

Nach muslimischem Verständnis hingegen trägt der Mensch ein Ausgerichtetsein auf Gott in sich, das sich ohne Bruch zu entfalten vermag, sodass er den Willen Gottes erkennen und dessen Gebote halten kann und niemanden braucht, der von der Sünde „erlöst". Denn „Schuld und Zerrüttung menschlicher Verhältnisse […

liegen] immer ebenso nahe wie die heilbringende Vergebung Gottes. Diese Störungen müssen nie auf Dauer sein, sondern können immer wieder aufgehoben werden" (Zirker 1993: 84).

Rechtleitung aus Barmherzigkeit

Dennoch handelt es sich bei der Sünde als Zustand auch nach christlichem Verständnis nicht um etwas, das die Natur des Menschen ausmacht, denn das würde der guten Schöpfung Gottes widersprechen. Daher bleibt der Mensch für seine Sünden, also seine konkreten Verfehlungen auch verantwortlich, und wird er zuletzt von dem gerechten Gott zur Verantwortung gezogen; dabei spielt auch das Ausmaß der Schuld eine Rolle. Da Gott nun alle seine Geschöpfe am Herzen liegen, wendet er sich den sündhaften Menschen zu, um sie zur Umkehr zu bewegen und zu ihrer geschöpflichen Bestimmung zurückzuführen. Dies geschieht durch ethische Weisungen und Gebote, die die ganze Bibel durchziehen und sich auch aus christlicher Perspektive als „Rechtleitung" bezeichnen lassen.

Auch für das Christentum ist die Vergebungsbereitschaft Gottes zentral, weshalb die Glaubenden im „Vaterunser" darum bitten: „Und vergib uns unsere Schuld, wie auch wir vergeben unseren Schuldigern", also denen, die an uns schuldig geworden sind (vgl. Sure 2,263[108]). Die Vergebung bezieht sich auf konkrete Schuld, die aus der Sünde als Zustand folgt, aus dem sich der Mensch nicht selbst befreien kann; daher bedarf er aus christlicher Sicht auch der „Erlösung". Das bringt das Neue Testament durch eine begriffliche Unterscheidung zum Ausdruck: Die Vergebung der Sünden wird mit dem Wort *aphesis* bezeichnet, was Schuldenerlass bzw. Freispruch von Schuld bedeutet (Kol 1,14) und sich auf das diesseitige Leben bezieht. Der Erlösung bzw. Befreiung von der Sünde entspricht der Begriff *apolytrosis*, was im nichtreligiösen Sprachgebrauch mit Loskauf (aus der Sklaverei) zu tun hat und eschatologisch auf die Auferstehung und das ewige Leben bei Gott ausgerichtet ist.

Metapher Erlösung

Aus der grundlegenden Störung der Beziehung zwischen Mensch und Gott erwächst aus christlicher Sicht eine Schuld- und Todesgeschichte, in die die ganze Menschheit involviert ist. Diese Unheilsgeschichte bleibt freilich eingebettet in eine Heilsgeschichte, da Gott aus Treue zu seiner Schöpfung die Menschen in der Unheilsgeschichte nicht untergehen lassen, sondern davon erlösen will.

Der dem islamischen Kontext fremde Begriff *Erlösung* wird aus christlicher Sicht als eine Metapher verstanden, die aus einer Gesellschaft stammt, die Sklaven hält. Wer sich damals zu hoch verschuldet hatte, wurde als Sklave verkauft. Sklaven kamen nur dann frei, wenn jemand sie freiließ; sie konnten sich nicht selbst freilassen. Aus diesem Ambiente stammen Worte wie freikaufen, loskaufen, auslösen, erlösen, die im biblischen Kontext auf die Befreiung aus dem Zustand der Sünde bezogen werden. Vorgezeichnet ist das bereits in der hebräischen Bibel, die die Befreiung des Volkes Israel als Freikauf aus dem Sklavenhaus Ägypten bezeichnet (Dtn 13,6).

Paulus verwendet die Sklavenmetapher, um den Zustand der Sünde zu schildern, denn der Mensch sei „verkauft unter die Sünde" (Röm 7,14; 6,16). Wie der Sklave sich nicht selbst freikaufen kann, sondern eines „Auslösers" bedarf, braucht auch der Mensch in diesem Zustand einen anderen, der ihn befreit. Nach christlichem Verständnis ist es Gott, der das allein von sich aus ins Werk setzt, und zwar durch seine Offenbarung in Jesus Christus, dessen Auferstehung vorwegnimmt, was diejenigen erwartet, die Gott vertrauen: die Erlösung vom Tod zum Leben bei Gott. Daher sollen sich die Glaubenden als solche betrachten, die „für die Sünde tot, für Gott aber lebendig sind" (Röm 6,11). Auf der Erlösung vom Tod liegt der Schwerpunkt in der Theologie der Ostkirchen, während in den westlichen Kirchen Schuld und Freispruch ein größeres Gewicht haben.

13.6 Glaube und Werke

Von christlicher Seite wird der Islam oft als eine gesetzliche Religion der „Werkgerechtigkeit" missverstanden, während der Koran zwischen Glaube und Werken durchaus unterscheidet. Der Glaube stellt für beide Religionen eine eigene Dimension dar, die im Vertrauen auf Gott besteht und in der Bereitschaft, das auch öffentlich zu bekennen.

Dabei handelt es sich um unsichtbare Dinge (Sure 2,3;12,102), wie auch die christlichen Gläubigen „nicht auf das Sichtbare schauen, sondern auf das Unsichtbare", das allein ewig ist (2 Kor 4,18; Hebr 11,1). Am Beispiel der Beduinen unterscheidet der Koran zwischen „wahrhaft" Gläubigen und bloßen Anhängern des Islams (Sure 49,14), was sich mit der christlichen Unterscheidung zwischen der unsichtbaren Kirche der Gläubigen und der äußeren sichtbaren Kirche als einer Mischung zwischen gläubigen und lediglich nominellen Mitgliedern vergleichen lässt.

Glaube und gute Werke sowie das Einhalten von Geboten, also innere Überzeugung und äußere Handlungen, gehören in beiden Religionen zusammen. Nach dem Koran ist denen, „die glauben und die guten Werke tun", das Paradies verheißen (Sure 2,25; 18,107). Von christlicher Seite, vor allem von evangelischer, wird dem Islam häufig vorgeworfen, dass sich der Mensch die Güte und Barmherzigkeit Gottes durch Werke erwerben und dadurch Gott beeinflussen könne. Der Mensch aber sei auf Gottes Gnade angewiesen, Gott nicht auf die Werke der Menschen. Freilich ist auch nach muslimischem Verständnis Gott „auf niemanden angewiesen“ (Sure 4,131; 22,63). Im Mittelpunkt beider Religionen steht der Glaube, und auch im Koran gibt es Stellen, die davon sprechen, dass die Werke aus dem Glauben folgen: „Frömmigkeit besteht nicht darin, dass ihr euer Gesicht nach Osten und Westen wendet [im Gebet]. Frömmigkeit besteht darin, dass man an Gott, den Jüngsten Tag, die Engel, das Buch und die Propheten glaubt, dass man, aus Liebe zu Ihm, den Verwandten, den Waisen, den Bedürftigen, den Reisenden und den Bettlern Geld zukommen lässt und (es) für den Loskauf der Sklaven und Gefangenen (ausgibt) und dass man das Gebet verrichtet und die Abgabe entrichtet“ (Sure 2,177). Daher zählen die Werke nicht ohne den Glauben und die Liebe zu Gott: „Und wer den Glauben leugnet, dessen Werk ist wertlos, und im Jenseits gehört er zu den Verlierern“ (Sure 5,5). Und in einem Hadith sagt Muhammad: „[...] wisst, daß keiner von euch aufgrund seiner Taten gerettet wird“; dabei nimmt er sich selbst nicht aus (Khoury 1992: 509).

Somit sind auch in koranischer Sicht die Werke nicht mit dem Glauben identisch, vielmehr folgen sie aus dem Glauben, wobei freilich diejenigen, die trotz ihres Glaubens die Gebote vernachlässigen, von Gott zur Rechenschaft gezogen werden. Dem entspricht im Neuen Testament der Mahnbrief des Jakobus, der darauf hinweist, „dass der Mensch aus Werken gerecht wird, nicht aus Glauben *allein*“ (Jak 2,24): „Wenn ein Bruder oder eine Schwester keine Kleider hat und der täglichen Nahrung entbehrt, und jemand von euch sagt zu ihnen: geht hin in Frieden, wärmt und sättigt euch!, ohne ihnen das Lebensnotwendige zu geben, was nützt das? So ist es auch mit dem Glauben: Für sich allein, wenn er keine Werke vorzuweisen hat, ist er tot“ (Jak 2,15–17; vgl. 1 Joh 3,17). Hier sind Christentum und Islam einander näher, als allgemein angenommen wird.

Auf christlicher Seite finden sich allerdings unterschiedliche Akzente. Das römisch-katholische Christentum versteht die guten Werke als ein Mitwirken des Menschen am Heilsplan Gottes. Für das reformatorische Christentum ist das nicht denkbar, sondern die guten Werke folgen aus der Dankbarkeit Gott gegenüber, die aus dem Glauben kommt.

13.7 Vorherbestimmung und Verantwortung

Die „Vorherbestimmung“ (*qadar*) gehört zu den Glaubenssätzen des Islams, die man einen „kleinen Katechismus“ nennen kann (Bobzin 2007: 55). Auf der Basis des Korans (Sure 4,136; 2,285) sind sie in einem Hadith zusammengefasst: Der Glaube an Gott und seine Engel, an seine Bücher und seine Gesandten, an den Jüngsten Tag und die Vorherbestimmung des Guten und des Bösen (Khoury 1992:

518). Demnach bestimmt Gott alles Geschehen im Voraus, das Gute wie das Schlechte, was dem lateinisch-christlichen Begriff der Prädestination entspricht. Diese Vorstellung wird oft missverstanden und brachte dem Islam den Ruf ein, fatalistisch zu sein. Gemeint ist jedoch damit, dass Schöpfung und Offenbarung allein aus dem Willen Gottes hervorgehen und der Mensch dazu nichts beiträgt.

Dahinter steht in beiden Religionen die Überzeugung, dass Gott, weil er an keine endlichen Grenzen gebunden ist, alles weiß, was in seiner Schöpfung geschah und geschehen wird: „Vor Gott ist nichts verborgen, weder auf der Erde noch im Himmel" (Sure 3,5). Das Alte Testament kennt die Vorstellung, dass das Leben eines jeden Menschen in einem Buch bei Gott aufgeschrieben ist: „Noch bevor ich geboren war, sahen mich deine Augen, in deinem Buch war alles verzeichnet" (Ps 139,16). Im Neuen Testament wird gewarnt: Wer nicht im Buch des Lebens steht, wird in den Feuersee geworfen (Offb 20,14). Auch der Koran kennt ein solches Buch: „Wir, ja wir machen die Toten wieder lebendig, und wir schreiben auf, was sie vorausgeschickt haben und auch ihre Spuren. Alle Dinge haben wir in einer deutlichen Anzeigeschrift erfasst" (Sure 36,12; 22.70; 27,75).

Menschlicher Wille und Wille Gottes

Da alles in der Hand Gottes liegt, lenkt Gott aus christlicher wie muslimischer Sicht auch alles zu dem von ihm gewollten Ziel hin, das in der Rettung der Menschen aus ihrem Unheil besteht und schließlich zur ewigen Schau Gottes führt (Bauschke 2000: 370). Damit richten sich beide Religionen gegen die Vorstellung einer über Gott stehenden Macht, seien es ein blindes Schicksal, der bloße Zufall oder irgendwelche widergöttlichen Mächte, denn die Welt wird von einem Schöpfer regiert, der allem eine sinnvolle Ordnung gegeben hat.

Dem stehen nun der Ruf zur Umkehr zu Gott gegenüber (Mt 3,2; Sure 7,174) sowie die vielen Ermahnungen, im Glauben standhaft zu bleiben und diesen in Worten und Taten zu bewähren, wie sie die biblischen Schriften und den Koran durchziehen. Das wäre nicht notwendig, würden nicht viele Menschen Augen und Ohren vor ihrem Schöpfer verschließen. Hinzu kommt, dass Gott zuletzt jeden Einzelnen zur Verantwortung zieht und Rechenschaft fordert: „Denn wir alle müssen vor dem Richterstuhl Christi erscheinen, damit ein jeder empfange, was seinen Taten entspricht, die er zu Lebzeiten getan hat, seien sie gut oder böse" (2 Kor 5,10); die Folge sind entweder Verurteilung im Gericht oder ewiges Leben (Röm 2, 5–8; Sure 30,41). Ebenso gilt nach dem Koran: „Wir werden sie alle zur Verantwortung ziehen über das, was sie taten" (Sure 15,92–93; 21, 23); oder: „Wer nun will, möge glauben, und wer will, möge ungläubig sein", wobei die Ungläubigen gestraft werden (Sure 18,29). Daraus lässt sich folgern, dass der Mensch einen freien Willen besitzt, sich für oder gegen die Botschaft Gottes zu entscheiden.

Dem widersprechen freilich wieder andere Aussagen, in denen deutlich von einer Vorherbestimmung durch Gott die Rede ist; so heißt es z. B. im Koran: „Niemand kann glauben, es sei denn mit der Erlaubnis Gottes" (Sure 10,99–100). Und noch deutlicher: „Gott führt dann irre, wen Er will, und Er leitet recht, wen Er will. Und er ist der Mächtige, der Weise" (Sure 14,4); Gott bestimmt auch den Willen der Menschen und erschafft ihre Taten (Sure 81,29; 37,96), denn er ist der einzig schöpferisch Handelnde. Manche muslimische Ausleger bestimmen das Verhältnis zwischen Vorherbestimmung und Verantwortung so, dass sie den Willen des Menschen mit einem Plan vergleichen, der aber nur dann realisiert werden kann, wenn Gott es will und erlaubt und dadurch die Handlung erschafft.

Gottes Vorherbestimmung findet sich auch in der Bibel: In der Auszugserzählung ist es Gott, der das Herz des Pharao verstockt, der deshalb das Volk Israel nicht ziehen lässt (Ex 9,12; vgl. Joh 12,4; vgl. Sure 7,101). Darauf beruft sich Paulus, wenn er schreibt: „Also zeigt er [Gott] sein Erbarmen, wem er will, und verhärtet, wen er will" (Röm 9,18). Der Prophet Jesaja erhält den Auftrag, das Volk schwerhörig zu machen und ihm die Augen zu verkleben, damit es nicht versteht und begreift und nicht versucht, sich selbst zu retten, bevor es seine Schuld gebüßt hat (Jes 6,9–10; Ps 81,13). Gott ist es, der „alles vollbringt", der „das Licht bildet und die Finsternis schafft, der Heil vollbringt und Unheil schafft" (Jes 45,7). Denen, die sich nicht retten lassen, schickt Gott „eine Kraft, die in die Irre führt, dass sie der Lüge glauben"; ihnen stehen diejenigen gegenüber, die „Gott von Anfang an erwählt zur Rettung" (2 Thess 2,11.13). Zugleich werden die Empfänger des Briefes aufgefordert, standhaft an der Überlieferung festzuhalten, und auch im Koran stehen Bestimmung und Verantwortung nebeneinander, wenn es einerseits heißt: „Alles ist von Gott", und andererseits: „Was dich an Gutem trifft, ist von Gott. Und was dich an Schlechtem trifft, ist von dir selbst" (Sure 4,78f.). Gott erwählt, wen er will, und nimmt dann doch diejenigen an, die sich ihm reumütig zuwenden (Sure 42,13; 18,57).

Gottes Entscheidung

Was hier auf den ersten Blick wie ein ungerechtes Schicksal aussieht, hat auf den zweiten Blick seinen Sinn darin, dass die menschliche Freiheit begrenzt ist, sodass der Mensch nicht lückenlos über sich und andere verfügen kann. Daher kann er auch den Glauben nicht herstellen oder erzwingen weder bei sich selbst noch bei anderen, und daher gibt es auch nach dem Koran „keinen Zwang in der Religion" (Sure 2,256). Der Sinn des Gedankens der Vorherbestimmung liegt im Trost darüber, dass niemand damit rechnen, auch nicht erzwingen kann, dass alle Menschen ihre Verantwortung vor Gott und der Welt wahrnehmen. Immer wieder tröstet daher Gott Muhammad angesichts der Feindseligkeit der Mekkaner: „Und die meisten Menschen sind nicht gläubig, du magst dich noch so sehr bemühen“ (Sure 12,103; 26,3).[109] Darin liegt auch eine große Entlastung, die sich fortsetzt im Verbot, über die Menschen Gericht zu halten (Mt 7,1), und dem entspricht im Koran: „Und sprich zu denen, die nicht glauben: Handelt nach eurem Standpunkt, wir werden (auch so) handeln. Und wartet ab, wir warten auch ab“ (Sure 11,121.122), denn letztlich entscheidet Gott.

Damit ist es dem Menschen aber auch verwehrt, ein genaues Wissen darüber zu haben, was jeweils konkret zur Bestimmung gehört, sei es für sich selbst oder für andere. Das nicht zu beachten, hat in beiden Religionen immer wieder dazu geführt, gesellschaftliche und politische Ungerechtigkeit durch Berufung auf die göttliche Bestimmung zu rechtfertigen (vgl. Inam 2008: 94f.). Freilich wurde schon jede heilige Schrift, auch die Bibel, für je eigene Zwecke missbraucht, vor allem durch Herauslösen einzelner Verse, ohne den Gesamtzusammenhang zu beachten. Dazu passt der Spruch des Propheten Muhammad, der über die Ausleger sagt, sie schlagen „den einen Vers mit dem anderen tot“ (Schoen 2004: 162). Diese Vorgangsweise hat in beiden Religionen interne Gräben aufgerissen, was sich im Gespräch zwischen den Religionen oft fortsetzt: „Muslime verstehen sich als Verteidiger der Freiheit gegen die ‚fatalistische‘ Erbsündenlehre der Christen, Christen halten sich für einen Hort der Freiheit gegenüber dem ‚Kismet‘ der Muslime (Schoen 2004,164, Anm. 8).

Trost ohne Sicherheit

Im Unterschied zum Islam hat das Christentum zwar die Vorherbestimmung zu keinem Glaubenssatz erhoben, da sich aber diese Vorstellung auch in der Bibel findet, wurde sie in der Auslegungstradition immer wieder aufgegriffen und lehrhaft entfaltet wie etwa durch den Kirchenvater Augustinus oder den reformatorischen Theologen Johannes Calvin. Das leistete einer menschlichen Festlegung Vorschub und führte z. B. im calvinistisch geprägten Südafrika zur Begründung der Erwählung des weißen Volkes und damit zur Apartheidpolitik; bei solchen Vorstellungen muss von einem Missbrauch gesprochen werden, was aber beide Religionen auch kritisch betrachten (Loader 2009: 226f.; Inam 2008, 95).

Bei der Vorstellung der Prädestination geht es aus koranischer wie biblischer Sicht darum, die durch Verfolgung Verunsicherten zu trösten und im Glauben zu stärken, dass Gott gerecht urteilen werde (z. B. die Suren 93 und 94). Aber Erwählungsgewissheit hat mit Glauben und nichts mit Sicherheit oder mit Fakten zu tun, die etwas beweisen könnten. Beide Religionen vertreten in ihren Grundschriften die Auffassung, dass weder von zeitlichem Wohlergehen auf die Erwählung durch Gott geschlossen werden kann, noch aus Armut und Bedrängnis auf die Verdammnis. Vielmehr wird gerade Reichtum durchgängig als Hindernis für den Glauben und als Versuchung angesehen (Sure 10,88; 6,44; 9,85, 42,27; Mk 10,17; Lk 12,13–21), daher ist auch der umgekehrte Schluss nicht zulässig. So heißt es in der Bibel, dass zwar eher ein Kamel durch ein Nadelöhr geht als ein Reicher in das Reich Gottes, „bei Gott aber ist alles möglich" (Mt 19,24–26). Letztlich bleiben in Bibel und Koran Vorherbestimmung und menschlicher Wille nebeneinander bestehen, weil beides zu einem menschlichen Dasein gehört.

13.8 Leid und Gottes Gerechtigkeit

Vorherbestimmung und die Frage nach der Ursache von Leid hängen eng zusammen. Das Leid ist im Koran kein eigenständiges Thema, ob es sich nun um das Leiden an der Bosheit der Menschen oder an einem unbeeinflussbaren Schicksal wie Naturkatastrophen handelt. Ein Aspekt von *qadar* bezieht sich auf das von Gott festgelegte Maß in der Natur und für seine Geschöpfe (Sure 13,8), woraus abgeleitet wird, dass sich auch die Menschen an das Maß halten sollen (Sure 55,8). Gott hat den Lauf der Gestirne festgesetzt (Sure 36,39), Wasser zum Trinken herabkommen lassen, das Maß an Nahrung festgelegt für alle, „die danach verlangen" (Sure 41,10), Lebensunterhalt zur Freude im diesseitigen Leben (Sure 13,26), denn Gott ist es, der „erschafft und dann versorgt" je nach Bedarf (Sure 30,40). Diese Vorstellung kennt auch die Bibel, denn wie Gott die Vögel ernährt, die nicht säen und nicht ernten, so ernährt Gott auch die Menschen (Mt 6,26). Beide Religionen verbinden diese Fürsorge Gottes mit der Aufforderung zum Gottvertrauen und zur Dankbarkeit für die Gaben der Schöpfung: „Denn alles, was Gott geschaffen hat, ist gut, und nichts ist verwerflich, wenn es mit Danksagung empfangen wird" (1 Tim 4,4).

Leid als Strafe oder Prüfung

Dennoch wird das Unheil in der Welt nicht verleugnet. Als Gott im Koran den Engeln die Absicht mitteilt, den Menschen als seinen Stellvertreter auf der Erde einzusetzen, erschrecken die Engel und sagen: „Willst Du auf ihr einen einsetzen, der auf ihr Unheil stiftet und Blut vergießt [...]?" Und Gottes Antwort lautet: „Ich weiß, was Ihr nicht wisst" (Sure 2,30). Deshalb ist es nicht angemessen, Gott nach dem „Warum" zu fragen, denn: „Er [Gott] wird nicht zur Verantwortung gezogen für das, was Er tut; sie [die Menschen] aber werden zur Verantwortung gezogen" (Sure 21,23). Leiderfahrungen sind im Koran implizit in der Antwort vorausgesetzt, die den Menschen gegeben wird, wie sie solche Erfahrungen verstehen können: als Strafe (z. B. die Ägypter, die nicht auf Moses gehört haben: Sure 17,103), spätestens im letzten Gericht, als Sühne oder als Prüfung zum Zwecke der Bewährung oder als Aufruf zur Buße und als pädagogische Maßnahme zur Besserung. Deshalb sollen Unglück und Anfeindung mit Geduld ertragen werden in der Gewissheit: „‚Wir gehören Gott, und wir kehren zu ihm zurück'" (Sure 2,155).

Wie nach der Bibel wurden auch nach dem Koran besonders die Propheten dem Leid ausgesetzt dadurch, dass man ihrer Botschaft nicht glaubte und sie verfolgte (Sure 6,6, 36). In diesem Sinne sieht der Koran Hiob als Vorbild, da er seinen Glauben mit Geduld im Leiden bewährt, ohne gegen Gott aufzubegehren; dafür wird er von Gott belohnt (Sure 21,83–84; 38,41–44). Das gilt auch und besonders für Muhammad, dessen Weg der Koran in Gestalten wie Moses, Abraham oder Joseph vorgezeichnet sieht, die angefeindet und am Leben bedroht wurden und ausgewandert sind (Takim 2007a: 165f.). Muhammad wird aufgefordert: „So sei geduldig, bis das Urteil deines Herrn eintrifft. Und sei nicht wie der mit dem Fisch [Jona], als er voller Gram (zu Gott) rief" (Sure 68,48).

Leid als Strafe, Prüfung oder Aufruf zur Umkehr zu verstehen, das findet sich auch in der Bibel. Das Lukasevangelium erzählt die Geschichte vom reichen Mann, der dem Lazarus, einem kranken Bettler, nichts abgibt. Sie sterben beide, und der Reiche leidet als Strafe in der Glut des Feuers, der Arme aber wird getröstet im Schoße Abrahams im Sinne der ausgleichenden Gerechtigkeit Gottes. In dieser Erzählung findet sich auch das Motiv der Verstockung, denn Abraham weist die Bitte des Reichen, Lazarus mit einer Warnung zu seinen Brüdern zu schicken, zurück mit der Begründung: Die sollen auf Moses und die Propheten hören, und wenn sie das nicht tun, werden sie sich auch nicht von einem überzeugen lassen, der von den Toten zurückkommt (Lk 16,19–31). Paulus spricht vom Zorn Gottes, der über alle Gottlosigkeit und Ungerechtigkeit kommen wird (Röm 1,18; 2,5; vgl. 2 Thess 2,16). Auch die Aufforderung zur Geduld spielt aus christlicher Sicht eine zentrale Rolle: „In der Hoffnung freuen wir uns, in der Bedrängnis üben wir Geduld, am Gebet halten wir fest" (Röm 12,12). Paulus selbst ist dafür ein Beispiel, der Vielfältiges erlitten hat, für den aber beides von Gott kommt: Leid und Trost (2 Kor 1,6–7). Angefeindet von außen, verfolgt, mehrfach im Gefängnis, aber auch angefeindet von innen, von den eigenen Glaubensgeschwistern z. B. in der Gemeinde in Korinth, das hat ihn fast am Leben verzweifeln lassen (2 Kor 1,8f.). Der Jakobusbrief vergleicht die Geduld der Glaubenden mit der eines Bauern: „Er wartet auf die kostbare Frucht der Erde und harrt geduldig auf sie, bis er sie empfängt." So sollen auch die Gläubigen warten und dabei standhaft bleiben, damit sie im Gericht Gottes bestehen (Jak 4,7f.).

Das Urteil gehört Gott

Wie auch in Bezug auf die Vorstellung der Prädestination bedeutet dies weder aus christlicher noch aus muslimischer Sicht, dass Menschen zu beurteilen vermögen, wann und wo und bei wem das Leid etwa eine Strafe oder Geduldsprüfung darstellt, denn das würde bedeuten, Aussagen aus der Perspektive Gottes zu machen. Dies weiß allein Gott, und den Menschen wird es erst im letzten Gericht offenbar. Deshalb sollen sie nicht selbst urteilen, weil sie damit Gott beurteilen würden, was ihnen nicht zusteht: „Das Urteil gehört Gott allein" (Sure 6,57). Jedenfalls verfügt kein Geschöpf über ein Wissen darüber, wer ins Paradies oder in die Hölle kommt. So erzählt ein Hadith von zwei Freunden, einem Frommen und einem Sünder, und der Fromme urteilt über den Sünder: „Bei Gott, dir wird nicht vergeben." Als sie beide sterben und vor ihrem Richter stehen, sagt Gott zu dem Frommen: „Wußtest du über mich Bescheid? Oder verfügtest du über das, was in meiner Hand liegt?" Und zu dem Sünder spricht er: „Geh, tritt ein ins Paradies aus Barmherzigkeit von mir" (Khoury 1992: 495; vgl. die Erzählung von „Pharisäer und Zöllner" in Lk 18, 9–14). Aufs Ganze gesehen steht im Koran jedoch die ausgleichende Gerechtigkeit im Vordergrund.

Auch die Bibel fordert die Menschen dazu auf, nicht zu richten (Mt 7,2; Röm 14,13), nicht selbst Rache zu üben, sondern dies Gott zu überlassen, der spricht: „Mein ist die Rache, ich werde Vergeltung üben" (Röm 12,19; Dtn 32,35; Hebr 10,30). In beiden Religionen sind Begriffe wie Zorn, Rache, Vergeltung keine Affekte Gottes, denn Affekte gehören in den Bereich des Geschöpflichen; sie sind Ausdruck für die Durchsetzung der Gerechtigkeit Gottes. Was Gott tut, kann vom Menschen gar nicht beurteilt werden, weil er als Geschöpf kein vollkommenes Wissen von der „wahren" Gerechtigkeit besitzt. Deshalb lässt sich auch nicht rational erklären und verstehen, woher angesichts einer guten Schöpfung Leid und Unglück kommen, aber darauf vertrauen, dass Gott seine gute Schöpfung nicht revidiert und das Unheil letztlich überwindet. Gottvertrauen hat mit Beziehung zu tun, und es ist auch muslimischen Interpreten nicht fremd, dies mit der Beziehung von zwei Liebenden zu vergleichen, die nicht vom Verstehen geprägt ist, „sondern vor allem von der Akzeptanz im Glück wie im Leid", in dem, was sie einander geben, aber auch verwehren (Ucar 2008: 81). Die Aussage, dass Gott den Menschen nicht mehr auferlegt, als sie ertragen können, ist keine Beschreibung einer Tatsache, sondern eine Zusage, die nur im Gottvertrauen angenommen werden kann (Sure 2,286; 22,78; 1 Kor 10,13).

Die innere Freiheit

Beiden Religionen ist die Vorstellung gemeinsam, dass Glaube und Hingabe an Gott den Menschen gegenüber der Welt innerlich immer freier werden lassen, auch wenn er sich äußerlich von seinem Geschick nicht befreien kann (Iqbal 2003). Dem entspricht auch die jüdische Tradition, wenn für Martin Buber die Freiheit ein Steg ist, aber kein Wohnraum, denn: „Vom Schicksal, von der Natur, von den Menschen gezwungen werden: der Gegenpol ist nicht, vom Schicksal, von der Natur, von den Menschen frei, sondern mit ihm, mit ihr, mit ihnen verbunden und verbündet sein" (Buber 2005: 143). Von der Schöpfung her ist der Mensch in erster Linie ein Beziehungswesen, das seine Freiheit, wenn, dann innerhalb von Beziehungen realisiert – zu Gott und den Menschen.

So lässt sich die Spannung zwischen Erfahrungen von Leid und Unrecht und der Güte und Gerechtigkeit Gottes nicht abstrakt und theoretisch lösen, wie sich auch in menschlichen Beziehungen Glück und Leid nicht vertraglich aushandeln lassen. Koran und Bibel sind auch keine dogmatischen Schriften, sondern kreisen um existentielle Erfahrungen, die Menschen miteinander und mit Gott machen. Zwar besteht darin ein Unterschied, dass im Koran Gott selbst spricht, während die Bibel das Zeugnis der Gläubigen darstellt, sodass auch deren Befindlichkeit in Jubel und Klage stärker zum Ausdruck kommt. Aber auch die Worte Gottes im Koran werden immer in wechselnde geschichtliche Kontexte hinein gesprochen und beziehen sich auf existenzielle Erfahrungen.

In der Gewissheit, dass die Welt als eine gute Schöpfung geschaffen wurde und Gott seine Versprechen hält, die über das zeitliche Ende hinausreichen, finden Christentum und Islam trotz ihrer Differenzen zusammen. Daher können und sollen gläubige Muslime/Musliminnen wie gläubige Christen/Christinnen für alle Menschen hoffen und beten. Und daraus können beide die Kraft beziehen, ihr Geschick anzunehmen. In diesem Sinne sprechen Christen/Christinnen im Vaterunser: „Dein Wille geschehe wie im Himmel so auf Erden." Der evangelische Theologe Dietrich Bonhoeffer, aufgrund des Widerstands gegen das Nazi-Regime hingerichtet, hat 1943 im Gefängnis ein eigenes Glaubensbekenntnis geschrieben, in dem es u. a. heißt: „Ich glaube, dass Gott uns in jeder Notlage so viel Widerstandskraft geben will, wie wir sie brauchen. Aber er gibt sie nicht im Voraus, damit wir uns nicht auf uns selbst, sondern allein auf ihn verlassen" (Bonhoeffer 1951: 18). Eine solche Haltung schließt auch aus muslimischer Sicht nicht aus, sich in der Welt für Güte und Gerechtigkeit unter den Menschen einzusetzen; es ist die Haltung zwischen „Widerstand und Ergebung", die eine innere Freiheit gibt.

Lohn und Strafe

Freilich bleiben zwischen den beiden Religionen auch Unterschiede, die teils in der Gewichtung bestehen, teils in einer unterschiedlichen Zentrierung. Auch die Begriffe sind nicht immer identisch. Der Koran spricht häufig von Lohn und Strafe, von Paradies und Hölle. In der Bibel, vor allem im Neuen Testament, ist selten von Lohn (z. B. Mt 6,1; Lk 6,35) und Strafe (z. B. 2 Petr 2,9; Jud 15) die Rede, weil die Strafe Furcht auslöst (z. B. 1 Joh 4,18), der Glaube aber wesentlich vom Vertrauen in Gottes Barmherzigkeit getragen sein und in der Liebe zu Gott und den Menschen zum Ausdruck gebracht werden soll. Gegenüber dem islamischen Begriff „Paradies" steht der Begriff „ewiges Leben" im Gottesreich bzw. bei Gott. Das Wort „Hölle" findet sich in der Bibel als deutsche Übersetzung des aramäischen *gehanna*, griechisch *geenna*, ein Ort, an den diejenigen gebracht werden, die im letzten Gericht vor Gott nicht bestehen (z. B. Mt 10,29; 18,9; Mk 9,43); auch das arabische Wort für Hölle leitet sich davon ab. Die Bibel spricht aber auch vom Bleiben in der Totenwelt (z. B. Mt 16,18; Lk 16,23), und manchmal von Finsternis oder Feuer (Mt 7,19; 13,50; Off 20,14), die auch im Koran in Verbindung mit der „Hölle" stehen.

In Bezug auf den „Lohn" weist der Koran spezifische Begriffe auf, die sich als Metaphern aus dem Handelswesen verstehen lassen, und mit denen zum Ausdruck gebracht wird, was der Glaube bewirkt. Diejenigen, die glauben und gute Werke tun, erwerben etwas, gewinnen etwas, haben Erfolg, aber diejenigen, die sich nicht rechtleiten lassen, verlieren etwas bzw. zählen zu den Verlierern (vgl. Görgün 2008: 45; Peter Heine 2009: 20, 115). An einer Stelle heißt es: „Wenn ihr Gott ein schönes Darlehen leiht, wird Er es euch vervielfachen und euch vergeben. Und Gott zeigt sich erkenntlich und ist langmütig" (Sure 64,17). Im Koran spielt also die ausgleichende Gerechtigkeit durch Gott eine zentrale Rolle (Takim 2007a: 302), auch wenn insgesamt die Zusage der Barmherzigkeit Gottes überwiegt. Daher betonen auch manche Korankommentatoren, dass Lohn und Strafe letztlich dem Willen Gottes unterliegen, der, wenn er will, jeden Menschen freisprechen kann. Denn nach dem Koran werden je nachdem Hölle oder Paradies angekündigt, aber mit der Einschränkung, „es sei denn, Gott will es anders" (Sure 6,128; 11,107).

Der Koran beschreibt recht ausführlich, was die Menschen im Paradies oder in der Hölle erwartet. Die christliche Kanonbildung hat hingegen besonders solche Texte aufgenommen, die von der Erlösung durch Jesus Christus sprechen. Dabei liegt der Schwerpunkt des evangelischen Christentums darauf, dass Gott den Gläubigen die Gerechtigkeit ohne ihr Verdienst zuspricht (Röm 3,21ff.). Die Gerechtigkeit, die Gott aufgrund des Glaubens schenkt, darf jedenfalls nicht als „billige Gnade" missverstanden werden, und deshalb spielt auch bei den Evangelischen die Lebensführung eine wichtige Rolle.

„Diesseits und Jenseits"

Der „Erfolg" der Rechtgeleiteten bezieht sich im Koran nicht nur auf das jenseitige, sondern auch auf das diesseitige Leben. Das gilt für alle Menschen, nicht nur für die Propheten, die Gott aus Gefahren rettete wie Moses (Sure 2,49; 26,65) oder Jona (Sure 21,88). Auch wenn das nicht heißt, dass die Menschen Gottes Wege und Willen durchschauen könnten, wurde der Islam zuweilen auch als eine Religion des realen Erfolgs verstanden, was sich durch die Geschichte der raschen Ausbreitung in den ersten beiden Jahrhunderten bestätigt habe. Dies wurde und wird immer noch als Beweis für den rechten Glauben gewertet, und als sich Misserfolg, innere Zerwürfnisse, Machtverlust und Unterdrückung (Kolonialismus) einstellten, bedeutete das für viele auch eine Glaubenskrise (Zirker 1993: 90).

Eine solche Einstellung wird freilich von muslimischen Theologen inzwischen auch kritisch gesehen, die betonen, dass Gott immer gegenwärtig ist und wirkt, nicht nur dann, wenn der Islam dominiert, und dass er alle Menschen geschaffen hat, nicht nur die Muslime. Damit ist Gott auch in den Leidenden gegenwärtig, woraus Mitleiden, aktive Hilfe und „universale Solidarität" gefolgert werden unter Berufung auf einen Hadith (Hodžić 2008: 115ff.): „Gott, der Hohe und Erhabene, wird am Tag der Auferstehung sagen: O Kind Abrahams, ich bin krank gewesen, und du hast mich nicht besucht. Und er wird sagen: O mein Herr, wie kann ich dich besuchen, wo du doch der Herr der Welten bist? Er wird sagen: Wußtest du nicht, daß mein Diener Soundso krank war, und du hast ihn nicht besucht. Hättest du ihn besucht, hättest du mich bei ihm gefunden" (Khoury 1992: 544f.). Dies wird dann, einem Matthäustext vergleichbar (Mt 25,35–40), mit Bezug auf einen Hungernden und einen Durstenden wiederholt.

Das Neue Testament enthält viele Erzählungen von Jesus, der sich ausgerechnet den Sündern zuwendet, und auf den Vorwurf der Frommen, er gebe sich mit solchem Gesindel ab, antwortet: „Ich bin nicht gekommen, Gerechte zu rufen, sondern Sünder" (Mt 9,13). Es sind die Betrüger (Zöllner) und Dirnen, so heißt es, die vor den Gerechten ins Reich Gottes kommen (Mt 21,31). Solche Stellen werden von muslimischer Seite oft dahingehend missverstanden, dass Gott sich Unwürdigen zuwendet und die menschliche Gerechtigkeit nicht achtet. Zuwendung bedeutet hier aber nicht, die Sünder zu bestätigen, die vielmehr zur Umkehr aufgerufen sind. Solche Aussagen wollen diejenigen, die sicher sind, zu den Gerechten zu zählen, auf ihre Selbstgerechtigkeit aufmerksam machen, die ihnen den Weg ins Gottesreich versperrt.

13.9 Jesus und Christus

Im Koran trägt Jesus den Namen Isa, und er gilt im Islam als der letzte Prophet vor Muhammad; die wesentlichen Aussagen über ihn sind in den Suren 19 und 3 enthalten. Wie in der Bibel so wird auch im Koran zunächst dem alten Zacharias und seiner Frau von Gott noch ein Kind geschenkt, Johannes (*Yahya*), ein Asket und Prophet, ein Rechtschaffener, der „ein Wort von Gott für wahr halten" wird (Sure 3,39). Mit dem „Wort von Gott" ist Jesus gemeint, sodass auch nach muslimischem Verständnis Johannes die Rolle als Vorläufer Jesu zukommt. Schon von Johannes heißt es im Koran, dass diese nach menschlichem Ermessen unwahrscheinliche Geburt für Gott möglich ist, weil er alles erschaffen kann, wie er auch jeden Menschen erschafft (Sure 19,9). Der Koran und das Neue Testament teilen die Vorstellung, dass Jesus ohne Zeugung durch einen menschlichen Vater aus der Jungfrau Maria geboren wurde (Mt 1,18ff.; Lk 1,26ff.). In der christlichen Verkündigungsszene spricht der Engel Gabriel vom Heiligen Geist als Ursprung des Kindes (Lk 1,35), im Koran aber ist der Heilige Geist (*ruh al-quds*) mit dem Engel Gabriel identisch (z. B. Sure 26,192–193), der freilich nicht als Vater Jesu gilt.

Die Bezeichnung eines Engels als „Heiliger Geist" findet sich auch in den christlichen Teilen der ursprünglich jüdischen Schrift „Himmelfahrt des Propheten Jesaja" aus dem 3.–4. Jahrhundert; hier wird der Engel Michael Heiliger Geist genannt (Schneemelcher 1997: 547–562). Im Koran erscheint Gabriel der Maria „im Bildnis eines wohlgestalteten Menschen" (Sure 19,17f.) und kündigt ihr die jungfräuliche Geburt an; auch dazu gibt es eine Parallele in der Schrift „Pseudo-Matthäusevangelium", die allerdings erst aus dem 8./9. Jahrhundert datiert (Schneider 1995), sodass sich islamische Einflüsse vermuten lassen.

Ohne menschlichen Vater

Wie in der Bibel betont Maria auch im Koran, dass sie unberührt ist, und fragt erstaunt, wie eine Empfängnis möglich sein soll. Bibel und Koran ist weiter der Verdacht eines moralischen Vergehens gemeinsam, unter den Maria gerät, in der Bibel durch ihren Verlobten Joseph, der im Koran nicht vorkommt, im Koran durch ihre Verwandten und das Volk. Im Koran spricht Jesus selbst als Kind aus der Wiege, rechtfertigt seine Mutter und sagt von sich selbst: „Ich bin der Diener Gottes. Er ließ mir das Buch zukommen und machte mich zu einem Propheten. Und Er machte mich gesegnet, wo immer ich bin. Und Er trug mir auf, das Gebet und die Abgabe [für die Armen: *zakat*] (zu erfüllen), solange ich lebe, und pietätvoll gegen meine Mutter zu sein. Und Er machte mich nicht zu einem unglückseligen Gewaltherrscher. Und Friede sei über mir am Tag, da ich geboren wurde, und am Tag, da ich sterbe, und am Tag, da ich wieder zum Leben erweckt werde.‘ Das ist Jesus, der Sohn Marias. Es ist das Wort der Wahrheit, woran sie [die Juden] zweifeln. Es steht Gott nicht an, sich ein Kind zu nehmen. Preis sei Ihm! Wenn er eine Sache beschlossen hat, sagt er zu ihr: Sei!, und sie ist. Und Gott ist mein Herr und Euer Herr; so dient Ihm. Das ist ein gerader Weg‘“ (Sure 19,30–36).

In diesen Versen, der ältesten Kindheitserzählung aus der mekkanischen Zeit, ist das islamische Verständnis von Jesus zusammengefasst: Jesus ist ein Mensch, weil von Gott geschaffen, wenn auch unter ungewöhnlichen Umständen; er lebt wie ein Mensch und wird auferstehen, wie Gott es für alle Menschen vorgesehen hat. Er ist ein gesegneter Prophet, der ohne Gewalt auftritt, mit einer Botschaft, die dann in der medinischen Kindheitsgeschichte (Sure 3) das Evangelium genannt wird. Der Koran polemisiert einerseits gegen die Juden, die Jesus nicht als Propheten anerkennen und darüber in Streit geraten (Sure 19,37), andererseits gegen die Christen, die Jesus als Sohn Gott an die Seite stellen und damit den Monotheismus gefährden.

Jesus als Messias

Auch im Koran wird Jesus Messias genannt. Muslimische Ausleger interpretieren diesen Titel meist so, dass Jesus der Gesegnete ist, weil er von Gott in den Leib der Maria eingesenkt und zum Propheten bestimmt wurde (Sure 19,31). Unter Bezug darauf, dass Jesus Blinde heilte (Sure 3,49), wird unter Messias auch der Salbende verstanden, weil man davon ausgeht, dass er dazu Öl verwendete. Vom selben Wortstamm wird auch der Begriff „wandern“ abgeleitet, sodass Jesus auch als Wandernder gilt, was vor allem die mystische Tradition aufgegriffen hat (Bauschke 2000: 108).

Für christliche Ohren klingt es verlockend, wenn Jesus Wort Gottes und an einer Stelle im Koran sogar Geist Gottes genannt wird, aber dieser Vers beginnt mit einer Ermahnung an die Christen, in ihrer Religion nicht zu übertreiben, denn: „Christus[110] Jesus, der Sohn Marias ist doch nur der Gesandte Gottes und sein Wort, das er zu Maria hinüberbrachte, und ein Geist von Ihm“ (Sure 4,171). Dies bezieht sich auf die jungfräuliche Geburt, denn an anderer Stelle heißt es: „Da bliesen wir in sie [Maria] von unserem Geist“ (Sure 21,91; 66,12). Aber dasselbe wird auch im Zusammenhang mit der Erschaffung Adams bzw. der Menschen ausgesagt (Sure 15,29; 32,9; 38,72), was noch einmal betont, dass Jesus nichts anderes als ein Mensch war, der Speisen gegessen hat (Sure 5,73f.), und zugleich ein Zeichen, ein Hinweis auf die Allmacht Gottes. Wenn der Koran von Jesus meistens als dem „Sohn Marias“ spricht, dann erfolgt das ausdrücklich gegen den „Sohn Gottes“. Aufgrund ihrer Reinheit und Gottergebenheit und auch der Ehrerbietung, die Jesus seiner Mutter entgegenbringt, genießt Maria, die einzige Frau, die im Koran namentlich genannt wird, unter Muslimen/Musliminnen große Hochachtung und Verehrung. Muslimische Kommentatoren bringen jedenfalls kein Verständnis dafür auf, dass Jesus gemäß der Bibel seiner Mutter gegenüber mehrfach gleichgültig oder abweisend entgegentrat (Mk 3,31–35; Joh 2,4).Was die Botschaft Jesu anbelangt, finden sich im Koran zwar keine wörtlichen Übereinstimmungen mit der Bibel, aber doch einige gemeinsame inhaltliche Züge. Jesus wurde zu den „verlorenen Schafen aus dem Haus Israel" gesandt (Mt 10,6; 15,24) und bestätigt die Tora und die Propheten (Mt 5,17f.; Röm 16,8; Sure 61,6). Zu seinen Streitgesprächen mit den Pharisäern und Schriftgelehrten (Mk 12) lässt sich die koranische Aussage in Beziehung setzen, Jesus sei gekommen, „um einiges von dem zu erlauben, was euch verboten wurde" (Sure 3,50), oder „um euch einiges von dem, worüber ihr uneins seid, deutlich zu machen" (Sure 43,63). Auch im Koran tritt Jesus als Autorität auf, die im Namen Gottes Gehör fordert (Sure 3,50), und wer nicht hört, wird verflucht (Sure 5,78f.), was mit den Weherufen gegen die Pharisäer verglichen werden kann (Mt 23,13ff.; Lk 11,39ff.). Aus christlicher wie muslimischer Sicht ist Jesus ein Jude, der seinen Glauben mit Ernst und Hingabe lebte.

Wunder als Zeichen

Dass Jesus Wunder getan hat, berichten der Koran wie die Bibel, aber der Koran nennt einige Wunder, die Parallelen in der apokryphen christlichen Literatur aufweisen. Jesus heilt Blinde und Aussätzige, erweckt Tote zum Leben und bläst einem Vogel aus Ton Leben ein „mit Gottes Erlaubnis" (Sure 3,49; 5,110). Das Vogelwunder findet sich im apokryphen Thomasevangelium, dessen älteste Textteile möglicherweise auf das 3. Jahrhundert zurückgehen. Das Wiegenwunder, das darin besteht, dass der neugeborene Jesus spricht und sich auf die Seite seiner verleumdeten Mutter stellt (Sure 19,30–33; 3,46; 5,110), kommt im christlichen „Arabischen Kindheitsevangelium" vor, vermutlich im 5. Jahrhundert oder später entstanden; freilich stellt sich Jesus dort als Sohn Gottes vor. Um die Ruhe des Herzens geht es beim Tischwunder Jesu, denn die Jünger wollen wissen, „dass du uns die Wahrheit gesagt hast". Jesus wendet sich an Gott, der die Bitte erfüllt und Jesus damit legitimiert: „O Gott, unser Herr, sende auf uns einen Tisch vom Himmel herab, dass er für uns, für den ersten von uns und den letzten von uns, ein Fest sei, und ein Zeichen von Dir. Und versorge uns. Du bist der beste Versorger" (Sure 5,112ff.). Manche muslimische Kommentatoren sehen darin eine Anspielung auf die biblischen Speisungswunder, während die meisten einen Bezug zum christlichen Abendmahl ablehnen (Bauschke 2000: 142f.). Jedenfalls kann kein Gesandter „ein Zeichen bringen außer mit der Erlaubnis Gottes" (Sure 13,38).

Damit steht Jesus im Koran in einer Reihe von Propheten, und es ist die Botschaft der Propheten, aber nie die Person, die Heil und Rettung bringt. Auch in der Bibel gelten die Wunder Jesu als Zeichen dafür, dass „Gott mit ihm ist" (Joh 3, 2), aber sie verweisen auch auf ihn selbst als denjenigen, in dem sich Gott offenbart hat.

Repräsentant des Gottesreiches

Nach der Bibel knüpfen viele Worte Jesu an prophetische Traditionen des Alten Testaments an. Darüber hinaus fällt jedoch auf, dass bei ihm ein entscheidendes Moment fehlt, das nach jüdischem Verständnis einen Propheten ausmacht: Jesus sagt nirgends, dass er einen Spruch Gottes empfangen hat und weitergibt. Vielmehr spricht und handelt er von sich aus mit großer Vollmacht, wenn es z. B. heißt: „Wenn ich durch den Finger Gottes die Dämonen austreibe, dann ist das Reich Gottes zu euch gelangt" (Lk 11,20). Offenbar sah Jesus bereits sich selbst in einer ganz bestimmten Rolle, auch wenn er von sich nicht als Sohn Gottes sprach.

Anknüpfend an die biblische Überlieferung, dass der entrückte Prophet Elija (2 Kön 2,11) wiederkommen werde (Mal 3,23), geht das Neue Testament davon aus, dass dies in in der Gestalt Johannes' des Täufers geschehen sei (Mk 9,13; Lk 1,17). Nach Elija solle das Gottesreich kommen, daher kommt aus neutestamentlicher Sicht nach Johannes dem Täufer das Gottesreich in der Gestalt Jesu. Aus diesem Befund ergibt sich, dass Jesus sich nicht als einen Propheten verstand, sondern als den Repräsentanten des Gottesreiches, das endliche Grenzen aufhebt: „Blinde sehen, Lahme gehen, Aussätzige werden rein, und Taube hören, Tote werden auferweckt, Armen wird das Evangelium verkündet, und selig ist, wer an mir [Jesus] keinen Anstoß nimmt" (Lk 7,22f.). Daher wird in den Texten auch betont, Jesus sei mehr als Salomo, mehr als Jona (Lk 11,31f.) (vgl. Kreplin 2001).

Differenz der Offenbarungen

Die entscheidenden Unterschiede zwischen den drei monotheistischen Weltreligionen ergeben sich aus der Antwort auf die Frage, worin Gott sich letztgültig offenbart hat. Die Schriften aller drei Religionen erzählen viele Geschichten darüber, dass Gott zu auserwählten Menschen wie z. B. Abraham und vor allem zu den Propheten gesprochen hat durch Engel oder Träume, auch durch Naturerscheinungen oder Visionen. Aber alle drei Religionen berufen sich auf eine jeweils letztgültige Offenbarung: das Judentum auf die Tora, die Moses auf dem Berg Sinai (Horeb) empfangen hat, mit ihren ethischen und rituellen Vorschriften; das Christentum auf Jesus Christus in seinen Worten und Taten, seinem Tod und seiner Auferstehung; der Islam auf den Koran, der Muhammad als letztem in der Reihe der Propheten seit Adam eingegeben wurde, vermittelt durch den Engel Gabriel. Allen drei Religionen ist gemeinsam, dass allein Gott der Initiator der Offenbarung ist, dem es gefallen hat, den Menschen etwas zu erkennen zu geben. Beim Inhalt der Offenbarung: Tora, Jesus Christus, Koran, scheiden sich die Geister. In Bezug auf das Ziel der Offenbarung gibt es Unterschiede, aber auch Gemeinsamkeiten.

Nach muslimischem Verständnis gilt der Koran insofern als letztgültige Offenbarung Gottes, als er sich als Korrektur der Missverständnisse und Verfälschungen versteht, die durch die Menschen gegenüber ihren jeweiligen Offenbarungen entstanden sind. Aus koranischer Sicht werden Streit und Uneinigkeit innerhalb des Christentums als Beleg für solche Verfälschungen betrachtet, und das entspricht (nicht nur) dem Zustand im 7. Jahrhundert, als das Christentum bereits in eine Vielzahl von unterschiedlichen Richtungen zersplittert war; hier kann der Islam als eine bis heute gültige Anfrage an die christliche Ökumene gesehen werden.

Offenbarung in Jesus Christus

Christentum und Islam ist die Überzeugung gemeinsam, dass sich Offenbarung allein der Tätigkeit des unerschaffenen Gottes verdankt, und dass sie vom Menschen passiv empfangen wird. Aber für das Christentum gilt die Offenbarung Gottes in Jesus Christus als die letztgültige. Hier ist nicht nur wie im Koran davon die Rede, was die Menschen tun sollen, vielmehr geht es um die Selbstoffenbarung Gottes, der sein den Menschen zugewandtes Wesen zu erkennen gibt und damit seinen Beziehungswillen gegenüber seinen Geschöpfen bekundet, die sich in eine Gottesferne verrannt haben, aus der sie allein nicht mehr herausfinden. Daher bleibt Gott nicht bei sich selbst, sondern er sucht die Menschen, wo immer sie sich befinden. Er ruft sie nicht nur, sondern geht zu ihnen, indem er sich um der Nähe zu den Menschen willen in einem Menschen vergegenwärtigt. Diese Vergegenwärtigung wird mit dem Begriff Inkarnation, manchmal auch Manifestation zum Ausdruck gebracht sowie mit der zentralen Bezeichnung von Jesus als „Sohn Gottes".

Als von Gott offenbartes Wort gehört Christus nicht in den Bereich des Geschaffenen, vielmehr war er nach christlichem Verständnis bereits vor der Schöpfung bei Gott: „Nachdem Gott in alter Zeit viele Male und auf verschiedene Weise zu den Vorfahren geredet hat durch die Propheten, hat er am Ende dieser Tage zu uns geredet durch den Sohn [...], durch den er auch die Welten gemacht hat" (Hebr 1,1f.). Die altkirchlichen Bekenntnisse sprechen daher davon, dass Christus aus Gott hervorgegangen ist, was ins Deutsche meist mit dem Begriff „gezeugt" übersetzt und von Muslimen/Musliminnen als Parallele zu den zeugenden Göttern der Mythologie mit ihren Götterfamilien missverstanden wird. Davon hat sich das Christentum jedoch immer deutlich distanziert, denn mit „hervorgegangen" wird zum Ausdruck gebracht, dass Christus nicht geschaffen wurde wie die Menschen. Es ist nun dieser Punkt, an dem sich das biblische und das koranische Verständnis von Jesus radikal unterscheiden, da der Islam die Manifestation Gottes in einem Menschen nicht nachvollzieht.

Wenn Gott in Christus ein menschliches Dasein zur Gänze und nicht nur in Teilen begleitet, geht er jedoch im geschöpflichen Dasein nicht auf, sondern er bleibt bei sich selbst, ewig und unsichtbar. Diese beiden „Seiten einer Medaille" können nicht zusammen ausgesagt werden, weshalb das Neue Testament einmal von Jesus als einem geschichtlichen Menschen spricht, das andere Mal von Christus als dem „Herrn", im Unterschied zu den Menschen ohne Sünde, der nach seinem Tod durch die Auferstehung dorthin zurückkehrt, von wo er gekommen war, nämlich unmittelbar von Gott (Phil 2,6–8; Hebr 4,14; 7,26; 1 Joh 3,5; 1 Petr 2,22). Deshalb gehören der Tod am Kreuz, den Jesus als Unschuldiger erleidet, und seine Auferstehung zusammen, in deren Licht der Tod eine Bedeutung erhält, die in seiner Überwindung durch Gott besteht. Im Kreuz Christi, des Offenbarers, schlägt für die Gläubigen Ungerechtigkeit in Gerechtigkeit um, Leid in Heilung, der Tod ins Leben bei Gott.

Diese Christologie lässt sich nur vor dem Hintergrund einer grundlegenden Störung der Beziehung zwischen Mensch und Gott verstehen, die allein Gott beheben kann, indem er der Schöpfung eine neue Ausrichtung gibt. In Form eines Bekenntnisses schreibt Paulus deshalb: „Denn ich bin gewiss, Gott war in Christus und versöhnte die Welt mit sich, indem er den Menschen ihre Verfehlungen nicht anrechnete und unter uns das Wort von der Versöhnung aufgerichtet hat" (2 Kor 5,19). In Christus kann die durch Gott versöhnte Schöpfung erkannt werden, weshalb Tod und Auferstehung Jesu nicht nur ein individuelles, sondern auch ein kosmisches Ereignis darstellen (Mt 27,51f.).

Von muslimischer Seite, aber oft auch von christlicher, wird das Christentum als „christozentrisch" bezeichnet im Unterschied zum „theozentrischen" Islam. Dies entspricht jedoch weder dem biblischen Befund noch der christlichen Lehre, für die der eine Gott im Mittelpunkt steht, auf den sich alles bezieht: „Wir wissen ja, dass es in der Welt keine fremden Götter gibt und dass kein anderer Gott ist außer dem einen" (1 Kor 8,4), und es ist der eine Gott, „der alles in allem wirkt" (1 Kor 12,6). Paulus fasst dies auch in einen Lobpreis: „O Tiefe des Reichtums, der Weisheit und der Erkenntnis Gottes! Wie unergründlich sind seine Entscheidungen und unerforschlich seine Wege! […] Denn aus ihm und durch ihn und auf ihn hin ist alles. Ihm sei Ehre in Ewigkeit" (Röm 11,33f.). Das Johannesevangelium verwendet die Lichtmetapher und nennt Christus das Licht, das von Gott kommt und in die Finsternis der Welt scheint (Joh 1,9.14); auch nach dem Koran, der Sure *an-nur*, ist Gott „das Licht der Himmel und der Erde" (Sure 24,35). Die Wendung von der Erlösung durch Christus verweist ebenfalls auf Gott, denn er ist es, der über die Auferstehung von den Toten verfügt. Dass alles von Gott kommt und zu Gott hinführt, verbindet wiederum beide Religionen.

Stellvertretung

Schwer nachvollziehen können Muslime/Musliminnen Aussagen, die vom stellvertretenden Leiden Christi sprechen, denn „keine Last tragende Seele trägt die Last einer anderen" (Sure 35,18), und d. h.: Jeder ist für sich selbst verantwortlich, und niemand kann einem anderen die Verantwortung für sein Handeln abnehmen. Das christliche Verständnis von Stellvertretung bezieht sich freilich nicht auf die Verantwortung im diesseitigen Leben, sondern auf die Erlösung aus dem Zustand der Sünde, wovon bereits oben die Rede war. Denn alle menschlichen moralischen Bemühungen können aus christlicher Sicht diesen Zustand nicht aufheben. Seine Verfehlungen hat der Mensch zu verantworten, aber die Sünde als beschädigte Gottesbeziehung kann nur Gott durch seine Initiative überwinden, die dem Tod nicht das letzte Wort lässt. Deshalb fordert Paulus nicht dazu auf, sich mit Gott zu versöhnen, sondern bittet: „Lasst euch versöhnen mit Gott" (2 Kor 5,20)!

Diese Versöhnung bringt das Neue Testament machmal in Metaphern des Opferkultes zur Sprache, der damals Juden wie Nichtjuden aus der Praxis vertraut war und dazu diente, Gott durch eine Opfergabe günstig zu stimmen, um Entsühnung zu erlangen. Das wird von Paulus aufgegriffen, wenn er schreibt, Christus sei für unsere Sünden gestorben (1 Kor 15,3; 5,7) und habe dadurch Sühne geschaffen (Röm 3,25). In der Abendmahlserzählung findet sich in Bezug auf den Kreuzestod die Wendung, Leib und Blut Christi sind „für euch gegeben" (Lk 22,19). Dabei geht es aber nicht um ein Opfer, das die Menschen Gott wiederholt zur Versöhnung darbringen, sondern umgekehrt: Gott selbst als der allein Handelnde stiftet die Versöhnung. Das Ziel seines Handelns richtet sich auf das ewige Leben bei ihm, und diese eschatologische Dimension ist der zentrale Punkt im Gedanken der Stellvertretung.

Die Fixierung auf eine einzige Metapher sollte vermieden werden, denn das kann zu Missverständnissen führen und hat auch unter Christen/Christinnen problematische Praktiken ausgelöst wie eine Opfer- und Todesverherrlichung (Nordhofen 2008). Dass man die Opfermetapher nicht wörtlich nehmen darf, zeigt eine Stelle im Römerbrief; hier werden die Christen/Christinnen aufgefordert, ihren Leib als „lebendiges, heiliges, Gott wohlgefälliges Opfer" darzubringen; gemeint ist damit aber das ganze Leben als Gottesdienst, das in der Hingabe an Gott und im Dienst am Nächsten besteht (Röm 12,1f.).

13.10 Kreuz und Auferstehung

Aufgrund seiner Kritik an denjenigen Zeitgenossen, die ihre Gesetzeserfüllung nicht mit der inneren Haltung der Gottes- und Nächstenliebe verbanden, und an den Tempelpriestern in Jerusalem, die mit den Römern kollaborierten, wurde Jesus angefeindet und verfolgt, von seinen Feinden (nicht allen Juden) der Häresie geziehen und an die römische Besatzungsmacht zum Tod durch Kreuzigung ausgeliefert. Dies hat die christliche Exegese aus den biblischen Quellen als geschichtlichen Grundbestand erhoben. In der Verfolgung sieht die Bibel ebenso wie der Koran eine Fortsetzung der Verfolgung von Propheten (Mt 23,37; Lk 13,34).

Geschützte Propheten

Im Islam gilt Jesus als Prophet, und so folgt der Koran dieser Linie (Sure 2,61.87; 3,21) über Abraham und Moses (Sure 21,68f.; 20,40; 3,54) bis zu Muhammad, der mit seiner Botschaft Unglauben und Widerstand begegnete, der Lüge geziehen und mit Tötungsabsichten durch die Mekkaner konfrontiert wurde (Sure 8,30; 6,34). Gott aber hat sie alle bewahrt. Für Jesus sind die Jünger die Helfer, die Gott in seinem Bewahrungswillen unterstützen, denn: „Eine Gruppe der Kinder Israels glaubte, und eine (andere) Gruppe war ungläubig. Da stärkten wir diejenigen, die glaubten, gegen ihre Feinde, und sie bekamen die Oberhand" (Sure 61,14).

Unter dieser Voraussetzung kann Jesus aus muslimischer Sicht keinen Tod am Kreuz erlitten haben. Die entscheidende Aussage dazu steht in der medinischen Sure 4, die in die Auseinandersetzung mit den jüdischen Stämmen in Medina fällt, die Muhammad nicht als Propheten anerkennen wollten, wie sie auch Jesus nicht als Propheten anerkannt hatten. Sie werden beschuldigt, dass sie „die Zeichen Gottes verleugneten, die Propheten zu Unrecht töteten", „gegen Maria eine gewaltige Verleumdung aussprachen" und sagten: „‚Wir haben Christus Jesus, den Sohn Marias, den Gesandten Gottes getötet'". Der Koran entgegnet nun: „Sie haben ihn aber nicht getötet, und sie haben ihn nicht gekreuzigt, sondern es erschien ihnen eine ihm ähnliche Gestalt. Diejenigen, die über ihn uneins sind, sind im Zweifel über ihn. Sie haben aber kein Wissen über ihn, außer dass sie Vermutungen folgen. Und sie haben ihn nicht mit Gewissheit getötet [sie können das nicht mit Gewissheit sagen], sondern Gott hat ihn zu sich erhoben. Gott ist mächtig und weise" (Sure 4,155–158). Diese Verse sind als Zuspruch an Muhammad zu verstehen: Wie Gott die Tötung Jesu durch die Juden verhindert habe, werde er auch deren feindliche Absichten gegenüber Muhammad vereiteln. Zugleich gilt dies als Warnung an alle, die sich gegen Gott stellen. Diese Stelle ist zwar eine Polemik gegen die Juden und nicht gegen die Christen, woraus aber keine Akzeptanz der christlichen Kreuzestheologie und Versöhnungslehre abgeleitet werden kann.[111]

Weder Tod noch Auferstehung

Gemäß der bereits zitierten Sure 19 ist Jesus wie jeder Mensch gestorben (vgl. Sure 21,34) und wird wie alle Menschen am jüngsten Tag zum Leben auferweckt werden. Wenn dem Islam entgegengehalten wird, er leugne die Kreuzigung Jesu, die doch ein auch durch außerbiblische Quellen belegtes Faktum sei, dann trifft dieser Vorwurf nicht ganz. Denn nach dem Koran fand zwar eine Kreuzigung statt, aber dass es sich beim Gekreuzigten um Jesus handelt, sei eine Täuschung. Es sei Gottes Initiative gewesen, dass eine ihm ähnliche Gestalt erschien, die dann hingerichtet wurde, um seinen Gesandten zu retten, denn Gott „besteht darauf, sein Licht zu vollenden, auch wenn es den Ungläubigen zuwider ist" (Sure 9,32).[112]

Zu dieser koranischen Stelle über die Kreuzigung finden sich Parallelen in gnostisch gefärbten Schriften ab dem 2. Jahrhundert. Bei der Gnosis handelt es sich um eine antike Geistesströmung, die sich im Besitze eines besonderen Wissens (griechisch: *gnosis*) glaubte, während die übrige Welt verblendet und unwissend sei. Dahinter steht ein scharfer Gegensatz zwischen einer göttlichen Lichtwelt und einer irdisch-materiellen Welt der Finsternis und des Bösen. Die menschliche Seele habe ihren Ursprung in der Lichtwelt, werde aber in der Materie gefangen gehalten. Nur die Erkenntnis dieser Herkunft mache es ihr möglich, nach dem Tod des Körpers in die Lichtwelt zurückzukehren. Neben anderen höchst vielfältigen Formen gab es auch eine christliche Gnosis, deren Schriften bekannt sind, teils durch die erst in den 1940er Jahren in Nag-Hammadi in Ägypten entdeckten Papyri, teils durch Zitate der Kirchenväter, die die Gnosis bekämpften.

Einer der frühen christlichen Gnostiker war Basilides, der nach dem Bericht des Kirchenvaters Irenäus von Lyon davon ausging, dass nicht Jesus, sondern an dessen Stelle Simon von Kyrene, der biblische Kreuzträger (Mk 15,21), hingerichtet worden sei. Denn Jesus war aus der Lichtwelt gekommen, um die gefangenen Seelen zu erleuchten, und könne daher nicht der Welt der Finsternis angehören, von dieser auch nicht angetastet werden. In der Schrift die „Zweite Lehre des großen Seth" spricht Jesus: „Mein Tod nämlich, von dem sie denken, dass er erfolgt sei, besteht (nur) in ihrem Irrtum und ihrer Blindheit [...]" (Rudolph 2005: 182). Jesus sei nur dem Schein nach gestorben, da es ihm nicht angemessen wäre, Schmach zu erleiden; auch diese Schrift geht von Simon als Ersatz aus. Aber insgesamt unterscheidet sich Jesus im Koran als ein geschaffener Mensch von einer gnostischen Jesusgestalt, weshalb muslimische Kommentatoren in überwiegender Mehrheit eine Verbindung mit gnostischen Vorstellungen ausschließen (Bauschke 2000, 170).

Aber als Prophet und Gesandter Gottes steht Jesus im Koran beispielhaft für die rechte Gottesbeziehung und spielt in der muslimischen Frömmigkeit als „Prophet des Herzens" eine wichtige Rolle (Bauschke 2004: 117). Dafür gibt es viele Belege in außerkoranischen Überlieferungen über Jahrhunderte (vgl. die Sammlung von Khalidi 2001).

Aus christlicher Sicht stellt der Kreuzestod Jesu nicht nur eine geschichtlich erwiesene Tatsache dar, sondern hat auch, heilsgeschichtlich gesehen, eine zentrale Bedeutung, die sich freilich erst von der Auferstehung her erschließt. Das Kreuz allein sagt nichts aus, auch wenn es zum Symbol dieser Religion geworden ist. Als ein Zeichen gilt das Kreuz einerseits als Hinweis darauf, wozu in die Sünde verstrickte Menschen fähig sind, und als Mahnung, damit sie zu Gott umkehren wie der an der Exekution beteiligte römische Hauptmann (Mk 15,39). Andererseits ist das Kreuz, freilich immer zusammen mit der Auferstehung, ein Zeichen für den Beziehungs- und Versöhnungswillen Gottes, der diejenigen, die ihm vertrauen, nicht im Tod lässt. Paulus bringt das in hymnischer Form zum Ausdruck: „Denn ich bin gewiss, dass weder Tod noch Leben, weder Engel noch Mächte noch Gewalten, weder Gegenwärtiges noch Zukünftiges, weder Hohes noch Tiefes noch eine andere Kreatur uns scheiden kann von der Liebe Gottes, die in Jesus Christus ist, unserem Herrn" (Röm 8,38f.)

13.11 Der dreieine Gott

Der eine, alles umfassende Gott

Das Bekenntnis zu dem einen und einzigen Gott durchzieht die gesamte Bibel, auch das Neue Testament. Seiner Gemeinde in Korinth schärft Paulus ein, „dass es keinen Götzen gibt in der Welt und keinen Gott als den einen. Und obwohl es solche gibt, die Götter genannt werden, sei es im Himmel oder auf Erden, wie es ja viele Götter und Herrn gibt, so haben wir doch nur einen Gott, den Vater, von dem alle Dinge sind und wir zu ihm". Dieses Bekenntnis wird dadurch nicht beeinträchtigt, dass es weiter heißt: „und einen Herrn, Jesus Christus, durch den alle sind und wir durch ihn", was darauf anspielt, dass Christus bereits vor der Schöpfung bei Gott war (1 Kor 8,4f.).

Die Offenbarung in Jesus Christus bedeutet daher nicht, dass Gott sein Gottsein preisgibt oder gar stirbt. Daher ist auch Christus nicht im Tod geblieben, sondern auferstanden und zu Gott zurückgekehrt; darauf bezieht sich die biblische Erzählung von der Himmelfahrt Christi (Lk 24,51; Apg 1,9). Von da ab wäre die Beziehung Gottes zu den Menschen abgebrochen, hätte es Gott nicht gefallen, sich durch seinen Geist, den Heiligen Geist, in der geschaffenen Welt weiterhin zu vergegenwärtigen. So sagt Paulus, der durch eine eigene Vision zum Apostel berufen wurde (Apg 9,1–9; 2 Kor 12,2–5) und Jesus nicht kannte: „Uns aber hat es Gott offenbart durch den Geist“ (1 Kor 2,10). Paulus nennt den Geist, den Gott den Menschen ins Herz senkt, mit einer Metapher aus der Geschäftswelt einen Vorschuss, eine Anzahlung aus einer Gesamtsumme, die später, am Ende der Tage anlässlich der Auferstehung von den Toten an die Glaubenden ausbezahlt wird (2 Kor 1,22). Dieser Vorschuss soll die Glaubenden auf ihrem Lebensweg unterstützen (Eph 1,14), damit sie nicht unterwegs von Gott abfallen (Hebr 3,14).

Auf dieser biblischen Basis hat sich dann die Lehre von Gott als dem Dreieinen bzw. Dreieinigen (Trinität) entwickelt, denn da Gott alles in allem ist, bezieht sich sein schöpferisches Handeln auf die gesamte Schöpfung und damit auch auf die drei wesentlichen Dimensionen des Daseins: auf Welt und Natur, die er hervorbringt; auf die in die Sünde verstrickte Menschheit, deren Geschichte er durch seine initiative Versöhnung in Christus neu ausrichtet; auf das Herz der Menschen, das er durch die Gabe des Geistes verwandelt, damit sie die von ihm gestiftete Versöhnung erkennen können. Dies liegt begründet in der umfassenden Liebe und Zuwendung des einen Gottes zu seiner Schöpfung; diese Liebe gehört zu seinem Wesen (1 Joh 4,16) und ist unbedingt, d. h. unabhängig von der Liebe und Hingabe der Menschen zu ihm und an ihn: „Darin besteht die Liebe: Nicht dass wir Gott geliebt hätten, sondern dass er uns geliebt [...] hat“ (1 Joh 4,10). Aus christlicher Sicht umfasst seine Beziehung zur Welt alles: die Beziehung zur natürlichen Welt – Gott, der Schöpfer, Ursprung und Vater; die Beziehung zur geschichtlichen Existenzweise – Gott, der Begleiter und Versöhner in Christus, der Sohn; die Beziehung zur seelisch-geistigen Welt – Gott, der Geist und Vollender.

Nähe und Begleitung Gottes gehören freilich auch zur muslimischen Spiritualität, wenn Gott im Koran spricht: „Wir sind ihm [dem Menschen] näher als seine Halsschlagader“ (50,16). In der Frömmigkeitshaltung rücken beide Religionen wieder mehr zusammen.

Ablehnung im Koran

Der Koran polemisiert gegen das trinitarische Gottesverständnis auf unterschiedliche Weise und nennt die Christen undankbar (*kufr*), wenn sie sagen, „Gott ist Christus, der Sohn Marias“ (Sure 5,17), denn Gott allein gehört die Königsherrschaft. Ebenso undankbar seien diejenigen, die sagen „‚Gott ist der Dritte von dreien‘, wo es doch keinen Gott gibt außer einem einzigen Gott“, daher: „Wer Gott (andere beigesellt), dem verwehrt Gott das Paradies. Seine Heimstätte ist das

Feuer" (Sure 5,72f.; 9,30). Der Vorwurf der unvergebbaren Sünde der „Beigesellung" (*schirk*) richtet sich zwar in erster Linie gegen die Polytheisten, aber die Rede von Jesus als „Sohn Gottes" wird aus koranischer Perspektive im Sinne einer leiblichen Abkunft verstanden, den altarabischen Vorstellungen von Götterfamilien entsprechend (Sure 53,19f.): „Und sie sagen: ‚Gott hat sich ein Kind genommen.' Preis sei Ihm! Ihm gehört doch, was in den Himmeln und auf der Erde ist" (Sure 2,116). Weiters wird den Christen vorgeworfen, dass sie auch Maria als Göttin verehren; so spricht Gott zu Jesus: „‚O Jesus, Sohn Marias, warst du es, der zu den Menschen sagte: ‚Nehmt euch neben Gott mich und meine Mutter zu Göttern?' Er sagte: ‚Preis sei Dir! Es steht mir nicht zu, etwas zu sagen, wozu ich kein Recht habe. [...] Ich habe ihnen nichts anderes gesagt als das, was Du mir befohlen hast, nämlich: Dienet Gott, meinem Herrn und eurem Herrn'" (Sure 5,116f.).

Das christliche Verständnis vom Heiligen Geist geht u. a. auf das Johannesevangelium zurück, wo der scheidende Jesus vom Heiligen Geist als *parákletos* spricht, „den der Vater in meinem Namen senden wird, er wird euch alles lehren und euch an alles erinnern, was ich euch gesagt habe" (Joh 14,26). Das griechische Wort *parákletos* bedeutet Ermahner, Ermunterer (Tröster), Helfer, Fürsprecher; der Heilige Geist hat vor allem die Aufgabe zu erinnern. Im Koran gibt es einen Vers, in dem Jesus sagt, er sei gekommen, „einen Gesandten zu verkünden, der nach mir kommt: sein Name ist Ahmad" (Sure 61,6). Darin wird muslimischerseits die Ankündigung des Kommens Muhammads gesehen. Ahmad heißt „hoch gelobt", eine Bedeutung, die auch dem Namen Muhammad zugrunde liegt; dem würde das griechische Wort *periklytos* entsprechen, das muslimische Kommentatoren in Anspruch nehmen, um daraus auf die Ankündigung Muhammads zu schließen, was jedoch dem christlichen Selbstverständnis widerspricht.

Gebet und Verehrung

Die christliche Seite ist dazu herausgefordert, immer wieder neu zu bedenken, wie das trinitarische Gottesverständnis so zum Ausdruck gebracht werden kann, dass das Bekenntnis zu dem einen Gott klar hervortritt. Denn die christlichen Hauptrichtungen haben unter der Dreieinigkeit Gottes nie verstanden, dass Gott einer von dreien wäre. Das schließt auch die Verehrung Marias als göttliche Gestalt oder Göttin aus.[113] Vielmehr geht es um die in Gottes Wesen grundgelegten drei zentralen schöpferischen Handlungsweisen, die in der Tradition mit dem Begriff der Person verbunden wurden, der freilich nicht im heutigen alltagssprachlichen Sinn als „Individuum" verstanden werden darf. Es sollte damit zum Ausdruck gebracht werden, dass die Einheit Gottes nicht Isolation bedeutet, sondern Gott von seinem Wesen her und unabhängig von seiner Schöpfung ein Gott in Beziehung ist

(Schwöbel 2002). Das Neue Testament unterscheidet daher auch begrifflich zwischen beten bzw. anbeten („*proseúchomai*") und verehren („*proskýnein*"), was bedeutet, sich vor einem großen Herrn als Zeichen der Ehrerbietung niederzuwerfen. Diese Verehrung bezieht sich in der Bibel auf Christus und wird damit von der Anbetung Gottes in der Regel unterschieden (Ostmeyer 2006).

Zwischen Respekt und Zurückweisung

Juden und Christen werden im Koran häufig unter dem Begriff „Leute des Buches" (*ahl-al-kitab*; auch mit „Schriftbesitzer" übersetzt) zusammengefasst und unterschiedlich beurteilt. Einerseits heißt es: „Unter den Leuten des Buches gibt es eine aufrechte Gemeinschaft. Sie verlesen die Zeichen Gottes zu (verschiedenen) Nachtzeiten, während sie sich niederwerfen. Sie glauben an Gott und an den Jüngsten Tag. Sie gebieten das Rechte und verbieten das Verwerfliche und eilen zu den guten Dingen um die Wette. Sie gehören zu den Rechtschaffenen" (Sure 3,113f.). Andererseits trifft sie der Vorwurf, die Muslime von ihrem Glauben abbringen zu wollen (Sure 2,109; 3,73), Abraham für sich allein zu beanspruchen (Sure 3,65) und ihre Gelehrten und Mönche zu Herren zu nehmen neben Gott (Sure 9,31). Vorgeworfen wird ihnen auch, Absolutheitsansprüche zu stellen: „Und sie sagen: ‚Werdet Juden oder Christen, so folgt ihr der Rechtleitung.' Sprich: ‚Nein, (wir folgen) der Glaubensrichtung Abrahams, als Anhänger des reinen Glaubens'" (Sure 2,135.111.120). So wurde der Islam letztlich zu einer eigenen Religion: „Ihr seid die beste Gemeinschaft, die je unter den Menschen hervorgebracht worden ist" (Sure 3,110). Als Zeichen für die Unterscheidung steht die Änderung der Gebetsrichtung von Jerusalem nach Mekka (Sure 2,142f.).

Dieser koranische Befund wird in der muslimischen Auslegungstradition verschieden bewertet. Auf der einen Seite stehen diejenigen, die davon ausgehen, dass durch die Herabsendung des Korans die heiligen Schriften der Juden und Christen ungültig geworden seien, denn: „Gott löscht aus, und er bestätigt, was Er will" (Sure 13,39). Zwar richtet sich der Vorwurf der Verfälschung der Schriften durch die eigenen Anhänger vor allem gegen die Juden (Sure 4,46; 2,79), aber nach dieser exklusiven Sicht können Juden wie Christen nur dann ins Paradies kommen, wenn sie zum Islam konvertieren, auch wenn dies nicht vom Koran gestützt ist (vgl. Sure 2,136; Khoury 1991: 494f.). Auf der anderen Seite stehen diejenigen, die unter Berufung auf Sure 2,136 betonen, dass die Muslime dazu verpflichtet seien, alles anzuerkennen, was vor dem Koran von Gott herabgesandt wurde, und zwischen den Propheten keinen Unterschied zu machen. Sie weisen auch darauf hin, dass es im Islam, wie der Begriff sagt, um Gottergebenheit geht, die auch die beiden vorausgehenden Religionen charakterisiere.

Im Bemühen um Verständigung berufen sich manche christliche wie muslimische Ausleger auf Stellen in ihren jeweiligen Schriften, die außer dem Glauben an den einen Gott und die Bewährung dieses Glaubens in guten Handlungen für die Erlangung des Heils nichts weiter voraussetzen. So heißt es z. B. im Neuen Testament, dass Gott „aus jedem Volk willkommen ist, wer ihn fürchtet und Gerechtigkeit übt" (Apg 10,35), oder im Koran, „dass diejenigen, die glauben und die guten Werke tun, [...] die Gefährten des Paradieses [sind]" (Sure, 2,82 u. Ä.). Denn, so das Argument, auch die Christen sind dem einen Gott ergeben, und die Muslime haben Kenntnis von Jesus (Khoury1991: 489f.). Manche muslimische Gelehrte übersetzen das Wort *kufr* nicht wie üblich mit „Unglauben", denn auch wenn jemand der Botschaft des Korans nicht folgt, muss das nicht heißen, den einen Gott zu verleugnen. Daher wird die Übersetzung mit dem Wort Undankbarkeit bevorzugt, denn das könne auch für Muslime gelten (Özsoy 2007: 115f.).

Im Koran heißt es: „Die Juden sagen: ‚Die Christen haben keine Grundlage.' Und die Christen sagen: ‚Die Juden haben keine Grundlage.' Dabei lesen sie alle das Buch. Auch diejenigen, die unwissend sind, äußern sich in der gleichen Weise." Dies ließe sich nun auch zwischen Christen/Christinnen und Muslimen/Musliminnen durchspielen. Es geht aber weiter: „Gott wird am Tag der Auferstehung zwischen ihnen über das urteilen, worüber sie uneins waren" (Sure 2,113). Vielleicht aber ließe sich schon davor einiges mit Güte und Respekt klären.

14 Christlich-muslimische Begegnungen und Gespräche

Muslime und Christen befanden sich von allem Anfang an in einem Gespräch, und dies hat auch im Koran vielfach seinen Niederschlag gefunden. Freilich lässt sich nicht von einem Dialog im heutigen Sinne sprechen, denn Muhammad hatte gehofft, die Christen wie auch die Juden für den Islam zu gewinnen, und war enttäuscht, als das misslang. Das spiegelt sich im Koran wider, dessen Worte sich immer auf Offenbarungsanlässe, auf konkrete Ereignisse oder auf Fragen aus der muslimischen Gemeinschaft beziehen; insofern stellt der Koran selbst ein Gespräch dar – zwischen Gott und seinem Propheten.

Juden und Christen werden immer wieder ermahnt, sich an die Bestimmungen der Tora bzw. des Evangeliums zu halten. So gibt es gottesfürchtige Schriftbesitzer, die Lob verdienen, aber auch solche, die Böses tun und Gottes Strafe gewärtigen müssen (Sure 5,44–47. 66–68; 3,113–115). Der Koran fordert dazu auf, miteinander Gespräche zu führen: „Und streitet mit den Leuten des Buches nur auf die beste Art, mit Ausnahme derer von ihnen, die Unrecht tun. Und sagt: Wir glauben an das, was zu uns herabgesandt und zu euch herabgesandt wurde. Unser Gott und euer Gott ist einer. Und wir sind Ihm ergeben“ (Sure 29,46).

Letztlich ist es Gott allein, der die Wege kennt: „Für jeden von euch haben wir eine Richtung und einen Weg festgelegt. Und wenn Gott gewollt hätte, hätte Er euch zu einer einzigen Gemeinschaft gemacht. Doch will Er euch prüfen in dem, was er euch hat zukommen lassen [dazu gehören auch Tora und Evangelium]. So eilt zu den guten Dingen um die Wette. Zu Gott werdet ihr allesamt zurückkehren, dann wird Er euch kundtun, worüber ihr uneins wart“ (Sure 5,48).

14.1 Christliche Präsenz in Arabien

Die Christen im damaligen arabischen Raum hatten sehr unterschiedliche Profile. Die christliche Mission folgte den großen Handelsstraßen wie z. B. der Weihrauchstraße, die zwischen Norden und Süden verlief. Zum Christentum konvertierte Stämme und Clans, die Gemeinden bildeten und sich als Teile von größeren kirchlichen Einheiten sahen, gab es im syrischen Norden und in der Region des Persischen Golfes sowie vor allem im Süden im heutigen Jemen mit dem Bischofssitz in Nadschran und einer großen Kathedrale in Sanaa. Im arabischen nomadischen Hochland bzw. in den Städten Mekka und Medina lebten nur wenige Christen; sie dürften sich auch nicht in einem größeren kirchlichen Verbund befunden haben. Dazu kamen einzelne Christen unter durchreisenden Kaufleuten, Söldnern oder Sklaven, die meist über wenig religiöse Bildung verfügten. Muhammad war mit den in Medina ansässigen Juden zunächst vertrauter als mit den Christen, auch wenn er diesen, so die Überlieferung, auf Handelsreisen z. B. nach Syrien begegnet war. Im Zuge der Expansion kam er dann auch mit den großen christlichen Stämmen in Berührung, also zu einer Zeit, in der der Islam begann, sich als eigenständige Religion zu profilieren.

Streit unter Christen

Die christlichen Auseinandersetzungen über das Wesen (die „Naturen") Jesu Christi, die sich über Jahrhunderte hingezogen hatten, waren im ganzen Orient allgemein bekannt. Dabei standen einander anfangs zwei grundlegende Positionen gegenüber: Arius, Presbyter in Alexandria, wollte an einem strikten Monotheismus festhalten und sah in Jesus einen mit besonderen Gaben ausgestatteten Menschen, von Gott geschaffen, wenn auch noch vor der Weltschöpfung. Für Athanasius, Bischof von Alexandria, war Jesus Christus ein ungeschaffenes Wesen, aus Gott hervorgegangen, also wahrer Gott und wesenseins mit dem Vater, weil Christus sonst keine Heilswirksamkeit haben könne. Die Lehre des Arius wurde am Konzil von Nicäa als Häresie verurteilt, dieses Ergebnis aber nicht von allen akzeptiert.

Nach dem Tod Kaiser Konstantins kam es zur Aufteilung des Römischen Reiches unter dessen drei Söhnen. Konstantius II. im Osten, bald auch Alleinherrscher, förderte die Gegner des Konzils, was zu weiteren Streitigkeiten führte, die dann das Konzil von Chalcedon zu beenden suchte. In dem Maße, in dem das Christentum ab dem 4. Jahrhundert staatstragend wurde, suchten die jeweiligen Kaiser die Einheit des Reiches durch eine verbindliche „Rechtgläubigkeit" zu sichern. In den weiteren Konzilien bis Chalcedon wurde daher in der Frage der „Naturen" Christi eine Formel als strikte Norm festgesetzt, die alle, die dieser Entscheidung nicht folgen konnten, zu Häretikern stempelte. Seit Kaiser Theodosius I. das nicänische Christentum zur Staatsreligion erklärt und andere christliche Richtungen verboten hatte, wurden solche Dissidenten von der staatlich protegierten Doktrin verfolgt, und viele flüchteten in die angrenzenden Länder des Vorderen Orients.

„Abweichler" im Osten

Zu den Dissidenten gehörte die „ostsyrische" Kirche, manchmal auch „nestorianisch" genannt, weil sie die Verurteilung des Nestorius am Konzil von Ephesus (431) nicht teilte; ihr war die Bekenntnisformel von Chalcedon in Bezug auf die

Unterscheidung von Gott und Christus zu unklar. Das gilt auch für die „westsyrische" Kirche, die aber Gott und Christus stärker *miteinander verbunden* sah und sich „miaphytisch" nannte. Zu dieser Richtung zählten auch die armenische, die koptische und die äthiopische Kirche, die sich im Laufe des 6. und 7. Jahrhunderts von der byzantinischen Reichskirche trennten. Gemeinden beider Richtungen fanden sich im Norden und Süden Arabiens und reichten bis ins Zweistromland in den persischen Machtbereich. Von den Zentralisierungstendenzen der Reichskirche bedroht, konnten sie die muslimischen Eroberer auch als Befreier vom byzantinischen Joch begrüßen.

Daneben gab es noch andere kleinere christliche Gruppen wie die Tritheisten, für die Gott, Christus und der Heilige Geist als drei eigenständige göttliche Wesen galten; oder die Marianiten, die Maria als Göttin verehrten und vermutlich den Hintergrund der rhetorischen Frage im Koran bilden: „O Jesus, Sohn Marias, warst du es, der zu den Menschen sagte: ‚Nehmt euch neben Gott mich und meine Mutter zu Göttern'" (Sure 5,116)? Wenn der Koran von den Christen spricht, bezieht er sich also auf das, was damals in diesem Raum vorfindlich war. Daher begegnen Christen/Christinnen aus der westkirchlichen Tradition im Gespräch mit Muslimen/Musliminnen der Gestalt eines Christentums, mit dem sie sich kaum identifizieren können.

Im Koran werden schließlich auch die „Sabier" erwähnt und gelobt, weil sie an das Jüngste Gericht glaubten: „Diejenigen, die glauben, und diejenigen, die Juden sind, und die Christen und die Sabier, all die, die an Gott und den Jüngsten Tag glauben und Gutes tun, erhalten ihren Lohn bei ihrem Herrn [...]" (Sure 2,62). Es handelt sich dabei vermutlich um die gnostische Gruppe der Mandäer. Reste dieser Gemeinschaft finden sich noch heute im Grenzgebiet zwischen Irak und Iran.

14.2 Eine Wende

Mit seiner Verkündigung in Mekka wollte Muhammad vor allem seinen eigenen Stamm bekehren (vgl. Sure 34). Als er dann in Medina daranging, auf der Grundlage der Offenbarungen die muslimische Gemeinschaft rechtlich und politisch zu organisieren, verschärfte sich die Auseinandersetzung mit den Juden und dann auch mit den Christen. Der Koran fordert alle dazu auf, der Botschaft Muhammads zu folgen, allerdings ohne Gewalt: „Wenn sie Muslime werden, folgen sie der Rechtleitung. Wenn sie sich aber abkehren, so obliegt dir [Muhammad] nur die Ausrichtung (der Botschaft)"; Gott allein wird über sie richten (Sure 3,20). Als jedoch viele Christen, ebenso wie Juden, an ihrer Religion festhielten, wurden sie zu „anderen" und als solche zwar anerkannt, aber nur unter bestimmten Bedingungen.

Toleranz und Schutzvertrag

Aus der Überlieferung ist ein Religionsgespräch bekannt, das Muhammad 630/31 in Medina mit einer Delegation der Christen von Nadschran geführt habe, worauf auch der Koran Bezug nimmt. Die Christen blieben bei ihrem Glauben, und der Dialog war beendet. Der Schutzvertrag, den Muhammad daraufhin mit ihnen geschlossen habe, wurde mit seinen deutlichen Einschränkungen später als Vorbild herangezogen (Sure 3,61.64f.): Die Schriftbesitzer waren zwar von der muslimischen Pflichtabgabe (*zakat*: bedeutet auch „Reinigung", was auf das religiöse Verständnis dieser Handlung verweist) und aus Sicherheitsgründen vom Kriegsdienst befreit, mussten sich aber die religiöse Toleranz durch andere Abgaben und Leistungen „erkaufen". Einschränkungen betrafen auch das Auftreten in der Öffentlichkeit. Sie mussten durch Kleidung oder Haarschnitt kenntlich sein, und es war ihnen verboten zu missionieren, christliche Symbole (Kreuz oder Bücher) in der Öffentlichkeit zu zeigen, Kirchen und Klöster zu bauen oder zu renovieren. Dieses Konzept, das als durch den Koran legitimiert galt, setzte sich durch, auch wenn es in der Realität mehr oder weniger streng gehandhabt wurde (Texte dazu in: Glei/Khoury 1995).

Die Schutzverträge wurden nur für eine bestimmte Zeit geschlossen, konnten bestätigt und verlängert, aber auch von muslimischer Seite aufgekündigt werden. So hatte z. B. der zweite Kalif Umar zunächst den Vertrag mit den Christen von Nadschran erneuert, sie später aber dann wegen angeblichen Vertragsbruches vertrieben. Diese Entwicklung lässt sich teilweise mit der Durchsetzung des Christentums als Staatsreligion vergleichen; es wurde als Hochverrat angesehen, einer anderen Religion anzugehören – mit der in der Praxis oft nicht umgesetzten Ausnahme der Toleranz gegenüber den Juden. Auch im Herrschaftsgebiet der Abbasiden sollten bald nicht nur die Araber, sondern alle Bürger Muslime sein, abgesehen von den Schriftbesitzern. Heutige Religionsgelehrte legen Wert darauf zu betonen, dass der Koran das Verhältnis zu ihnen regelt, sodass es den Muslimen jedenfalls nicht freigestellt sei, mit ihnen willkürlich zu verfahren. Übergriffe, die es gegeben hat und noch gibt, hätten daher keinen Rückhalt im Koran und gingen auf das Konto der Spannung zwischen Anspruch und geschichtlicher Wirklichkeit als verfehlter Praxis. Im Übrigen vergleichen manche muslimische Gelehrte heute die Regelung des Schutzvertrages mit den geringeren Rechten von Ausländern in europäischen Staaten, die zwischen eigenen Bürgern und fremden Staatsangehörigen unterscheiden. Allerdings trifft das Fremdenrecht seine Unterscheidung nicht auf der Basis der Religionszugehörigkeit, weshalb ein solcher Vergleich nur sehr bedingt zutrifft.

Mit der Zeit verschärfte sich der Ton der koranischen Offenbarungen gegenüber Juden und Christen. In Sure 9, die viele Kommentatoren für die zuletzt offenbarte halten, wird schließlich den Schriftbesitzern vorgeworfen, nicht an Gott und den Jüngsten Tag zu glauben, und an die Muslime geht die Aufforderung, gegen sie zu kämpfen, „bis sie von dem, was ihre Hand besitzt, Tribut entrichten als Erniedrigte“ (Vers 29). Auch dahinter stehen politische und militärische Konflikte, denn im Unterschied zu den christlichen Stämmen im Süden leisteten diejenigen im Norden den muslimischen Truppen Widerstand. Der Kampf war zwar nicht gegen Christen als Christen gerichtet, sondern gegen Feinde, die Christen waren. Dennoch darf aber nicht übersehen werden, dass sich der Islam als die letztgültige Religion für alle Menschen versteht, die gegenüber allen anderen Religionen erhaben ist.

14.3 Streitschriften und Religionsgespräche

Unter den auf Muhammads Tod folgenden Kalifen eroberten die muslimischen Araber innerhalb kurzer Zeit weite Gebiete des Persischen und des Byzantinischen Reiches, unter dem Kalifen Umar (634–644) Syrien und Ägypten. Damit kamen christliche Gebiete und Kirchen unter islamische Herrschaft. Über die Schutzverträge blieben die Christen unter den Umaiyaden (661–750) mit ihrem Hauptsitz in Damaskus in Bezug auf Leben, Besitz und Religionsausübung relativ unbehelligt, und die Muslime mischten sich in kirchliche Angelegenheiten nicht ein. Es ging ihnen um die politische Herrschaft, und Tributzahler waren ihnen wichtiger als Märtyrer.

Gespräche unter politischem Diktat

Aus dieser Zeit gibt es eine Reihe von Überlieferungen von Briefwechseln, Gesprächen und Schriften, in denen sich hochrangige Christen und Muslime bezüglich der Religion austauschten, einander befragten, ihre eigene Religion verteidigten oder die andere Religion mit mehr oder weniger freundlichen Worten des Irrtums ziehen. Freilich standen einander keine gleichgewichtigen Partner gegenüber, denn die Christen befanden sich im Status der geduldeten Untergebenen, und die Muslime waren die Herrscher, die freilich damals noch nicht über eine vergleichbare wissenschaftliche und sprachliche Bildung verfügten; die Christen waren theologisch geschulte Gelehrte, die Muslime politische Machthaber.

Unter dem Kalifen Umar (634–644) kam es etwa 644 vermutlich in Syrien zu einem Gespräch, das dem miaphysitischen Patriarchen Johannan I. und dem Emir Amr ibn al-As, dem Eroberer von Ägypten, zugeschrieben wird; beide waren mit Gefolge gekommen. Der Emir stellt die Fragen wie etwa, warum die Christen so zersplittert seien, ein Motiv, das bereits aus der heidnischen Polemik gegen die Christen bekannt war. Johannan ist in der antwortenden Position und führt die Zersplitterung auf den Unverstand der Leute zurück, die meinen, der dreieine Gott würde dem Monotheismus widersprechen. Der Emir lässt erkennen, dass er den Christen auf seine Seite ziehen will, indem er z. B. fordert: Wenn es im Evangelium keine Erbschaftsregelungen gibt, dann sollen sich die Christen dem Gesetz der Muslime anschließen. Amr soll eine arabische Übersetzung „des Evangeliums" verlangt haben, das nichts vom Sohn Gottes, der Kreuzigung oder der Taufe enthalten dürfe (Newman 1993: 17; Tamcke 2008: 97ff.).

Arabische Christen, besonders Ärzte, gab es damals auch in höheren Ämtern am Hofe der Kalifen. Johannes von Damaskus war wie schon sein Vater in der Finanzverwaltung des Kalifen Abd al-Malik (685–705) tätig und mit dem arabischen Text des Korans vertraut. Im byzantinischen Bilderstreit stand er auf der Seite der Bilderverehrer gegen die Bilderstürmer. Was Johannes in seinem „Streitgespräch zwischen einem Sarazenen und einem Christen" über den Islam schreibt, stellt eines der ältesten Zeugnisse einer Verteidigung des Christentums durch Abwertung des Islams dar. Johannes erweist sich in Bezug auf die „Ismaeliten" und ihre Lehre als durchaus kundig. Er wirft Muhammad vor, die Bibel nur sehr oberflächlich zu kennen und willkürlich zu behaupten, er habe eine Offenbarungsschrift aus dem Himmel erhalten. Er nennt ihn einen „falschen Propheten" und stellt dessen Botschaft in die Reihe der christlichen Irrlehren, da Jesus im Koran zwar eine erhebliche Rolle spielt, aber nur als ein Mensch gesehen wird. Auch nennt er Muhammad den Vorläufer des Antichristen, eine Wendung, die aus christlichen apokalyptischen Schriften mit ihren endzeitlichen Szenarien stammt.

Bürgerkriege nach der Abspaltung der Schiiten und byzantinische Angriffe auf Syrien nötigten den Kalifen Abd al-Malik, die Provinzen seines Reiches besser unter Kontrolle zu bringen. Er führte Verwaltungsreformen durch, machte das Arabische zur Amtssprache, ließ arabische Münzen prägen und verhängte ein generelles Verbot von Kreuzen. Christen wurden aus den öffentlichen Ämtern entfernt, so auch Johannes, der sich dann in das Kloster Mar Saba bei Jerusalem zurückzog. Es waren vor allem die Kämpfe mit den Byzantinern, die immer wieder zur Diskriminierung von Christen auch innerhalb des islamischen Herrschaftsgebietes führten.

Das Wechselspiel von Verfolgung und kulturellem Austausch

Durch die Realpolitik mit ihren Machtinteressen, die auch in der Ermordung von Kalifen enden konnte (wie im Falle von Umar, Uthman, Ali), durch Stammesrivalitäten, Bürgerkriege und soziale Spannungen wie etwa durch übermäßige Steuerlasten hatte sich das Ideal einer gerechten Regierung nach Maßgabe des Korans und den Überlieferungen des Propheten Muhammad verflüchtigt. Umso mehr aber suchten die Machthaber, die Religion als einigendes Band einzusetzen wie die Abbasiden, die beanspruchten, einen islamischen Staat nach dem Vorbild des Byzantinischen Reiches zu errichten. Aber aufgrund der zunehmenden Ausdehnung des muslimischen Herrschaftsgebietes überwog unter der Bevölkerung die Zahl der Nicht-Muslime. Diese Spannung zwischen Anspruch und Realität hatte auch nachteilige Auswirkungen auf die Christen.

So bestimmte z. B. der Kalif al-Mansur (754–775) nach dem Vorbild der byzantinischen Kaiser die Kandidaten für das Patriarchat oder ließ Patriarchen ins Gefängnis setzen. Als der ihm folgende Kalif al-Mahdi (775–785) eine Schlacht gegen die Byzantiner verlor, ließ er Kirchen zerstören und zwang einen christlich-arabischen Stamm im byzantinischen Grenzgebiet gewaltsam, den Islam anzunehmen: eine Sicherheitsmaßnahme. Denn die Christen kamen schnell in den Verdacht der Spionage und der Kollaboration mit dem Feind, vielleicht manchmal auch nicht ganz unbegründet. Auch Harun ar-Raschid (786–809), der Kalif aus „Tausend und eine Nacht", der in Kämpfe mit Byzanz verstrickt war, ließ aus diesem Grund Kirchen zerstören und verordnete, dass Juden gelbe und Christen blaue Zeichen an ihrer Kleidung zu tragen haben. Zugleich unterhielt er diplomatische Beziehungen zu Karl dem Großen und liebte seinen christlichen Leibarzt. Eine drastische Erhöhung der Schutzsteuer hatte oftmals zur Folge, dass viele Christen „freiwillig" zum Islam übertraten. Andere trieb diese „Apartheidpolitik" in die Flucht.

Daneben gab es aber auch Religionsgespräche wie das zwischen dem genannten Kalifen al-Mahdi und dem Patriarchen Timotheus I., dem Oberhaupt der ostsyrischen Kirche. Dieses Gespräch hat vermutlich 782 in arabischer Sprache stattgefunden und wurde dann von Timotheus in einem in Syrisch verfassten Gedächtnisprotokoll festgehalten. Timotheus war ein persönlicher Freund des Kalifen und dessen Sohn Harun ar-Raschid. Dennoch fragt nur der Kalif und Timotheus antwortet, wie es sich bei Hofe gehört. Dieses ungleiche Machtverhältnis, hinter dem freilich auch die Bedrohung der Christen stand, bestimmt den ruhigen Ton; Muhammad wird nicht angegriffen, der Islam nicht zu widerlegen versucht. Timotheus vergleicht beide Religionen, spricht für seinen christlichen Glauben mit Vernunftgründen und erweist sich darin als eine geistige Autorität. Zugleich wirkte er, so gut er konnte, für die Ausbreitung seiner Kirche.

Besonders interessant in diesem Gespräch ist die Argumentation des Timotheus für die Trinität. Um sich dem Kalifen verständlich zu machen, spricht er nicht von Vater, Sohn und Geist, sondern, anknüpfend an das Johannesevangelium, von Gott, „Rede" im Sinne von Logos (Wort) und Geist und zieht dazu eine Analogie heran: Wie der Kalif selbst einer bleibt, auch wenn er Worte spricht, die aus seinem Geist entstammen, so auch Gott, der aus seinem göttlichen Geist zu den Menschen spricht durch den Logos Christus. Ebenso bedient er sich verschiedener Analogien aus der Natur: Das Feuer erzeuge Licht und lasse zugleich Wärme hervorgehen und bleibe doch Feuer. Da Gott alles Materielle übersteige, könne der irdische, an die

Materie gebundene Mensch nur mit materiellen Beispielen und Bildern über Gott sprechen. Zu den materiellen Dingen gehöre auch die Zahl, die sich auf einen menschlichen Zählvorgang bezieht, der für Gott nicht gelte. Das Bekenntnis zu dem einen Gott als dreieinen dürfe man daher nicht im Sinne der numerischen Mehrzahl verstehen, aber konsequenterweise dann auch nicht sagen, dass er im numerischen Sinne „eins" sei; vielmehr verweise die Zahl eins auf unübertreffbare Einmaligkeit. Solche Argumente des Timotheus sind nicht ohne Bedeutung für gegenwärtige theologische Reflexionen (Heimgartner 2011).

Eine Akademie in Bagdad

Das Beispiel des Timotheus steht für einen viel umfassenderen Prozess, denn die christlichen Gelehrten brachten griechische Kultur, Philosophie und Wissenschaft in die islamische Zivilisation ein, und der Hof der Kalifen war dafür der initiative Umschlagplatz. Die Kalifen beauftragten Übersetzungen aus verschiedenen Sprachen ins Arabische, darunter von Werken des griechischen Philosophen Aristoteles (384–322 vor Chr.). Al-Ma'mun (813–833), den Christen freundlich gesonnen, gründete dafür in Bagdad eine Art Akademie, das „Haus der Weisheit". Hinzu kamen christliche Ärzte und Sekretäre, die das Vertrauen des Hofes besaßen. Solche Christen in hoher Stellung konnten fallweise vermitteln, freilich immer unter der Bedingung der Loyalität gegenüber den Kalifen, wenn einfache Christen im Volk Repressalien ausgesetzt waren. In dieser Zeit der Rezeption antiker und christlicher Traditionen bildeten sich die großen muslimischen Rechtsschulen heraus und eine islamische Theologie mit prominenten Korankommentatoren. Manche nehmen an, dass sich die damals diskutierte Frage, ob der Koran geschaffen oder ewig sei, einem christlichen Einfluss und der Frage verdankt, ob Christus ein Mensch oder aus dem ewigen Gott hervorgegangen sei.

Aus der Zeit des Kalifen al-Mámun wird die Korrespondenz zwischen dem Muslim al-Hashimi und dem Christen al-Kindi überliefert. Beide waren miteinander befreundet und lebten am Hof des Kalifen, al-Haschimi war dessen Cousin und al-Kindi ein geachteter Gelehrter. Die Freunde stehen fest in ihrem jeweiligen Glauben, würdigen zwar den anderen, versuchen aber auch, einander zu überzeugen, denn jeder sorgt sich um das Heil des anderen. Dieser Briefwechsel stellt ein Zeugnis der beachtlichen Kenntnis dar, die al-Kindi vom Koran und der muslimischen Überlieferung hatte, und das macht es ihm möglich, durch den Hinweis auf Widersprüche für seine Religion zu sprechen: Einerseits bezeuge die koranische Botschaft die Barmherzigkeit Gottes gegenüber allen Menschen und es stehe im Koran, dass es keinen Zwang in der Religion geben dürfe; andererseits würden die Polytheisten zum Islam gezwungen und sollen die Schriftbesitzer bekämpft werden, bis sie sich ergeben. Nur die eine oder die andere Aussage könne von Gott sein. Gegen seinen muslimischen Freund und dessen Kritik an der Trinität bringt er wie schon Timotheus I. vor, dass das Einssein Gottes nicht mit der Zahl eins begründet werden könne, denn Zahlen gehören zur irdischen Welt, während Gott alles umfasst. Ein gängiges kontroverses Thema bezieht sich auf die vielen Frauen Muhammads, das auch al-Kindi aufgreift. Er wendet ein, dass ein Mann mit einem Harem den Frauen dienen müsse und daher kein Diener Gottes sein könne, denn niemand könne zwei „Herren" dienen (Mt 6,24).

Ebenfalls in diese Zeit fallen die kleinen Schriften, mit denen Theodor Abu Qurras, Bischof von Harran und Vertreter byzantinischer Rechtgläubigkeit, seine Gespräche mit einem „Sarazenen" festgehalten hat (Texte in: Glei/Khoury 1995: Kap. III). Seine Argumente für die Trinität entsprechen denen des Timotheus. Es sind immer wieder dieselben Themen, die in solchen Dialogen aufgegriffen werden: Jesus als Sohn Gottes, Dreieinigkeit, die Propheten und die Rolle Muhammads. Dabei geht es nicht nur darum, sich gegen den muslimischen Vorwurf der „Beigesellung" zu wehren, sondern auch darum, die Christen bei der Stange zu halten, damit sie nicht zum Islam überlaufen, um den Repressalien zu entgehen oder sich das Schutzgeld zu ersparen.

Verteidigung des Islams

Eine härtere Gangart schlug der Kalif al-Mutawakkil (847–861) ein, der wiederum eine strengere Bindung der Gesellschaft an den Islam verfolgte und Streitschriften gegen die Christen in Auftrag gegeben haben soll. Eine dieser Schriften stammt von Ali at-Tabari, Arzt am Hof des Kalifen, der vom Christentum zum Islam konvertiert war. At-Tabari verteidigt in seiner langen Schrift vor allem die Vorzüge und den Wahrheitsgehalt des Islams und weist dabei christliche und jüdische Einwände zurück. Den Christen wirft er u. a. vor, dass sie Muhammad nicht als Propheten Gottes anerkennen, und daher zählt er aus der Bibel alle Stellen auf, die aus seiner Sicht das Kommen Muhammads voraussagen. At-Tabari kannte das christliche Glaubensbekenntnis und nennt die Aussage, Christus sei „nicht geschaffen", einen Widerspruch gegenüber dem Glauben an Gott als den Schöpfer, der alles geschaffen hat. Die Todesangst Jesu und sein Gebet in Gethsemane (Mt 26,38) beweisen für ihn, dass Jesus nur ein Mensch war. Dass Muhammad nicht lesen und schreiben konnte, wird von at-Tabari als Argument dafür vorgebracht, dass Gott die Worte seiner Offenbarung direkt in das Herz seines Propheten eingeschrieben hat, ein Argument, das bis heute verwendet wird.

Ein anderer muslimischer Gelehrter und Literat aus dieser Zeit, der in engem Kontakt mit dem Hof stand, war al-Dschahis. Er plädierte für Offenheit gegenüber allen Kulturen, um deren Weisheit unter dem Dach des Islams zu versammeln. In seiner Schrift gegen die Christen, die er zwar ihrer Kultur wegen würdigt, aber der Übertretung der Schutzbestimmungen bezichtigt, dreht er den Spieß um: Den Vorwurf, die Muslime würden ein ausschweifendes Sexualleben führen, Vielweiberei und Konkubinat betreiben, beantwortet er mit dem Vorwurf, dass die Christen verschiedene asketische Lebensformen bevorzugen, was nur zur Heuchelei führe. Wenn die Christen nun trotzdem die Erde füllen, gehe das darauf zurück, dass sie sich durch Konvertiten vermehren und im Glauben schwache Muslime verführen.

Solche Überlieferungen, die vielfach erst im 19. und 20. Jahrhundert wiederentdeckt und durch die Wissenschaft der Orientalistik rekonstruiert wurden, lassen sich oft nicht eindeutig datieren und enthalten möglicherweise spätere Einschübe oder legendäre Züge. Nicht alle Autoren kannten beide Quellen, die Bibel und den Koran, weil sie nicht alle Sprachen beherrschten; die Muslime nicht Griechisch und Syrisch, die Christen nicht Arabisch. Sie waren darauf angewiesen, was man ihnen erzählte und was in der Volkstradition im Umlauf stand. Dennoch bleiben diese Überlieferungen Zeugnisse für die Art und Weise, wie Christen und Muslime von Anfang an einander begegnet sind: einander nahe und doch wieder fern, in Konkurrenz und glaubwürdiger Frömmigkeit auf beiden Seiten, im Kampf und in kulturellem Austausch, mit Kenntnis voneinander und in Unkenntnis. In diesen ersten drei Jahrhunderten wurden die wesentlichen Argumente pro und contra vorgebracht und dann später weitergeschrieben. Dabei waren es vor allem die politischen Auseinandersetzungen, die die Emotionen oft noch weiter hochgehen ließen und für scharfe und verleumderische Töne sorgten. Wenn heute antiislamische Parolen ausgegeben werden, dann kann ein Blick in die geschilderte Geschichte deren sehr lange zurückliegende Herkunft erkennen lassen.

14.4 Zwischen Angst und dem Versuch zu verstehen

Auch in der abendländischen Welt ging die Einstellung gegenüber dem Islam mit dem Maß der Bedrohung durch die muslimischen Eroberer einher. Die westlichen Theologen hatten einerseits für einen Religionsvergleich nur die lateinische Übersetzung der Bibel zur Hand, und andererseits über die militärischen Ereignisse hinaus vom Islam wenig Ahnung. Der englische Benediktinermönch Beda (ca. 672–735), einer der größten Bibelgelehrten seiner Zeit, wusste wenigstens, dass sich die Muslime von Ismael herleiten, den Abraham nach der Überlieferung der Bibel mit der Magd Hagar gezeugt und in die Wüste geschickt hatte. Ismael wird im Alten Testament ein wilder Mensch genannt und erhält die Prophezeiung, dass alle ihre Hand gegen ihn erheben werden (Gen 16). Das stimmte mit der Erfahrung überein, dass die muslimischen Heere aus der Wüste kamen und alle zu unterwerfen suchten. Auch apokalyptische Vorstellungen waren im Schwange, und man verglich die Muslime mit dem vierten Tier im Buch Daniel, das „anders war als alle Tiere vor ihm", das die ganze Erde fressen und Zeiten und Gesetze ändern werde (Dan 7,7.19–25). In den Muslimen die „neuen Juden" zu sehen, war ebenfalls eine verbreitete Anschauung. Wie dies häufig der Fall ist, versuchte man ein neues Phänomen in die bekannten Kategorien einzuordnen, womit manche Gemüter beruhigt werden konnten.

Am Beginn der Auseinandersetzungen mit dem Islam standen daher meist skurrile Fehldeutungen, was mit einer Literaturgattung zu tun hat, die volkstümlicher Fantasie entstammte, und der es nicht darum ging, einer anderen Religion in ihrem Selbstverständnis gerecht zu werden. Muhammad wird in solchen Schriften als Magier gesehen, der seine Erfolge seiner Zauberkraft verdanke und seine Beliebtheit der sexuellen Freizügigkeit, die er eingeführt habe; zur Strafe hätten ihn dann Schweine aufgefressen. Er habe an Epilepsie gelitten, eine Zuschreibung, die auf den Mönch Theophanes (752–817) zurückgeht. Die Muslime wurden als Götzendiener geschildert, die u. a. den Abendstern, Luzifer und den Antichrist anbeten. Die Einbildungskraft steigerte sich noch nach dem für die christlichen Heere siegreichen ersten Kreuzzug, und was über den Islam geschrieben wurde, folgte dem Stil von Ritterromanen und Wunderlegenden.

Neue Töne

Mit dem englischen Mediävisten Richard Southern kann man also von einer ersten Phase der Unwissenheit sprechen. Dies änderte sich langsam ab etwa dem 10. Jahrhundert aufgrund der Tätigkeit von Autoren wie Gerbert von Aurillac, dem späteren Papst Silvester II. (ca. 950–1003), der an den islamischen Universitäten Cordoba und Sevilla studiert hatte und mit arabischer Wissenschaft und Kultur vertraut war. Wie Gerbert trug auch Constantinus Africanus (ca. 1015–1087), ein tunesischer Arzt, der später Benediktinermönch wurde, zu einer nüchterneren Sicht auf den Islam bei. Vor allem, wenn es um konkrete praktische Interessen ging, war der Ton in dieser Zeit bereits ein anderer geworden. Als ein muslimischer Herrscher Nordafrikas 1076 Papst Gregor VII. um die Weihe eines Bischofs für seine christlichen Untertanen ersuchte, bedankte sich der Papst in einem Brief dafür und wies auf die besonderen Beziehungen zwischen Islam und Christentum hin, die im Glauben an den einen Gott als Schöpfer und Herrscher der Welt bestehen. So sickerten Schritt für Schritt auch realistische Informationen durch, dass nämlich die Muslime strikte Monotheisten sind, die Tora kennen und Jesus hochschätzen, auch wenn dieser nicht als aus Gott hervorgegangen anerkannt wird.

Gemeinsamkeiten wurden gesucht und gefunden, und dem folgte die Erschließung der Quellen. Dazu setzte Petrus Venerabilis (1094–1156), Abt des Reformklosters von Cluny, den ersten Schritt, indem er eine Übersetzung des Korans ins Lateinische in Auftrag gab, die 1143 fertig gestellt war. Freilich betrachtete auch er den Islam als eine christliche Häresie, verbunden mit dem Wunsch, die Muslime zum christlichen Heil zu führen.

In diesem Zusammenhang ist auch die wichtigste juristische Erörterung des Verhältnisses zum Islam im Mittelalter durch den späteren Papst Innozenz IV. (1195–1254) beachtenswert. Im Anschluss an eine Entscheidung von Papst Innozenz III. über die Zulässigkeit, einen Kreuzzugseid durch eine andere Leistung zu erfüllen, stellte er die Fragen: Ist es erlaubt, Länder Andersgläubiger anzugreifen? Und wenn es erlaubt ist, aus welchem Grund? Er kommt zu dem Schluss, dass es weder dem Papst noch anderen Gläubigen erlaubt sei, den Andersgläubigen ihre Herrschaft wegzunehmen. Alle Menschen, auch Nicht-Christen, wären legitime Träger von Herrschaft und Eigentum. Diese Rechte kämen ihnen zu, wie der Sonnenschein, der alle Menschen wärmt. Lediglich auf das Heilige Land, im Besonderen auf Jerusalem, bestünde ein Rechtsanspruch der Christenheit. Dafür führt er in scholastischer Manier mehrere Gründe an, darunter den Anspruch der Christen auf die Geburts- und Todesstätte Jesu, was sogar der ägyptische Sultan al-Kamil in einem Vertrag mit Kaiser Friedrich II. 1229 anerkannt habe. Bemerkenswert ist auch, dass Innozenz IV., abgesehen von den besonderen Gegebenheiten hinsichtlich des Heiligen Landes, nicht-christlicher Herrschaft nur bei Götzendienst und sexuellen Perversionen die Legitimität absprach, aber ausdrücklich betonte, dass diese Praktiken nicht auf den Islam zuträfen.

Es gab freilich auch andere Positionen, für welche alle Andersgläubigen mit dem Tode Jesu jegliches Herrschaftsrecht verloren hätten, sodass den Christen die Pflicht zukomme, ehemalige christliche Gebiete zurückzuerobern und die christliche Herrschaft auszudehnen. Insgesamt aber sahen die christlichen Theologen des Mittelalters mehrheitlich, wie auch ihre islamischen Kollegen, andersgläubige Herrschaft als mögliche Partner von Verträgen an, was auch realisiert wurde.

Zu Beginn der Neuzeit bekamen dann die Argumente der mittelalterlichen Juristen eine allgemeine geradezu welthistorische Bedeutung, als sich die Frage der Legitimität der spanischen Eroberungen in Amerika stellte. Die Ausbildung des europäischen Völkerrechtes geht auf wichtige katholische Gelehrte zurück, den Spanier Francisco de Vitoria (1483–1546) sowie dessen Zeitgenossen, den Dominikaner Bartolomé de Las Casas (1484–1566), der vor Kaiser Karl V. für die Rechte der „Indianer“ eintrat. Sie knüpften an das Konzept an, das Innozenz IV. für den Umgang mit muslimischen Ländern entwickelt hatte. Vitoria leitet aus der Legitimität nicht-christlicher Herrschaft die Idee einer alle Menschen verbindenden natürlichen Gemeinschaft ab. Zugleich hat er sein Konzept aus einem religiös geprägten Sinnzusammenhang herausgelöst und auf eine irdische rechtliche Weltgemeinschaft gegründet. Dabei geht er insofern ausdrücklich über Innozenz IV. hinaus, als er ein Interventionsrecht des Papstes zur Bestrafung von Sünden zurückweist. Dem Papst sei es schließlich auch nicht erlaubt, Krieg gegen Christen zu führen, weil sie stehlen oder Unzucht treiben.

Bedrohungen und das Vertrauen in die Vernunft

Die Geschichte ist freilich zu komplex, um nur einer aufsteigenden Linie zu folgen. Ab dem 12. Jahrhundert zeigte sich noch eine andere Wende an: Die islamische Bedrohung wird als Strafe, mindestens als Herausforderung für die Christen gesehen, deren Kirche sich zusehends mehr der Macht und dem Prunk hingab, anstatt sich an der Armut Jesu zu orientieren. So sahen es jedenfalls der Priestermönch Joachim von Fiore (ca. 1130–1202), später der Philosoph und Franziskanerfrater Roger Bacon (ca. 1214–1294), der auch arabische Werke ins Lateinische übersetzte. Für John Wyclif (ca. 1330–1384), den „Morgenstern der Reformation", waren die gottlosen Geistlichen schlimmer als die häretischen Muslime, und der Reformator Martin Luther (1483–1546) meinte, erst müsse der innere Feind, nämlich der Papst, bekämpft werden, um dem Islam widerstehen zu können. Auch Luther setzte sich für eine Übersetzung des Korans ein, die dann 1543 von Theodor Bibliander mit einem Vorwort von Philipp Melanchthon herausgegeben wurde. Freilich diente ihm, wie anderen auch, die Koranübersetzung dazu, die Religion des Islams zu widerlegen, aber er sprach vehement dagegen, die Muslime ihres Glaubens wegen zu bekämpfen. Es gehe um Verteidigung und diese obliege der weltlichen Obrigkeit. In dieser Weise hatten sich schon davor Roger Bacon oder Nikolaus von Kues (1401–1464), Bischof von Brixen, ausgesprochen.

Kriegerische Aktionen und kultureller Austausch lagen oft nahe beieinander. Bereits Mitte des 13. Jahrhunderts, als die Mongolen auf den Plan traten und die Abendländer in Schrecken versetzten, schickte der französische König Ludwig IX. (1214–1270) den flämischen Franziskaner Wilhelm von Rubroeck zur Erkundung der Situation in die Mongolei. Dort initiierte der Großkhan 1245 ein Religionsgespräch zwischen dem Lateiner Rubroeck und ostsyrischen Christen sowie Buddhisten und Muslimen. Um zu vermeiden, dass man einander Zitate aus Bibel und Koran um die Ohren schlägt, machte der Franziskaner den Vorschlag, mit Gott zu beginnen, weil alles von Gott komme. Daher vereinte die erste Gesprächsrunde die christlichen und muslimischen Vertreter gegen die Buddhisten. Das Tagebuch Rubroecks über dieses Ereignis lässt erkennen, dass sich Muslime und Christen als einander nahestehend und intellektuell ebenbürtig erlebten (Southern 1981: 37f.; vgl. Bezzola 1974).

Politisch entwickelte sich die Lage in eine andere Richtung: Die Abendländer hofften, die Mongolen würden die islamische Gefahr bannen. Diese Hoffnung wurde dadurch genährt, dass z. B. mongolische Gesandtschaften unter der Leitung ostsyrischer Christen zwecks militärischer Unterstützung im Kampf gegen die Muslime 1287 nach Rom kamen und dort einer Papstmesse in Sankt Peter beiwohnten (Southern 1981: 48). Als sich aber herausstellte, dass die Mongolen nicht das Christentum, sondern den Islam angenommen hatten, gewannen die polemischen Stimmen und der Aufruf zu weiteren Kreuzzügen wieder die Oberhand.

Beim intellektuellen Austausch spielte zunehmend die Philosophie als einigendes Band eine Rolle. Gruppen von Gelehrten übersetzten Werke bedeutender muslimischer Gelehrter wie Avicenna (980–1037) ins Lateinische. Dieses Gedankengut fand dann später Eingang in die christliche Theologie wie bei Albertus Magnus (ca. 1200–1280) und dessen Schüler Thomas von Aquin (ca. 1225–1274), aber auch in die Werke muslimischer Gelehrter wie Ibn Ruschd, auch Averroes genannt (1126–1198), der in Spanien am Hofe der Kalifen wirkte. Für ihn steht die Vernunft über den Religionen bzw. läge den (monotheistischen) Religionen zugrunde, und die beste Religion sei diejenige, die der Vernunft am besten entspreche.

Auch christliche Gelehrte verfassten fiktive Religionsgespräche, so z. B. Ramón Lull (ca. 1232–1316), der die arabische Sprache beherrschte, Schulen für Hebräisch, Arabisch und Altsyrisch initiierte und als Vorreiter der späteren Disziplinen der Orientalistik gesehen wird. In seiner Schrift vom „Heiden und den drei Weisen" diskutiert ein Heide mit einem Christen, einem Juden und einem Muslim. Der Heide findet zu Gott, aber ob er sich auch einer der monotheistischen Religionen anschließt, bleibt unentschieden; wichtig ist hier das fortgesetzte Gespräch in gegenseitiger Hochachtung. Noch später suchte Nikolaus von Kues, in dessen Zeit die Eroberung Konstantinopels 1453 durch die Osmanen fiel, um des Friedens willen in einem fiktiven Gespräch nach einem gemeinsamen Kern in den drei Religionen, nach der einen Religion „in der Verschiedenheit der Erscheinungsformen" (Schmidinger 2002: 39); daher meint er, die Trinität auch im Koran zu erkennen. In diesen Dialogen wird mit der Vernunft und nicht mit der Autorität von Bibel oder Koran argumentiert, und doch sehen alle in ihrer je eigenen Religion die Vernunft am deutlichsten hervortreten; aber immerhin war die Vernunft ins Gespräch gekommen.

Solche Beispiele enthalten charakteristische Merkmale der damaligen Religionsgespräche zwischen scharfer Kritik und argumentativer Widerlegung, der freundlichen Darlegung der je eigenen Lehren, um einander zu korrigieren, und dem Rückgriff auf die allen Menschen gemeinsame Vernunft, verbunden mit der mehr oder weniger stillen Hoffnung, die andere Seite zu bekehren. Doch blieb dieser religiöse Austausch nicht unwidersprochen, denn „Hardliner" auf beiden

Seiten versuchten gegenzusteuern. Ibn Ruschd wurde von strenggläubigen Muslimen der Häresie angeklagt und aus Cordoba vertrieben. Der Bischof von Paris, wo Thomas von Aquin lehrte, verurteilte dessen Theologie und provozierte damit lang anhaltende Auseinandersetzungen. Ramón Lull schließlich wurde auf einer Reise nach Nordafrika von aufgebrachten Muslimen gesteinigt, überlebte knapp und starb im Jahr darauf in seiner Heimat Mallorca.

Last und Erbe der Vergangenheit

Dennoch hinterließ die vernünftige Auseinandersetzung ein Erbe, das bis heute erhalten blieb: die Philologie zum Zwecke des Studiums von Quellentexten und Textgeschichte. Schon das 1311 einberufene allgemeine Konzil von Vienne hatte auf Anregung von Ramón Lull und unterstützt von Philipp dem Schönen von Frankreich beschlossen, Lehrstühle u. a. für Arabisch einzurichten in Rom, Paris, Oxford, Salamanca, Bologna. Später (1460) schrieb der sprachlich höchst gebildete Humanist Aeneas Silvius Piccolomini als Papst Pius II. einen selbstbewussten Brief an den Eroberer von Konstantinopel, Mehmet II., in dem er den muslimischen Vorwurf von der Verfälschung der Bibel mit Ausführungen über die Textgeschichte widerlegt (Southern 1981: 68).

Dies alles diente damals missionarischen Zielen, von denen sich die Wissenschaft aber sukzessive loslöste. Philologische Studien des Franzosen Joseph Justus Scaliger (1540–1609), des Niederländers Adrianus Relandus (1676–1718), des Engländers George Sale (1697–1736) oder des Deutschen Johann Jacob Reiske (1716–1774), die an verschiedenen europäischen Universitäten lehrten, befassten sich nicht nur mit dem Koran, sondern auch mit arabischer Poesie und Geschichte, mit Sprichwörtern und Numismatik. Die Kenntnis der Sprachen und der Textgeschichte, die auch qualitätvolle Übersetzungen möglich macht, wurde zur Grundausstattung der neuen Wissenschaft der Orientalistik, die die Polemiken des Mittelalters in ihre Zeit zurückstellte.

Das neue und vertiefte Interesse an islamischer Kultur und Dichtung führte gegen Ende des 18. Jahrhunderts auch zu einer Auseinandersetzung auf literarischer Ebene und zu einer Inszenierung des Orients aus westlicher, okzidentaler Sicht. Gotthold Ephraim Lessing, der die genannten Orientalisten studiert hatte, schrieb 1779 sein Drama „Nathan der Weise". Friedrich Schlegel wollte „orientalische Tiefe" mit „griechisch-römischer Form" und „deutscher Moralität" vereinen (Vietinghoff/May 1997: 73). Es war wiederum die wissenschaftliche Orientalistik, die den Orient sukzessive von dieser Romantisierung befreite.

Die Streitschriften und Religionsgespräche dienten über Jahrhunderte beiden Seiten dazu, die eigenen Gläubigen bei der Stange zu halten, aber auch zur Missionierung, sei es durch Abwertung der anderen oder dann zunehmend durch Argumente, sei es aus den heiligen Schriften oder unter Berufung auf die Vernunft. Heute kommt es darauf an, die Akte dieser Geschichte nicht zu vergessen, aber zu schließen, was freilich viel aufrichtigen Willen und Geduld benötigt, denn: „Zwischen der muslimischen und der westlichen Welt, insbesondere dem westlichen Christentum, ist ein Ozean unglücklicher Geschichte zu überqueren, sind Berge abzutragen, die das ganze Gewicht der militärischen, politischen und wirtschaftlichen Konflikte seit dem Mittelalter repräsentieren, besonders aber die westlichen Eingriffe in muslimische Länder seit zwei Jahrhunderten" (Waardenburg 1993: 210).

14.5 Das christlich-muslimische Gespräch heute

Eine Grundproblematik bei Dialogen auf theologischer Ebene besteht darin, dass Juden/Jüdinnen glauben, dass sich Gott letztgültig in der Tora offenbart hat, Christen/Christinnen, dies sei in Jesus Christus geschehen, und Muslime/Musliminnen glauben an die letztgültige Offenbarung Gottes im Koran. Da es sich aber in allen Fällen um den einen Gott handelt, bleibt die jeweils nachfolgende Religion auf die vorausgehende bezogen: Die Wurzel des Christentums liegt im Judentum, und der Islam greift auf Traditionen beider vorausgehenden Religionen zurück. Die daraus entstehende Spannung zwischen Abgrenzung und Kontinuität sehen die Religionen dadurch gelöst, dass sich die jeweils nachfolgende Religion bereits in der vorausgehenden angekündigt sieht und diese zugleich „korrigiert". Daher nimmt das Christentum rückblickend in der jüdischen Bibel, dem Alten Testament, eine verborgene Ankündigung Jesu Christi wahr, wovon das Neue Testament geprägt ist; und der Islam findet in der gesamten Bibel die verborgene Ankündigung des Propheten Muhammad. Während auf diese Weise in der jeweiligen vorausgehenden Religion Anknüpfungspunkte gesucht und gefunden werden, bleibt die Dynamik zwischen Kontinuität und Abgrenzung bestehen.

Bei den Religionsgesprächen früherer Jahrhunderte stand ungeachtet des unterschiedlichen politischen Kontextes die Religion im Mittelpunkt. Seit der Mitte des 20. Jahrhunderts begann sich der Schwerpunkt jedoch auf die gesellschaftspolitische Ebene zu verlagern, und zwar nicht nur angesichts der weltweiten politischen Herausforderungen, sondern auch und vor allem durch das alltägliche Zusammenleben von Christen/Christinnen und Muslimen/Musliminnen – auch in Österreich. Sie sitzen nebeneinander in den Schulbänken und in den Hörsälen der Universitäten, arbeiten miteinander in verschiedenen Berufsfeldern oder begegnen einander beim Einkaufen. In dieser Situation, die ohne Zweifel zu Spannungen führen kann und führt, will das Gespräch im politischen Interesse der Friedensstiftung dienen und den gesellschaftlichen Zusammenhang fördern, in dem alle eine gemeinsame Verantwortung für die Welt und ihre Bewohner wahrnehmen. Dazu ist es notwendig, einander auch im jeweiligen religiösen Selbstverständnis kennenzulernen, da die Religion Denkweise, Haltungen und Handlungen mitbestimmt. Daher wird insbesondere von den Kirchen eine entsprechende Gesprächsbereitschaft erwartet.

Neue Wege auf christlicher Seite

Im Zweiten Vatikanischen Konzil thematisierte die römisch-katholische Kirche in zwei Dokumenten zwar nicht den Islam, aber „die Muslime", wobei es nicht nur um die Religion geht, sondern vor allem um einen gemeinsamen Einsatz für soziale Gerechtigkeit und Frieden. In der „Dogmatischen Konstitution über die Kirche" (Lumen gentium) von 1964 heißt es: „Der Heilswille umfasst aber auch die, welche den Schöpfer anerkennen, unter ihnen besonders die Muslime, die sich zum Glauben Abrahams bekennen und mit uns den einen Gott anbeten, den barmherzigen, der die Menschen am Jüngsten Tag richten wird" (Art. 16). Noch ausführlicher formuliert die „Erklärung über das Verhältnis der Kirche zu den nichtchristlichen Religionen" (Nostra aetate): „Mit Hochachtung betrachtet die Kirche auch die Muslime, die den alleinigen Gott anbeten, den lebendigen und in sich seienden, barmherzigen und allmächtigen, den Schöpfer Himmels und der Erde, der zu den Menschen gesprochen hat. [...] Jesus, den sie allerdings nicht als Gott anerkennen, verehren sie doch als Propheten, und sie ehren seine jungfräuliche Mutter Maria, die sie bisweilen auch in Frömmigkeit anrufen. Überdies erwarten sie den Tag des Gerichtes, an dem Gott alle Menschen auferweckt und ihnen vergilt. Deshalb legen sie Wert auf sittliche Lebenshaltung und verehren Gott besonders durch Gebet, Almosen und Fasten. Da es jedoch im Lauf der Jahrhunderte zu manchen Zwistigkeiten und Feindschaften zwischen Christen und Muslimen kam, ermahnt die Heilige Synode alle, das Vergangene beiseite zu lassen, sich aufrichtig um gegenseitiges Verstehen zu bemühen und gemeinsam einzutreten für Schutz und Förderung der sozialen Gerechtigkeit, der sittlichen Güter und nicht zuletzt des Friedens und der Freiheit für alle Menschen" (Art. 3).

Diese Konzilsaussagen waren gegenüber der Geschichte der Polemiken ein großer Schritt vorwärts. Stimmen aus den eigenen Reihen der römisch-katholischen Seite bemängelten zwar eine zu große Zurückhaltung, da weder der Islam als eine verfasste Religion noch der Prophet Muhammad eine Erwähnung finden (z. B. Zirker 1993: 45f.). Aber damit verkennen sie die Verlagerung des Schwerpunkts auf die gesellschaftspolitische Ebene. In der Praxis setzte vor allem Papst Johannes Paul II. durch den Besuch von Moscheen während seiner Reisen weitere Zeichen des Respekts, was ihm mancherorts ebenfalls Kritik einbrachte. Das Konzil gab mit diesen Erklärungen jedenfalls einen Anstoß für das Entstehen vielfältiger Dialogforen.

Auch der 1848 gegründete „Ökumenische Rat der Kirchen" (ÖRK), der heute 349 Kirchen unter seinem Dach versammelt, engagiert sich seit 1967 für das christlich-muslimische Gespräch auf Weltebene unter muslimischer Beteiligung. Die Veröffentlichung „Christians Meeting Muslims" von 1977 dokumentiert das Ergebnis eines zehnjährigen Gesprächsprozesses, dem eine Fülle von weiteren Initiativen bis heute folgten. Dazu zählt z. B. die Konsultation in Broumana/Libanon „Christian-Muslim Dialogue" von 1972; genau 30 Jahre später, nach dem Attentat vom 9. September 2001, fand die Konferenz „Christians and Muslims in Dialogue and Beyond" statt, die in Genf Repräsentanten christlicher und muslimischer Organisationen, Theologen und Religionsgelehrte sowie Menschen zusammenführte, die sich auf lokaler Ebene für eine Verständigung engagieren. Angesichts der bedrohenden politischen Ereignisse wurde versucht, das Vertrauen untereinander zu stärken (ÖRK: Internet).

Bereits 1971 war an einer Konferenz in Addis Abeba ein Department für „Dialogue with People of Living Faith and Ideologies" gegründet worden, das nicht nur Juden und Muslime, sondern auch Hindus und Buddhisten einschloss. Später erfolgte eine stärkere Differenzierung, und der christlich-muslimische Dialog wurde zu einem eigenen, bis heute wichtigen Schwerpunkt. Das Dialogverständnis des ÖRK baut auf Vertrauen, wechselseitiger Akzeptanz und Achtung um des Weltfriedens willen auf. Die Dokumente betonen immer wieder, dass es nicht darum gehe, die je eigene Glaubensüberzeugung zu verstecken oder gar aufzugeben, sondern umgekehrt, das in der eigenen Glaubenstradition enthaltene Potenzial für Frieden und Achtung der Menschenwürde in gemeinsamer Verantwortung einzusetzen. Ebenso wird betont, dass der Dialog nicht dazu missbraucht werden darf, auf mehr oder weniger versteckte Weise Angehörige einer anderen Religion zur Konversion bewegen zu wollen, vielmehr gehe es darum, nicht nur den jeweils anderen, sondern auch sich selbst besser kennenzulernen. Zur Arbeit des ÖRK gehören auch Reisen zu muslimischen Zentren. So besuchte z. B. am 9. Jänner 2011 der Generalsekretär des ÖRK, Olav Fyse Tveit, den Hauptsitz der „World Islamic Call Society" in Tripoli/Libyen, um Möglichkeiten weiterer Zusammenarbeit auszuloten.

Solche Ziele verfolgt auch der „Lutherische Weltbund" in seinem „Office for the Church and People of Other Faith". Die Publikation „Dialogue and Beyond: Christians and Muslims Together on the Way" bringt die Gewissheit zum Ausdruck, dass friedliche Nachbarschaft mit gegenseitiger Hilfestellung in einer auf Partizipation aufgebauten Gesellschaft möglich sei (Sicard/Wulfhorst 2003).

Einen gesellschaftspolitischen Schwerpunkt setzte auch die „Charta Oecumenica", die 2001 vom Rat der europäischen Bischofskonferenzen (CCEE) und von der Konferenz Europäischer Kirchen (KEK) unterzeichnet wurde. Die KEK besteht aus einem Zusammenschluss von evangelischen und freikirchlichen Kirchen, von Orthodoxen, Anglikanern und Alt-Katholiken. Das Kapitel III steht unter der Überschrift „Unsere gemeinsame Verantwortung in Europa" und unter dem biblischen Motto: „Selig, die Frieden stiften, denn sie werden Kinder Gottes genannt werden (Mt 5,9)". Der Punkt 11 innerhalb dieses Kapitels enthält die Aufforderung, die Beziehungen zum Islam zu pflegen, sowie die Verpflichtung, den Muslimen mit Wertschätzung zu begegnen, das christlich-muslimische Gespräch zu intensivieren und bei gemeinsamen Anliegen mit Muslimen zusammenzuarbeiten (Charta: Internet).

Neue Wege auf muslimischer Seite

Als ein Markstein der christlich-muslimischen Verständigung wird der Brief „A Common Word between Us and You" von 2007 gewertet, von 138 muslimischen Gelehrten unterzeichnet, dem dann noch weitere etwa 100 Unterschriften folgten; damit trat diese Gruppe als eine Art muslimische „Ökumene" auf. Der Titel des Briefes spielt auf Sure 3,64 an, in der die Christen zu einem gemeinsamen Gespräch mit den Muslimen eingeladen werden. Dieser Brief ging an Papst Benedikt XVI. und weitere christliche Oberhäupter sowie den ÖRK und versteht sich als Einladung zu gemeinsamen friedensstiftenden Bemühungen auf der Basis des Friedens untereinander, da beide Religionen zusammen ca. 55 % der Weltbevölkerung ausmachen. Mit Zitaten aus Koran und Hadith, aber auch aus der Bibel weisen die Verfasser auf Gemeinsamkeiten zwischen den beiden Religionen hin, die sie im christlichen Gebot der Gottes- und Nächstenliebe zusammenfassen. Zugleich raten sie davon ab, die Unterschiede zu verschleiern. Der ÖRK sieht darin ein Zeichen dafür, dass sich muslimische Gelehrte und Religionsführer zu einem neuen Denken über die Beziehung zwischen Islam und Christentum verpflichtet fühlen (Common Word: Internet).

Vergleichbare Ziele wurden auf den europäischen und österreichischen Imamekonferenzen der IGGiÖ in Österreich formuliert und vertreten, auf die oben bereits hingewiesen wurde. Das Schlussdokument der Österreichkonferenz von 2005 in Wien spricht sich für gegenseitige Anerkennung und ein friedliches Zusammenleben aus: „Eine Kultur des Dialogs ermöglicht Brückenbau, der sachliche Themen allgemeiner Wichtigkeit aufgreift, anstatt sich in Ignoranz und Einkapselung einzuschließen. Die negativen Folgen, wie sie eine Isolierung in einer Art Parallelgesellschaft mit sich bringen würde, werden von den Muslimen/Musliminnen in

Österreich erkannt und Segregationsmodelle daher abgelehnt." Die dritte europäische Konferenz 2010, ebenfalls in Wien, befasste sich sehr ausführlich mit dem Thema Dialog und bezog den innermuslimischen Dialog mit ein; es wird betont, „dass ein fruchtbarer innermuslimischer Dialog gleichzeitig hilft, den interreligiösen und interkulturellen Dialog zu beleben" mit dem Ziel, „Vertrauen zueinander aufzubauen und über das Erkennen von gemeinsamen Anliegen und Zielen auch gemeinsames Handeln und sich Einsetzen für das Allgemeinwohl zu ermöglichen". Für das Verständnis von Dialog ist für Muslime/Musliminnen Sure 49,13 entscheidend (Imamekonferenzen: Internet).

Der Begriff „Dialog" ist zuweilen in Misskredit geraten und kann Skepsis auslösen, weil er auch für wechselseitige Bekehrungsversuche benutzt wurde. Daher sollte bei dialogischen Begegnungen von Anfang an miteinander geklärt werden, worum es geht, sodass alle Beteiligten einverstanden sein und sich daran halten können. Für beide Seiten muss es möglich sein, die religiöse Eigenständigkeit zu bewahren und in guten und klaren Worten von der eigenen Religion zu sprechen. Ein Urteil darüber, welcher der richtige oder der falsche Weg ist, sollte unterbleiben, was für beide Religionen nicht ausschließt, die eigene Glaubensüberzeugung zum Ausdruck zu bringen. In diesem Sinne zitiert die Grazer Erklärung der IGGiÖ die Sure 16,125: „Ruf zum Weg deines Herrn mit Weisheit und schöner Ermahnung und streite mit ihnen [den Anderen] auf die beste Art. Dein Herr weiß besser, wer von seinem Weg abirrt, und Er weiß besser, wer die sind, die der Rechtleitung folgen." Eine solche Haltung liegt auch der Resolution der Generalsynode der Evangelischen Kirche A. und H.B. in Österreich vom 12. November 2009 zugrunde, die das christliche Missionsverständnis, verbunden mit dem Bekenntnis zur individuellen und kollektiven Religionsfreiheit, neu formuliert. Die Resolution distanziert sich von „Anpassungszwang, Bekehrungsdruck und [...] Missachtung der Kultur anderer Menschen" und fordert, dass in Bezug auf Angehörige anderer Religionen aufgrund der Haltung des Respekts „gegenseitige Herabwürdigungen unterbleiben" und „der Geist guter Nachbarschaft" gepflegt wird (Resolution: 1.8; 4.2: Internet).

Eine Sache der Bildung

Interreligiöse Gespräche stehen wesentlich im Kontext von Bildung, durch die religiöses Wissen vermittelt werden kann, das aus dem jeweiligen Selbstverständnis stammt. Das schließt die spirituelle persönliche Dimension ein, denn in einem Gespräch begegnen einander Menschen und nicht Religionen: „Ein lebendiger, weiterführender Dialog kann ausschließlich dort stattfinden, wo jeder der Gesprächspartner aus Überzeugung und Verantwortung seine Religion vertritt" (Falaturi 2002: 74). Bei jedem Gespräch, daher auch bei Religionsgesprächen, geht es darum, einander zu verstehen, und das kann nur erreicht werden, wenn jede Seite sich darum bemüht, die andere so zu verstehen, wie sie sich selbst versteht. Dazu ist es notwendig, sich in die anderen ein Stück weit hineinzudenken und zu -fühlen. Das setzt ein ehrliches Interesse aneinander voraus und bedeutet nicht, wie oft befürchtet, sich selbst zu verlieren und in das andere „Lager" überzulaufen, denn verstehen bedeutet noch nicht einverstanden zu sein (Geißner 1968: 169f.). Jedenfalls ist für das dialogische Religionsgespräch ein eigenes stabiles Selbstverständnis wichtig, eine Beheimatung in der eigenen Religion in Bezug auf Wissen und gelebte Spiritualität.

Qualitätvolle Religionsgespräche können zu religiöser Bildung beitragen, um die es in Europa nicht allzu gut bestellt ist. In einer Gesellschaft, in der Agnostiker und kämpferische Atheisten Religion generell für eine geistige Verblendung halten, und Religionen zunehmend in ihrem eigenen „Biotop" leben, ist „religiöser Analphabetismus" die Folge. Religiöse Bildung kann auch für den Umgang mit Traditionen schulen, deren Vernachlässigung zur Geschichtsvergessenheit führt, was sich durch die unreflektierte Wiederkehr von vorurteilsbelasteten Stereotypen und inhumanen Haltungen und Handlungen rächen kann. Auch eine religionsneutrale Gesellschaft, will sie gemäß dem eigenen Anspruch pluralismusfähig sein, darf nicht ausschließen oder gar diffamieren, dass ein Transzendenz- bzw. Gottesbezug von Menschen verschiedener Religionen wach gehalten wird.

Christentum und Islam unterscheiden sich voneinander und haben trotz vieler Gemeinsamkeiten ihre unterschiedlichen „Logiken" in der Art, wie Menschen ihr Dasein in der Welt in ein Sinnganzes einbetten. Religiöse Bildung bedeutet daher, auch die Unterschiede mit Achtung wahrzunehmen und keinen Dialog zu führen, der alles zu einem Einheitsbrei verrührt. Das sind die beiden Gefahren an den äußersten Enden des Spektrums: Polemik und Kampf gegen alles, was anders ist, oder so lange alle Unterschiede zu verwischen, bis sich die Betroffenen gegen eine solche Vereinnahmung ihres eigenständigen Profils zur Wehr setzen.

Umgekehrt können Religionsdialoge das eigene Wissen ernorm bereichern, auch dadurch, dass sie Rückfragen an die jeweils eigene Religion stellen. Sie lassen die je eigene innere Vielfalt erkennen und fordern dazu heraus, sich selbst noch einmal besser kennenzulernen, eine Sprache zu finden, die auch Außenstehenden verständlich ist, aber auch dazu, die eigenen Traditionen selbstkritisch zu betrachten. Selbstkritische Momente können das Bewusstsein aufrechterhalten für das Potenzial der Versuchung mehr oder weniger gewaltsamer Verteidigung dessen, woran das Herz hängt.

Umgang mit der Konfliktgeschichte

Oftmals fixiert sich das dialogische Religionsgespräch vor allem zu Lasten der muslimischen Seite auf aktuelle politische Ereignisse wie Gewaltakte und Revolutionen, wodurch der Islam dann generell als die große Gefahr für den Westen erscheint. Ohne solche Aktionen zu verleugnen oder kleinzureden, muss ein qualitätvolles Gespräch unterscheiden zwischen dem Anspruch des Glaubens, der religiösen Überzeugung, und der politischen Praxis sowie nicht religiös begründeten regionalen Bräuchen, die der spirituellen Dimension allzu häufig zuwiderlaufen. Jede Religion stellt hohe ethische Ansprüche, denen die Menschen nur mehr oder weniger, manchmal überhaupt nicht entsprechen, vor allem dann nicht, wenn es um politische Macht geht; muslimisch heißt das „Schwäche", christlich „Sünde". Die Anhänger einer Religion sind daher nicht mit deren Lehre identisch. Daher muss und darf auch nicht alles verteidigt werden, was sich in der jeweils eigenen Religionsgeschichte abgespielt hat und abspielt. Bei Religionsgesprächen sollte das Profil des jeweiligen Glaubens im Mittelpunkt stehen, die sonst zur politisierenden Stammtischrunde verkommen, bei der sich alle heftig erregen und nur das allgemeine Klima vergiften.

Damit ein Gespräch zu gegenseitiger Bereicherung führen kann, braucht es eine bestimmte Grundhaltung, damit es zu keinen Scheindialogen kommt: geistige und emotionale Offenheit ohne unterschwellige Abwehrhaltung; der Wille zu verstehen und zur Verständigung; Neugier und Zuhören statt lauter oder stummer Skepsis; eine Begegnung auf gleicher Augenhöhe ohne Überlegenheitsgefühle und Geringschätzung des Gegenübers; Fragen statt schulmeisterliche Belehrung, aber keine Fangfragen, um die anderen auf stereotype Vorurteile festzulegen; Glaubensaussagen von ethnisch und kulturell bedingten Sitten und Bräuchen unterscheiden; keine Konflikte aus dem Ausland importieren und keine eigenen Vorstellungen in die Glaubenswelt der anderen hineintragen; die konfliktreiche Vergangenheit nicht ausblenden, aber auch einander nicht aufrechnen, sondern gemeinsam hoffnungsvoll in die Zukunft blicken; Selbstkritik zulassen und fördern, aber nicht als Eingeständnis eines falschen Weges werten; sich nicht mit eigenen Vorzügen brüsten, vielmehr die Vorzüge der anderen würdigen; sich in Bezug auf das je eigene Vorverständnis korrigieren lassen; Gemeinsamkeiten suchen, aber auch Unterschiede wahrnehmen. Beachtet werden sollte zudem, dass in interreligiösen Gesprächen nur mit Übersetzungen der Originalschriften gearbeitet werden kann; Übersetzungen beinhalten aber immer bereits eine Interpretation. Gleichlautende Begriffe lassen dabei leicht übersehen, dass damit in den beiden Religionen ganz unterschiedliche Bedeutungen verbunden sind wie z. B. beim Begriff „Sünde".

Interreligiöse Gespräche haben nicht das Ziel, sich über Glaubensinhalte zu einigen. Vielmehr geht es um Bildung, um das zivilisierte Gespräch selbst, darum, einander besser kennenzulernen, gegenseitige Vorurteile und Missverständnisse aufzulösen und Unterschieden mit Respekt zu begegnen. Dazu bringen die christliche wie die muslimische Seite aus ihrem je eigenen Glaubensprofil heraus die entscheidende Voraussetzung mit: den Beziehungswillen Gottes gegenüber seinen Geschöpfen durch seine in Jesus Christus Gestalt gewordene Liebe und seine im Koran bezeugte vergebungsbereite Barmherzigkeit um des Friedens und der Eintracht unter allen Menschen willen.

14.6 Verortungen des Gesprächs

Bei Religionsgesprächen sollte beachtet werden, wer mit wem und wo spricht. Denn jede Religion kennt innerhalb der eigenen Reihen verschiedene Gruppen, die der jeweiligen Glaubenstradition näher oder ferner stehen. Im Christentum wie im Islam gibt es die Strenggläubigen, die ihr Leben zur Gänze an der Religion als ihrer Sinnmitte ausrichten, aber auch Religionsangehörige, für die Religion weniger praktische Bedeutung hat, und die mit ihrer Religion nur wenig vertraut sind. Das gilt auch für diejenigen, bei denen das kulturelle Erbe im Vordergrund steht; sie praktizieren ihre Religion in der Regel anlässlich großer Feste. Neben solchen, die ihre Religion nach Maßgabe der Vernunft und wissenschaftlich, damit auch kritisch betrachten, stehen die mystisch Orientierten, die nach persönlich-intimer Glaubenserfahrung suchen. Eine loyal-kritische Einstellung findet sich häufig in religiösen Frauenbewegungen, während fundamentalistische Gruppen mit ihrer kämpferischen Haltung gegenüber einer Aufklärungskultur, die Religion generell abwertet, sich eng an ihre Tradition halten. Hinzu kommt der „Volksislam" bzw. die „Volkskirche", die einfachen praktischen Regeln und Bräuchen folgen, die mehr oder weniger Anhalt an der religiösen Überlieferung haben. Bedacht werden sollte auch das Zahlenverhältnis; eine religiöse Minderheit, wie sie die Muslime/Musliminnen in Europa, somit auch in Österreich darstellen, sind einem hohen Assimilationsdruck ausgesetzt, dem sie oft mit der Tendenz zur Bewahrung und zur Betonung der eigenen Identität begegnen. Diese kleine Typologie schließt nicht aus, dass es vielfältige Überschneidungen geben kann.

Auch zum Islam gehören verschiedene Richtungen und solche, die von den Hauptrichtungen als nicht-muslimisch ausgeschlossen sind wie z. B. die bereits erwähnte Gruppe der Ahmadija. Wie es einen innerchristlichen Dialog z. B. hinsichtlich des Verständnisses der Christologie gibt, gibt es auch einen innerislamischen, der an der dritten europäischen Imamekonferenz 2010 der IGGiÖ Thema war. Die Empfehlung geht dahin, Begriffe wie *kufr* (Undankbarkeit/Unglaube), *murtadd* (Abfall vom Glauben), *zindiq* (Häresie, Atheismus) oder „Leute des Buches" zu reflektieren und nicht unbedacht zu verwenden, um dadurch auch das interreligiöse Gespräch zu fördern (Imamekonferenzen: Internet). Für Religionsgespräche ist wichtig, sich dessen bewusst zu sein, dass nicht alle Muslime/Musliminnen mit innerislamischen Disputen vertraut sind; das gilt freilich auch für Christen/Christinnen gegenüber ihrer eigenen Religion. Daher kommt es darauf an zu klären, wer von christlicher Seite mit wem von muslimischer spricht, und welche Kompetenzen die Gesprächpartner/innen mitbringen.

In Anlehnung an römisch-katholische Richtlinien lassen sich vier Orte des Dialogs unterscheiden: der Dialog des Lebens, des Handelns, der Experten und der Erfahrung (vgl. Troll 2008: 38), wobei auch bei dieser Typologie die Grenzen verfließen. Bei nachbarschaftlichen Begegnungen zwischen Christen/Christinnen und Muslimen/Musliminnen wird es nicht um theologische Debatten gehen, sondern v. a. um den „Dialog des Lebens", indem freudige und belastende Anlässe wie die Geburt eines Kindes oder der Tod von Familienangehörigen mitfühlend und im Bitt-Gebet von beiden Seiten geteilt werden, oder indem man einander aushilft und Unterstützung anbietet. Daraus kann sich der „Dialog des Handelns" entwickeln; er bedeutet, dass sich beide Seiten zusammentun, um sich gemeinsam für Gerechtigkeit und Freiheit einzusetzen, in der politischen Gemeinde zusammenzuarbeiten oder sich in Sozialprojekten zu engagieren.

Formen gemeinsamer spiritueller Praxis

Hinzu kommt der „Dialog der Erfahrung", der sich auf die religiöse Praxis bezieht. Muslime/Musliminnen freuen sich, wenn sie auch von Christen/Christinnen Grußkarten mit Segenswünschen zu ihren großen Festen bekommen, und umgekehrt steht dem nichts im Wege, dass Christen/Christinnen von muslimischer Seite Segensgrüße zu Weihnachten erhalten. Muslimische Anlässe sind der Beginn des Fastenmonats Ramadan, das Fastenbrechen am Ende dieses Monats (*id al-fitr*) sowie das Opferfest.

Im Ramadan steht der Koran im Mittelpunkt, der gelesen und in den Moscheen ausführlich rezitiert wird, denn in diesem Monat erfolgte die erste Offenbarung an Muhammad (Sure 2,183–187). Gefastet wird von der Morgendämmerung bis zum Sonnenuntergang, worauf das Fastenbrechen mit der Abendmahlzeit *Iftar* folgt. In diesen Wochen spielt auch die Gastfreundschaft eine große Rolle, und an manchen Tagen werden von der IGGiÖ oder von muslimischen Vereinen auch nicht-muslimische Gäste zum *Iftar*-Essen eingeladen. Das kann auch umgekehrt geschehen, indem den Muslimen/Musliminnen eine *Iftar*-Mahlzeit bereitet wird. Der Monat Ramadan lässt sich mit dem Advent als christlicher Buß- und Fastenzeit vergleichen, das abschließende dreitägige Fest mit Weihnachten, denn in beiden Fällen steht die Offenbarung Gottes im Mittelpunkt; dabei geht es – inhaltlich wesentlich unterschieden – im einen Fall um den Koran, im anderen Fall um Jesus Christus.

Als Hauptfest gilt das viertägige Opferfest (*id al-adha*), das in die Zeit der Pilgerfahrt fällt, aber von Muslimen/Musliminnen auch zu Hause begangen wird. Grußkarten von christlicher Seite sind auch zu diesem Fest willkommen, auch wenn es innerhalb der Familien gefeiert wird. Die christliche Karwoche und das Osterfest sind für Muslime/Musliminnen kein Anlass, Grüße zu schicken, denn hier kommt der Unterschied zwischen den beiden Religionen am deutlichsten zum Ausdruck.

Der Dialog der Erfahrung kann auch darin bestehen, Kirchen und Moscheen an Nachbarschaftstagen für Führungen zu öffnen, oder einander bei rituellen Vollzügen Gastfreundschaft zu gewähren. Die Einladung von Muslimen/Musliminnen in einen christlichen Gottesdienst ist möglich und wird auch angenommen, wenn Vertrauen herrscht. Es wäre aber nicht angemessen, den Gästen zuliebe die Liturgie zu verändern und etwa auf Gebete mit trinitarischen Wendungen zu verzichten, oder die Gäste dazu einzuladen, christliche Gebete mitzusprechen. Unter der Voraussetzung gegenseitigen Vertrauens ist auch eine Einladung zum muslimischen rituellen Freitagsgebet möglich. Von den jeweiligen Gästen kann erwartet werden, dass sie mit respektvoller Haltung teilnehmen, ohne sich zu beteiligen. Manchmal, vor allem in Schulen, gibt es die Praxis, zu besonderen Anlässen konsensfähige Texte gemeinsam zu sprechen; das wird freilich auch kritisch betrachtet.

Besondere Anlässe können „multireligiöse Feiern" nahelegen, die eine eigene Form haben. Solche Feiern finden in der Regel im öffentlichen Raum auf neutralem Boden statt, also nicht im Rahmen des muslimischen Freitagsgebetes oder eines christlichen Gottesdienstes. So waren die Terroranschläge am 11. September 2001 Anlass dafür, dass Juden, Christen und Muslime in der Wiener Hofburg der Opfer gedachten und um Frieden beteten. Ein anderes Beispiel sind die von Papst Johannes Paul II. 1986 und 2002 initiierten Weltgebetstreffen in Assisi, wo die Religionsvertreter in ihrer je eigenen Gruppe beteten. Auch in politischen Gemeinden oder in Schulen kann es Anlässe geben, sich zu einer interreligiösen Feier zusammenzufinden, wobei selbstverständlich bestimmte Grenzen zu wahren sind. Denn die religiöse Praxis in Ritus und Gebet, Lesung und Predigt, aber auch der rituelle Vollzug religiöser Feste gehört zum Intimraum einer Religion, in den ohne ausdrückliche Einladung niemand Außenstehender eindringen darf.

14.7 Gesprächsforen

Die Frage nach dem Ort des Dialogs führt schließlich zu den kirchlichen und muslimischen Institutionen und deren Vertreter/innen, die auf die Vermittlung der Lehre achten, Beschlüsse fassen und offizielle Erklärungen abgeben. Hinzu kommen die theologischen Fachleute in religiösen Gemeinden und Bildungseinrichtungen wie Schule und Universität, die die Auslegungstraditionen reflektieren. Auf dieser Ebene findet der „Dialog der Experten" statt in gemeinsam organisierten Konferenzen, Fortbildungsveranstaltungen für Lehrer/innen, innerhalb der universitären Lehre oder Forschung mit entsprechenden Publikationen. Dabei arbeiten nicht nur christliche Theologen/Theologinnen und muslimische Religionsgelehrte zusammen, sondern auch Islamwissenschaftler/innen und Juristen/Juristinnen. Die Ergebnisse können auch in die lokalen Gemeinden eingebracht werden durch Bildungsveranstaltungen, an denen Vertreter/innen beider Religionen verschiedene Themenbereiche behandeln und zur öffentlichen Diskussion stellen. Bei Religionsgesprächen in Gemeinden oder Schulen können Experten/Expertinnen auch als Mediatoren/Mediatorinnen eingesetzt werden.

Seit den 1960er Jahren haben Dialogforen sowohl im wissenschaftlichen Bereich als auch auf der offiziellen Ebene der Religionsgemeinschaften mit Konferenzen und Publikationen in einem Maße zugenommen, dass hier nur einige genannt werden können. Für das christlich-muslimische Gespräch gab es einen Anknüpfungspunkt im christlich-jüdischen Dialog, der seit dem Ende des Zweiten Weltkriegs und aus Anlass des Holocausts intensiv geführt wurde.

Wissenschaftliche Initiativen

1995 fand in den USA eine Gruppe von engagierten und miteinander befreundeten Wissenschaftlern verschiedener religiöser Zugehörigkeit zusammen, die sich nicht mit der Lehre der Religionen beschäftigte, sondern mit deren heiligen Schriften, die der religiösen Praxis näherstehen. Der Schwerpunkt dieser Gruppe, die sich „Scriptural Reasoning" nennt, liegt auf dem Trialog zwischen Juden, Christen und Muslimen, und das Ziel, dem zivilen Zusammenleben zu dienen, wird auch in praktische Programme umgesetzt. Inzwischen gibt es verschiedene solcher Gruppen, vor allem in Großbritannien, die sich an unterschiedlichen Orten zu Konferenzen treffen und die Ergebnisse publizieren.

Eine andere Initiative nennt sich „Scriptures in Dialogue", ein Projekt des jüdischen Leo-Baeck-College, das seit 2006 mit einem muslimischen College in London zusammenarbeitet. Eine weitere Unternehmung geht auf Michael Ipgrave zurück, Priester der anglikanischen Kirche und Berater für interreligiöse Beziehungen im Rat des Erzbischofs von Canterbury. Ausgehend davon, dass Gott dem arabischen Volk auch die Botschaft von Moses und Jesus gegeben hat, organisierte er im Auftrag des Erzbischofs unter dem Titel „Building Bridges" zwei international hochrangig besetzte Seminare zum christlich-muslimischen Dialog. Das erste Seminar fand 2002 in London statt, das zweite 2003 in Doha unter der Schirmherrschaft des Emirs von Qatar, der im Vorwort der Publikation anbietet, in Qatar eine ständige Plattform für einen solchen Dialog einzurichten.

In Österreich fanden auf Initiative des damaligen Außenministers Alois Mock und in Fortsetzung des 1977 in St. Gabriel bei Mödling begonnenen Dialogprozesses, der von den Erklärungen des Zweiten Vatikanischen Konzils ausgeht, zwei christlich-islamische Dialogkonferenzen mit breiter internationaler Beteiligung statt: 1993 „Friede für die Menschheit" und 1997 „Eine Welt für alle". Als Ergebnis dieser Konferenzen wurde aufgrund einer Initiative von muslimischer Seite der „Vienna International Christian-Islamic Round Table" (VICIRoTa) eingerichtet, der von 2000 bis 2008 auf mehreren Tagungen nicht nur theologische Fragen erörterte, sondern auch bestehende aktuelle soziale und rechtliche Probleme im globalen Kontext aus islamischer und christlicher Sicht (Manifest 2008: Internet). Die Beiträge wurden regelmäßig auf Deutsch, Englisch und Arabisch, teilweise auch in Urdu und Farsi publiziert. Ein Ergebnis dieses „St. Gabrieler" Dialogprozesses ist auch die Einrichtung der dreiwöchigen „Vienna International Christian-Islamic Summer School", die seit 2006 in zweijährigen Abständen im Stift Altenburg veranstaltet wird und 2010 fast 50 Studierende aus 16 Ländern zusammenbrachte. Die neun Kurse beinhalten sowohl eine Einführung in das Christentum als auch in den Islam sowie Spezialfragen wie Minderheiten, Gender-Fragen, soziale Rechte, Staat und Religion, religiöser Pluralismus in einer globalisierten Welt.

Eine weitere Frucht dieser Veranstaltungen waren auch die Tagungen der Österreichisch-Iranischen Konferenz, die von 1996 bis 2008 vier Konferenzen abhielt, wobei vor allem die vierte und letzte Konferenz mit dem Thema „Hermeneutik" in das Zentrum der aktuellen theologischen, aber auch philosophisch-juristischen Diskussionen zwischen den Religionen führte (Bsteh/Mirdamadi 2010).

In Österreich war von 1989 bis 2011 die von der Katholischen Bischofskonferenz gegründete „Kontaktstelle für Weltreligionen" mit dem „Abrahamitischen Freundeskreis" aktiv (KWR: Internet). In der Nachfolge wurde das „Forum für Weltreligionen" als eigener Verein gegründet, der diese Aktivitäten fortsetzt, mit der „World Conference of Religions for Peace" zusammenarbeitet und weiter mit „Religionen unterwegs" eine bedeutende einschlägige Zeitschrift herausgibt (FWR: http://www.weltreligionen.at/). An der Evangelisch-Theologischen Fakultät der Universität Wien ist seit 2007 ein vom Rektorat gefördertes internationales Forschungsprojekt „Theologie als Ressource des christlich-muslimischen Gesprächs" angesiedelt.

Institutionelle kirchliche Plattformen

Im deutschen Sprachraum haben Initiativen zum christlich-muslimischen Gespräch eine tragende Basis in den evangelischen und katholischen Akademien. Der katholischen Akademie Rottenburg-Stuttgart ist es gelungen, seit 2005 für die jährlichen Konferenzen des „Theologischen Forums Christentum – Islam" hochrangige muslimische Referenten/Referentinnen zu gewinnen, darunter auch Frauen. Jede Konferenz ist einem bestimmten Thema gewidmet, ohne die Unterschiede zwischen den Religionen zu scheuen, und alle Konferenzen werden in einer Publikation dokumentiert (Akademie: Internet).

Die römisch-katholische Kirche bemühte sich auf institutioneller Ebene, ausgehend von den genannten Konzilserklärungen, um positive Anknüpfungspunkte und Brückenschläge auch in Bezug auf den Islam. Während des Konzils wurde das „Sekretariat für die Nicht-Christen" gegründet, 1988 dann in „Päpstlicher Rat für den Dialog unter den Religionen" umbenannt. Präsident des Sekretariats war der Wiener Kardinal und Erzbischof Franz König, als erster christlicher Kleriker auch dazu eingeladen, einen Vortrag an der Al-Azhar-Universität in Kairo zu halten. Das Sekretariat veranstaltete in den 1980er und 1990er Jahren zahlreiche Konferenzen zum christlich-islamischen Dialog und gab 1969 „Richtlinien für den Dialog zwischen Christen und Muslimen" heraus, die 1981 noch einmal neu überarbeitet wurden.

Wie schon erwähnt, stellt auch der ÖRK eine wichtige Plattform dar, die in christlich-muslimischen Konsultationen und durch Veröffentlichungen dafür arbeitet, wechselseitige Stereotypen und Vorurteile zu überwinden, die zu Verdächtigungen, Angst und Diskriminierung führen. Die Gesprächspartner werden auch aufgefordert, aktiv an die Medien heranzutreten und vermehrt das Internet zu nutzen, um einer auf Sensationen bedachten und vereinfachenden Berichterstattung entgegenzutreten. In Österreich wurde 2006 das „Forum Abrahamitischer Religionen" des Ökumenischen Rates der Kirchen in Österreich (ÖRKÖ) eingerichtet mit Vertretern des ÖRKÖ, der Israelitischen Kultusgemeinde und der IGGiÖ.

Im Jahr 2000 publizierte der Rat der „Evangelischen Kirche in Deutschland" (EKD) die Handreichung „Zusammenleben mit Muslimen in Deutschland" mit dem Ziel, dazu beizutragen, „dass wir Christen uns den Muslimen in unserem Land in Offenheit zuwenden, um sie zu verstehen und ihre Religion zu respektieren". Auch hier soll es darum gehen, einander besser kennenzulernen, ohne das eigene Licht unter den Scheffel zu stellen oder vorschnell Gemeinsamkeiten zu sehen. Die Verständigung mit den Muslimen/Musliminnen wird christlich begründet: „Wenn es einen guten, innerchristlichen Grund gibt, sich nicht die Welt mit christlichen ‚Absolutheitsansprüchen' zu unterwerfen, sondern Andersgläubigen versöhnlich und nicht feindlich zu begegnen, sie in ihren Eigenheiten und auch in ihrem religiösen Suchen zu achten und nicht zu verachten, von ihnen das Beste zu hoffen und sie nicht zu verurteilen, dann ist der Grund für Christen hier zu suchen und zu finden: Er liegt in der Erinnerung daran, dass Gott in Christus nicht – ‚Christ', sondern Mensch wurde, dass Gott in der Hingabe seines Sohnes Jesus Christus ‚die Welt' trotz ihrer Verkehrung geliebt und mit sich versöhnt hat und nicht bloß eine spezielle ‚Kirchenwelt' (Joh 3,16; 2 Kor 5,19). So begegnen wir Christen Muslimen im Bewusstsein, dass diese Liebe und Versöhnung Gottes auch ihnen gilt. Wie sich Muslime dazu auch stellen mögen, so sind sie dennoch in die Dynamik dieser Wirklichkeit auf ganz besondere Art hineingenommen" (Handreichung 2000: Einleitung und II/2/3: Internet). Gegenseitige Hilfeleistung, wechselseitige Gastfreundschaft oder Fürbitte sollen das gute Zusammenleben fördern.

Die später folgende EKD-Handreichung „Klarheit und gute Nachbarschaft" von 2006 wird mit der angespannteren politischen Lage begründet. Zwar hält diese Schrift daran fest, dass es keine Alternative zu einem Dialogprozess gibt, sie schlägt aber gegenüber den Muslimen/Musliminnen einen schärferen kritischen Ton an, indem sie u. a. negative Verhaltensweisen von Muslimen auch aus früheren Kulturen auflistet. Dem gegenüber spielen christlicher Wahrheitsanspruch und Muslimemission mehr als bislang eine Rolle. Einerseits werden auch Muslime als „Gottes geliebte Geschöpfe" gesehen, denen Achtung und Unterstützung zukommt, andererseits heißt es, dass Gott den Muslimen in Jesus Christus „Raum und Zeit gibt, um seine Liebe kennen zu lernen" (Handreichung 2006: 17, Internet).

Von der „Vereinigten Evangelisch-Lutherischen Kirche Deutschlands" (VELKD) gemeinsam mit der EKD herausgegeben ist das Buch „Was jeder vom Islam wissen muss", 2011 in überarbeiteter Neuauflage erschienen.

In Österreich wurde am 26. Oktober 2011 die evangelische Orientierungshilfe „Evangelische Christen und Muslime in Österreich" von der Generalsynode A. und H. B. der Evangelischen Kirche in Österreich verabschiedet. Diese Orientierungshilfe ist dazu gedacht, die Arbeit in den Gemeinden und Schulen zu unterstützen, und will als Grundlage für ein eigenes Studium und eine eigene Urteilsbildung dienen (http://www.evang.at/themen/a-bis-z/islam/).

Modelle der Beziehung zwischen den Religionen

Auf theologischer Ebene stehen einander drei Grundmodelle gegenüber: Christentum und Islam schließen einander aus, denn nur die jeweils eigene Religion führt zum Heil (exklusiv); die eine Religion ist insofern in der anderen enthalten, als sich in der anderen Teilelemente der eigenen Wahrheit finden lassen (inklusiv); oder: Beide Religionen sind unterschiedliche Wege zu Gott, der sich zu verschiedenen Zeiten durch unterschiedliche Offenbarungen zu Wort gemeldet hat (geschichtlich-pluralistisch). Nun stellt sich die Frage, ob die Beziehung zwischen den Religionen überhaupt auf einer solchen spekulativen Ebene bestimmt werden kann und muss. Realistischer und weiterführender ist es, die Beziehung zwischen Menschen unterschiedlichen Glaubens zum Wohle einer Gesellschaft zu gestalten, und dazu gehört, einander zu kennen und zu respektieren.

In diesem Sinne spricht sich die „Plattform Christen und Muslime“ aus, die 2006 anlässlich des „Karikaturenstreits“ in Wien gemeinsam von der „Katholischen Aktion Österreich“ und der IGGiÖ gegründet wurde. In der Grundsatzerklärung wird auf die gemeinsame Verantwortung vor Gott und den Menschen hingewiesen und darauf, „dass Begegnung bereichert, Stereotypen und Feindbilder aber den Frieden zerstören“, und umgekehrt: „Jede Ungerechtigkeit und Unmenschlichkeit, jede pauschale Verdächtigung und jedes verhetzende Wort gegenüber Menschen anderer politischer, religiöser und sozialer Herkunft kann eine Vorform auch physischer Gewalt sein.“ Daher gehe es darum, „einander besser zu verstehen, mehr voneinander zu wissen und zu lernen, mehr aufeinander zu achten und mehr miteinander zu leben“ (Plattform: Internet).

Spekulative Ansätze laufen hingegen Gefahr, die andere Seite zu vereinnahmen oder Unterschiede zu verschleiern. Das geschieht auf evangelischer Seite z. B. durch Reinhard Leuze, der sich wünscht, dass alle drei Religionen die Begrenztheit ihrer jeweiligen Offenbarung anerkennen, was freilich die Glaubensgewissheit unterlaufen würde und daher nicht realistisch ist. Ein Beispiel auf römisch-katholischer Seite sind die Vatikanischen Richtlinien für den Dialog von 1981, die einen Satz des Patriarchen Timotheus I. zustimmend zitieren: „Muhammad ist dem Weg der Propheten [des Alten Testaments] gefolgt.“ Der Kommentar dazu lautet: „[...] denn er [Muhammad] hat nichts anderes getan, als ihr Beispiel nachzuahmen, selbst wenn er sich nicht völlig dem anschloss, den sie angekündigt haben“ (Troll 2008: 244). Da mit der Wendung „den sie angekündigt haben“ nach christlichem Verständnis des Alten Testaments Jesus Christus gemeint ist, dem sich Muhammad „nicht völlig anschloss“, wird ein entscheidender Unterschied verwischt.

Aber Christen/Christinnen und Muslime/Musliminnen teilen die Überzeugung, dass alle Menschen Geschöpfe des einen Gottes sind. Darin liegt das Potenzial, einander trotz unterschiedlicher Glaubensgewissheiten zu achten und beizustehen. Auch wenn die Geschichte weitgehend ein Zeugnis verfehlter Religionsdialoge darstellt, macht es keinen Sinn, das einander vorzurechnen. Denn damit würde das Faktische zu einer gültigen Norm erhoben und weiterhin festgeschrieben. Dafür, dass das nicht geschieht, tragen auch die Kirchen als Plattformen der Friedensstiftung eine Verantwortung.

Schlussbemerkungen

Die Integration muslimischer Einwanderer/Einwanderinnen muss auch vor dem Hintergrund der Entwicklung religionsrechtlicher Standards gesehen werden. Diese sind in Europa in Auseinandersetzung mit den großen christlichen Konfessionen entstanden und widerspiegeln in den einzelnen Staaten die geschichtlichen Prozesse, die zum jeweiligen Verhältnis von Staat und Kirche geführt haben. Ungeachtet der verschiedenen Systeme bestehen aber hinsichtlich der Gewährleistung von Religionsfreiheit und der Bereitschaft, spezifische Rechtsformen für Religionsgemeinschaften vorzusehen, durchaus europäische Gemeinsamkeiten (vgl. Potz 2003: 11ff.).

Nun ist es zwar legitim, aufgrund der Geschichte europäische Gemeinsamkeiten zu betonen, dies sollte jedoch nicht zu Ausgrenzungen führen, da gerade damit ein schwer erkämpfter neuzeitlicher europäischer Standard in Frage gestellt würde, der die Basis aller menschenrechtlichen Gewährleistungen ist. Eine religionsneutrale rechtliche Ordnung, die für nicht-christliche Gemeinschaften nicht offen stünde, würde wohl ihre Glaubwürdigkeit verlieren.

Diese europäische Grundrechtsordnung hat im Bereich der Religionsfreiheit die Konsequenz, dass dem Einzelnen die Möglichkeit der Integration offenstehen muss. Es muss aber auch den muslimischen Gemeinden das Angebot gemacht werden, als gestaltende Kräfte an einem säkularen pluralistisch-demokratisch begründeten System mitzuwirken, das gerade nicht als säkularistisch im weltanschaulichen Sinn verstanden werden darf. Auch wenn die Gemeinden von diesem Angebot keinen Gebrauch machen wollen oder können, muss für sie jedenfalls volle Religionsfreiheit gewährleistet werden, die in unserem System einen konstitutionellen Grundstatus hat. Dass in Österreich die IGGiÖ öffentlich-rechtlichen Status besitzt, schafft jedenfalls günstige Voraussetzungen für Integrationsprozesse, darf aber nicht dazu verführen, sich zufrieden zurückzulehnen, sondern verlangt immer wieder nach einer adäquaten Konkretisierung auf allen relevanten politischen Ebenen. Sowohl der demokratische Rechtsstaat als auch die islamische Glaubensgemeinschaft sind damit in eine Verantwortung genommen, die ihnen niemand abnehmen kann.

Auf dieser Basis steht auch die interreligiöse Verständigung, da Religion für viele Menschen eine Lebensordnung bedeutet, die Haltungen und Handlungen in hohem Maße bestimmt. Verständigung besteht nicht darin, sich bezüglich der Glaubensinhalte zu einigen, auch nicht in wechselseitigen Bekehrungsversuchen. Schon gar nicht kann es darum gehen, einander zu bekämpfen. Im Mittelpunkt steht der Respekt vor Überzeugungen anderer, auch wenn sie nicht die eigenen sind. Unter dieser Voraussetzung kann sich die Angst vor dem Fremden in die Erfahrung einer vielfältigen Bereicherung verwandeln. Dazu braucht es religiöse Bildung, um die es in Europa nicht allzu gut bestellt ist, weil Religionsneutralität immer wieder mit Religionsfeindlichkeit verwechselt wird, auch von muslimischer Seite. Aber gerade die religions- und weltanschaulich neutrale Basis des Staats bildet die Grundlage dafür, sich mit den Religionen zu beschäftigen und dazu qualifizierte Angebote zur Verfügung zu stellen. Denn rechtliche Neutralität ist kein Freibrief für Unwissenheit, sondern die Chance, gegenseitige Vorurteile und Missverständnisse aufzulösen und einander besser kennenzulernen.

Alle Religionen wollen letztlich den Menschen dienen und für Wohlergehen und „Heil" des Einzelnen sorgen, aber auch für ein friedliches und gewaltfreies Zusammenleben der Menschheitsfamilie. Diese Grundbotschaft gilt es neu zu entdecken und zu entfalten trotz oder gerade wegen der langen Geschichte der Kämpfe und des Blutvergießens, die die jahrhundertelangen kooperativen Beziehungen zwischen Christen/Christinnen und Muslimen/Musliminnen und den kulturellen Austausch immer wieder unterbrochen hat.

Noch sind Teile der in Europa und in Österreich lebenden muslimischen Bevölkerung aus dem Bild der Öffentlichkeit abgedrängt. Aus diesem Untergrund gilt es herauszukommen, um zum gleichberechtigten Teil der europäischen Gesellschaft zu werden. Dieser Schritt entspricht der Forderung der Soziologin Nilüfer Göle, den Islam im Herzen des europäischen öffentlichen Raumes anzuerkennen. Demnach sollte Europa als politisches Projekt und nicht als eine geschlossene Identität wahrgenommen werden, die es letztlich nie gegeben hat. Die Herausforderung Europas bestehe deshalb darin, „dazu fähig zu sein, einen gemeinsamen Ort für beide (Islam und Europa) zu ersinnen und zu errichten und aus dem konflikthaften Dialog herauszukommen. Das verlangt auf beiden Seiten, die identitären Fixierungen zu verlassen" (Göle 2008: 57f.).

Anmerkungen

1 Dies hat dazu geführt, dass religionsrechtliche Arbeiten zum Islam in Österreich vergleichsweise häufig sind; zur Vertiefung sei insbesondere auf die umfassenden Darstellungen in den beiden Monographien von Barbara Gartner aus 2006 und 2011 verwiesen.

2 Überdies leidet dieses Werk unter einer Reihe von Fehlern und Ungenauigkeiten. Als journalistische Arbeit erhebt es keinen wissenschaftlichen Anspruch und verzichtet daher darauf, die Quellen der Ausführungen anzugeben. Dadurch werden aber Zitate nicht kenntlich und Fundstellen nicht ersichtlich gemacht.

3 So für Deutschland: Leibold/Kühnel/Heitmeyer 2006: 9; Haug/Müssig/Stichs 2009: 164, 172; für Österreich: Ulram 2009: 15, 17, 24. In Parenthese sei hier hinzugefügt, dass zwar Muslime „bei verschiedenen Indikatoren niedrigere Integrationswerte aufweisen als Angehörige anderer Religionen aus denselben Herkunftsländern" (Haug/Müssig/Stichs 2009: 15), dass aber auch religiös-politische Christen unter den Migranten/Migrantinnen deutlich unterdurchschnittliche Kontakte mit Österreichern/Österreicherinnen haben (Ulram 2009: 21). Um dem zu begegnen, initiierte die Frauenbeauftragte der IGGiÖ, Carla Amina Baghajati, zusammen mit vielen verschiedenen muslimischen Vereinen, rund um das muslimische Neujahrsfest am 26.11.2011 eine Aktion, bei der Musliminnen ihre Nachbarn/Nachbarinnen aufsuchten und ein Päckchen mit Süßigkeiten sowie eine Grußkarte überreichten. Damit sollte der zwischenmenschliche Kontakt und der soziale Zusammenhalt gestärkt werden. Diese Aktion sei laut E-Mail-Auskunft der „Initiative Muslimischer ÖsterreicherInnen" außerordentlich erfolgreich verlaufen.

4 Eine Schwierigkeit dieses Berechnungsmodus nach den Herkunftsländern besteht darin, dass die religiösen Minderheiten in diesen Staaten, deren Angehörige üblicherweise an der Emigration überproportional beteiligt sind, ausgeblendet werden. Ein Migrant aus Ägypten kann eben durchaus christlich-koptischen Glaubens sein. Dadurch wird etwa die Mehrzahl der Aleviten/Alevitinnen mit aktueller oder ehemaliger türkischer Staatsbürgerschaft kontinuierlich dem Islam zugerechnet. Durch die neuen Entwicklungen im Rahmen der Anerkennung der Islamischen-Alevitischen Gemeinschaft müssen diese statistischen Daten geändert werden.

5 Hinsichtlich religiöser Haltungen von in Österreich lebenden Muslimen/Musliminnen liegen aus jüngerer Zeit Untersuchungen vor von Rohe (2006) sowie von Ulram (GfK Austria: 2009), beide vom Innenministerium in Auftrag gegeben.

6 So war etwa die Arbeitslosigkeit der Ausländer/innen deutlich höher als jene der österreichischen Staatsangehörigen. Türken/Türkinnen waren mehr als doppelt so häufig arbeitslos wie Österreicher/innen; das Armutsrisiko geht zwar zurück, ist bei ihnen aber immer noch deutlich erhöht (36 % gegenüber 11 % der Gesamtbevölkerung; vgl. Statistik Austria 2011: 15).

7 Da für Österreich noch keine entsprechenden empirischen Arbeiten vorliegen, stützen wir uns für die folgende Darstellung auf die Forschungen von Werner Schiffauer (2008) zu den Aktivitäten von Organisationen wie Milli Görüş (IGMG) im deutschen Kontext, die sich auf Österreich übertragen lassen.

8 Franz Walter, Eingliederung durch Abschottung, in: *Zeit online*, 13.02.2008: http://www.zeit.de/online/2008/07/parallelgesellschaften (11.07.2011).

9 http://www.spiegel.de/politik/debatte/0,1518,421967,00.html (11.07.2011).

10 Solche historischen Reminiszenzen werden auch in den gegenwärtigen politischen Auseinandersetzungen ungeniert aktiviert wie etwa durch das vor allem an Jungwähler gerichtete Comic-Heft, das anlässlich des Wiener Wahlkampfs 2010 Parallelen zwischen den Türkenkriegen und der Gegenwart herstellt.

11 Dokumentiert werden islamophobe Vorkommnisse u. a. vom Dokumentationsarchiv für Islamophobie (http://www.dai.or.at), in dem übrigens nicht nur Muslime tätig sind (Miljković 2007).

12 Da deutsche Diskurse und Akteure/Akteurinnen auch immer wieder nach Österreich wirken, ist der Überblick über die deutsche Situation in Schneiders 2009 und Benz 2009 hilfreich, um manche Diskussionen zu verstehen.

13 In den geschichtlichen Teilen wird auf die gendergerechte Schreibweise verzichtet.

14 Auch wenn von „Türken" die Rede ist, handelte es sich beim Osmanischen Reich um einen multiethnischen Vielvölkerstaat.

15 Diese Sage handelt von einem „Türken", der den Abzug seiner plündernden Kameraden wegen seiner Berauschung versäumt und sich im Rauchfang versteckt habe. Er sei in Purbach verblieben, habe sich taufen lassen und damit ‚perfekt' integriert.

16 Wolfgang Schmeltzl, Der Wiener Hans Sachs. Eine Auslese aus seinem Werke mit Anmerkungen versehen und herausgegeben von Ella Triebnigg, Wien 1915: 33f.
17 Proklamation an die Bewohner von Bosnien und Herzegowina, in: Wiener Zeitung vom 28. Juli 1878, 1, abgedruckt bei E. Bernatzik, Österreichische Verfassungsgesetze, Nr. 196, Leipzig 1906.
18 Vgl. dazu die kritischen Bemerkungen bei Schmid (1914: 1–4). Für eine kurze Zusammenfassung vgl. Schmid 2010.
19 Vgl. zum Folgenden insbesondere Rösler 2002: 196ff.; Potz 2010a: 390ff.; darin finden sich auch die Quellenangaben für die Zitate bis S. 52 aus dem Staatsarchiv.
20 Die Anzahl der in Wien lebenden Muslime/Musliminnen war allerdings nicht sehr hoch; die Erläuternden Bemerkungen zur Regierungsvorlage gehen von 889 Muslimen/Musliminnen in Wien „nach den letzten statistischen Ausweisen" aus.
21 Es handelte sich um die Herren Vinzenz Graf Thurn-Valsassina, Felix Graf und Hans Mayerhöfer.
22 Die in den noch geltenden staatskirchenhoheitlichen Bestimmungen der Monarchie vorgesehenen Genehmigungen (dies betrifft neben dem Anerkennungsgesetz 1874 insbesondere das Israelitengesetz 1890 und das Islamgesetz) können heute nur mehr so verstanden werden, dass die Statuten von der Behörde als frei von (staatlicher) Gesetzwidrigkeit zur Kenntnis genommen werden; es wird daher von einer „genehmigenden Kenntnisnahme" gesprochen. Weitergehende behördliche Kompetenzen wären unverträglich mit dem in Art. 15 Staatsgrundgesetz garantierten religionsgemeinschaftlichen Selbstbestimmungsrecht.
23 Erich Kocina, Frauen predigen nicht, in: *Die Presse*, 16.05.2010: 10.
24 Profilbogen: E-Mail vom 04.07.2010, Carla Amina Baghajati.
25 „Islam-Vertreter: Strache ist ein guter Mensch", in: *Salzburger Nachrichten*, 25.06.2011: http://www.salzburg.com/online/nachrichten/politik/Islam-Vertreter-Strache-ist-ein-guter-Mensch.html?article=eGMmOI8V567fhJlVjzfOWI99Fn2rIvo8wQRKCmQ&img=&text=&mode= (26.06.2011).
26 E-Mail vom 01.01.2011 (R. L.)
27 Dies ist eine Form der Rechtsauslegung, die der Tatsache Rechnung tragen soll, dass Muslime/Musliminnen in Europa, aber auch z. B. in den USA, in einer anderen Situation leben als diejenigen in muslimischen Mehrheitsgesellschaften. Ohne grundsätzliche prinzipielle Revisionen durchzuführen, wird dadurch ein situationsadäquateres Verständnis der Rechtsauslegung angestrebt. Die neuere innermuslimische Diskussion geht über dieses eingeschränkte Verständnis allerdings teilweise hinaus.
28 Es handelt sich dabei um die Betonung bestimmter Aspekte islamischer Lehren, die dazu dienen kann, eine größere Beweglichkeit des islamischen Rechts in der Moderne zu erreichen, was allerdings keine Abkehr von klar definierten Prinzipien bedeutet.
29 *Wasatiya* ist ein etwas schwer zu definierender Begriff, inzwischen sogar eine Art Modewort. Er bezeichnet eine mittlere, moderate Position, die sich insbesondere von gewalttätigen Extremisten, aber auch von als zu liberal empfundenen Personen abgrenzt. Einer der Hauptvertreter dieser Position ist Jusuf al-Qaradawi (Gräf 2009). Diese Position beruft sich auf eine ältere Tradition, die ihre koranische Grundlage z. B. in Sure 2, *al-baqara*, 143 hat.
30 Für die größeren türkischen Verbände in Österreich liegen bereits seit Jahren einige qualitätsvolle Untersuchungen vor; so insbesondere Kroissenbrunner 1996 und Reiser 2000.
31 So auch der bezeichnende Untertitel des im Juni 2011 erschienenen Buches „Christian Atheist" von Brian Mountford.
32 Stefan Apfl, Ich habe abgeschworen!, in: *Falter* 9/2010, 03.03.2010: http://www.falter.at/web/print/detail.php?id=1104 (04.03.2010).
33 Stefan Apfl, Die Islam-Macher, in: *Falter* 25/2010: 18–19.
34 ATIB-Chef: „Wir sind kein Integrationsverein", in: *Die Presse*, 04.06.2011: 21.
35 „Chefsache", in *profil* Nr. 22, 30.05.2011: 24f.
36 Die inzwischen in der Türkei neu gegründete Partei, wieder unter Führung Erbakans.
37 Harald Biskup, Islamverband indoktriniert Schüler nicht, in: *Kölner Stadt-Anzeiger*, 09.07.2010: http://www.ksta.de/html/artikel/1278666293450.shtml (20.07.2010).
38 http://oe1.orf.at/highlights/102846.html (02.09.2009). Die berichteten Wahlergebnisse aus Wien zeugen von der Beteiligung von zwölferschiitischer Seite.
39 Erich Kocina, Wildwuchs bei Muslimen droht, in: *Die Presse*, 07.11.2011: http://diepresse.com/home/panorama/oesterreich/623597/Wildwuchs-bei-Muslimen-droht?from=suche.intern.portal (14.01.2011).
40 Stefan Beig, Akademikerbund erhebt radikale Forderungen, in: *Wiener Zeitung*, 12.03.2011.
41 Erich Kocina, „Liberale" wollen eigene Glaubensgemeinschaft, in: *Die Presse*, 08.11.2010: 11.
42 Aus der Laudatio von Dr. Brigitte Beierlein: Mitteilung per E-Mail am 26.10.2009, DI Tarafa Baghjati (R. L).

43 Gespräch mit Günther Ahmed Rusznak, 14.06.2010 (R. L.), dem der Großteil der folgenden Informationen zu verdanken ist.
44 Erich Kocina, Keine Aufnahme: Ein Moslem, der kein Moslem ist, in: *Die Presse*, 04.08.2010.
45 Die größte Mitgliederzahl weltweit weisen indonesische muslimische Organisationen auf.
46 Otmar Lahodynsky, Kopftuch-Elite, in: *profil* 46, 10.11.2008: 52.
47 Stefan Beig, „Wir sind waschechte Muslime", in: *Wiener Zeitung*, 09.04.2009, auch für die folgenden Zitate.
48 Die Stellungnahme wurde freundlicherweise von der IGGiÖ zur Verfügung gestellt; ein Teil der Zitate findet sich auch in der Stellungnahme des Unterrichtsministeriums zur VfGH-Beschwerde der VAKB.
49 Jörg Tschürtz, Keine Hasspredigten am Heiligen Abend: Seminar radikaler Muslime in Wien abgesagt, in: *News*, 21.12.2010: http://www.news.at/articles/1050/10/284183/keine-hasspredigten-heiligen-abend-seminar-muslime-wien (14.01.2011).
50 *Süddeutsche Zeitung* 173, 19. Juli 2011: 4.
51 http://www.news.at/articles/0915/10/238796/ermittlungen-austro-al-qaida-zelle-oesterreicher-terror-camps (12.07.2009).
52 Peter Draxler/Klaus Stimeder (2007), Der grosse Vorsitzende, in: *Datum* 10.
53 http://derstandard.at/1308679534184/Justizministerium-Mafiaparagraf-soll-milder-Terrorgesetz-schaerfer-werden (24.06.2011).
54 Mouhanad Khorchide ist heute Professor für Islamische Religionspädagogik an der Universität Münster.
55 Stefan Apfl, Die Islamlehrer, in: *Falter* 5/2009, 28.01.2009: http://www.falter.at/web/print/detail.php?id=842 (18.07.2009).
56 Erich Kocina, Islam-Studie: Autor wehrt sich gegen Diffamierung, in: *Die Presse*, 01.02.2009: http://diepresse.com/home/bildung/448896/print.do (02.02.2009).
57 Gemäß dem Hochschulgesetz 2005 lautet die Bezeichnung „Privater Studiengang für das Lehramt für Islamische Religion an Pflichtschulen". Man hat seitens der IGGiÖ jedoch die eingeführte Marke „IRPA" (Islamische Religionspädagogische Akademie) als Kurzbezeichnung beibehalten.
58 Seit 2011 werden auch Schulungen für Seelsorger/innen und Dialogbeauftragte der IGGiÖ durchgeführt.
59 Maria Sterkl, Imame lernen „österreichische Werte", in: *Der Standard*, 15.10.2009: http://derstandard.at (18.10.2009).
60 Bekenntnisse der Rekruten, 06.02.2008: http://derstandard.at/fs/3214371/Wissen-Bekenntnisse-der-Rekruten (04.06.2009).
61 *Kurier*, 23.09.2010: 15.
62 Informationen für strenggläubige Muslime finden sich auf der Homepage des Bundesheeres: http://www.bmlv.gv.at/rekrut/stellung_einberufung/stellung.shtml (14.07.2010).
63 Eine analoge Regelung gilt für strenggläubige Angehörige der Israelitischen Religionsgesellschaft. In diesem Fall ist eine Bestätigung der Israelitischen Kultusgemeinde vorzulegen.
64 http://www.derislam.at/haber.php?sid=134&mode=flat&order=1
65 Dass ein Zusammenhang zwischen Strenggläubigkeit, Stationierung in der Maria-Theresien-Kaserne und einem dschihadistischen ehemaligen Mitglied der Garde hergestellt wird, erweckt den Eindruck einer gezielten Skandalisierung.
66 Darunter insbesondere die Europäischen Strafvollzugsgrundsätze aus 1987, die 2006 vom Ministerkomitee des Europarates überarbeitet wurden.
67 Die *Presse* vom 28.08.2008 sowie Mitteilung von Generaldirektor Grois gemäß einem Bericht vom 18.03.2003, abrufbar unter http://wien.gruene.at (13.03.2009).
68 http://www.mariacher.org/index.php?/archives/407-Graz-braucht-KEINE-einzige-Moschee!html (14.08.2009).
69 Viola Erlebach, Der Religionsfrieden von Bad Vöslau, in: *integration im fokus* 2/10: 18-19.
70 Es wäre daher an der Zeit, einen alle die vielfältigen Aspekte einbeziehenden Planungsleitfaden für den Bau islamischer Gotteshäuser in Österreich zu verfassen, wie er für Deutschland mit der 2002 von der Herbert-Quandt-Stiftung publizierten Handreichung „Der Weg zur Moschee" von Claus Leggewie, Angela Joost und Stefan Rech vorhanden ist sowie mit dem von Reinhold Zemke 2008 verfassten Handlungsleitfaden für Planer, Architekten und Bauherren: „Die Moschee als Aufgabe der Stadtplanung".
71 Weniger spektakulär war dagegen eine 2011 kundgemachte Änderung der niederösterreichischen Bauordnung, die auch für den Bau von Moscheen bzw. Minaretten Bedeutung erlangen könnte: § 56 (Gestaltung von Bauwerken) lautet nunmehr: „Bei besonders ortsbildwirksamen Bauwerken ist weiters auf deren Wirkung in Bezug auf das regionalspezifische sowie bau- und kulturhistorisch gegebene Erscheinungsbild Bedacht zu nehmen."

72 http://kaernten.orf.at/stories/217207/ (15.11.2011).
73 Regierungsvorlage vom 31. Jänner 2008 für ein Gesetz, mit dem die Kärntner Bauordnung 1996 und das Kärntner Ortsbildpflegegesetz 1990 geändert wurden.
74 Die Formulierung lautet: „Eine solche Begutachtung kann beispielsweise auch im Falle einer beantragten Genehmigung einer entsprechend gestalteten religiösen Versammlungsstätte, wie etwa einer Moschee (deren traditionelle architektonische Bestandteile Kuppeln und Minarette bilden) notwendig sein" (vgl. http://www.verwaltung.ktn.gv.at/45689_DE-PDF-LG-1211-8_Erl_RS.pdf (15.11.2011).
75 Vorarlberger Raumplanungsgesetz 1996, idF LGBl 35/2008.
76 Die Zahl der Medienberichte mit Politikerzitaten und ihrer Wortakrobatik ist beachtlich, wenn etwa unter der Überschrift „Minarett-Nein besiegelt" versichert wird, dass die Gesetze „kein Bauverbot für Minarette enthielten" (http://www.vol.at/minarett-nein-wird-besiegelt/news-20080402-09381815).
77 Ein islamischer Friedhof soll 2011 eröffnet werden, in: *Der Standard*, 30.10.2009; vgl. auch http://www.okay-line.at/deutsch/aktuelles/prozess-islamischer-friedhof-in-vorarlberg/. Die Eröffnung steht bevor: http://www.vol.at/altach/islamischer-friedhof-bauarbeiten-in-der-zielgeraden/3088375 (02.12.2011).
78 Philipp Aichinger, Scharia darf in Österreich angewandt werden: http://diepresse.com/home/recht/rechtallgemein/643301/print.do (21.03.2011).
79 Vgl. dazu die jeweiligen Beiträge zu den Gesetzesnovellen in der Zeitschrift „migralex".
80 Die Dokumentation ist unter: http://www.frauen.bka.gv.at/DocView.axd?CobId=24152 abrufbar (03.10.2011).
81 http://diepresse.com/home/politik/innenpolitik/404624/Fekter-will-Kulturdelikt-einfuehren (06.10.2011).
82 Abrufbar unter http://www.bka.gv.at/DocView.axd?CobId=32965 (06.10.2011).
83 http://diepresse.com/home/panorama/oesterreich/537450/Experte-gegen-strengere-Strafen-bei-religioeser-Gewalt- (06.10.2011).
84 Möglicherweise ist diese Prozentzahl der grob missverstandene Ursprung der medial verbreiteten Zahl von zwangsverheirateten Frauen.
85 Zur Hochzeit gezwungen: Es gibt Hilfe, in: *Die Presse am Sonntag*, 23.08.2009: 37.
86 Günes Koc, Verbrechen: Tabuthema Ehrenmord, in: *Die Presse*, 13.01.2009: http://diepresse.com/home/panorama/integration/443583/index.do?_vl_backlink=/home/index.do (03.08.2009).
87 Edith Meinhart, Die verhökerten Mädchen, in: *profil*, 29.03.2010: http://www.profil.at/articles/1013/560/265483/die-maedchen (31.01.2011).
88 *Der Standard* vom 14. Mai 2007: http://derstandard.at/2768880 (06.10.2011).
89 Vgl. Anm. 86.
90 www.dieStandard.at, APA vom 03.04.2004.
91 Ammar 114 [Fuenf:32], Jugendkriminalität, Ehrenmord, Terror: http://www.fuenf32.de (01.08.2009).
92 Siehe dazu: Terre des Femmes (Hg.): Weibliche Genitalverstümmelung. Eine fundamentale Menschenrechtsverletzung, Göttingen 1999, und: Schnitt in die Seele, Frankfurt/Main 2003.
93 Informationen unter: http://www.stopfgm.net/ (07.11.2011).
94 Text der Erklärung unter: http://www.derislam.at/haber.php?sid=98&mode=flat&order=1 (07.11.2011).
95 Linda Say, Iga Niżnik, Michael Bigus (2010), Alles Halal, oder was?, in: *biber* Juni, 70–75: 71.
96 Gespräch am 14.06.2010 mit Günther Ahmed Rusznak (R. L.).
97 http://diepresse.com/home/panorama/religion/509509/Halal_Essen-wie-es-Allah-gefaellt (07.11.2011).
98 http://www.welt.de/politik/article1104434/Grace_Kelly_eine_Muslimin_und_das_Gesetz.html (07.11.2011).
99 Herbert Lackner, Seltene Sichtungen, in: *profil*, 11.11.2010: http://www.profil.at/articles/1045/560/281618/seltene-sichtungen (14.01.2011).
100 Es gibt inzwischen etliche TV-Prediger, die via Satelliten-TV und Internet konsumiert werden.
101 Dies lässt sich mittels einschlägiger Internetdienste feststellen, die den Datenverkehr auf Internetseiten registrieren. Ein Verzeichnis österreichischer islamischer Webpräsenzen findet sich unter http://lohlker/wordpress.com/ (07.11.2011).
102 Ania Haar, Medien: Türkische Zeitung will deutschsprachige Leser, in: *Die Presse*, 17.03.2009: http://diepresse.com/home/kultur/medien/461933/index.do (28.07.2009).
103 http://www.ethnomusik.com/ (07.11.2011).
104 Abrufbar unter www.fsa.gov.uk (07.11.2011).
105 Das Regelwerk ist abrufbar (25.05.2011) unter: http://www.djindexes.com/mdsidx/downloads/rulebooks/Dow_Jones_Islamic_Market_Indexes_Rulebook.pdf

106 „If men define things as real, they are real in their consequences."

107 Dass Jesus das Evangelium von Gott in Buchform erhalten habe, ist zwar eine gängige muslimische Ansicht, wird aber von manchen muslimischen Auslegern anders gesehen, die davon ausgehen, dass sich die Offenbarung an Jesus und auch an Moses nicht anders zugetragen haben könne als die Offenbarung an Muhammad, nämlich in mündlicher Form, dem dann die schriftliche Aufzeichnung durch die Menschen folgte.

108 In einem Hadith heißt es: „Wer sich der Menschen nicht erbarmt, dessen erbarmt sich Gott nicht" (Khoury 1992: 545).

109 Wenn es in Sure 8, 17 z. B. heißt: „Nicht ihr habt sie getötet, sondern Gott hat sie getötet", dann bezieht sich das auf die Schlacht von Badr, in der die Muslime unter den feindlichen Mekkanern auch Verwandte getötet hatten und davon bedrückt waren (vgl. Schreiner 2008: 55f.).

110 Die Übersetzung des koranischen Begriffs „Messias" mit „Christus" wird zu Recht kritisch betrachtet, weil sich daraus unpassende Assoziationen mit einem christlichen Verständnis von Jesus ergeben (Bauschke 2000: 108).

111 Dass der Koran die Juden pauschal beschuldigt, Jesus töten zu wollen, hat eine Parallele in manchen neutestamentlichen Schriften. Inzwischen fand das jüdisch-christliche Gespräch zu einer genaueren Sicht aufgrund von Analysen des damaligen geschichtlichen Hintergrunds (vgl. Theißen 1999): Viele Juden haben die Botschaft Jesu abgelehnt, aber nicht alle Jesus verfolgt. Nur die Mächtigen unter ihnen, nämlich die Tempelpriester (Sadduzäer), waren überhaupt dazu imstande, die Römer zu Verurteilung und Hinrichtung Jesu zu bewegen.

112 Die vielen verschiedenen muslimischen Auslegungsvarianten zu den Versen über die Kreuzigung können hier nicht vorgestellt werden; vgl. dazu Bauschke 2000: 165ff.

113 Hinter dem vom Konzil in Ephesus (431) beschlossenen Titel „Gottesgebärerin" steht die damals oft überspitzte Polemik gegen christliche Gruppen, die in Jesus nur einen Menschen sahen.

Literatur

Allievi, Stefano (2002), Converts and the Making of European Islam, in: ISIM Newsletter 11, 1–26.
Allievi, Stefano (Hg.) (2010), Mosques in Europe. Why a solution has become a problem, London: Hobbs.
Amirpur, Katajun (2009), Unterwegs zu einem anderen Islam, Texte iranischer Denker, übersetzt und kommentiert, Georges-Anawati-Stiftung, Bd. 4, Freiburg: Herder.
Andelshauser, Beate (1996), Schlachten im Einklang mit der Scharia. Die Schlachtung von Tieren nach islamischem Recht im Lichte moderner Verhältnisse, Sinzheim: Pro Universitate.
Anzenbacher, Arno ([7]2010), Einführung in die Philosophie, Freiburg: Herder.
Aslan, Ednan (2009), Muslime in Österreich und das Modell Österreich, in: ders. (Hg.), Islamische Erziehung in Europa, Wien: Böhlau, 325–350.
Attia, Iman (Hg.) (2007), Orient- und IslamBilder. Interdisziplinäre Beiträge zu Orientalismus und antimuslimischem Rassismus, Münster: Unrast.

Balic, Smail (1995), Zur Geschichte der Muslime in Österreich, in: Heine, Susanne (Hg.), Islam zwischen Selbstbild und Klischee, Eine Religion im österreichischen Schulbuch, Wien: Böhlau, 23–35.
Barth, Hans-Martin, Elsas, Christoph (Hg.) (1997), Islam und Christentum. Beiträge zum interreligiösen Dialog, Rudolf-Otto-Symposion, Hamburg: EB-Verlag.
Bauer, Ernest (1971), Zwischen Halbmond und Doppeladler, Wien-München: Herold.
Bauer, Gudrun (2001), Eine Moschee für Graz, Diplomarbeit Technische Universität Graz.
Bauer, Tomas (2011), Die Kultur der Ambiguität. Eine andere Geschichte des Islam, Berlin: Insel.
Bauman, Zygmunt (2009), Gesellschaften, Frankfurt/Main: Suhrkamp.
Bauschke, Martin (2000), Die Christologie des Korans und die deutschsprachige Theologie, Köln: Böhlau.
Bauschke, Martin (2001), Jesus im Koran, Köln: Böhlau.
Bauschke, Martin (2004), Jesus als Beispiel der Gott-Mensch-Beziehung im Koran, in: Schmid, Hansjörg u. a. (Hg.), Heil in Christentum und Islam, Theologisches Forum Christentum – Islam: Akademie der Diözese Rottenburg-Stuttgart, 101–119.
Benz, Wolfgang (Hg.) (2009), Islamfeindschaft und ihr Kontext. Dokumentation der Konferenz „Feindbild Muslim – Feindbild Jude“, Berlin: Metropol.
Berger, Klaus (Hg.) (2002), Nikolaus von Kues. Vom Frieden zwischen den Religionen/De pace fidei, Übers. K. B. und Ch. Nord, Frankfurt/Main: Insel.
Berger, Lutz (2010), Islamische Theologie, Wien: Facultas WUV.
Bezzola, Gian Andri (1974), Die Mongolen in abendländischer Sicht (1220 – 1270), Bern: Francke.
Bielefeldt, Heiner (2005), Zwangsheirat und multikulturelle Gesellschaft. Anmerkungen zur aktuellen Debatte, Berlin: Deutsches Institut für Menschenrechte.
Bobzin, Hartmut (2000), Mohammed, München: Beck.
Bobzin, Hartmut (2010), Der Koran (Übersetzung), München: Beck.
Bobzin, Hartmut ([7]2007), Der Koran, München: Beck.
Böckenförde, Ernst-Wolfgang (2009), Bekenntnisfreiheit in einer pluralen Gesellschaft und die Neutralitätspflicht des Staates, in: Berghahn, Sabine, Rostock, Petra (Hg.), Der Stoff, aus dem Konflikte sind, Bielefeld: transcript, 175–192.
Böckler, Annette (2000), Gott als Vater im Alten Testament. Traditionsgeschichtliche Untersuchungen zur Entstehung und Entwicklung eines Gottesbildes, Gütersloh: Mohn.
Bonhoeffer, Dietrich ([13]1951), Widerstand und Ergebung. Briefe und Aufzeichnungen aus der Haft, Bethge, Eberhard (Hg.), Gütersloh: Mohn.
Brandstetter, Gertrud B. (2009), Der islamische Friedhof in Wien. Ein Symbol von kultureller Identität und Integration? Diplomarbeit Universität Wien.
Breitenseher, Daniela (2009), Probleme im Krankenhaus- und Pflegealltag mit islamischen Patienten, Diplomarbeit Universität Wien.
Brown, Nancy Marie (2010), The Abacus and the Cross. The story of the pope who brought the light of science to the dark ages, New York: Basic Books.
Bsteh, Andreas, Mirdamadi, Seyed A. (Hg.) (2010), Österreichisch-Iranische Konferenz: Hermeneutik, Mödling b. Wien: St. Gabriel.
Buber, Martin (1926), Rede über das Erzieherische, in: Werkausgabe, Bd. 8 (2005), Gütersloh: Mohn.
Bundesamt für Verfassungsschutz und Terrorismusbekämpfung (2008), Verfassungsschutzbericht, Wien: BM.

Bundesamt für Verfassungsschutz und Terrorismusbekämpfung (2009), Verfassungsschutzbericht, Wien: BM.
Bunzl, John, Hafez, Farid (Hg.) (2009a), Islamophobie in Österreich, Innsbruck u. a.: Studienverlag.
Burtscher, Simon (2009), Zuwandern – aufsteigen – dazugehören. Etablierungsprozesse von Eingewanderten, Innsbruck u. a.: Studienverlag.

Cardini, Franco (2000), Europa und der Islam. Geschichte eines Missverständnisses, München: Beck.
Çelebi, Evliyâ (1987), Im Reiche des Goldenen Apfels, Übers. Kreutel, Richard Franz, Prokesch, Erich, Teply, Karl, Osmanische Geschichtsschreiber, Bd. 2, Graz-Wien-Köln: Styria.
Ceylan, Rauf (2010), Die Prediger des Islam. Imame – wer sie sind und was sie wirklich wollen, Freiburg: Herder.
Chorherr, Christa (2011), Halbmond über Österreich?, Graz: Leykam.

Dopsch, Heinz (1999), Die Länder und das Reich. Der Ostalpenraum im Hochmittelalter, Österreichische Geschichte 1122–1278, Wien: Ueberreuter.
Dörler, Elisabeth (2004), Eine Begräbnisstätte für Muslime und Musliminnen in Vorarlberg, Dornbirn: okay. zusammen leben.
Dreßler, Markus (2002), Die alevitische Religion: Traditionslinien und Neubestimmungen, Würzburg: Ergon.

Eigner, Iris (2008), Tod und Trauerrituale. Die Bestattung von Muslimen in Österreich, Diplomarbeit Universität Wien.
El Ghoubashy, Aly (2009), Islamunterricht. Lernen für das Leben in der Isolation, in: Der Standard 24.2.2009, 27.
Elias, Norbert, Scotson, John L. (1993), Etablierte und Außenseiter, Frankfurt/Main: Suhrkamp.
Ellmer, Martin (2005), Ein islamisches Kulturhaus mit Moschee für Graz, Diplomarbeit Technische Universität Graz.
El Masrar, Zineb (2010), Muslim Girls. Wer wir sind, wie wir leben, Frankfurt/Main: Eichborn.
Elsabagh, Mona, Elgendy, Farag (2009), Spiritualität im Krankenhaus aus der Sicht der islamischen Seelsorge, in: Körtner, Ulrich u. a. (Hg), Spiritualität, Religion und Kultur am Krankenbett, Wien: Springer.

Falaturi, Abdoldjavad ([2]2002), Dialog zwischen Christentum und Islam, Hamburg: Islamische Akademie Deutschland.
Fassmann, Heinz (Hg.) (2007), 2. Österreichischer Migrations- und Integrationsbericht: 2001–2006, Wien-Klagenfurt: Drava.
Fetzer, Joel, Soper, J. Christopher (2004), Muslims and the State in Britain, France and Germany, Cambridge Studies in Social Theory, Religion and Politics: Cambridge University Press.
Firdaous, Adel (2009), Die Situation von muslimischen Migranten in Österreich am Beispiel Salzburg, Masterthesis für Migrationsmanagement (MAS), Universität Salzburg.
Friesl, Christian, Kromer, Ingrid, Polak, Regina. (2008), Lieben Leisten Hoffen. Die Wertewelt junger Menschen in Österreich, Wien: Czernin.
Fürlinger, Ernst (2010), The politics of non-recognition: mosque construction in Austria, in: Allievi (2010), 183–216.

Gartner, Barbara (2006), Der Islam im religionsneutralen Staat, Islam und Recht 4, Frankfurt/Main: Peter Lang.
Gartner, Barbara (2011), Der religionsrechtliche Status islamischer und islamistischer Gemeinschaften, Wien-New York: Springer.
Gehrke, Helmut (1981), Theologie im Gesamtraum des Wirklichen, Wien-München: Oldenbourg.
Geißner, Hellmut (1968), Der Hörer predigt mit. Über Sinnkonstitution rhetorischer Kommunikation, in: Peier, Martin u. a. (Hg.) (2007), Beim Wort genommen. Kommunikation in Gottesdienst und Medien, Zürich: TVZ, 117–126.
Gilmore, David D. (ed.) (1987), Honor and Shame and the Unity of the Mediterranean, Washington: American Anthropological Association.
Gingrich, Andre (1999), Österreichische Identitäten und Orientbilder. Eine ethnologische Kritik, in: Dostal, Walter u. a. (Hg.), Wir und die Anderen: Islam, Literatur und Migration, 29–35, Wien: Facultas WUV.
Glei, Reinhold, Khoury, Adel Theodor (1995), Johannes Damascenus und Theodor Abu Qurra. Schriften zum Islam, Kommentierte griechisch-deutsche Textausgabe, Würzburg: Echter.

Göle, Nilüfer (2008), Anverwandlungen. Der Islam in Europa zwischen Kopftuchverbot und Extremismus, Berlin: Wagenbach.
Görgün, Tahsin (2008), Leid als Teil der Welt und des Lebens, in: Renz, Andreas u. a. (Hg.), Prüfung oder Preis der Freiheit?, Regensburg: Pustet.
Goujon, Anne u. a. (2006), New times, old beliefs. Projecting the future size of religions in Austria, in: Vienna Institute of Demography, Wien: Österreichische Akademie der Wissenschaften.
Gräf, Bettina (2009), The Concept of *Wasatiyya* in the Work of Yūsuf al-Qaradāwī, in: Jakob Skovgaard-Petersen, Bettina Gräf (Hg.), Global Mufti. The Phenonemon of Yusuf al-Qaradawi, London: Hurst: 213–238.
Gümüs, Adnan (1995), Religion und ethnische Identifikation. Eine empirische Untersuchung über türkische Jugendliche in Österreich, Soziologische Dissertation Universität Wien.

Haarmann, Ulrich ([5]2004), Geschichte der Arabischen Welt, München: Beck.
Hafez, Farid (2006), Die Islamische Glaubensgemeinschaft in Österreich – Eine Analyse der Organisationsstruktur unter besonderer Berücksichtigung der Rolle muslimischer Spitzenverbände, Diplomarbeit Universität Wien.
Hafez, Farid (2009b), Islamophober Populismus, Wiesbaden: VS.
Hafez, Farid, Potz, Richard (2009), Moschee- und Minarettbauverbote in Kärnten und Vorarlberg, in: Bunzl, John, Hafez, Farid (Hg.), Islamophobie in Österreich, Innsbruck u. a.: Studienverlag, 144–156.
Halm, Heinz (1989), Die Islamische Gnosis. Die extreme Schia und die Alawiten, Zürich-München: Artemis.
Halm, Heinz (2005), Die Schiiten, München: Beck.
Halm, Heinz ([7]2007), Der Islam. Geschichte und Gegenwart, München: Beck.
Halm, Heinz ([3]2010), Die Araber. Von der vorislamischen Zeit bis zur Gegenwart, München: Beck.
Hartmann, Klaus (1995), „Es könnte auch Religion sein …“. Religiöse Orientierungen in biographischen Konstruktionen von Managern, in: Wohlrab-Sahr, Monika (Hg.), Biographie und Religion zwischen Ritual und Selbstsuche, Frankfurt/Main-New York: Campus, 243–264.
Haug, Sonja, Müssig, Stephanie, Stichs, Anja (2009), Muslimisches Leben in Deutschland, Nürnberg: Bundesamt für Migration und Flüchtlinge (Forschungsberichte 6).
Hauptmann, Ferdinand ([2]1995), Die Mohammedaner in Bosnien-Hercegovina, in: Adam Wandruszka, Peter Urbanitsch (Hg.), Die Habsburgermonarchie 1848–1918, Bd. IV: Die Konfessionen, Wien: Österreichische Akademie der Wissenschaften, 670–701.
Heimgartner, Martin (2011), Timotheos I., Ostsyrischer Patriarch. Disputation mit dem Kalifen al-Mahdi, Corpus Scriptorum Christianorum Orientalium (632), Louvain: Peeters.
Heine, Peter ([3]2009), Kulturknigge für Nichtmuslime, Freiburg: Herder.
Heine, Susanne (2005), Islam in Austria. Between Integration Politics and Persisting Prejudices, in: Bischof, Günther u. a. (Hg.), Religion in Austria, Contemporary Austrian Studies vol. 13, New Brunswick (USA), Innsbruck: Studienverlag, 100–124.
Heitmeyer, Wilhelm (Hg.) (2002), Deutsche Zustände, Frankfurt/Main: Suhrkamp.
Hodžić, Dževad (2008), Muslimische Auffassungen der Geschichte des Islams und die Erfahrung des Leids, in: Renz, Andreas u. a. (Hg.), Prüfung oder Preis der Freiheit?, Regensburg: Pustet.
Höffe, Otfried (1999), Gibt es ein interkulturelles Strafrecht? Ein philosophischer Versuch, Frankfurt/Main: Suhrkamp.
Hofbauer, Ernst (2009), Inschallah Österreich. Das unheimliche Paradies, Wien: Universitas.
Höglinger, Monika (2003), Verschleierte Lebenswelten. Zur Bedeutung des Kopftuchs für muslimische Frauen, Maria Enzersdorf: Roesner.
Holzer-Özgüven, Petra (2004), „Helden“ retten die Ehre der Familie – Frauen hüten sie. Neue Modelle in der Arbeit gegen Ehrverbrechen in der Türkei, in: Böhmecje, Myria (Hg.), Tatmotiv Ehre, Tübingen: Terre des Femmes, 39–43.

Idriz, Benjamin, Leimgruber, Stephan u. a. (Hg.) (2010), Islam mit europäischem Gesicht. Perspektiven und Impulse, Kevelaer: Butzon & Bercker.
Inam, Hüseyin (2008), Reflexionen des Leids bei Muslimen, in: Renz, Andreas u. a. (Hg.), Prüfung oder Preis der Freiheit?, Regensburg: Pustet, 87–98.

Jahrmann, Christoph (2009), Moschee – Islamisches Kulturforum mit Gebetsraum für Graz, Diplomarbeit Technische Universität Graz.
Jones, James W. (2008), Blood that cries out of the earth. The Psychology of Religious Terrorism, Oxford University Press (USA).

Jonker, Gerdien (2002), Eine Wellenlänge zu Gott. Der „Verband der islamischen Kulturzentren" in Europa, Bielefeld: transcript.

Kalb, Herbert, Potz, Richard, Schinkele, Brigitte (2003), Religionsrecht, Wien: Facultas WUV.
Kant, Immanuel (1783), Prolegomena zu einer jeden künftigen Metaphysik, die als Wissenschaft wird auftreten können, in: Werke in zehn Bänden, Weischedel, Wilhelm (Hg.) (1968), Bd. 5, Darmstadt: Wissenschaftliche Buchgesellschaft.
Kermani, Navid (2000), Gott ist schön. Das ästhetische Erleben des Koran, München: Beck.
Khalidi, Tarif (ed.) (2001), The Muslim Jesus. Sayings and Stories in Islamic Literature, Cambridge: Harvard University Press.
Khorchide, Mouhanad (2007), Die Bedeutung des Islam für Muslime der zweiten Generation, in: Weiss, Hilde (Hg.), Leben in zwei Welten, Wiesbaden: VS, 217–244.
Khorchide, Mouhanad (2008), Der islamische Religionsunterricht zwischen Integration und Parallelgesellschaft, Dissertation Universität Wien.
Khorchide, Mouhanad (2009), Der islamische Religionsunterricht in Österreich, Wien: Österreichischer Integrationsfonds (ÖIF-Dossier No. 5).
Khoury, Adel Theodor ([2]1986), Toleranz im Islam, Altenberge: Oros.
Khoury, Adel Theodor (1991), Kommen Muslime in den Himmel? Gelangen Christen ins Paradies?, in: Tworuschka, Udo (Hg.), Gottes ist der Orient – Gottes ist der Okzident, Köln: Böhlau, 486–498.
Khoury, Adel Theodor ([2]1992), Der Koran. Übersetzung mit Hadith-Auswahl, unter Mitwirkung von Muhammad Salim Abdullah, Gütersloh: Mohn.
Khoury, Adel Theodor (2002), Mit Muslimen in Frieden leben. Friedenspotentiale des Islam, Würzburg: Echter.
Khoury, Adel Theodor (2007), Der Koran, Übers. und Kommentar, Gütersloh: Verlagshaus.
Kippenberg, Hans, Seidensticker, Tilman (Hg.) (2004), Terror im Dienste Gottes. Die „Geistliche Anleitung" der Attentäter des 11. September, Frankfurt/Main-New York: Campus.
Klieber, Rupert (2010), Jüdische-christliche-muslimische Lebenswelten der Donaumonarchie 1848–1918, Wien: Böhlau.
Kloss, Magdalena (2007), Männlichkeitsvorstellungen junger Muslime in Österreich, Diplomarbeit Universität Wien.
Knieps, Claudia (1999), Geschichte der Verschleierung der Frau im Islam, Würzburg: Ergon.
Kornrumpf, Hans-Jürgen (1984), Scheriat und christlicher Staat. Die Muslime in Bosnien und in den europäischen Nachfolgestaaten des Osmanischen Reiches, Saeculum 35, 17–30.
Kraft, Sabine (2002), Islamische Sakralarchitektur in Deutschland – Eine Untersuchung ausgewählter Moschee-Neubauten, Münster: LIT.
Krämer, Gudrun (2005), Geschichte des Islam, München: Beck.
Kratz, Reinhard, Nagel, Tilman (Hg.) (2003), Abraham, unser Vater. Die gemeinsamen Wurzeln von Judentum, Christentum und Islam, Göttingen: Wallstein.
Kreplin, Matthias (2001), Das Selbstverständnis Jesu, Tübingen: Mohr.
Kroissenbrunner, Sabine (1996), Soziopolitische Netzwerke türkischer MigrantInnen in Wien, Projektbericht IFK, Wien.
Kroissenbrunner, Sabine (2001), Türkische Imame in Wien, Projektbericht IFK, Wien.
Krupp, Michael (1995), Den Sohn opfern? Die Isaak-Überlieferung bei Juden, Christen und Muslimen, Gütersloh: Mohn.
Kübel, Jana (2009), „moschee.ade oder moschee.at?" Eine Konfliktanalyse auf der Suche nach Islamophobie in Österreich, in: Bunzl, John, Hafez, Farid (Hg.), Islamophobie in Österreich, Innsbruck u. a.: Studienverlag, 127–143.

Lahbabi, Mohammed Aziz (2011), Der Mensch: Gottes Zeuge. Entwurf einer islamischen Anthropologie, ausgewählt, übersetzt und kommentiert von Markus Kneer, Georges-Anawati-Stiftung Bd. 5, Freiburg: Herder.
Leibold, Jürgen, Kühnel, Steffen, Heitmeyer, Wilhelm (2006), Abschottung von Muslimen durch generalisierte Islamkritik?, in: Aus Politik und Zeitgeschichte 1–2, 3–10.
Leitner, Katharina (2011), Perspektiven für Muslime und Muslimas bei der Wiener Polizei, Diplomandenseminararbeit Universität Wien.
Leuze, Reinhard (1994), Christentum und Islam, Tübingen: Mohr.
Loader, James Alfred (2009), Israels Erwählung durch eine Brille von Calvinkleindesign, in: Amt und Gemeinde, Heft 3, 219–234, Wien: Ev. Presseverband.
Lohlker, Rüdiger (2008), Islam. Eine Ideengeschichte, Wien: Facultas WUV.
Lohlker, Rüdiger (2009), Dschihadismus. Materialien, Wien: Facultas WUV.

Lohlker, Rüdiger (2010), islamkritik.at – ein österreichischer Subdiskurs des europäischen anti-muslimischen Rassismus, in: Hafez, Farid (Hg.) (2010), Jahrbuch für Islamophobieforschung, Innsbruck: Studienverlag, 78–85.
Luf, Gerhard (2003), Ethnischer Pluralismus und staatliche Neutralität, in: Österreichisches Archiv für Recht & Religion 50, 283–297.
Luhmann, Niklas (1977), Funktion der Religion, Frankfurt/Main: Suhrkamp.
Luhmann, Niklas (2000), Die Religion der Gesellschaft, Frankfurt/Main: Suhrkamp.

MA 57 Frauenförderung und Koordinierung von Frauenangelegenheiten (Hg.) (2006), Situationsbericht und Empfehlungskatalog: Zwangsverheiratung und arrangierte Ehen in Österreich mit besonderer Berücksichtigung Wiens, Wien: Stadt Wien.
Manea, Elham (2009), Ich will nicht mehr schweigen. Der Islam, der Westen und die Menschenrechte, Freiburg: Herder.
Maréchal, Brigitte (2009), Les Frères musulmanes en Europe, Paris: PUF.
Marik-Lembeck, Stephan (2010), Die muslimische Bevölkerung Österreich. Bestand und Veränderung 2001–2009, in: Janda, Alexander, Vogl, Mathias (Hg.), Islam in Österreich, Wien: Österreichischer Integrationsfonds, 5–9.
Markom, Christa, Rössl, Ines (2008), Exit-Möglichkeiten in Theorie und Praxis, in: Sauer, Birgit, Strasser, Sabine (Hg.), Zwangsfreiheiten. Multikulturalität und Feminismus, Wien: Promedia, 78–96.
Markschies, Christoph ([2]2006), Die Gnosis, München: Beck.
Meijer, Roel (ed.) (2009), Global Salafism. Islam's New Religious Movement, London: Hurst.
Meyer-Teschendorf, Klaus (1978), Der Körperschaftsstatus der Kirchen, Archiv für öffentliches Recht, Bd. 103, 289–333.
Monjezi-Brown, Indre (2009), Muslimische Frauen und das Kopftuch, in: Berghahn, Sabine, Rostock, Petra (Hg.), Der Stoff, aus dem Konflikte sind, Bielefeld: transcript, 437–463.
Muslimische Jugend Österreich (2008), Selbstdarstellung der Muslimischen Jugend Österreich, Wien.

Nagel, Jürgen G. (2007), Abenteuer Fernhandel. Die Ostindienkompanie, Darmstadt: Wissenschaftliche Buchgesellschaft.
Nagel, Tilman (2000), Die Inschriften im Felsendom und das islamische Glaubensbekenntnis, in: Arabica 47/3, 329–365.
Neumayer, Christoph (1995), Der Islam in Österreich-Ungarn 1878–1918, Diplomarbeit Universität Wien.
Neuwirth, Angelika (2010), Der Koran als Text der Spätantike. Ein europäischer Zugang, Berlin: Insel.
Newman, N. A. (ed.) (1993), The Early Christian-Muslim Dialogue. A collection of documents from the first three Islamic centuries (632–900 A. D.), Hatfield, Pennsylvania.
Nolte, Paul (2009), Religion und Bürgergesellschaft. Brauchen wir einen religionsfreundlichen Staat?, Berlin: University Press.
Nordhofen, Jacob (2008), Durch das Opfer erlöst?, Wien: LIT.
Norton, Claire (2005) The Lutheran is the Turks' Luck', in: Kurz, Marlene u. a. (Hg.), Das Osmanische Reich und die Habsburgermonarchie in der Neuzeit, Wien: Mitteilungen des Österreichischen Instituts für Geschichtsforschung, Erg.-Bd. 49, 67–81.

Ohlig, Karl-Heinz (2007), Der frühe Islam. Eine historisch-kritische Rekonstruktion anhand zeitgenössischer Quellen, Berlin: Schiler.
Ongan, Gamze (2008), Zuschreiben oder ernsthaftes Bekämpfen. Zwangsverheiratung aus der Perspektive der Bildungs-, Beratungs- und Therapieeinrichtung Peregrina, in: Sauer, Birgit, Strasser, Sabine (Hg.), Zwangsfreiheiten, Wien: Promedia, 157–171.
Ornig, Nikola (2006), Die zweite Generation und der Islam in Österreich. Eine Analyse von Chancen und Grenzen des Pluralismus von Religion und Ethnien, Graz: Leykam.
Ostmeyer, Karl-Heinrich (2006), Kommunikation mit Gott und Christus, Wissenschaftliche Untersuchungen zum Neuen Testament 197, Tübingen: Mohr.
Özsoy, Ömer (2006), Die Geschichtlichkeit der koranischen Rede und das Problem der ursprünglichen Bedeutung von geschichtlicher Rede, in: Körner, Felix (Hg.), Alter Text – neuer Kontext. Koranhermeneutik in der Türkei heute, Freiburg: Herder.
Özsoy, Ömer (2007), „Leute der Schrift" oder Ungläubige?, in: Schmid, Hansjörg u. a., Identität durch Differenz?, Regensburg: Pustet, 107–118.
Özsoy, Ömer (2009), Religionsfreiheit aus koranischer Sicht, in: Elsas, Christoph (Hg.), VI. Internationales Rudolf-Otto-Symposion 2008 „Interreligiöse Verständigung zu Glaubensverbreitung und Religionswechsel", Berlin: EB-Verlag.

Papatya (Hg.) (2009), Verbrechen im Namen der Ehre in Deutschland, Zeitraum 1996 bis 2009, Materialsammlung, Berlin.
Parsian, David (2008), Ehen zwischen Muslimen und Nichtmuslimen in Österreich, Abschlussarbeit Lehrgang für Akademische Orientstudien, Österreichische Orient-Gesellschaft Hammer-Purgstall, Wien.
Pentz, Eva u. a. (Hg.) (2008), „Dies ist kein Gottesstaat!" Terrorismus und Rechtsstaat am Beispiel des Prozesses gegen Mohamed M. und Mona S., Wien: Passagen.
Permoser, Julia, Rosenberger, Sieglinde u. a. (2010), Religious Organisations as Political Actors in the Context of Migration, in: Journal of Ethnic and Migration Studies 36 (9), 1463–1481.
Petsovits, Nadja (2007), Leben in Österreich – junge Musliminnen erzählen, Seminararbeit Universität Wien.
Pisarik, Sonja (2009), Heimweharchitektur, in: profil extra architektur, April 2009: 128–130.
Posch, Walter (2005), Islam und Islamismus in der Türkei, in: Feichtinger, Walter, Wentker, Sybille (Hg.), Islam, Islamismus und islamischer Extremismus, Wien: Böhlau.
Posch, Willibald (2010), Spannungsfelder zwischen Scharia und österreichischem Zivilrecht, in: österreichisches archiv für recht&religion 57, 66–89.
Potz, Richard, Schinkele, Brigitte, Wieshaider, Wolfgang (2000), Schächten. Religionsfreiheit und Tierschutz, Freistadt: Plöchl.
Potz, Richard (2003), Der islamische Religionsunterricht in Österreich, in: de Wall, Heinrich, Germann, Michael (Hg.), Bürgerliche Freiheit und Christliche Verantwortung, Tübingen: Mohr, 345–369.
Potz, Richard (2010a), Das Islamgesetz 1912 und der religionsrechtliche Diskurs in Österreich zu Beginn des 20. Jahrhunderts, in: Olechowski, Thomas u. a. (Hg.), Grundlagen der österreichischen Rechtskultur, Wien: Böhlau, 385–408.
Potz, Richard (2010b), Einleitung, in: Rechtswissenschaftliche Fakultät Wien (Hg.), Armut und Recht, Juridicum spotlight I, 12ff.
Preul, Reiner (1997), Kirchentheorie, Berlin-New York: de Gruyter.
Projekt Mustafa (2009), Qualifikationsoffensive muslimischer Jugendlicher und junger Männer, Wien.
Puchberger, Susanne (2004), Transnationale Aspekte im Alevitentum, Diplomarbeit Universität Wien.

Reiser, Karl-Michael (1997), Das sozio-politische Netzwerk türkisch-alevitischer Einwanderer und seine Auswirkungen auf die Identitätsentwicklung der „Zweiten Generation", Diplomarbeit Universität Wien.
Reiser, Karl-Michael (2000), Identitäts- und Interessenspolitik „türkischer" Migranten-Organisationen in Wien, Dissertation Universität Wien.
Renz, Andreas (2002), Der Mensch unter dem An-Spruch Gottes. Offenbarungsverständnis und Menschenbild im Islam im Urteil gegenwärtiger christlicher Theologie, Würzburg: Ergon.
Richter, Franziska (2004), Islamisches Wissen in Österreich. Beiträge konvertierter Frauen zum Islam, Diplomarbeit Universität Wien.
Riessler, Paul (⁵1984), Altjüdisches Schrifttum außerhalb der Bibel, Freiburg-Heidelberg: Kerle.
Rist, Helga (2005), Rechtssystem und Stadtgericht in Wiener Neustadt im Jahr 1604, in: Unsere Heimat 76, Heft 2–4, 137–161.
Rommelspacher, Birgit (2009), Feminismus und kulturelle Dominanz. Kontroversen um die Emanzipation der muslimischen Frau, in: Berghahn, Sabine, Rostock, Petra (Hg.), Der Stoff, aus dem Konflikte sind, Bielefeld: transcript, 395–411.
Rosenberger, Sieglinde, Sauer, Birgit (2008): Islam im öffentlichen Raum. Debatten und Regulationen in Europa. Eine Einführung, in: Rosenberger, Sieglinde, Sauer, Birgit: Islam im öffentlichen Raum. Debatten und Regulationen in Europa, Wien: Facultas WUV, 387–399.
Rösler, Gerhard (2002), Die Entstehung des Islamgesetzes für den hanefitischen Ritus und die bosnisch-herzegowinische Verwaltung zwischen 1878 und 1918, Dissertation Universität Wien.
Roy, Olivier (2010), Heilige Einfalt. Über die politischen Gefahren entwurzelter Religionen, München: Siedler.
Rudolph, Kurt (⁴2005), Die Gnosis, Göttingen: Vandenhoeck & Ruprecht.
Rumpf, Mechthild u. a. (Hg.) (2003), Facetten islamischer Welten. Geschlechterordnungen, Frauen- und Menschenrechte in der Diskussion, Bielefeld: transcript.

Schiffauer, Werner (2000), Die Gottesmänner. Türkische Islamisten in Deutschland, Frankfurt/Main: Suhrkamp.
Schiffauer, Werner (2007), From Exile to Diaspora. The Development of Transnational Islam in Europe, in: Al-Azmeh, Aziz, Fokas, Effie (Hg.), Islam in Europe, Cambridge: University Press.

Schiffauer, Werner (2008), Parallelgesellschaften. Wie viel Wertekonsens braucht unsere Gesellschaft?, Bielefeld: transcript.
Schiffauer, Werner (2010), Nach dem Islamismus. Eine Ethnographie der Islamischen Gemeinschaft Milli Görüş, Berlin: Suhrkamp.
Schiffer, Sabine (2005), Die Darstellung des Islams in der Presse. Sprache, Bilder, Suggestionen. Bibliotheca Academica/Orientalistik Bd. 10, Würzburg: Ergon.
Schimmel, Annemarie (2001), Die Religion des Islam, Stuttgart: Reclam.
Schinkele, Brigitte (2008), Religionsfreiheit und europäisches Antidiskriminierungsrecht, in: Österreichisches Archiv für Recht & Religion 55, 179–211.
Schinkele, Brigitte (2009), Verschleierung einer Angeklagten im Gerichtssaal? Überlegungen aus grundrechtlicher Sicht, in: Bunzl, John, Hafez, Farid (Hg.), Islamophobie in Osterreich, Innsbruck u. a.: Studienverlag, 156–167.
Schmid, Ferdinand (1914), Bosnien und die Herzegovina unter der Verwaltung Österreich-Ungarns, Leipzig: Veit & Comp.
Schmid, Hansjörg (2010), Bosnischer Islam für Europa? Geschichte, Organisationsstruktur, Sozialethik, in: Idriz, Benjamin u. a. (Hg.), Islam mit europäischem Gesicht, Kevelaer: Butzon & Bercker.
Schmidinger, Heinrich (Hg.) (2002), Wege zur Toleranz. Geschichte einer europäischen Idee in Quellen, Darmstadt: Wissenschaftliche Buchgesellschaft.
Schmidinger, Thomas, Larise, Dunja (2008), Zwischen Gottesstaat und Demokratie. Handbuch des politischen Islam, Wien: Deuticke.
Schmitt, Thomas (2003), Moscheen in Deutschland. Konflikte um ihre Errichtung und Umsetzung, Flensburg: Deutsche Akademie für Landeskunde.
Schneemelcher, Wilhelm (Hg.), Neutestamentliche Apokryphen, Bd. I: Evangelien ([6]1990), Bd. II: Apostolisches, Apokalypsen und Verwandtes ([6]1997), Tübingen: Mohr.
Schneider, Gerhard (1995), Apokryphe Kindheitsevangelien, griechisch-lateinisch-deutsch, Fontes Christiani 18, Freiburg: Herder.
Schneiders, Thorsten G. (Hg.) (2009), Islamfeindlichkeit. Wenn die Grenzen der Kritik verschwimmen, Wiesbaden: VS.
Schneiders, Thorsten G. (Hg.) (2010), Islamverherrlichung. Wenn die Kritik zum Tabu wird, Wiesbaden: VS.
Schoen, Ulrich (2004), „Den einen Schriftvers nicht mit dem anderen totschlagen!" Thesen zu Prädestination und Freiheit, in: Schmid, Hansjörg u. a. (Hg.), Heil in Christentum und Islam, Theologisches Forum Christentum – Islam: Akademie der Diözese Rottenburg-Stuttgart.
Schöller, Marco (2008), Mohammed, Frankfurt/Main: Suhrkamp.
Schönberger, Thomas (2009), Die Perzeption des Islam in der Öffentlichkeit, Diplomarbeit Universität Wien.
Schreiner, Stefan (2008), Der Prophet Ayyub [Hiob] und das Theodizee-Problem im Islam, in: Renz, Andreas u. a. (Hg.), Prüfung oder Preis der Freiheit?, Regensburg: Pustet.
Schuster, Andreas (1994), Islam in Wien. Eine sozialgeographische Spurensuche, Diplomarbeit Universität Wien.
Schwandner-Sievers, Stephanie (2003), Imagologie und „Albanismus", in: Jordan, Peter u. a. (Hg.), Albanien, Geographie – Historische Anthropologie – Geschichte – Kultur – Postkommunistische Transformation, Frankfurt/Main: Peter Lang, 195–226.
Schwöbel, Christoph (2002), Gott in Beziehung, Tübingen: Mohr.
Sikand, Yoginder (2003), The Tablighi Jama'at and Politics, in: ISIM Newsletter 13, 42–43.
Sökefeld, Martin (Hg.) (2008), Aleviten in Deutschland, Bielefeld: transcript.
Southern, Richard W. (1981), Das Islambild des Mittelalters, Stuttgart: Kohlhammer.
Statistik Austria (2011), migration & integration, zahlen. daten. indikatoren, Wien: ÖGB.
Sticker, Maja (2008a): Sondermodell Österreich? Die Islamische Glaubensgemeinschaft in Österreich, Klagenfurt: Drava.
Sticker, Maja (2008b), Re/Präsentationen. Das Sondermodell Österreich und die Islamische Glaubensgemeinschaft (IGGiÖ), in: Austrian Studies in Social Anthropology 4, 1–29.
Strasser, Sabine (2009), Bewegte Zugehörigkeiten. Nationale Spannungen, transnationale Praktiken und transversale Politik, Wien: Turia + Kant.
Strehle-Hechenberger, Simone (2008), Türkische Arbeitsmigration in Vorarlberg, Diplomarbeit Universität Wien.
Strobl, Anna (1997), Islam in Österreich. Eine religionssoziologische Untersuchung, Frankfurt/Main, Wien u. a.: Peter Lang.
Strømsnes, Kristin (2008), The Importance of Church Attendance and Membership of Religious Organizations for the Formation of Social Capital, in: Social Compass 55 (4), 478–496.

Takim, Abdullah (2007a), Koranexegese im 20. Jahrhundert. Islamische Tradition und neue Ansätze in Süleyman Ateş's „Zeitgenössischem Korankommentar", Istanbul: Yeni Ufuklar.
Takim, Abdullah (2007b), Der Islam verstanden als ein Netzwerk von Zeichen, in: Schmid, Hansjörg u. a. (Hg.), Identität durch Differenz?, Regensburg: Pustet.
Takim, Abdullah (2009), Stellvertreter oder Ebenbild Gottes? Der Mensch in Christentum und Islam, in: Schmid, Hansjörg u. a. (Hg.), Verantwortung für das Leben, Regensburg: Pustet.
Takim, Abdullah (2010), Offenbarung als „Erinnerung". Die Einheit der Offenbarungsreligionen und die Funktion der biblischen Erzählungen im Koran, in: Schmid, Hansjörg u. a. (Hg.), „Nahe ist dir das Wort ...". Schriftauslegung in Christentum und Islam, Regensburg: Pustet.
Tamcke, Martin (Hg.) (2008), Christliche Gotteslehre im Orient seit dem Aufkommen des Islams bis zur Gegenwart, Beiruter Texte und Studien 126, Würzburg: Ergon.
Target (2009), Pressemitteilung vom 05.03.2009: Yusuf al-Qaradawi schreibt Fatwa: „Weibliche Genitalverstümmelung ist ein Werk des Teufels".
Tellenbach, Silvia (Hg.) (2007), Die Rolle der Ehre im Strafrecht, Berlin: Duncker & Humblot.
Theißen, Gerd (1999), Aporien im Umgang mit den Antijudaismen des Neuen Testaments, in: Blum, Erhard u. a. (Hg.), Die Hebräische Bibel und ihre zweifache Nachgeschichte, Neukirchen-Vluyn: Neukirchener, 535–553.
Thomas, William I., Thomas, Dorothy Swain (1970), The Child in America. Behavior Problems and Programs, New York: Johnson.
Tietze, Nikola (2001), Islamische Identitäten. Formen muslimischer Religiosität junger Männer in Deutschland und Frankreich, Hamburg: Hamburger Edition.
Tillion, Germaine (2008), My Cousin, My Husband. Clans and Kinship in Mediterranean Societies, London: Saqi Books.
Tolan, John V. (2002), Saracens. Islam in the Medieval European Imagination, New York: Columbia University Press.
Tomenendal, Kerstin, Doğan, Sena, Heuberger, Valeria (2010), Ramadan in Österreich. Zur muslimischen Selbstdarstellung im Fastenmonat, Klagenfurt: Wieser.
Troll, Christian W. (2008), Unterscheiden, um zu klären. Orientierung im christlich-islamischen Dialog, Freiburg: Herder.
Türkmen, Salih (2010), Der islamische Religionsunterricht: Aktuelle Situation, Rahmenbedingungen und Verbesserungsvorschläge, Masterarbeit Universität Wien.
Tworuschka, Udo (Hg.) (1991), Gottes ist der Orient – Gottes ist der Okzident, Köln: Böhlau.

Ucar, Bülent (2008), Zwischen Ergebung und Erduldung, in: Renz, Andreas u. a. (Hg.), Prüfung oder Preis der Freiheit?, Regensburg: Pustet.
Ulram, Peter (2009): Integration in Österreich. Einstellungen, Orientierungen und Erfahrungen von MigrantInnen und Angehörigen der Mehrheitsbevölkerung, GfK-Studie im Auftrag des Bundesministeriums für Inneres, Wien.
Unterberger, Ursula Simone (2008), Glaube und Religiosität in österreichischen Justizanstalten. Situationsaufnahme anhand der Justizanstalt Wien-Josefstadt, Diplomarbeit Universität Wien.

Valicek, Andreas (2008), MJÖ – Muslimische Jugend Österreich. Identitätsbildung einer österreichischen Jugendorganisation, Diplomarbeit Universität Wien.
Van Bruinessen, Martin M. (1989), Agha, Scheich und Staat. Politik und Gesellschaft Kurdistans, Berlin: Parabolis.
Vietinghoff von, Eckhart, May, Hans (1997), Begegnung mit dem Islam, Hanns-Lilje-Forum, Hannover: LVH.
Volkan, Vamik (2004), Blind Trust. Large Groups and their Leaders in Times of Crisis and Terror, Charlottesville: Pitchstone Publishing.
Volkan, Vamik (2006), Killing in the Name of Identity. A Study of Bloody Conflicts, Charlottesville: Pitchstone Publishing.
Von Braun, Christina, Mathes, Bettina (2007), Verschleierte Wirklichkeit. Die Frau, der Islam und der Westen, Berlin: Aufbau.

Waardenburg, Jacques (1993), Islamisch-christliche Beziehungen. Geschichtliche Streifzüge, Würzburg: Echter.
Weiss, Hilde (Hg.) (2007), Leben in zwei Welten. Zur sozialen Integration ausländischer Jugendlicher der zweiten Generation, Wiesbaden: VS.
Welzbacher, Christian (2008), Euroislam-Architektur. Die neuen Moscheen des Abendlandes, Amsterdam: SUN.

Windhager, Günther (2002), Leopold Weiss alias Muhammad Asad. Von Galizien nach Arabien, 1900–1927, Wien u. a.: Böhlau.

Wunn, Ina (2007), Muslimische Gruppierungen in Deutschland. Ein Handbuch, Stuttgart: Kohlhammer.

Zemke, Reinhold (2008), Die Moschee als Aufgabe der Stadtplanung. Handlungsleitfaden für Planer, Architekten und Bauherren, Berlin: LIT.

Zirker, Hans (1993), Islam. Theologische und gesellschaftliche Herausforderungen, Düsseldorf: Patmos.

Zirker, Hans (1999), Der Koran: Zugänge und Lesarten, Darmstadt: Primus.

Zulehner, Paul M. (1981), Auswahlchristen, in: Mette, Norbert (Hg.), Volkskirche – Gemeindekirche – Parakirche, Zürich u. a.: Benziger, 109–137.

Internetseiten

Akademie der Diözese Rottenburg-Stuttgart: http://www.akademie-rs.de/ (15.11.2011).

Baghajati, Tarafa (2005), MuslimInnen gegen FGM: http://www.stopfgm.net/dox/0506_MuslimInnen%20aktiv%20gegen%20FGM.pdf (01.08.2009).

Böhmecke, Myria (2004), Studie: Tatmotiv Ehre, Terre des Femmes, Tübingen: https://frauenrechte.de/online/images/downloads/ehrgewalt/Infopaket-Tatmotiv-Ehre-2009.pdf (17.07.2011).

Böhmecke, Myria (2005), Studie: Ehrenmord, Terre des Femmes, Tübingen: http://www.ehrverbrechen.de/1/images/downloads/literatur/Studie_Ehrenmord.pdf (17.07. 2011).

Böhmecke, Myria, Monika Michell u. a., (2007), Hilfsleitfaden für die Arbeit mit von Zwangsheirat/Gewalt im Namen der Ehre bedrohten oder betroffenen Mädchen und Frauen: http://frauenrechte.de/online/images/downloads/ehrgewalt/Hilfsleitfaden.pdf.

Brief Papst Gregors VII.: http://www.usccb.org/seia/borelli.shtml (21.07.2011).

Bundesministerium für Familie, Senioren, Frauen und Jugend (2007), Zwangsverheiratung in Deutschland, Deutsches Institut für Menschenrechte: Nomos: http://www.institut-fuer-menschenrechte.de/uploads/tx_commerce/sammelband_zwangsverheiratung_in_deutschland.pdf (17.07.2011).

Charta Oecumenica: http://www.oekumene-ack.de/uploads/media/charta-oecumenica.pdf (21.07.2011).

Common Word: http://www.acommonword.com/downloads/CW-Booklet-Final-v6_8-1-09.pdf (15.11.2011).

Cruickshank, Paul (2011), National Security Studies Program Policy Paper. The Militant Pipeline between the Afghanistan-Pakistan Border Region and the West, http://www.univie.ac.at/jihadism/blog/wp-content/uploads/2011/07/Cruickshank2011.pdf (17.7.2011).

Dassetto, Felice, Ferrari, Silvio, Maréchal, Brigitte (2007), Islam in der Europäischen Union, Europäisches Parlament, Generaldirektion Interne Politikbereiche der Union (Hg.) – Fachreferat Strukturpolitik und Kohäsion: http://csv.lu/de/upload/actualites/3994/Islam_Europ_Union.pdf (18.12.2008).

Dörler, Elisabeth (2003), Nurcular: http://www.okay-line.at (17.07.2011).

E-Mail: Aussendungen der „Initiative muslimischer ÖsterreicherInnen"; www.islaminitiative.at.

Frimberger, Gabi (2005), Referat im Rahmen der Enquete zu „Zero Toleranz gegen Gewalt an Frauen": http://www.profrau.at/de/ehrenmorde/oesterreich.htm (20.07.2011).

Gartner, Barbara (2010), Islam und Recht in Österreich: http://www.integrationsfonds.at/de/publikationen/monographien/islam_in_oesterreich (20.07.2011).

Greussing, Kurt (2009), Der alevitische Islam: http://www.emserchronik.at/uploads/media/Greussing_-_Alevitischer_Islam__8__050830.pdf (20.07.2011).

Hafez, Farid (2009c), Institutionalisierter „Islam daham", in: Lohlker, Rüdiger (Hg.), Islam in Österreich. Einige Studien aus dem Jahre 2006, Occasional Papers Islamwissenschaft/Islamic Studies: http://islamicstudiespapers.files.wordpress.com/2009/08/op11.pdf, 5–24 (15.11.2011).

Handreichung der EKD (2000) „Zusammenleben mit Muslimen in Deutschland": http://www.ekd.de/EKD-Texte/islam/islam.html (21.07.2011)

Handreichung der EKD (2006) „Klarheit und gute Nachbarschaft": http://www.ekd.de/download/ekd_texte_86.pdf (21.07.2011)

Hofinger, Veronika, Pilgram, Arno, Ausländische Gefangene in österreichischen Justizanstalten und Polizeianhaltezentren, Teilstudie im Rahmen des EU-Projektes Foreign Prisoners in European Penitentiary Institutions: http://www.irks.at/downloads/ForeignPrisoners.pdf (20.07.2011)

Imamekonferenzen der Islamischen Glaubensgemeinschaft in Österreich, Schlusserklärungen: http://www.derislam.at/islam.php?name=Themen&pa=list_pages_categories&cid=8 (21.07.2011)

Iqbal, Muhammad (2003), Die Wiederbelebung des religiösen Denkens im Islam, Übersetzt von Axel Monte, Thomas Stemmer (Hg.), Berlin-Tübingen: Hans Schiler: http://www.allamaiqbal.com/works/prose/english/reconstruction_german/Textinnen.pdf (21.07.2011)

Karic, Enes (2008), Islamische Reform-Bewegungen bei den Bosniaken, in: Karic, Enes, Wiesmann, Helmut, Schmid, Hansjörg, Islam in Bosnien und Herzegowina und Deutschland, Friedrich-Ebert-Stiftung (Hg.): http://library.fes.de/pdf-files/bueros/sarajevo/06045.pdf (20.07.2011)

Kellermann, Kerstin (2007): http://diestandard.at/fs/2422432/Nachlese-Sexbestien-und-andere-Fremde?_index=1) (01.08.2009).

Kreisky, Jan (2010), Die islamische Glaubensgemeinschaft in Österreich, in: Janda; Alexander, Vogel, Mathias (Hg.), Islam in Österreich, Wien, 52–59: http://www.integrationsfonds.at/de/publikationen/monographien/islam_in_oesterreich (21.07.2011)

KWR: http://weltreligionen.vivolum.net/content/site/kwr/index.html (21.07.2011)

Lazelberger, Hubert (2009), Türkische Sunniten und Aleviten in Österreich, in: Lohlker, Rüdiger (Hg.), Islam in Österreich. Einige Studien aus dem Jahre 2006, Occasional Papers Islamwissenschaft/Islamic Studies: http://islamicstudiespapers.files.wordpress.com/2009/08/op11, 26–73.

Leggewie, Claus, Joost, Angela, Rech, Stefan (2002), Der Weg zur Moschee – eine Handreichung für die Praxis, Projekt der Herbert-Quandt-Stiftung: http://www.herbert-quandt-stiftung.de/files/publikationen/trialog/der_weg_zur_moschee.pdf (21.07.2011).

Mauer, Andrea (2009), Halal Zulassungsnotwendigkeit: http://portal.wko.at/wk/format_detail.wk?AngID=1&StID=481764&DstID=3901 (28.09.2009).

Miljković, Maríjana (2007), Angst vor Islam, in: *Der Standard*, 17.10.2007.

Miljković, Marijana (2008), Migranten, integriert im Bundesheer, 07.02.2008: http://derstandard.at/fs/3214362/Migranten--integriert-im-Bundesheer?sap=2&_pid=8631301 (04.08.2010).

Nusche, Deborah u. a. (2009), OECD-Länderprüfungen Migration und Bildung: Österreich, engl. Original: http://www.oecd.org/dataoecd/61/6/44192225.pdf; dt. Übersetzung: BMUKK 2010: http://www.oecd.org/dataoecd/2/51/44584913.pdf. (15.10.2011).

Ökumenischer Weltrat der Kirchen, Dokumente zum christlich-muslimischen Dialog: http://www.oikoumene.org/ (21.07.2011).

Peucker, Mario (2010), Diskriminierung aufgrund der islamischen Religionszugehörigkeit im Kontext Arbeitsleben, Antidiskriminierungsstelle des Bundes: http://www.antidiskriminierungsstelle.de/SharedDocs/Downloads/DE/publikationen/sozialwissenschaftlich_expertise.pdf?__blob=publicationFile (21.07.2011).

Plattform „Christen und Muslime": http://www.christenundmuslime.at/content/site/aktuell/index.html (21.07.2011).

Potkanski, Monika, Yildiran, Neslihan (2010), Internetnutzung Jugendlicher und junger Erwachsener mit türkischem Migrationshintergrund in Wien, Österreichischer Integrationsfonds: http://www.integrationsfonds.at/fileadmin/Integrationsfond/FIN_Internetnutzung_Formatiert.pdf (20.07.2011).

Potz, Richard u. a. (2005), Islamischer Religionsunterricht in Österreich und Deutschland, Projektbericht (Zusammenfassung) Wien: Jubiläumsfonds der Österreichischen Nationalbank: http://www.tirol.gv.at/fileadmin/www.tirol.gv.at/themen/gesellschaft-und-soziales/integration/downloads/Leitbild-neu-Stand_Jaenner_2009/AK7aReligion/Islamischer_Religionsunterricht_in_OE_und_D_05.PDF (21.07.2011)

Preller, Camilla Cynthia (2008), So fern und doch so nah? – Traditionsbedingte Gewalt gegen Frauen, Wien: http://www.frauen.bka.gv.at/studien/tgf2008/studieTGF2008.pdf (21.07.2011).

Resolution zur Mission der Generalsynode der Evangelischen Kirche A. und H.B. in Österreich: http://www.evang.at/fileadmin/evang.at/doc_reden/091106_Generalsynode_MissionarischeKirche_01.pdf (20.07.2011).

Riexinger, Martin (2009), Warum Kemalisten Fethullah Gülen nicht leiden können: http://www.transatlantic-forum.org/index.php/archives/2009/3949/kemalisten-fethullah-gulen/#footnote-link-2-3949 (28.11.2009).

Rohe, Matthias (2006), Perspektiven und Herausforderungen in der Integration muslimischer MitbürgerInnen in Österreich. Gutachten für das BM.I, Executive Summary: http://www.fes.de/BerlinerAkademiegespraeche/publikationen/migration/documents/PerspektivenundHerausforderungen_1.pdf (20.07.2011).

Sicard von, Sigvard, Wulfhorst, Ingo (Hg.) (2003), Dialogue and Beyond: http://www.lutheranworld.org/What_We_Do/DTS/DTS-Documents/EN/Studies_200301-Christian_Muslim.pdf (23.07.2011).

Spuler-Stegemann, Ursula (2003), Ist die Alevitische Glaubensgemeinschaft Deutschland e. V. eine Religionsgemeinschaft? Marburg: http://www.alevi-nrw.com (20.07.2011).

Strasser, Sabine, In Österreich ist ein einziger Fall amtlich belegt, in: *Die Presse,* 13.1.2009: http://diepresse.com/home/panorama/oesterreich/443550/index.do?direct=452960&_vl_backlink=/topartikel/mostread.do&selChannel=) (01.08.2009).

Strotmann, Angelika (2002), Die Vaterschaft Gottes in der Bibel, in: Biblisches Forum, Ausgabe 1: http://www.bibfor.de/archiv/02-1.strotmann.htm (21.07.2011).

Vienna International Christian-Islamic Round Table, Manifest (2008): http://www.rti-stgabriel.at/booklistings/manifesto08.html (21.07.2011)

Walter, Florian (2009), Migration aus Nordafrika sowie dem Nahen und Mittleren Osten: http://www.integrationsfonds.at/publikationen/oeif_dossiers/migration_aus_nordafrika_sowie_dem_nahen_und_mittleren_osten/ (21.07.2011)

Weber, Max, (1922), Wirtschaft und Gesellschaft, Teil II/IV, § 7: Stände, Klassen und Religion: http://www.textlog.de/7914.html (20.07.2011)

Wiesmann, Helmut, Schmid, Hansjörg, Islam in Bosnien und Herzegowina und Deutschland, Friedrich-Ebert-Stiftung (Hg.): http://library.fes.de/pdf-files/bueros/sarajevo/06045.pdf (20.07.2011)

Wurm, Vannina, Petsovits, Nadja (2009), Islamischer Religionsunterricht in Österreich, in: Lohlker, Rüdiger (Hg.), Islam in Österreich. Einige Studien aus dem Jahre 2006, Occasional Papers Islamwissenschaft/Islamic Studies: http://islamicstudiespapers.files.wordpress.com/2009/08/op11.pdf, 75–91.

Zehetgruber, Christoph, Der Ehrenmord in Österreich, Deutschland und der Türkei, in: Krieger, Heike (Hg.), Berliner Online-Beiträge zum Völker- und Verfassungsrecht: http://www.jura.fu-berlin.de/einrichtungen/we3/professoren/ls_krieger/dokumente/berliner_online_beitraege_zehetgruber.pdf (21.07.2011).

Sachregister

Personenregister